FREDA UTLEY

Kostspielige Rache

THE HIGH COST OF VENGEANCE

Körper einer Frau, die bei einem
Luftangriff starb Schutz während der
Bombardierung von Dresden

Freda Utley
(1898-1978)

KOSTSPIELIGE RACHE

Originaltitel *The High Cost of Vengeance,* aus dem amerikanischen übertragen von Rudolf Andersch - *1948*

Veröffentlicht von
Omnia Veritas LTD

www.omnia-veritas.com

FREDA UTLEY

Freda Utley hat sowohl als Autorin, Dozentin und Zeitungskorrespondentin einen guten Namen, als auch eine außergewöhnliche akademische Karriere. Sie erwarb an der London University den "Bachelor of Arts" in Geschichte mit Prädikat, den "Master of Arts" mit Auszeichnung für ihre Arbeit über die Wirtschaftsgeschiente des späten Römischen Reiches, und sie erfüllte eine Forschungsaufgabe an der LONDON SCHOOL OF ECONOMICS. Anstatt Professor zu werden, heiratete sie 1928 einen Russen, und nach einem in Japan verbrachten Jahr ließ sie sich in der Sowjet-Union nieder. Hier erwarb sie als Ehefrau, Mutter und Forscherin am Institut für Weltwirtschaft und Politik, geleitet von Eugene Varga, eine einzigartige Kenntnis des Lebens in der Sowjet-Union wie kein anderer englischer oder amerikanischer Schriftsteller. Nach der Verhaftung ihres Ehemannes floh sie mit ihrem Sohn aus Rußland, kehrte nach England zurück, ging dann nach China, um sich schließlich 1939 in den USA niederzulassen und die amerikanische Staatsbürgerschaft zu er" werben.

Frau Utley hat immer wieder das Risiko auf sich genommen, Tatsachen und Ansichten wiederzugeben, die zu ihrer Zeit unpopulär gewesen sind, sich jedoch in der Folge als richtig erwiesen haben. Die Tatsache, daß ihre Aussagen in fast prophetischer Art über Japan vor Pearl Harbor, über die Sowjet-Union während des Krieges, und über China danach richtig waren, gibt dem besonders Gewicht, was sie über das heutige Deutschland zu sagen hat.

FREDA UTLEY 5
I. DIE STRAßE DIE ZUM KRIEGE FÜHRTE 7
II. DER GEIST BERLINS 32
III. DIE MATERIELLEN KOSTEN DER VERGELTUNG 64
IV. TRAGÖDIE IM SIEGERLAND 120
V. DIE DEUTSCHE DEMOKRATIE ZWISCHEN SCYLLA UND CHARYBDIS .. 149
VI. DIE URTEILE VON NÜRNBERG 186
VII. UNSERE VERBRECHEN WIDER DIE MENSCHLICHKEIT 208
VIII. UNSERE UNAMERIKANISCHE HANDLUNGSWEISE IN DEUTSCHLAND 228
IX. WIE MAN DEMOKRATIE NICHT LEHREN DARF 246
X. DIE FRANZOSEN AUF DEM HOHEN ROSS 276
XI. FOLGERUNGEN 309
ENDE EIN NOTWENDIGER ANHANG 320
BEREITS VERÖFFENTLICHT 323

I. Die Straße die zum kriege führte

Nach dem Ende des Ersten Weltkrieges weigerten sich Frankreich und Großbritannien, auf jene Staatsmänner zu hören, die da sagten, daß man entweder Frieden haben oder Rache üben könne, auf keinen Fall aber beides zugleich. Die beiden Staaten brachen das Versprechen, das sie Deutschland bei Abschluß des Waffenstillstandes gegeben hatten: daß nämlich der Frieden auf der Grundlage von Präsident Wilsons Vierzehn Punkten und der vom Präsidenten der USA verkündeten *Schlichtungsprinzipien* geschlossen würde. 1919 schrieb Maynard Keynes in seinem Buch *Die wirtschaftlichen Folgen des Friedens* über den Waffenstillstand: "Die Natur des Vertrages, der zwischen Deutschland und den Alliierten geschlossen wurde... ist klar und unmißverständlich. Die Bestimmungen des Friedensvertrages haben mit den Bekundungen des Präsidenten übereinzustimmen; die Friedenskonferenz hat die Aufgabe, die Einzelheiten der Anwendung dieser Bestimmungen zu erörtern. Nach einer der Klauseln des Vertrages mußte Deutschland Waffenstillstandsbedingungen auf sich nehmen, die es völlig hilflos machen mußten... Die Ehre der Alliierten war daher in besonderer Weise davon berührt, daß sie ihren Teil der Verpflichtungen erfüllten. Dazu gehörte auch, daß sie bei Auftreten von Unklarheiten ihre Position nicht dazu benutzen sollten, Vorteile aus dieser Lage zu ziehen." England und Frankreich setzten die Hungerblockade gegen Deutschland sechs Monate über den Waffenstillstand hinaus fort, um von den deutschen Demokraten, die die Regierung übernommen hatten, die Unterzeichnung eines Diktatfriedens zu erzwingen. Sie hatten einen Frieden ohne Annexionen und Kriegsentschädigungen versprochen, doch sie raubten deutsches Land und bürdeten der eben entstandenen Weimarer Republik Reparationen auf, unter deren Last sie zusammenbrechen mußte. Sie hatten sich zu einer allgemeinen Abrüstung verpflichtet, doch sie entwaffneten einzig und allein Deutschland, ohne selbst abzurüsten. Die Sieger weigerten sich sogar, über die Friedensbedingungen mit den Geschlagenen zu sprechen, die die Waffen aufgrund genau festgelegter, aber dann nicht eingehaltener Bedingungen niedergelegt hatten. Sie brachen ihre feierlichen Versprechungen, erniedrigten die Nation, überantworteten sie dem wirtschaftlichen

Elend und diskreditierten damit die junge Demokratie in den Augen der Deutschen.

Die NSDAP, aus der Drachensaat von Versailles entstanden und in der Weltwirtschaftskrise, die die Zahl der Arbeitslosen in Deutschland auf über sechs Millionen erhöhte, zu gewaltiger Stärke angewachsen, übernahm die Macht, als diese Wirtschaftskrise in Europa und Amerika auf ihrem Höhepunkt stand. Es war unvermeidlich, daß, nach einem Zeitraum von nur zwanzig Jahren, der Zweite Weltkrieg dem Ersten folgte.

Statt zu begreifen, daß man Vertrauen und Sicherheit, Demokratie und Wohlstand nicht auf Haß und Rachsucht gründen kann, haben die siegreichen Alliierten von 1919 Deutschland in Stücke gerissen und ihm jede Möglichkeit genommen, sich aus eigener Kraft und ohne Hilfe von außen eine neue Existenz aufzubauen. Sie waren nicht imstande, sich über einen Friedensvertrag zu einigen, haben aber brüderlich vereint das niedergeworfene Deutschland auf den Stand einer afrikanischen Kolonie hinabgedrückt.

Die Geschichte hat sich wiederholt und die Ergebnisse dieses Prozesses werden aller Wahrscheinlichkeit für Europa noch unheilvollere Folgen haben als die jener Ereignisse, die zum Zweiten Weltkrieg führten. 1945 haben die siegreichen Alliierten es den Deutschen von neuem verwehrt, auf Demokratie und Gerechtigkeit zu vertrauen. Das deutsche Volk mußte erneut mit ansehen, wie die Besatzungsmächte die Prinzipien der Gerechtigkeit verleugneten und die Demokratie zum Gespött machten. Wiederum gerieten die deutschen Demokraten in die Gefahr, den Anhängern des Totalitarismus den Weg freizumachen, da legale Methoden und alle Appelle an das Gerechtigkeitsgefühl nicht vermochten, eine faire Behandlung des deutschen Volkes zu erreichen.

Das Jahr 1918 hat Hitler hervorgebracht; 1945 war die Gefahr nahe, daß Stalin der Herrscher über ganz Europa wurde.

Wäre Frankreich nach dem Ersten Weltkrieg willens gewesen, Deutschland so großmütig und klug zu behandeln wie England nach Napoleons Niederwerfung Frankreich behandelte, so wäre möglicherweise Europa ein weiteres Jahrhundert des Friedens beschieden gewesen. Der jahrhundertealte Streit zwischen Deutschland und Frankreich hätte unter Bedingungen beendet werden können, die so vorteilhaft für beide Völker wie förderlich für das Zustandekommen eines echten Friedens in Europa gewesen wären. Ein Frieden, wie er der französisch-britischen Zusammenarbeit nach Jahrhunderten der Rivalität und der Kriege zwischen beiden Staaten gelang. Statt dessen versuchte Frankreich sich in eine trügerische Sicherheit zu lullen, indem es den Riesen jenseits seiner Grenzen entwaffnete, ihm aber gleichzeitig jeden Grund gab, auf Vergeltung zu sinnen.

Die erdrückende Bürde der Deutschland auferlegten Reparationen und die Tatsache, daß diesem Land eine festgegründete und ehrenvolle Stellung unter den Nationen Europas verweigert wurde, machten die deutsche Demokratie so kraftlos, daß die Nationalsozialisten die Macht an sich reißen konnten und Frankreich von eben den Gewalten zu Boden geworfen wurde, die es selbst geweckt hatte.

Es kann durchaus sein, daß die Menschheit eine einzige Lehre aus der Geschichte zieht: die nämlich, daß sie nichts aus ihr lernt. Die Erklärung für das Versagen der westlichen Demokratien, die Lehren der jüngsten Vergangenheit zu begreifen, ist aber in den unheilvollen Wirkungen der Kriegspropaganda sowie der Ignoranz und mangelnden Redlichkeit derjenigen zu suchen, die die öffentliche Meinung machen.

Immer noch ist die Feder mächtiger als das Schwert und trägt eine größere Schuld am Elend der Menschheit, wenn sie ohne Skrupel in den Dienst der psychologischen Kriegführung gestellt wird. Samuel Johnson hatte wahrlich recht, als er im 18. Jahrhundert schrieb: "Ich weiß nicht, was man mehr zu fürchten hat: Straßen voller Soldaten, die zu plündern gewöhnt sind, oder Dachkammern voller Schreiberseelen, deren einziges Metier das Lügen ist."

Die Kriegspropaganda und die Geschichtsfälschungen, in denen sich eine Unzahl von Journalisten, Schriftstellern, Professoren und Politiker ergingen, haben dem amerikanischen Volk die Überzeugung eingeimpft, daß die Deutschen aus ihrer Natur heraus der Demokratie abgeneigt und ein angriffslüsternes Volk seien, das stets von neuem versuchen werde, die Welt zu beherrschen, wenn man es nicht niederhalte und ihm in einem langen Unterweisungsprozeß, wie in einer Besserungsanstalt, die Liebe zur Demokratie beibringe.

Nur diejenigen, die sich in der Geschichte Europas auskennen, wissen, daß Deutschland erst eine kämpferische Nation wurde, als Jahrhunderte französischer Aggressionen von Richelieu bis zu Napoleons Eroberungszügen eine Reaktion hervorriefen, die es Preußen erlaubte, aus den uneinigen und machtlosen Königreichen, Fürstentümchen und Freien Städten, aus denen vor der französischen Revolution Deutschland bestand, den geeinten deutschen Staat zu erbauen, wie wir ihn kennen.

Die Amerikaner, denen ständig vorerzählt wurde, daß Deutschland in der neuesten Zeit dreimal Frankreich angegriffen habe, werden erstaunt sein, wenn sie lesen, was seinerzeit über den Deutsch-Französischen Krieg von 1870/71 in Großbritannien und den Vereinigten Staaten gesagt wurde. Dies schrieb die Londoner "Times" am 16. Juli 1870: "Das größte nationale Verbrechen, das wir seit den Tagen des ersten französischen Kaiserreiches schmerzlich bewegt in diesen Spalten aufzuzeichnen haben, ist begangen worden. Ein Krieg ist erklärt worden — ein ungerechter, aber im voraus geplanter Krieg. Das entsetzliche Unglück, das Europa in tiefste Bestürzung versetzt, ist — das steht nunmehr eindeutig fest — das Werk Frankreichs, eines einzigen Mannes in Frankreich. Es ist das Endergebnis persönlicher Herrschaft. Es kann kein Zweifel darüber bestehen, auf welcher Seite die Sympathien der Welt sind. Was man auch bei früheren Gelegenheiten Preußen vorwerfen konnte: in diesem Falle wird es all den moralischen Beistand auf seiner Seite haben, der demjenigen, der die Waffen zur Selbstverteidigung erhebt, selten verweigert wird."

George Bancroft, der Gesandte der Vereinigten Staaten in Berlin gab folgenden Bericht: "Die führenden Staatsmänner so gut wie die öffentliche Meinung in Amerika betrachten diesen Krieg im Grunde genommen als einen Akt der Selbstverteidigung, was Deutschland angeht. Die wichtigste Aufgabe ist es, Deutschland für alle Zeit mit Hilfe einer besseren Grenzziehung gegen Angriffe seines westlichen Nachbarn, die in den letzten drei Jahrhunderten so häufig waren, zu schützen."

Es ist die Tragödie der Geschichte unserer Tage, daß man die Deutschen stets miserabel behandelt hat, wenn sie friedfertig gesinnt waren. Das hatte die ganz natürliche Folge, daß die Verfechter der Gewalt immer wieder die Herrschaft über die Nation gewonnen haben, nachdem es Demokraten und Antimilitaristen versagt geblieben war, eine annehmbare Regelung für die Deutschen zu erreichen oder diese vor Angriffen zu schützen.

Nachdem sie endlich zu den Waffen gegriffen hatten, um den französischen Angriff abzuwehren und nachdem sie Frankreich gezwungen hatten, seinen jahrhundertealten Ehrgeiz einer Alleinherrschaft über den Kontinent aufzugeben, folgten die Deutschen, da Bismarcks Einfluß verschwunden war, in Frankreichs Fußstapfen. Trotzdem ist die sehr populär gewordene Auffassung falsch, daß die Deutschen die Ursache aller Kriege der jüngsten Vergangenheit gewesen seien. In dem halben Jahrhundert zwischen dem Deutsch-Französischen Krieg 1870/71 und dem Ersten Weltkrieg hielt Deutschland Frieden, während England und Frankreich den größten Teil Afrikas eroberten und ihre Kolonialreiche in Asien ausweiteten; Rußland kämpfte gegen die Türkei, Japan und die Vereinigten Staaten verleibten sich durch Kriege gegen Spanien und Mexiko neue Gebiete ein.

Deutschland ist auch nicht allein für den ersten Akt der Tragödie der westlichen Kultur verantwortlich zu machen. Die von den Bolschewiken veröffentlichten sowie die aus den Wiener Archiven stammenden diplomatischen Dokumente, haben eindeutig bewiesen, daß das zaristische Rußland und die Habsburger Monarchie weit mehr Schuld am Ausbruch des Krieges tragen als Deutschland.

Gustav Stolper schrieb dazu in seinem Buch *Die deutsche Wirklichkeit:* "Nicht ein einziger Historiker von Weltruf, welcher Nationalität auch immer, hat in den zwanziger und den frühen dreißiger Jahren die Behauptung aufrecht erhalten, daß Deutschland allein die Schuld am Kriege trage. Wohl sind aber verschiedene hervorragende Historiker, besonders Engländer und Amerikaner, so weit gegangen festzustellen, daß Deutschland verhältnismäßig wenig Schuld treffe."

Diese geschichtlichen Fakten wurden von der Propaganda im Zweiten Weltkrieg in Dunkel gehüllt und sind heute vergessen. Niemand kann bestreiten, daß die Deutschen nach ihrer Niederlage im Ersten Weltkrieg eine völlige Kehrtwendung vollzogen und Pazifismus und Demokratie mit demselben Eifer huldigten, mit dem sie vorher ihren Militaristen gefolgt waren. Die Verfassung der Weimarer Republik garantierte so viele Freiheiten, daß sie Kommunisten und Nationalsozialisten sogar die Freiheit einräumte, die deutsche Republik erst zu unterminieren und dann zu zerstören.

Möglicherweise hätte die Weimarer Republik die ihr innewohnenden Schwächen überwunden, wenn Frankreich es über sich gebracht hätte, das Kriegsbeil zu begraben und eine ähnlich wohlwollende Politik gegenüber Deutschland zu verfolgen, wie das die Briten taten, die bald nach Kriegsende begriffen, daß es außerordentlich töricht war, die demokratischen Kräfte in Deutschland an einer unerbittlichen Erfüllung der Klauseln des Versailler Vertrages scheitern zu lassen.

Im Jahre 1923 besetzten die Franzosen gegen den Rat Englands das Ruhrgebiet, um die unermeßlichen Reparationen zu erhalten, die die deutsche Republik niemals bezahlen konnte. Die deutsche Antwort auf diese hochfahrende Unternehmung war ein Generalstreik an der Ruhr, der zwar Frankreich schließlich zum Rückzug zwang, Deutschland aber dem Bankrott überantwortete. Die daraus folgende unaufhaltsame Inflation ruinierte den Mittelstand und führte zur Entstehung der nationalsozialistischen Bewegung. Zur gleichen Zeit trieb das Elend der Arbeiterschaft viele dazu, sich von der sozialdemokratischen Führung abzuwenden und den Kommunisten zu folgen.

Das Eingreifen der USA schob den Ausbruch der Krise um ein Jahrzehnt hinaus. Amerikanische Anleihen und Kredite retteten die Weimarer Republik und gestatteten Deutschland, seine jährlichen Reparationsleistungen zu vermindern. Es schien sogar, als wolle wieder ein gewisser Wohlstand aufkommen. Ein Kern von etwa zwei Millionen ständig Arbeitslosen blieb zwar, doch die deutsche Industrie war dank der amerikanischen Hilfe modernisiert und rationalisiert worden.

Deutschlands Hoffnung, seinen Verpflichtungen nachkommen zu können, beruhte auf einer Ausweitung seines Welthandels und dem weiteren Fließen amerikanischer Kredite. Die Weltwirtschaftskrise reduzierte jedoch Deutschlands Ausfuhren drastisch, stoppte die amerikanischen Kredite und machte alle Möglichkeiten zunichte, daß Deutschland weiter Reparationen und die Zinsen für seine Anleihen zahlen konnte.

Das Smoot-Hawley-Tarifgesetz in den USA und die Entschlüsse der Ottawa-Konferenz von 1931, die das britische Commonwealth mit einer hohen Zollmauer umgaben, vollendeten den Ruin der deutschen Demokratie. Deutschlands Außenhandel sank auf die Hälfte; Arbeitslosigkeit, Bankzusammenbrüche und Konkurse brachten in alle Schichten eine solch tiefreichende Verzweiflung, daß die Extremisten auf der Rechten und Linken die demokratischen Parteien zerschlagen konnten, die sich trotz all dieser gewaltigen Schwierigkeiten mit allen Kräften bemüht hatten, das deutsche Volk zur Abwendung von den Militaristen zu veranlassen und ihm Vertrauen in eine vernünftige und friedliche Weltordnung einzuimpfen.

Präsident Hoover unternahm daher den Versuch, die Krise in Deutschland und ganz Europa mit Hilfe seines internationalen Schuldenmoratoriums zu bekämpfen. Präsident Roosevelt jedoch gab dem Wirtschaftskrieg mit seiner Torpedierung der Londoner Weltwirtschaftskonferenz und der Abwertung des Dollars einen neuen, mächtigen Auftrieb; dieser Wirtschaftskrieg war aber nichts anderes als das Vorspiel zum Zweiten Weltkrieg.

In dieser verzweifelten wirtschaftlichen Lage, ohne Waffen, der Gleichberechtigung mit anderen Nationen beraubt, die Hälfte der Industriearbeiterschaft ohne Beschäftigung, ohne Einkünfte aus Kolonien wie Großbritannien, Frankreich, die Niederlande und Belgien, um seine beschäftigungslosen Millionen unterstützen zu können, warf sich Deutschland Hitler in die Arme. Der falsche Messias, der Arbeit und Brot und — anstelle der kraftlosen Weimarer Republik — ein freies und starkes Deutschland verheißen hatte, wurde der Zerstörer der deutschen Demokratie.

Die Nationalsozialisten nutzten nicht nur das wirtschaftliche Elend aus, sie spielten auch auf der Klaviatur der nationalen Empörung und aller möglicher Furchtkomplexe. Ein bedeutender britischer Historiker, H. A. L. Fisher, hat in einem Buch *History of Europe* geschrieben: "Die Deutschland durch den Vertrag von Versailles aufgezwungene Entwaffnung war von dieser Nation von Soldaten niemals willig hingenommen worden. Die Deutschen hatten alles Recht, darauf zu bestehen, daß sie entweder wiederaufrüsten durften oder daß ihre Nachbarn ernsthaft ihre Rüstungen beschneiden sollten. Mit einer seltenen Einmütigkeit forderte Deutschlands Jugend leidenschaftlich eine gleichberechtigte Behandlung; sie protestierte gegen die Fortdauer eines Systems, das sie wehrlos den Flugzeugen, Kampfwagen und der schweren Artillerie der Polen,

Tschechen und Franzosen auslieferte. Die schleppenden Verhandlungen im Völkerbund brachten das Volk gegen die Sozialdemokraten in Harnisch, die für die Erfüllung der Verträge eintraten und willens waren, Opfer für den Frieden in Europa zu bringen. Sieben Jahre lang hatte Deutschland Genf umworben, doch es hatte vergebens geworben."

Den Deutschen schien es ein paar Jahre lang, als habe Hitler fast immer recht, die deutschen Demokraten aber von Grund auf unrecht gehabt. Das, was man ihnen ständig verweigert hatte, erhielt Hitler ohne Widerstand zugestanden. Von 1933 bis 1939 erwies sich immer wieder aufs neue die Richtigkeit des Grundsatzes, daß erst Macht Recht schafft und daß den Schwachen Gerechtigkeit stets verweigert wird. Die Vereinigung mit Österreich, die den deutschen Demokraten untersagt wurde, als sie die Wirtschaftskrise, die ihre Stellung unhaltbar machte, entschärft hätten, wurde Hitler ohne weiteres gestattet. Das Recht auf Selbstverteidigung, das man der Weimarer Republik nicht eingeräumt hatte, wurde den Nationalsozialisten niemals bestritten, selbst dann nicht, als sie es schon längst dahingehend auslegten, daß es auch das Recht zum Angriff auf Andere bedeute. Nachdem Hitler an die Macht gekommen war, entdeckten die Deutschen, daß sie imstande waren, jedes Recht zu erhalten, das man ihnen verweigert hatte, als sie noch Demokraten gewesen waren.

Der einfache Deutsche, der müßig an den Straßenecken herumgestanden oder vergeblich nach Arbeit Ausschau gehalten hatte, der sich in einer Gesellschaft, die seine Arbeitskraft nicht gebrauchen konnte, als Ausgestoßener fühlte, hatte nun Beschäftigung für die Dauer und ein Gefühl der Sicherheit, solange er den Anordnungen von oben gehorchte.

Zur Zeit der Weimarer Republik waren die Weltmärkte den deutschen Ausfuhren verschlossen geblieben, doch nun hatte sie Dr. Schacht dem deutschen Handel mit Hilfe von Tauschabkommen geöffnet, die auf die von London und New York kontrollierten Währungssysteme keine Rücksicht nahmen. Die Deutschen, die sehr viel hatten entbehren müssen, als sie noch der Führung der Sozialdemokratie gefolgt waren, hatten unter der Herrschaft der Nationalsozialisten gute Arbeitsplätze und hübsche Wohnungen. Der Preis, den sie dafür zahlen mußten, war der Verlust der Freiheit, aber ein Mensch, der am Verhungern ist, wird alles dafür hingeben, seinen

Magen füllen zu können.

Hitler ist tot und die Verheißung der Nationalsozialisten, ein Weltreich zu gewinnen, hat in einer fürchterlichen Niederlage und einem von allen Völkern geteilten Haß auf das deutsche Volk geendet, das seinen falschen Götzen gefolgt war und immer noch für deren Verbrechen verantwortlich gemacht wird. Von den Nationalsozialisten wie den Demokraten gleichermaßen enttäuscht, trieben die Deutschen geraume Zeit ohne jede Hoffnung auf die Zukunft dahin. War die Demokratie imstande, sie mit ebenso hohen Erwartungen zu erfüllen, wie das seinerzeit die falschen Propheten in den eigenen Reihen vermocht hatten, so schlug nun die Stunde, da ganz Europa gerettet werden konnte.

Wir aber, die Sieger, haben die Deutschen behandelt, als seien sie Aussätzige gewesen. Als wir den deutschen Demokraten nur geringe oder gar keine Hilfe gaben, haben wir ihnen bewiesen, daß wir — wie zwei Jahrzehnte zuvor — unfähig waren, den Deutschen das Recht zu sichern, für ihren eigenen Unterhalt zu arbeiten und ihnen die gleichen Grundrechte wie anderen europäischen Völkern zu gewährleisten.

Man braucht sich nur ein wenig in der Historie auszukennen, um die volkstümliche Auffassung widerlegen zu können, daß die Deutschen von Natur aus angriffslustiger als die Franzosen, die Briten oder irgend ein anderes Volk seien. Jedes dieser Völker war abwechselnd einmal der Angreifer — aufgrund der Macht, die es besaß, der Gelegenheiten, die sich ihm boten oder des Ehrgeizes, den seine Beherrscher entwickelten.

Es ist völlig sinnlos, hier mit Vorwürfen zu kommen; denn nahezu alle Nationen sind zur einen oder anderen Zeit in Europa, Afrika oder Asien die Angreifer gewesen; selbst die Amerikaner haben auf ihrem eigenen Kontinent Eroberungskriege geführt. Ob die westliche Zivilisation am Leben bleibt, hängt jetzt von unserer Fähigkeit ab, längst vergangenes Unrecht zu vergessen, uns über nationale Vorurteile hinwegzusetzen und die Wunden des Krieges zu heilen. Falls die brudermörderischen Streitigkeiten in Europa nicht aufhören und wir nicht endlich beginnen, nach den Grundsätzen zu handeln, an die wir zu glauben behaupten, werden die Kommunisten Sieger bleiben. Der erste schlechte Frieden gebar Hitler, der zweite brachte uns Stalin.

Nur der wiedererweckte Glaube an die Prinzipien, an die wir zu glauben vorgeben und unsere Entschlossenheit, sie in die Tat umzusetzen, wird die westliche Zivilisation retten.

Der verderbliche Einfluß totalitärer Doktrinen und der Verfall der demokratischen Prinzipien spiegelt sich in der Wandlung wieder, die der Haltung der Vereinigten Staaten zwischen beiden Weltkriegen widerfuhr. Während des ersten Weltkrieges unternahm Präsident Wilson den Versuch, den Stimmen der Vernunft und der Menschlichkeit bei den Verbündeten der USA Gehör zu verschaffen. Er forderte einen Frieden *ohne Annexionen und Reparationen*, damit die *Welt für die Demokratie gerettet werde*. Während und nach dem Zweiten Weltkrieg wurde der Präsident der Vereinigten Staaten der stärkste Verfechter einer Politik, die *alle Beute den Siegern* überantwortete. Die Atlantik-Charta, die er selbst mit entworfen hatte, ließ er völlig fallen.

Präsident Roosevelt war es, der in Jalta Polen und China preisgab und Osteuropa der Terrorherrschaft der Kommunisten überantwortete. Präsident Roosevelt war es, der mit Stalin vereinbarte, daß *Reparationen in Sachleistungen* unter Verwendung von Deutschen als Sklavenarbeitern erzwungen werden sollten. Es war auch der demokratische Präsident der USA, der dem Morgenthau-Plan seine Zustimmung gab, der Millionen Deutscher dem Hungertod ausliefern mußte. Er war es auch, der der Enteignung und Vertreibung von Millionen Deutscher aus Schlesien, Ostpreußen, dem Sudetenland und Südosteuropa zustimmte, deren einziges Verbrechen es war, Deutsche zu sein.

Churchill, der britische Konservative und Imperialist, und nicht Roosevelt, der amerikanische Demokrat, hat sich in Jalta Stalin widersetzt, als der Diktator über ganz Rußland vorschlug, nach dem Siege Tausende deutscher Offiziere abzuschlachten. (Dieser Satz ist nicht als eine Verteidigung Churchills gemeint, der zu kurzsichtig oder zu trunken von seiner eigenen Beredsamkeit war, als daß er die verderblichen Folgen eines uneingeschränkten Beistandes für das Rußland Stalins begreifen konnte. Vergleicht man ihn jedoch mit F. D. Roosevelt, dann kann Churchill durchaus für sich in Anspruch nehmen, ein Staatsmann zu sein.) Churchill — nicht Roosevelt oder dessen *liberale* Helfershelfer — hat versucht, Europa vor der kommunistischen Terrorherrschaft dadurch zu bewahren, daß er sich zum Fürsprecher einer Strategie machte, die die Russen aus

Kostspielige Rache

Osteuropa her ausgehalten und verhindert hätte, daß man mit allen Opfern, die man in diesem Kriege gebracht hatte, nichts anderes bewirkte als die Ersetzung der einen totalitären Tyrannei durch die andere.

Präsident Wilson brach zusammen und starb, als es ihm nicht gelungen war, die Verbündeten der Vereinigten Staaten zu einem Frieden der Gerechtigkeit zu überreden und die Unterstützung des Völkerbundes durch den Kongreß zu erlangen. Letzteres hätte seiner Auffassung nach die Zugeständnisse wieder ausgeglichen, die er in Versailles der Gier, den Ängsten und dem Ehrgeiz der Sieger hatte machen müssen.

Präsident Roosevelt starb, ehe noch die Folgen seiner Abkehr von moralischen Grundsätzen in der Behandlung des besiegten Feindes und seiner Bereitwilligkeit, Prinzipien und höhere Interessen der Ausführung seines *Großen Planes* zu opfern, offenkundig wurden. Noch vor seinem Tode muß er aber begriffen haben, daß Stalin niemals daran denken werde, die Versprechungen zu honorieren, die er ihm um den Preis des Verrates an Polen und China und der Auslieferung Osteuropas abgewonnen hatte und die den Sowjetdiktator in die Lage versetzten, ganz Europa zu bedrohen und die Macht in China zu übernehmen.

Beide demokratischen Präsidenten sind Versager gewesen, doch Wilson hat für die Gerechtigkeit gekämpft, während Roosevelt sie aus opportunistischen Beweggründen hinopferte und die Zukunft der Welt für etwas verpfändete, was er selbst zugegebenermaßen als *Spiel* bezeichnete und für den Glauben an seine Fähigkeit, den Sowjetdiktator zu verzaubern.

Die Wirkung der Rooseveltschen *Erfolge* war verhängnisvoller als die der Wilsonschen Fehlschläge. Es erwies sich, daß die Vereinten Nationen von Anbeginn an ein weit schlimmerer Versager waren als Wilsons Völkerbund. Sie sind ja jetzt de facto bereits zugunsten des Atlantischen Bündnisses mit den Feinden der Sowjetunion aufgegeben worden.

Im Kontrast zwischen Wilsons Einstellung und Zielen und denen Roosevelts spiegelt sich die veränderte geistige Haltung der amerikanischen Liberalen. Während und nach dem Ersten Weltkrieg hatten sie sich zu Wortführern eines gerechten Friedens gemacht, hatten nationale und rassische Vorurteile verdammt und sich nach Kräften bemüht, die Einflüsse des Nationalismus und des im Kriege geborenen Hasses zwischen den Völkern zu bekämpfen. Während des Zweiten Weltkrieges und in der ihm folgenden Zeit hatten sich aber die sogenannten Liberalen und Fortschrittler an die Spitze jener Leute gestellt, die die Kreuzigung des deutschen Volkes in seiner Gesamtheit forderten.

Wurde die Demokratie des Westens durch den Einfluß von Totalitaristen geschwächt, die sich als Liberale tarnten oder von den Kommunisten korrumpiert worden waren, so haben auch die Kommunisten einen Teil ihrer Kraft verloren, als sie den Kommunismus seines ihm ursprünglich innewohnenden humanitären Gehaltes und seiner weltweiten Überzeugungskraft entkleideten.

Nur Ignoranten, Verblendete und einige wenige Egoisten mit gewaltigem Ehrgeiz und sehr wenig Talent glauben heute noch daran, daß der Kommunismus der Menschheit eine gerechtere Sozialordnung und eine höhere Form der Gleichheit zwischen Menschen, Nationen und Rassen zu bieten hat.

Der Unterschied in der Einstellung und der Politik der Kommunisten heute und vor zwanzig Jahren wird am besten durch ihr Verhalten gegenüber Deutschland beleuchtet. Hier tritt der Gegensatz zwischen vergangener und derzeitiger Haltung, zwischen laut verkündeten Idealen und der Praxis, wie sie nunmehr angewendet wird, am deutlichsten zu Tage.

Im Jahre 1917 proklamierte Lenin die Einheit der *Arbeiter in aller Welt*, er prangerte den Krieg als Auseinandersetzung zwischen den Imperialisten an, reichte dem deutschen Volke die Freundeshand und wies die nationalistischen Kriegsziele des zaristischen wie des Kerenski-Regimes weit von sich. Als er sie führte, waren die Kommunisten Internationalisten — in der Theorie wie in der Praxis. Sie waren dem deutschen Volk so wenig wie irgend einem anderen feindlich gesonnen, weil sie *die Massen* in jedem Lande als Opfer der *kapitalistischen Tyrannei* und des *imperialistischen Machtstrebens* betrachteten.

Ein Vierteljahrhundert später hatte Stalin, der auf den von Lenin gelegten Grundlagen aufbaute, jedoch eine gänzlich andere Konzeption von dem zu errichtenden Gebäude, hatte Rußland in einen national-sozialistischen Staat verwandelt und übte am ganzen deutschen Volk Rache dafür, daß es seinen eigenen nationalsozialistischen Führern und nicht denen Rußlands gefolgt war. Lenin hatte auf sämtliche territorialen Ansprüche der Zaren Verzicht geleistet, Stalin aber verlangte alles und noch viel mehr von dem, was diese jemals in Europa und Asien zu erlangen geträumt hatten.

Da die Degeneration des Kommunismus wie der Demokratie auf parallelen Linien verlaufen war, war es nur zu natürlich, daß die Westmächte und Sowjetrußland nur in einem einig waren: der Rache an ihren besiegten Feinden. Da der Kommunismus ein Synonym für die Interessen der Beherrscher Rußlands geworden und die Demokratie dem schleichenden Gift des Völkerhasses erlegen war, taten sich die Sieger des Zweiten Weltkrieges zusammen, um die Deutschen auszuplündern und zu versklaven.

Haß ist eine mächtige Waffe in den Händen der Kommunisten, doch er raubt den Feinden der Tyrannei die Kraft. Uns wurden die Hände gebunden, als wir ein enges Bündnis mit den Tyrannen schlossen, die nur deswegen mit Hitler aneinandergerieten, weil dieser sich weigerte, gemeinsame Sache mit den russischen Nationalsozialisten zu machen.

Der Kommunismus hat seinen liberalen Inhalt eingebüßt, der ihm einst moralische Stärke verlieh, doch die Anziehungskraft, die er ausstrahlt, ist auch durch seine Unmenschlichkeiten und seine geistige Verrottung unter der Diktatur Stalins noch nicht abgestorben. Stalin war ein klügerer Mann als Hitler, der Machiavellis Vorschrift mißachtete, daß ein Tyrann, um Erfolg zu haben, entweder alle seine Feinde töten oder diese sich zu Freunden machen müsse. Die Zahl derjenigen, die sowjetischen Konzentrationslagern zu entrinnen vermochten, ist verschwindend gering, doch viele Juden und Demokraten, die entweder selbst in Hitlers Gefängnissen geschmachtet oder Freunde und Verwandte in ihnen wußten, erhielten die Erlaubnis, ins Ausland zu gehen, wo sie der Welt von den Greueln der Nationalsozialisten berichten konnten.

Hitler war bei der Austilgung seiner Feinde nicht ganz so rücksichtslos und erfolgreich wie Stalin und daher sind die von der Sowjetregierung begangenen Grausamkeiten weit weniger bekannt als die Verbrechen der Nationalsozialisten. Dies ist der einzige Grund dafür, daß die Erinnerung an die einmal vorhanden gewesenen humanitären und internationalen Bestrebungen des Kommunismus noch immer einen Widerhall in den Herzen von Idealisten weckt, die das stalinistische Rußland nicht kennen und sich weigern, etwas darüber zu lernen. Seine stärkste Anziehungskraft übt der Kommunismus unserer Tage jedoch auf die irrationalsten und zerstörerischsten Kräfte aus, die von jeher der menschlichen Natur innewohnen. Indem die Kommunisten auf der Klaviatur unserer Haßinstinkte und Leidenschaften spielen, nähren und schüren sie Klassen-, Rassen- und Völkerhaß und zwingen uns damit, gegen unsere ureigensten Interessen und die Sache der Freiheit zu handeln. Seitdem der Krieg zu Ende ging, haben sie viel Erfolg bei der Propagierung ihrer Auffassung gehabt, daß Barmherzigkeit, Gerechtigkeit, Nächstenliebe und Wohlwollen auf Sympathien mit den *Faschisten* hindeuten.

Als ich vor Jahren in der Sowjetunion lebte, wurde mir zum erstenmal die Einstellung der Kommunisten zum Begriff Menschlichkeit offenbar, als ich in Sebastopol die Zeilen unter dem Bild eines russischen Generals las, der im Krimkrieg die Truppen des Zaren geführt hatte: "General X war einer der gefährlichsten Feinde der Arbeiterklasse, denn er versuchte dadurch, daß er seine Soldaten anständig behandelte, deren Klassenbewußtsein einzuschläfern."

Es ist das klar ausgesprochene Ziel der Kommunisten, die Voraussetzungen für Chaos und Elend aufrechtzuerhalten oder erst zu schaffen, die allein es ihnen erlauben, die Macht an sich zu reißen. Daher war es nur zu natürlich, daß sie sich nicht nur dem Marshall-Plan widersetzten, sondern auch ihren ganzen Einfluß ausüben, die alten Haßgefühle und den alten Groll noch zu verstärken, der ihre Feinde uneins macht.

Die besten und klügsten Juden können von dem Appell der Kommunisten an ihr nur zu natürliches, aber vernunftwidriges Streben nach Vergeltung an allen Deutschen für die Untaten der Nationalsozialisten verführt werden. Unter den schärfsten Gegnern der Kommunisten findet man viele intelligente und freiheitlich denkende Juden; sie haben das kommunistische Konzept der Kollektivschuld und der unterschiedslosen Bestrafung von Unschuldigen und Schuldigen weit von sich gewiesen. Da sie aber Menschen aus Fleisch und Blut sind, sind manche Juden Wachs in den Händen der Kommunisten, die ihre Rachegefühle aufstacheln, um Europa besser für die sowjetische Eroberung reif machen zu können.

Mit ebenso viel Erfolg haben sich die Kommunisten der Haßgefühle der Polen, der Tschechen und anderer Völker bedient, die unter dem Joch der Deutschen geschmachtet haben. Sie haben sich dieser Leidenschaften bedient, um die *befreiten* Völker Stalin zu überantworten. Auf diese Weise wurden die Tscheschen, die drei Millionen Sudetendeutsche ihrer Habe beraubten und sie aus dem Lande jagten, in ihrem eigenen Land selbst Knechte der Sowjetführer.

Beschränkte sich der Einfluß der Kommunisten heutzutage auf diejenigen, die noch immer glauben, daß die Sowjetunion eine *friedliebende Demokratie* sei, so wäre er bedeutungslos. Es ist aber so, daß die Kommunisten, ihre Mitläufer und die von ihnen Getäuschten sich geschickt unserer irrationalen und zerstörerischen Instinkte bedienen und damit die Demokratie schwächen.

Die Männer im Kreml sind in der beneidenswerten Lage, beide Hände für die Zerstörung der freien Welt freizuhaben. Sie können dem deutschen Volk die Gelegenheit bieten, sich mit Hilfe eines Bündnisses mit der Sowjetunion am Westen zu rächen. Sie spannten den deutschen Nationalismus vor ihren Wagen und gaben ehemaligen hochgestellten Nationalsozialisten wichtige und hochbezahlte Posten in den Polizeistreitkräften, die de facto eine Armee sind, sowie in den kommunistischen Universitäten und Verwaltungsbehörden der Sowjetzone. Die Schalmeienklänge der Sowjetrussen sollen in Deutschland vor allem die ehemaligen Nationalsozialisten betören, die in den Reihen ihrer ideologischen Brüder in der kommunistischen Partei höchst willkommen sind.

Gleichzeitig wiesen die Führer der kommunistischen Internationale ihre Gefolgsleute in den anderen Ländern an, eine Politik zu treiben, die die Deutschen, die darüber verzweifelt waren, daß die westlichen Besatzungsmächte ihnen nicht gestatteten, sich ihren Lebensunterhalt zu verdienen, zu einem Bündnis mit der Sowjetunion veranlassen sollten.

Dieses Doppelspiel wäre allzu offenkundig, um erfolgreich zu sein, gäbe es nicht die einflußreichen Schriftsteller, Rundfunkkommentatoren, Professoren und andere Macher der öffentlichen Meinung, die sich von den Kommunisten gängeln lassen — entweder weil sie Dummköpfe oder Ehrgeizlinge sind oder wegen des Geschickes, mit dem die Kommunisten den Völker- und Rassenhaß hochspielen und damit die im letzten Krieg aufgeflammten Leidenschaften am Leben erhalten. Das amerikanische Volk hätte schon längst die selbstzerstörerische Natur der amerikanischen Deutschlandpolitik begriffen, wenn es nicht von den kommunistischen Mitläufern beeinflußt worden wäre. Dieser Einfluß tat sich auf mannigfache und subtile Weise kund: in Zeitungen, Zeitschriften und Büchern, in populären Vorträgen und den Vorlesungen von Universitätsprofessoren, unter Senatoren, Kongreßabgeordneten und Geschäftsleuten, die sich davor fürchteten, als *Rotenhasser* verleumdet zu werden, jenes Stigma, das all denen aufgedrückt wird, denen die kommunistische Definition für die Worte *Liberalismus und Fortschritt* fragwürdig erscheint.

Den Kommunisten und ihren Anhängern ist es gelungen, viele Amerikaner davon zu überzeugen, daß Gerechtigkeit und Barmherzigkeit *reaktionär* sind und Beweise der Sympathie mit den Geschlagenen auf *faschistische Neigungen* hindeuten. Sie haben es beinahe fertiggebracht, der Mehrheit der Amerikaner einzureden, daß Rache an den Besiegten, auch wenn man damit dem amerikanischen Steuerzahler eine erdrückende Last aufbürdet, der einzige Weg sei, den Frieden zu sichern.

Der kommunistische Einfluß, der sich in der Roosevelt-Ära so stark bemerkbar machte, ist weithin für die Art verantwortlich zu machen, mit der wir Deutschland behandelten und für unsere noch krassere Wiederholung der Fehler, die Frankreich und England nach dem Ersten Weltkrieg machten. Dieser Einfluß ist noch keineswegs verschwunden, obwohl das amerikanische Volk sich der daraus entspringenden Gefahren immer stärker bewußt wird.

Französische Einflüsse gesellten sich zu den kommunistischen, um dem amerikanischen Volk klarzumachen, daß Deutschland entwaffnet, ohne Freiheit und hinreichende Industriekapazität bleiben müsse, was seinen Fortbestand einzig und allein von Amerikas Gnaden gesichert hätte. Eine solche Politik hätte möglicherweise den Erfolg gehabt, daß die Deutschen der Sowjetunion in die Arme getrieben worden wären.

Wir haben nicht nur — und das zum zweiten Male — dem deutschen

Volk eine Reparationslast aufgebürdet, die es erdrücken mußte. Wir haben diesmal das bereits übervölkerte Deutschland jener Gebiete beraubt, ohne das es seine Bevölkerung nicht ernähren konnte und wir haben ihm jene Industrien weggenommen, die die Exportgüter produzieren, aus deren Erlös anderswo nicht erhältliche Lebensmittel gekauft werden konnten. Nicht genug damit, daß wir Rußland zum Herrn Ostdeutschlands gemacht haben, das zuvor Westdeutschland mit Nahrungsmitteln versorgte, haben wir auch unsere Zustimmung zur Austreibung von zwölf Millionen Deutschen aus Schlesien — das wir Polen überließen —, aus dem Sudetenland — in dem die Deutschen seit Jahrhunderten ansässig waren — und aus Jugoslawien sowie anderen osteuropäischen Ländern mit Minderheiten deutscher Abstammung gegeben.

Sollte je einmal die Geschichte unserer Zeit von Gelehrten geschrieben werden, die von nationalen Vorurteilen frei sind, so werden die von den Siegern des Zweiten Weltkrieges begangenen *Verbrechen gegen die Menschlichkeit* gleichwertig den von den Nationalsozialisten begangenen erscheinen. Ein objektiver Beobachter der *Verbrechen, Narreteien und Grausamkeiten der Menschheit* dürfte kaum leugnen, daß die Enteignung und Vertreibung von Millionen, deren einziges Verbrechen es war, Deutsche zu sein, eine Grausamkeit war, die der Austilgung der Juden und der nationalsozialistischen Polenund Russenmassaker ebenbürtig ist. Die Frauen und Kinder, die auf dem endlosen Treck aus Schlesien und dem Sudetenland in das Gebiet, das vom Deutschen Reich noch übrigblieb, verhungert oder erfroren sind, mögen sicherlich gedacht haben, daß ein vergleichsweise schneller Tod in einer Gaskammer da noch barmherziger gewesen wäre.

Dieser künftige Historiker wird, wenn er die Bilanz zwischen den Verbrechen der Nationalsozialisten und denen ihrer Bezwinger zieht, auch nicht versäumen, den Demokratien jene Entscheidung zur Last zu legen, die unsere Armeen an der Elbe stoppte, um der Roten Armee zu erlauben, Berlin zu plündern und zu vergewaltigen.

Wenn Nachahmung die aufrichtigste Form der Schmeichelei ist, dann hat niemand den Nationalsozialisten ein höheres Kompliment gezollt als ihre Besieger. Statt nach den demokratischen Grundsätzen zu handeln, für deren Rettung wir in den Krieg gezogen waren, haben wir die Atlantik-Charta zerrissen und mit unserer Verleugnung der Prinzipien des Völkerrechtes die Nationalsozialisten kopiert.

Statt unseren Glauben an die christlichen und liberalen Grundsätze zu demonstrieren, der Amerika zur stärksten Macht der Erde gemacht hat, haben wir der Doktrin der Nationalsozialisten zugestimmt, daß *Macht Recht setzt.* Statt den Deutschen zu beweisen, daß Hitlers Rassentheorien falsch und lächerlich zugleich waren, haben wir selbst die Rolle eines *Herrenvolkes* gespielt. Statt dem Gesetz Gültigkeit zu verschaffen, nach dem Einzelne nur für die Verbrechen bestraft werden können, die sie selbst begangen haben und das auch erst, nachdem ihre Schuld einwandfrei nachgewiesen wurde, haben wir die gesamte deutsche Nation für Hitlers Verbrechen in Acht und Bann getan.

Wir haben den frierenden und hungernden Deutschen in ihren, von unseren Bombenangriffen in Grund und Boden gestampften Städten bedeutet, daß sie weder Gerechtigkeit noch Gnade zu erwarten hätten, daß wir ihnen aber, obwohl wir ihnen zur Strafe für die Verbrechen der Nationalsozialisten das Recht der freien Wahl entzogen, doch beibringen würden, die Demokratie zu lieben.

Statt anzuerkennen, daß ihre *bedingungslose Kapitulation* uns die moralische und rechtliche Verpflichtung auferlegte, dem deutschen Volk eine gerechte Behandlung zuteil werden zu lassen, haben wir genau das Gegenteil davon getan. Wir haben in Nürnberg verkündet, daß wir uns nicht mehr länger durch die Haager und Genfer Vereinbarungen gebunden fühlten, weil Deutschland bedingungslos kapituliert habe, daß wir aber alle Deutschen dafür bestrafen würden, weil sie gleichermaßen das Völkerrecht mißachteten, als sie die Sieger waren.

Die ursprünglich den amerikanischen Besatzungstruppen erteilten Weisungen befahlen ihnen, nichts zu tun, um die deutsche Wirtschaft wieder auf die Beine zu stellen, sie bestritten jegliche Verantwortung, die Besiegten ernähren zu müssen, obwohl wir während des Krieges darauf bestanden hatten, daß die Deutschen genug Lebensmittel für die Bevölkerung der von ihnen eroberten Länder aufzubringen hatten — so unmöglich dies wegen der von uns ausgeübten Blockade auch war. In Potsdam kam man auch überein, daß die Sieger berechtigt waren, Reparationen in der Form von Zwangsarbeit zu erheben — eine Bestimmung, die die Russen bis zum äußersten ausnutzten. Sie haben Millionen von Kriegsgefangenen als Sklavenarbeiter zurückgehalten und in der von ihnen beherrschten Zone Männer und Frauen gezwungen, in

Arbeitskommandos und in Konzentrationslagern für sie zu schuften.

Den Soldaten der Vereinigten Staaten wurde gesagt, daß sie Deutschland nicht als Befreier, sondern als Eroberer betraten. Die der Besatzungsarmee übertragene Aufgabe wurde als eine Aufgabe rein negativer Art begriffen. Sie bedeutete Entmilitarisierung, Entnazifizierung, Dezentralisierung und Entindustrialisierung. Nicht das Geringste wurde dafür getan, den Deutschen den Glauben einzuimpfen, daß der Sieg der Demokratien ihnen Freiheit, Hoffnung oder Gerechtigkeit bringen werde. Stattdessen fuhren wir damit fort, den Deutschen beizubringen, daß ihr toter Führer im Recht gewesen war, als er sagte, daß Deutschland untergehen werde, falls es nicht Sieger bleibe. *Wehe den Besiegten* war unser Wahlspruch, wie er der Hitlers gewesen war.

Noch drei Jahre nach ihrer bedingungslosen Kapitulation teilten wir den Deutschen Lebensmittelrationen zu, die kaum oder nicht größer waren als die in den Konzentrationslagern der Nationalsozialisten. Alle Deutschen, auch diejenigen, die Hitlers Kerkern entronnen waren, mußten hungern und wurden gedemütigt.

Den Deutschen wurde unter Androhung von Gefängnisstrafen untersagt, Kritik an der Sowjetunion zu üben oder sich über die unmenschliche Behandlung derer zu beschweren, die wir dem kommunistischen Terror ausgeliefert hatten. Amerikanische und deutsche Kommunisten sowie deren Helfershelfer erhielten einflußreiche Stellungen in der Militärregierung, in den deutschen Staats- und Kommunalverwaltungen, in den Spruchkammern sowie als Zeitungsherausgeber und in den Rundfunkanstalten. Wir taten alles, was wir konnten, um die Deutschen davon zu überzeugen, daß wir keinerlei Einwendung gegen die Lehren und Praktiken des Totalitarismus hatten, so lange diese den Interessen der Sowjetrussen statt dem deutschen Nationalismus dienten.

Wir machten nicht nur aus unserem Bekenntnis zur Demokratie einen üblen Scherz, indem wir amerikanischen und deutschen Kommunisten einen derart großen Einfluß einräumten, wir lehrten auch die amerikanische Jugend, den Prinzipien abzuschwören, für die wir, wie man dem amerikanischen Volk erzählt hatte, in den Kampf gezogen waren.

Die nach Deutschland befohlenen amerikanischen Soldaten wurde der Haß gelehrt und ihnen beigebracht, keine Gnade und kein Mitleid im Umgang mit den bitterbösen Deutschen walten zu lassen — ganz genau so wie die jungen Nationalsozialisten gelehrt wurde, die Juden zu hassen und zu verabscheuen. Der *Morgenthau-Plan*, dem Präsident Roosevelt während der Quebec-Konferenz zugestimmt hatte, war die Grundlage für den berüchtigten Befehl JCS 1067, in dem die Ausführungsbestimmungen für unsere ursprüngliche Besatzungspolitik niedergelegt waren. Dieser Morgenthau-Plan zur Umwandlung Deutschlands in ein Land der Äcker und Weiden wäre, hätte man ihn ausgeführt, der schlimmste Akt des Völkermordes in neuerer Zeit gewesen. Man hätte den Deutschen fast ihre gesamte Industrie geraubt; da der Grund und Boden des Landes lediglich imstande war, die derzeitige landwirtschaftliche Bevölkerung zu ernähren, wären mindestens 30 Millionen Deutsche verhungert.

Die Menschlichkeit, die ein Grundzug des amerikanischen Volkes ist, verhinderte, daß dieser niederträchtige Plan ausgeführt wurde. Unglückseligerweise blieb aber der Befehl JCS 1067 bis 1947 Grundlage für unsere Besatzungspolitik. Gemäß diesem im April 1945 General Eisenhower erteilten Armeebefehl durfte nichts unternommen werden, *was geeignet war, die Wirtschaft Deutschlands wiederherzustellen oder diese zu stärken*. Die Militärregierung erhielt die ausdrückliche Anweisung, die Produktion einer langen und umfassenden Liste von Industriebetrieben *zu untersagen und zu verhindern*.

Der Lebensmittelverbrauch der deutschen Bevölkerung sollte auf ein Minimum hinabgedrückt werden, alle vorhandenen *Überschüsse* waren den Besatzungstruppen und den DPs zu überlassen. Ohne jede Rücksicht darauf, daß ein Deutschland, das seiner Kornkammern im Osten durch die russische Besetzung und die Auslieferung Schlesiens an Polen beraubt war, keinerlei Möglichkeit besaß, seine Bevölkerung zu ernähren, und sei es nur mit Hungerrationen, wurden die Rationen so niedrig angesetzt, daß die *Nettoüberschüsse* für den Unterhalt der Besatzungstruppen und der DPs sowie für den Export verwendet werden konnten.

Der Armeebefehl JCS 1067 stellte ausdrücklich fest, daß *Deutschland nicht besetzt wird, um befreit zu werden, sondern als Staatsgebiet einer besiegten feindlichen Nation*. Ferner wurde darin festgesetzt, daß Reparationen und Wiedergutmachungen eingetrieben werden konnten und daß den Besiegten eine politische

Betätigung untersagt war. Jede *Fraternisierung* mit dem Feind war strengstens verboten. Wir waren grimmig entschlossen, in unserer eigenen Behandlung der Besiegten die Nationalsozialisten bei weitem zu übertreffen.

Den amerikanischen Soldaten wurden Strafen angedroht, falls sie sich als Amerikaner benahmen und die Notleidenden und Hilflosen unterstutzten. Freundlichkeit, selbst gegenüber deutschen Kindern, galt als strafwürdiges Vergehen. Den GIs war es untersagt, ein wenig Speise von ihren vollen Tellern den Verhungernden zu geben, die Messe-Unteroffiziere waren angewiesen, Speisereste in die Mülltonnen zu werfen, aber sie auf keinen Fall den Deutschen zu überlassen. Nicht einmal der Kaffeesatz durfte an Deutsche weggegeben werden.

Nicht nur wurde jegliche Form von Mildtätigkeit verboten und Mitleid als unamerikanische Regung betrachtet: Soldaten und Offiziere wurden zwar nicht ausdrücklich zum Plündern ermuntert, sie wurden aber in keiner Weise davon abgehalten, die gleichen Ausschreitungen zu begehen wie Russen und Franzosen. Zu dieser Zeit war das Wort *befreien* im Soldatenslang gleichbedeutend mit *stehlen*.

Da jede Armee unvermeidlich einen bestimmten Prozentsatz von Verbrechern und kriminellen Elementen in ihren Reihen hat, werden in einem besetzten feindlichen Land stets Plünderungen und brutale Mißhandlungen der Zivilbevölkerung vorkommen. Die Instruktionen jedoch, die Washington der US-Armee erteilte, ermunterten die zügellose und brutale Minderheit noch, bestraften aber die anständige, rechtlich denkende und menschlich fühlende Mehrheit.

Es ist dem amerikanischen Volke nachzurühmen, daß viele amerikanische Soldaten trotz der Roosevelt-Morgenthau-Direktiven, die General Eisenhower ohne Protest befolgte, darauf bestanden, sich wie Christenmenschen zu benehmen. Viele von ihnen halfen den hungernden und wehrlosen Deutschen trotz aller Verbote. Andere wurden dazu durch jene Impulse getrieben, die zu jeglicher Zeit die Schranken zwischen Siegern und Besiegten zertrümmert haben.

Die amerikanischen Besatzungssoldaten durften sich als *Söhne des Himmels* fühlen, aber gleich den Engeln sahen sie die Töchter dieser Erde und siehe da, diese waren schön. Es war unmöglich, die GIs dazu anzuhalten, heimwehkrank und kriegsüberdrüssig wie sie waren, den Geboten der Rache so weit zu folgen, daß sie sich jeglicher Hinneigung zu hungernden, aber hübschen deutschen Frauen enthielten oder sich weigerten, hungerblassen deutschen Kindern Süßigkeiten zuzustecken. Weder die Anordnungen der Armee noch die Haßpropaganda der amerikanischen Presse vermochten sie davon abzuhalten, deutsche Frauen liebzugewinnen und sich mit ihnen zu verbinden; diese Frauen, die der Hunger dazu trieb, sich zu prostituieren, bewahrten sich trotzdem ihren angeborenen Anstand und gewannen sich, indem sie Freundlichkeit mit Zuneigung und Treue beantworteten, oft die Liebe der GIs, die anfangs nur darauf ausgewesen waren, die Freuden zu genießen, die der Krieg den Siegern gewährt.

Dank der natürlichen Freundlichkeit der Amerikaner, dem Gebot der menschlichen Natur und der den deutschen Frauen innewohnenden Werte wurden die unmenschlichen und völlig unrealistischen Anweisungen Washingtons von Anfang an viel öfter durchbrochen als befolgt.

Da es völlig vergeblich war, Amerikanern zu befehlen, sich wie Nazis, Kommunisten oder Roboter zu benehmen, mußte der Befehl, *nicht zu fraternisieren*, schon zu einem sehr frühen Zeitpunkt aufgehoben werden.

Mittlerweile hatte man auch in Amerika begriffen, wie völlig absurd der Morgenthau-Plan war und welch hohen Preis man für die Vergeltung zu zahlen hatte.

Es waren nicht nur keinerlei *Überschüsse* erzielt worden, Westdeutschland mußte im Gegenteil mit amerikanischen Lebensmitteln versorgt werden, um *Krankheiten und Unruhen* zu verhindern, die den Besatzungstruppen gefährlich werden konnten.

Die Amerikaner waren eben nicht hinreichend durchdrungen von den totalitären Vorstellungen einer Kollektivstrafe für Unschuldige und Schuldige gleichermaßen, um fähig zu sein, Millionen von Menschen zum Hungertode zu verdammen. Das wäre auch dann nicht der Fall, wenn ein solches Verfahren für die Besatzungstruppen ungefährlich gewesen wäre. Diese menschliche Haltung wurde stärker, als man begriff, welche Gefahren den Besatzungstruppen drohten. Ansteckungskeime nehmen keinerlei Rücksicht auf Rassenschranken oder solche, die sich zwischen *guten* und *bösen* Nationen aufrichten, man begriff, daß ein verhungerndes Volk einen schnellen Tod in einem Aufstand gegen seine Bezwinger einem langsam einherschleichenden vorzuziehen imstande war. Deswegen wurden die amerikanischen Steuerzahler dazu aufgerufen, gerade genug Nahrungsmittel herbeizuschaffen, damit die Deutschen am Leben und unterwürfig blieben und damit keine Epidemien ausbrachen. Nach und nach verminderte sich auch der Einfluß jener sogenannten Liberalen und New-Dealer, die die Theorie verfochten, daß wir die Kommunisten lieben und die Deutschen hassen sollten.

Der ursprüngliche Plan für die amerikanische Besatzungspolitik war zu einer Zeit entworfen worden, als die Propaganda viele Amerikaner überredet hatte, daß die Sowjetunion eine *friedliebende* Macht und ein Beispiel für eine *neue und bessere* Lebensform der Demokratie sei und daß Stalin zu seinen Versprechungen stehen werde.

Als es sich immer deutlicher zeigte, daß die Sowjetregierung unwiderruflich der Feind der westlichen Demokratien war und ebenso wenig beabsichtigte, die mit uns geschlossenen Verträge zu halten wie sie das mit den zuvor mit ihren europäischen Nachbarn geschlossenen getan hatte, wurden auch die erklärten *Freunde der Sowjetunion* nachdenklich. Diejenigen unter ihnen, die keine Kommunisten waren, mußten zugeben, daß die Annahmen, auf denen die Politik der USA seit 1941 beruhte, aller Wahrscheinlichkeit nach falsch waren. In dem gleichen Maße, als die Bedrohung durch die Sowjets wuchs, schwand die Auffassung, daß die Deutschen die Wurzel allen Übels seien. Als es sich immer deutlicher zeigte, daß die Sowjetunion die gesamte Welt bedrohte, sah man ein, daß das, was von Europa übriggeblieben war, gegen Rußland verteidigt werden mußte — sogar, wenn man dann dem deutschen Volke seinen Irrtum verzeihen mußte, den nationalsozialistischen Führern gefolgt zu sein, und sogar für den Preis, dieses Volk in die Gemeinschaft der freien Nationen des Westens aufzunehmen.

Die Einsicht, wie furchtbar der Kommunismus jetzt die gesamte Erde bedroht, verbunden mit der Einsicht der amerikanischen Steuerzahler, daß der Preis für die Vergeltung zu hoch sei, zwangen uns, unsere Deutschlandpolitik zu ändern. An die Stelle des Morgenthau-Planes, der *Deutschland in Ketten und Europa in Lumpen gehüllt* lassen wollte, trat der Marshall-Plan für den Wiederaufbau Europas, der auch Deutschland amerikanische

Unterstützung gewährte.

Die Notwendigkeit einer völligen Abkehr von den totalitären Konzeptionen, die ursprünglich unserer Besatzungspolitik zugrunde lagen, wurde aber auch zu dieser Zeit noch nicht ganz erkannt.

Schon bald, nachdem ich 1948 in Deutschland eintraf, wurde mir klar, daß die zu Hause gehegte Annahme, der Marshall-Plan habe den Morgenthau-Plan völlig entthront, eine Täuschung war. Die amerikanische Politik hatte eine Wandlung erfahren, sie war im Vergleich zu den ersten Jahren der Besetzung menschlicher und klüger geworden, doch das grundlegende Muster war dasselbe geblieben.

Die Anhänger des Morgenthau-Planes dirigierten zwar nicht mehr die Politik der amerikanischen Besatzer, doch beeinflußten sie sie noch immer und waren auf wichtigen Posten der Militärregierung zu finden. Den Kommunisten und ihren Nachläufern wurde nicht mehr länger gestattet, führende Positionen in Deutschland innezuhaben, sie konnten sich aber noch immer des Beistandes unserer sogenannten Liberalen bedienen, denen man eingeredet hatte, daß ein Eintreten für eine menschenwürdige und aufbauende Politik in Deutschland ein Zeichen für reaktionäre Sympathien sei.

Der schwindende Einfluß der Kommunisten wurde ausgeglichen durch die starre Haltung der Franzosen und den Wunsch der Briten, sich der deutschen Konkurrenz auf dem Weltmarkt ein für allemal zu entledigen. Daher wurden die Demontagen und andere Maßnahmen, die Deutschland kraftlos machen, Europa schwächen, Amerika immer schwerere Lasten aufbürden und damit den Kommunisten den Weg zur Weltherrschaft bahnen müssen, noch weitergeführt.

Dieses Buch erhebt nicht den Anspruch, alle Aspekte des deutschen Problems zu behandeln. Es zielt lediglich darauf ab, dem amerikanischen Volk vor Augen zu führen, was die Vergeltung jetzt und in Zukunft kostet. Diese Kosten sind nicht allein in wirtschaftlichen Begriffen darzustellen. Die moralischen, politischen und militärischen Folgen, die sich einstellen, wenn man den Deutschen nicht allein die Freiheit, sondern auch das Recht auf Selbsterhaltung und Selbstverteidigung verweigert, könnten zur Vernichtung der westlichen Zivilisation führen, falls Amerika nicht rechtzeitig die Notwendigkeit begreift, Europa mit den Grundsätzen zu erfüllen, die es selbst groß gemacht haben.

II. Der geist Berlins

Das Berlin vom Sommer und Herbst 1948 erinnerte mich an das Schanghai von vor zehn Jahren. Damals in China wie heute in Deutschland lebten die Amerikaner, Briten und Franzosen sicher und behaglich, während die *Eingeborenen* gegen einen Feind ihr Leben aufs Spiel setzten, der sich darauf vorbereitete, uns anzugreifen, sobald die Zeit dafür reif war. Seit einem Jahrzehnt hatten sich die Vereinigten Staaten und Großbritannien bemüht, gute Beziehungen zu den japanischen Aggressoren aufrechtzuerhalten — trotz des Blutbades in Nanking und anderer *Verbrechen gegen die Menschlichkeit*, obwohl Japan die westlichen Interessen in China mißachtete, trotz der zahllosen Beleidigungen und feindseligen Handlungen wie der Blockade der britischen Konzession in Tientsin und der Bombardierung des amerikanischen Flußkanonenbootes PANAY. In Deutschland versuchten wir, zu einer Verständigung mit der Sowjetregierung zu gelangen — trotz der Blockade Berlins und obwohl Moskau offen seine bitterste Feindschaft gegen die westlichen *kapitalistisch-imperialistischen* Mächte verkündete.

In den ersten Jahren des chinesisch-japanischen Krieges, als ich als Zeitungskorrespondentin in China lebte, behandelten die Amerikaner und Engländer, während sie versuchten, ihre eigenen Interessen durch Zugeständnisse an Japan und die Preisgabe Chinas zu retten, die Japaner mit viel mehr Respekt als die Chinesen, die schließlich unsere Schlachten ebenso schlugen wie die eigenen. Während des Kalten Krieges in Europa unternahmen wir alles, um die Russen nicht zu *provozieren*; wir ersuchten Stalin, in Moskau unsere Botschafter zu empfangen, um mit ihnen über die Berlin-Krise zu sprechen; wir setzten uns damit über die Interessen des deutschen Volkes hinweg, wie wir das zehn Jahre zuvor in China getan hatten. Ebenso, wie wir damals den japanischen Militaristen die Freundschaftshand geboten hatten, falls sie nur davon Abstand nehmen wollten, unsere Interessen zu schädigen, versicherten wir nun dem Sowjetdiktator, daß wir wiederum bereitwillig mit ihm zusammenarbeiten wollten, falls er seine Forderungen in vernünftigen Grenzen hielt. Wir machten noch immer das gesamte deutsche Volk für Hitlers Verbrechen verantwortlich, waren aber gleichzeitig willens, Stalin seine Verbrechen zu vergeben und zu vergessen, wenn er nur nicht uns und unsere Freunde angriff. Wir verdammten die Deutschen, weil sie sich der Diktatur der Nationalsozialisten gefügt hatten, waren aber immer wieder nur allzu bereit, unsere im Krieg geborene Zusammenarbeit mit den russischen Nationalsozialisten zu erneuern.

Wir behandelten die Vertreter des Sowjetdiktators mit größter Zuvorkommenheit und beschworen Stalin, eine Einigung mit uns herbeizuführen, die es uns erlaubte, ihn in die Arme zu schließen. Wir fuhren jedoch damit fort, die demokratischen Führer der Bevölkerung Berlins als weit unter uns Stehende zu behandeln, die nicht würdig waren, sich mit uns gemeinsam an den Verhandlungstisch zu setzen und auf dem Boden der Gleichberechtigung mit uns über unsere gemeinsame Verteidigung zu sprechen. General Clay und sein Stab, die zuvor keine Skrupel gehabt hatten, die militärischen Repräsentanten der blutigen Tyrannei Stalins zu bewirten und sich von diesen bewirten zu lassen, kamen mit den gewählten Vertretern der Berliner Bevölkerung nie anders zusammen denn als Herren, die ihren Untergebenen Befehle erteilten. Es ist zwar richtig, daß man sich gegenüber dem Berliner Bürgermeister und den Mitgliedern des Berliner Stadtparlamentes etwas höflicher benommen hat, man war aber keineswegs geneigt, sie als Freunde zu behandeln.

In Schanghai gab es die Internationale und die Französische Konzession, wo die Weißen, geschützt von ihren eigenen Soldaten und der Machtfülle ihrer Regierungen, in Sicherheit lebten und sich all der Bequemlichkeiten und materiellen Vergünstigungen erfreuten, die einer Herrenrasse zu Gebote standen. Die Masse der chinesischen Bevölkerung aber kämpfte, arbeitete und hungerte in der Chinesenstadt. Die Japaner besaßen eine eigene Konzession, die sie als Sprungbrett für ihren Angriff auf China benutzten, genau so wie die Russen ihren Sektor in Berlin hatten, von dem aus sie ihre Angriffe ansetzen konnten.

In Berlin gab es keine Eingeborenenstadt; das gesamte Stadtgebiet war unter den vier *Herrenvölkern* aufgeteilt; diese erfreuten sich besonderer Privilegien, die denen vergleichbar waren, die die Westmächte und Japan als Folge der *ungleichen Verträge* und ihrer *exterritorialen Rechte* in China besaßen. Wir, die Westmächte, hatten uns unsere bevorzugte Stellung in China durch Eroberungskriege und Drohungen gewonnen; die Deutschen, die wir nun gleich den *minderwertigen* Völker Asiens behandelten, waren in diese Situation geraten, weil ihr eigener Angriffskrieg in der Niederlage geendet hatte.

Die Zustände in Berlin glichen so sehr denen, die ich in Schanghai in den zwanziger und dreißiger Jahren kennengelernt hatte, daß ich mich ständig dabei ertappte, unwillkürlich von der britischen, amerikanischen, französischen und russischen Konzession zu sprechen. Die Deutschen, die von der amerikanischen Militärregierung gemeinhin als *eingeborene Bevölkerung* bezeichnet wurden, lebten in den gleichen jämmerlichen Behausungen, waren so kümmerlich ernährt und so rechtund verteidigungslos wie die Masse der chinesischen Bevölkerung; die *Eroberer* erschienen ebenso gefühllos gegenüber den Leiden der Deutschen zu sein wie das die Weißen gegenüber den *Eingeborenen* Indiens und Chinas in den schlimmen Zeiten gewesen waren, als der westliche Imperialismus auf der Höhe seiner Macht gestanden hatte. Der ständige Anblick von Armut und Hunger und der Glauben an unsere eigene moralische Überlegenheit hatte unser Gewissen abgestumpft.

In China hatten die Vertreter des Westens beträchtlich mehr Sympathien für die armselig bewaffneten Chinesen bekundet, die den Japanern Widerstand zu leisten versuchten, als die Mehrzahl der Amerikaner und Briten in Berlin gegenüber den Deutschen, und das, während ein Teil ihres Landes mit unserem Einverständnis bereits von den Sowjetrussen geknechtet wurde. Damals wie heute wünschten wir mit den Aggressoren ins Geschäft zu kommen, doch haben wir zumindest mit den Chinesen sympathisiert und sie in ihrem Kampf ermuntert. Da die Chinesen nicht einer *uns feindlich gesinnten Nation* angehörten, war es in Ordnung, sie zu bedauern und Geld zu ihrer Unterstützung zu sammeln. Andererseits waren die Chinesen keine Weißen und daher erschien Washington wie London die japanische Aggression gegen China bei weitem nicht so verrucht wie der deutsche Angriff auf Europa.

Als ich 1938 aus China in die USA kam, bemerkte ich, daß man dort viel erboster über den Überfall auf die Tschechoslowakei war als über die Eroberung eines Teiles von China durch die Japaner, denen dies dank des amerikanischen und britischen Kriegsmaterials gelang, das sie im großen Umfang von uns kaufen durften.

Sun Yat Sen hat das China des 19. und frühen 20. Jahrhunderts als

Halbkolonie bezeichnet, was besagen sollte, daß dieses Land noch schlimmer daran war als eine Kolonie. Alle Westmächte beuteten im Bündnis mit Rußland und Japan China aus und unterdrückten es, aber keiner dieser Staaten trug die Verantwortung für die Verteidigung des Landes. Jetzt schien es mir, als sei Deutschland in etwa der gleichen Lage. Seine Besieger lagen zwar miteinander im Streit, hielten aber im trauten Verein Deutschland nieder. Seine Bevölkerung, der alle Möglichkeiten zur Selbstverteidigung geraubt worden waren, besaß keinerlei Garantien dafür, daß der Westen sie gegen einen Angriff der Sowjets zu verteidigen beabsichtigte. Sie fürchtete, daß jeden Augenblick Rußland und die Mächte des Westens zu ihrem beiderseitigen Vorteil die Vereinbarungen von Jalta und Potsdam zu neuem Leben erwecken konnten. Die Deutschen hatten in den ersten Besatzungsjahren mehr als genug Beweise dafür erhalten, daß die demokratischen Grundsätze für ihre Besieger wenig oder gar keine Bedeutung besaßen und daß nur Stalins Habgier und offen bekundete Feindseligkeit gegen Amerika die Kluft zwischen den Siegern aus Ost und West aufgerissen hatte.

Den Deutschen in Berlin und den Westzonen wurde nur deswegen gestattet, wieder die Köpfe höher zu tragen, weil ihre Beherrscher sich in die Haare geraten waren. Sie wußten nur zu gut, daß sie, die Besiegten, falls Stalin den Westmächten Konzessionen machte, erneut unterdrückt und von den westlichen Besatzungsmächten gezwungen würden, vorzugeben, daß die Kommunisten Demokraten seien und zu erlauben, daß Stalins Untergebene in eine Koalitionsregierung aufgenommen wurden.

Wehrlos, wie sie waren, hätte man von den Berlinern erwarten können, daß sie fatalistisch alle Schläge hinzunehmen bereit gewesen wären, die das Schicksal für sie bereithielt. Stattdessen wurden in ihnen wieder geistige Kräfte mächtig, deren bloßes Vorhandensein während der 13 Jahre nationalsozialistischer Herrschaft geleugnet worden war. Sie bekundeten im Unglück mehr Courage und Tapferkeit als in all den Tagen von Hitlers Macht und Herrlichkeit. Sie, die von all den Völkern Europas der furchterregenden Macht Sowjetrußlands mutterseelenallein und auf geringste Entfernung gegenüberstanden, wagten es trotzdem, ihr zu trotzen.

Vielleicht ist es die Wahrheit auf Erden wie im Himmel, daß die Letzten die Ersten und die Ersten die Letzten sein werden.

Frankreich, das dereinst im Kampf um die Freiheit in Vorderster Front gestanden hatte, schien jetzt im Willen und im Mut, der Tyrannei zu widerstehen, hinter Deutschland zurückzubleiben. Die Franzosen, die zehn Jahre zuvor gefragt hatten: "Warum für Danzig sterben?" sagten jetzt: "Was, wir sollen für Berlin sterben?" Die Berliner aber, Angehörige einer soeben noch feindlichen Nation, hatten durchaus recht mit der Annahme, die Westmächte könnten in diesem Augenblick nicht begreifen, daß Europa unteilbar und es notwendig sei, Grundsätze wie eigenes Interesse gleichermaßen zu verteidigen. Sie hörten nicht den Anruf unbewaffneter Millionen in Deutschland und Osteuropa, daß, falls sie nicht jetzt dem kommunistischen Terror zu widerstehen wagten, alle Waffen und Atombomben der USA später nicht imstande sein würden, unsere Zivilisation zu retten.

Ohne Waffen, hungrig, in Lumpen gehüllt und im Schmutz der bombenzerstörten Häuser ihrer einst so stolzen Stadt lebend, eingedenk der Tatsache, daß die Westmächte keinen Konflikt mit den Sowjets wagen würden, um sie vor Verhaftungen und Menschenraub durch die Kommunisten sogar in den Westsektoren der Stadt zu schützen, weigerte sich die Bevölkerung Berlins trotzdem, zu Kreuze zu kriechen.

Sie wurden darin von General Clay ermutigt, dessen Haltung gegenüber den Deutschen zwar noch immer die eines Eroberers war, der aber Stalin kühn entgegengetreten war und der das Außenministerium veranlaßt hatte, den Sowjets nicht nachzugeben, als diese ihre Blockade begannen. Es wurde behauptet, daß Clay zu Beginn einen bewaffneten Geleitzug diese Blockade durchbrechen lassen wollte, daß aber Washington, die Briten und die Franzosen ihn daran gehindert hatten. Der Bürgermeister von Berlin und die Stadträte widersetzten sich zwar der herrischen Behandlung, die ihnen so oft seitens der Militärregierung zuteil geworden war, erkannten aber an, daß vor allem General Clay das Verdienst für die Organisierung der Luftbrücke und die Erhaltung eines freien Berlin zukam.

Ich hatte den Eindruck, daß — im Ganzen gesehen — sich die amerikanischen Militärs gegenüber den Deutschen besser benahmen und ihnen mehr Sympathie und Respekt bekundeten als unsere Zivilisten. Unter den Zivilbeamten der Wirtschafts-, Finanz- und Informationsabteilungen der Militärregierung fand man immer noch einen kräftigen Einschuß von Morgenthau-Anhängern. Man weiß ja, daß diejenigen, die die Schlachten schlagen müssen, weniger anfällig für Haßgefühle sind als Zivilisten, die niemals gelernt haben, einen tapferen Gegner zu respektieren.

Viele Offiziere der USA, Piloten der Luftwaffe und GIs gaben ihrer Bewunderung für die Tapferkeit der Berliner offen Ausdruck. Oberst Babcock, der stellvertretende amerikanische Stadtkommandant, erklärte mir im August: "Die Courage dieser Leute ist wahrhaft bewundernswert. Die Mitglieder der Stadtverordnetenversammlung setzen jedesmal, wenn sie sich zu einer Zusammenkunft begeben, Leben und Freiheit aufs Spiel, da das Stadthaus im russischen Sektor liegt und wir ihnen dort keinen Schutz gewähren können."

Ich begriff, wie wahr diese Bekundung war; denn ich hatte tags zuvor die Bekanntschaft Jeannette Wolffs, einer Führerin der Sozialdemokraten gemacht, die auf dem Heimweg von einer solchen Versammlung von den Kommunisten mißhandelt und von den Schergen Stalins mit der Beschimpfung *dreckige Jüdin* bedacht worden war. Schlimmerem war sie nur entgangen, weil ein Polizist im Sowjetsektor, der sie aus der Zeit kannte, als beide gemeinsam in einem Konzentrationslager Hitlers gesessen hatten, unter seine Fittiche nahm und in Sicherheit brachte.

Trotz aller Ermutigung, die ihnen vonseiten der Militärregierung zuteil wurde, hatten die Berliner nicht nur mit den im größten Teil der amerikanischen Presse verbreiteten antideutschen Ressentiments, sondern auch mit dem Einfluß von Friedensaposteln wie Walter Lippmann und Sumner Welles zu rechnen. Das Ausmaß dieses Einflusses wurde in Deutschland überbewertet, weil die *New York Herald Tribune* das einzige amerikanische Blatt mit einer Europa-Ausgabe war und weil die kommunistische Presse Deutschlands eifrig Lippmanns und Sumner Welles Leitartikel ausschlachteten, um zu beweisen, daß man in den USA gar nicht beabsichtige, General Clays harter Haltung in Berlin Rückendeckung zu gewähren.

Während einer Zusammenkunft im Berliner Amerikahaus erzählte mir ein deutscher Redakteur einen Witz, der soeben in der Stadt umlief: Ein Telegramm, das eine Massenversammlung Berliner Bürger nach Washington gesandt hatte, lautete: "Faßt Mut, seid ohne Furcht und gebt den russischen Drohungen nicht nach. Wir stehen Mann für Mann hinter Euch!" Dieser Satz war Ausdruck einer sehr handgreiflichen Wahrheit. Es waren wirklich der Mut der Berliner und ihre trotz aller unerträglichen Härten unwandelbare Unterstützung unseres Widerstandes gegen Rußland, die den USA die Rückendeckung gaben, in Berlin auszuhalten.

Es war sehr interessant, die Bekehrung mancher Besucher Berlins zu beobachten. Mochten sie sich bei ihrer Ankunft noch so sehr gegen eine solche Vorstellung wehren, beim Abschied waren doch sehr viele von ihnen — zumindestens teilweise — davon überzeugt, daß die Hauptstadt des mit Schande bedeckten Dritten Reiches die Kernzelle des Widerstandes gegen die totale Tyrannei geworden war. Dieser offenkundige Widersinn ist nicht nur das Ergebnis des rapiden Ablaufes der Geschichte unserer Tage. Man muß sich auch daran erinnern, daß in den düsteren Zeiten, als Hitler zum Machthaber Deutschlands aufstieg, Berlin stets für seine Gegnerschaft gegen die Nationalsozialisten bekannt war. Die Stadt unterlag erst, nachdem die Kommunisten gemeinsame Sache mit den Nationalsozialisten gemacht hatten, um die deutsche Demokratie zu zerstören.

Im August und September 1948 und noch stärker Ende November, als Dunkelheit und Kälte die Leiden der Bevölkerung noch erhöhten, erschien es mir, als sei aus der Asche der in Ruinen liegenden Stadt ein Phönix emporgestiegen. Ein neuer, entschlossener, gehärteter und von allen Schlacken befreiter demokratischer Wille bestärkte die unbewaffnete Bevölkerung Berlins darin, dem waffenstarrenden Sowjetrußland mit einer Tapferkeit Widerstand zu leisten, die in ganz Europa nicht ihresgleichen hatte. Deutscher Mut, deutsche Disziplin und Zielstrebigkeit dienten endlich, von Berlin aus gesehen, der Verteidigung und nicht der Zerstörung der westlichen Zivilisation.

Diese Einmütigkeit der Bevölkerung Berlins im Kontrast zu den Spaltungen, die die demokratischen Kräfte Frankreichs und sogar Großbritanniens schwächen, war umso bemerkenswerter, als die Deutschen aus Amerika viel weniger Ermutigung und Hilfe empfingen als jedes andere europäische Land. Es ist zwar richtig, daß die USA das deutsche Volk davor bewahrt haben, in Massen zu verhungern, doch stand es hinsichtlich der Zuteilung von amerikanischen Lebensmitteln und Rohmaterialien stets an letzter Stelle. Noch einschneidender war zu dieser Zeit, daß den Deutschen noch nicht der moralische Beistand gewährt wurde, der daraus entsprang, als Mitkämpfer in der von den USA geführten Widerstandsfront gegen die kommunistische Aggression aufgenommen zu sein. Obwohl sie in dem weltweiten Kampf gegen die kommunistische Tyrannei in vorderster Front standen, wurden die Deutschen noch immer über die Schulter angesehen, weil sie sich vorher der Führung der Nationalsozialisten unterworfen hatten. Während sie um ihre Freiheit kämpften, schleppten sie noch immer die Ketten hinter sich drein, an die sie die Demokratien zur Strafe für Hitlers Verbrechen gefesselt hatten. Trotzdem haben die Deutschen in Berlin ganz Europa eine Lektion erteilt, vor allem den in sich zerfallenen und von Furcht erfüllten Franzosen. Sie setzten ihr Leben für die Freiheit aufs Spiel, während andere lediglich über ihre Hingabe an die Demokratie schwätzten.

Die Deutschen, so will mir scheinen, haben durch bittere Erfahrungen gelernt, daß heute der Kampf nicht nur zwischen Wirtschaftssystemen, Klassen oder Nationen geführt wird, sondern um die Werte der westlichen Kultur. Eine Nation, deren beste Geister wußten, daß diese Nation schwere Schuld auf sich geladen hat, bewies nun in Berlin weit mehr Mut im Widerstand gegen das Böse als andere, die niemals in Versuchung geführt wurden, niemals erfahren hatten, welches die Folgen sind, wenn man sich einer Diktatur unterwirft, die alle sittlichen Werte negiert.

Die Neuerweckung geistiger Werte, der Glaube an die Unzerstörbarkeit der menschlichen Seele und die Bereitschaft, für die Freiheit zu sterben — mit einem Wort, die Erkenntnis, wie wichtig die Unantastbarkeit jener Werte ist, die über Sein und Nichtsein unserer Kultur entscheiden, schien mir die Hoffnung zu erklären, die die belagerte Stadt Berlin erfüllte.

Las man die amerikanische Presse, so war das ebenso niederdrückend wie der Anblick der zusammengebombten und von Bränden verzehrten Häuser Berlins, die sich Meile um Meile in jedem Sektor der Stadt hinzogen. Man hatte das dumpfe Gefühl, daß die Rollen vertauscht worden waren, die die Deutschen und die die siegreichen und mächtigen Demokratien spielten. Mußte man nach den meisten amerikanischen und britischen Zeitungsberichten und Kommentaren urteilen, war der Berlin-Konflikt nichts anderes als ein neuer, rein machtpolitischer Aspekt; es schien, als sei diese Stadt, in der der Westen auf den Osten traf, nur ein Punkt auf der Landkarte, so viel oder so wenig wert wie irgend ein anderes Objekt des Schachers im amerikanisch-russischen Konflikt.

Man konnte nur ironisch lächeln, wenn man die Kommentare Walter Lippmanns, Sumner Welles' oder anderer Leute las, die nahezu täglich in der von den Russen lizensierten deutschen Presse zitiert wurden. Dieselben Leute, die ein Übereinkommen mit Rußland befürworteten, das die in Berlin lodernde Fackel der Freiheit auslöschen mußte, tadelten General Clay dafür, daß er Rußland entgegentrat, statt sich *darauf zu konzentrieren, den Geist der Deutschen zur Freiheit des Individuum und zur Demokratie zu bekehren.*

Wie war es möglich, so kam einem in Berlin der Gedanke, daß jemand sich immer noch in dem Wahn wiegen konnte, die Bestrafung für eine Meinung durch Entnazifizierungsgerichte, Entkartellisierung, eine Bodenreform oder das bloße Predigen demokratischer Grundsätze werde den Ausgang des Kampfes um Deutschland entscheiden? Wie war es möglich, daß diese und viele andere Artikelschreiber nicht zu begreifen vermochten, daß unser Beispiel, unsere Taten, unsere eigene Haltung im Angesicht der totalitären Aggression, unsere Hilfe und Unterstützung für die kämpfenden Demokraten Berlins es war, wichtiger waren als alles andere? Wenn wir uns zugunsten eines zeitlich begrenzten Waffenstillstandes im Kalten Kriege aus dem Kampf zurückzogen und die Berliner der Überwältigung durch die Sowjetunion überließen, war es wahrscheinlich für alle Zeiten unmöglich, das deutsche Volk dazu zu bringen, an unserer Seite zu kämpfen. Der Widerstandsbewegung in Polen, der Tschechoslowakei und anderer Satellitenstaaten der Sowjets mußte damit der Todesstreich versetzt werden.

Wenn wir noch einmal Rußland umschmeichelten und die betrogen, die auf unser Versprechen, Berlin nicht aufzugeben, bauten, so war wohl die unheilige Allianz zwischen Kommunisten und Nationalsozialisten imstande, die vielversprechende demokratische Erneuerung der in Ruinen liegenden Stadt auszulöschen. Dann konnte Deutschland ein weiteres Mal veranlaßt werden, die Kultur des Westens abzulehnen, statt ein Bollwerk zu deren Verteidigung zu werden.

Eine Sozialdemokratin erklärte mir während der Verhandlungen in Moskau: "Ihr könnt nicht einfach Menschen wie Figuren auf einem Schachbrett behandeln, die man ermutigt für die Freiheit gegen die Tyrannei zu streiten, die man, wenn Amerika und Rußland sich in den Haaren liegen, vorwärtsschiebt, aber beim nächsten Zug opfert, um

Rußland einen Gefallen zu tun. Solltet Ihr euch noch einmal mit den Sowjets über unsere Köpfe hinweg und auf unsere Kosten einigen, werdet Ihr niemals mehr imstande sein, in uns jenen Geist zu erwecken, der uns jetzt an eurer Seite hält, obgleich Rußland weitaus stärker ist und trotz des Terrors, den die Kommunisten benutzen, um den menschlichen Geist zu zerbrechen."

Als ob man den *Hamlet* ohne den Prinzen von Dänemark aufführen wollte, wurden in den meisten amerikanischen Kommentaren die Rollen der beiden Hauptdarsteller geflissentlich übergangen. Gelegentlich wurde dem Mut und der Ausdauer der Berliner Tribut gezollt, die täglich durch ihren Widerstand gegen die Sowjets im Ostsektor der Stadt Freiheit und Leben aufs Spiel setzten. Einer über ihre Köpfe und die aller übrigen Deutschen in Moskau, Washington, London oder Paris hinweg gefällten Entscheidung wurde allerdings kaum Erwähnung getan. Die gewählten Repräsentanten der Berliner in der Stadtverordnetenversammmlung erhielten noch nicht einmal die Erlaubnis, als Berater an den fehlgeschlagenen Währungsverhandlungen teilzunehmen, die im September in Berlin begannen. Wir waren noch immer die Sieger und die Deutschen die Besiegten. Während wir immer wieder dem russischen Diktator die Hand der Freundschaft entgegenstreckten, weigerten wir uns noch immer, die Deutschen als unsere Verbündeten anzusehen, die täglich bewiesen, wie echt ihr Bekenntnis zur Demokratie war.

Das deutsche Volk hat viel zu viel gelitten, als daß es nicht realistisch dächte. Viele Deutsche waren zu Beginn der Besatzungszeit durchaus bereit, für die Sünden der Nationalsozialisten Buße zu tun, weigerten sich aber verständlicherweise, der These zuzustimmen, daß es anderen Nationen straflos erlaubt sein dürfe, Verbrechen wider die Menschlichkeit zu begehen.

Als ich Ende November nach Berlin zurückkehrte, stellten die Deutschen noch mehr Fragen. Warum exportierten die Briten Flugzeuge und Maschinen in die Sowjetunion und reparierten sogar die Transportfahrzeuge der Sowjetarmee in ihrem Sektor Berlins? Warum brachten die Franzosen insgeheim Maschinenanlagen von Berlin nach Rußland? Warum waren die in Paris tagenden Vereinten Nationen nicht bereit, die sowjetische Blockade Berlins zu verurteilen — diese war doch ein offenkundiges *Verbrechen gegen die Menschlichkeit?* Warum wurden noch immer Maschinen demontiert und aus den westlichen Besatzungszonen in die Tschechoslowakei und andere sowjetische Satellitenstaaten gebracht?

Ich war niemals der Meinung gewesen, daß die Olympischen Spiele sehr wichtig seien, doch Deutsche aus allen Schichten frag ten mich im August 1948 in Berlin, wieso wir den Ausschluß deutscher Sportler von den in diesem Sommer in England ver anstalteten Spielen rechtfertigten, wenn doch die gleichen Leute, unter ihnen Lord Vansittart, die alle Deutschen für die Grausamkeiten der Nationalsozialisten verantwortlich machten, 1936 nach Berlin gekommen waren, um als Gäste Hitlers an den Olympischen Spielen teilzunehmen.

Die Berliner setzten unsere früher bekundete Bereitschaft, mit den Nationalsozialisten zu *fraternisieren*, unserer eben erst bekundeten Bereitwilligkeit gleich, die Sowjetunion als *demokratischen* Staat anzuerkennen und Hand in Hand mit Stalin allen Deutschen Freiheit und Eigentum zu rauben und ihnen zu verwehren, glücklich zu sein. Warum sollten nur sie, die Deutschen, bestraft werden, andere aber nicht?

Trotz all dieser Fragen und Zweifel an unserer Vertrauenswürdigkeit blieben die Berliner standhaft. Die bemerkenswerteste und kennzeichnendste Tatsache schien mir, daß weder unsere so lange fortgesetzte Beschwichtigungspolitik gegenüber Rußland, weder unsere Behandlung der Deutschen als besiegtes und rechtloses Volk noch unsere anfangs praktizierte Gleichsetzung des Kommunismus mit der Demokratie es fertiggebracht hatten, den Glauben in westliche Bekundungen und Grundsätze zu zerstören.

Hier, inmitten der Ruinen und dem Schutt, mitten unter einem großen Volk, das Krieg und Niederlage sowie der Abscheu der ganzen Welt vor den Naziverbrechen, der alle Deutschen als gleich strafwürdig erscheinen ließ, dazu verurteilten, wie Asiaten zu leben; hier, wo die Kinder in Lumpen und barfuß herumliefen und ihre kalten Schulzimmer nur verließen, um in unbeleuchteten Zimmern auf ihre Mütter zu warten, die von der Arbeit zurückkamen — einer Arbeit der chinesischen Kulis gleich, dem Ziegelaufschichten, dem Ziehen schwerer Last durch die Straßen, der Männerarbeit auf den Flugplätzen —, hier fand man, trotz Hunger, Erniedrigung und knochenbrechender Schufterei keine Verzweiflung, keinen Haß gegen Ost noch West, keine sinnlose Rachgier, weder Nihilismus, zynischen Defaitismus und Eigennutz, sondern den standhaften

Glauben an die Werte der westlichen Kultur, die die Nazis verneint und zu deren Wiederbelebung die Politik der westlichen Besatzungsmächte so wenig getan hatte.

In dieser Stadt, in der die Gegner der Nationalsozialisten so erbittert, aber nicht erbittert genug gefochten hatten, um Hitler daran zu hindern, an die Macht zu kommen, fühlte man in jedem Wort, jeder Tat, nicht nur in denen des Bürgermeisters und der Stadtverordneten, sondern der Masse der Bevölkerung, die harte Entschlossenheit, daß solches sich nie wieder ereignen dürfe.

Ein Student aus dem in der Sowjetzone gelegenen Rostock, der mich im September in Berlin besuchte, berichtete mir, daß die deutschen Arbeiter drüben den Krieg, auch wenn er ihren Untergang bedeuten sollte, dem Elendsleben unter kommunistischer Herrschaft vorziehen würden. Er berichtete mir auch, wie niederdrückend es sei, jede Nacht über das Radio zu hören, daß die Westmächte noch immer in Moskau verhandelten, obwohl sie zuerst erklärt hätten, daß sie erst verhandeln wollten, wenn die Blockade Berlins aufgehoben worden sei. Er sagte mir: "Wir dürfen nur die von den Russen lizensierten Zeitungen lesen und finden dann doch Schlagzeilen wie *Die große Niederlage der Amerikaner* und vernehmen, wie Ihr Stalin anbettelt, mit Euch zu reden und Verträge zu schließen."

Ich sprach mit vielen anderen Besuchern und Flüchtlingen aus der Sowjetzone, mit aus der Sowjetunion zurückgekehrten Kriegsgefangenen und einigen Leuten, die aus den Konzentrationslagern Buchenwald und Sachsenhausen in der Sowjetzone entkommen oder entlassen worden waren, wo Hunderttausende von Deutschen noch schlimmer behandelt wurden als die Opfer Hitlers in diesen Lagern. Ich traf andere, die offensichtlich frei waren, denen aber das Leben in der Sowjetzone Deutschlands wenig besser erschien als das in einem Gefängnis. Sie alle wiederholten den Satz, den ich überall in Berlin zu hören bekam: "Besser ein Ende mit Schrecken als ein Schrecken ohne Ende!"

In Amerika ist das Wort: "Gib mir die Freiheit oder gib mir den Tod!" nur noch ein Widerhall aus längst vergangenen Tagen und nicht mehr ein gebieterischer Anruf für Menschen, die Freiheit als Selbstverständlichkeit hinnehmen. Diese Freiheit, für die anderthalb Jahrhunderte zuvor Männer gefochten haben und gestorben sind, wird von jenen für wertvoller als das Leben erachtet, die in oder nahe der Sowjetzone leben und eine Knechtschaft erleben müssen, die weit schlimmer ist als die, die jemals unter der Herrschaft der Könige Europas zu finden war.

Der Begriff Demokratie hat allzu viel von seinem Inhalt durch seine Gleichsetzung mit dem Begriff Kommunismus eingebüßt, als daß man ihn sehr oft in Berlin zitiert hören kann. Ein älteres und reineres Wort hört man aus dem Munde des Volkes und seiner Führer: Freiheit. Dieses Wort *Freiheit* war in aller Munde, als die Bevölkerung Berlins nach der Vertreibung ihrer Stadtverordneten durch kommunistische Schlägertrupps und Polizei aus dem Stadthaus sich vor der düsteren, vom Feuer verzehrten Ruine des Reichstagsgebäudes am 26. August zu einer großen Demonstration zusammenfand. Als sie dieses Wort hörte, antwortete die hungrige, schäbig gekleidete Menge mit dröhnendem Beifall.

Die Gesichter der Menschen um mich herum waren von Entbehrungen und Sorgen gekennzeichnet. Von all diesen Leuten, den mageren Kindern und den vor der Zeit gealterten Frauen, hätte man erwarten sollen, daß sie glücklicher gewesen wären, hätte man ihnen Brot und Frieden versprochen, doch erst, als ein Sprecher rief: "Wir kämpfen nicht nur für Berlin, sondern die Freiheit überall in der Welt!", leuchteten die müden Gesichter auf, dröhnte der Beifall.

"Wir haben keine Waffen, doch unser Geist ist stärker als der ihre", sagte der vom Volk gewählte Bürgermeister von Berlin, Ernst Reuter, den die Russen daran hinderten, sein Amt auszuüben. Die Augen der Zehntausende wandten sich den russischen Soldaten zu, die ganz in der Nähe beim sowjetischen Kriegsehrenmal Wache hielten.

Zyniker mögen vielleicht sagen, daß die Berliner gar keine Demokraten seien, daß sie lediglich den Terror der Russen fürchten, den jeder von ihnen in der einen oder anderen Form erlebt habe. Es ist wohl richtig, daß jeder Deutsche, mit dem man in Berlin spricht, eine Tragödie erlebt hat: die Frauen, die von Sowjetsoldaten vergewaltigt wurden; die Mütter, deren Männer oder Söhne bei der Plünderung der Stadt durch die Russen abgeschlachtet wurden oder noch immer in sowjetischen Bergwerken oder Fabriken als Sklavenarbeiter zurückgehalten werden; diejenigen, deren Angehörige erst vor kurzem von den Kommunisten verhaftet und in die gefürchteten Konzentrationslager in Buchenwald und Sachsenhausen geschickt worden sind. Reuter hatte an jenem Tage die Menge aber erst auf seiner Seite, als er sagte: "Könnte das russische Volk frei reden, es würde mit uns zusammen für die Freiheit kämpfen."

Eine andere, sehr volkstümliche Rednerin, die liebenswürdige und gütige Frau Annedore Leber, deren Mann nach dem 20. Juli von den Nationalsozialisten ermordet wurde, erklärte während einer Versammlung unter freiem Himmel in Spandau, an der ich teilnahm: "Nicht jeder Russe ist verantwortlich für die Verbrechen derjenigen, die ihn beherrschen. Wir alle wissen, daß manche Russen sich sehr freundlich uns gegenüber benommen haben. Sie sind Opfer des gleichen Systems, das unsere Brüder inder Sowjetzone unterdrückt und nun uns alle in Berlin bedroht. Deutschland muß wieder ein Teil der westlichen Welt werden. Um die Freiheit zu gewinnen, müssen wir den Hunger auf uns nehmen und dem Tod ins Auge sehen. In den Jahren der Wirtschaftskrise haben viele von euch gesagt: ›Schlimmer kann es jetzt nicht mehr kommen‹, doch später fandet ihr heraus, daß es unter den Nazis schließlich noch sehr viel schlimmer war. Heute aber wissen wir trotz all der bösen Ernährungsschwierigkeiten — keine Berlinerin weiß heute, ob sie morgen ihre Familie noch satt bekommt —, daß alles noch schlimmer würde, wenn die Russen unsere Herren würden. Wir wissen, daß wir in die Zwangsarbeiterlager verschleppt und mit den gleichen Methoden wie unter den Nazis traktiert würden. Die neuen PGs — die Kommunisten — sind dieselben wie die alten PGs."

Jede Rede, die ich hörte, jedes Gespräch, das ich mit Deutschen aller Schichten in Berlin hatte, überzeugte mich davon, daß nicht nur die große und allgegenwärtige Furcht vor Rußland die Deutschen antreibt, dem Kommunismus zu widerstehen. Es sind ebensosehr die Erfahrungen, die sie unter den Nationalsozialisten gemacht haben und das Wissen, daß der Kommunismus eine Wiederholung all dessen bringen wird, das die Deutschen auf unserer Seite des Eisernen Vorhanges ausharren läßt.

Die erfahren haben, was es heißt, unter einer totalitären Diktatur zu leben, wissen besser, daß die Freiheit das höchste Gut ist als diejenigen, die Knechtschaft niemals gekannt haben. Dies erklärt vielleicht, warum die Deutschen, obwohl sie ein Jahrhundert lang bewiesen haben, daß sie sich gern der Autorität beugen, heute weniger anfällig für die kommunistische Propaganda sind als die Amerikaner, die Freiheit als ein ihnen durch ihre Geburt verbrieftes

Recht ansehen und sich nicht einmal vorstellen können, was es bedeutet, ohne sie zu leben.

Die Berliner gewannen ihre Selbstachtung und die Achtung der gesamten deutschen Nation durch die Tapferkeit zurück, mit der sie der kommunistischen Drohung widerstanden, die ihnen selbst und ganz Europa galt. Die einstigen Feinde der Demokratie sind deren tapferste Verteidiger geworden.

Berlin ist nicht Prag — das ist mehr als nur ein patriotisches Schlagwort. Es drückt die Entschlossenheit der Deutschen aus, dem Westen zu beweisen, daß diejenigen, gegen die wir gestern kämpften, im weltweiten Kampf gegen den Totalitarismus mehr unseres Vertrauens würdig sind, als einige unserer ehemaligen Verbündeten, auf die wir unser Vertrauen setzten, deren Führer sich aber kampflos dem kommunistischen Druck ergaben.

Während eines langen Gespräches, das ich mit Ernst Reuter hatte, sagte er mir, in der Stadt habe man das Gefühl, daß die Deutschen durch ein bestimmtes Verhalten vieles wiedergutmachen und "es dem Westen unmöglich machen könnten, sie noch länger wie *Eingeborene* zu behandeln."

Als ich ihn fragte, wie es möglich sei, daß die Deutschen nach all dem, was sie nicht nur unter den Nationalsozialisten, sondern auch unter den westlichen Besatzungsmächten erlebt hätten, nicht allesamt Nihilisten geworden seien, antwortete Reuter: "Jetzt haben wir eine Möglichkeit, uns selbst zu helfen: zu kämpfen, um uns selbst zu verteidigen, auch wenn wir waffenlos sind. Die beste Kur gegen die Verzweiflung ist Handeln. Das Berlin von heute ist stolz auf sich selbst. Wir haben unsere Selbstachtung zurückgewonnen und wir vertrauen darauf, daß wir eines Tages auch eure Achtung erringen."

Für die Amerikaner und Briten waren die Erinnerungen an den Krieg allerdings noch zu frisch, als daß sie die Deutschen schon wieder als Verbündete akzeptiert hätten. Mochten auch die amerikanischen Soldaten, vom General bis zum GI, zu der Überzeugung gekommen sein, daß die Deutschen unsere besten Verbündeten auf dem Kontinent werden könnten, so schlossen doch die in der Heimat noch vorhandenen Ressentiments, die blinde Angst der Franzosen und die ursprünglich durch unsere Besatzungspolitik festgelegte Verhaltensweise eine radikale Änderung unserer Einstellung zu den

Deutschen aus. Seit wir begriffen hatten, daß man mit Stalin keine Geschäfte machen konnte, hatten wir eine halbe Schwankung vollzogen: wir hatten begonnen, Westdeutschland zu neuem Leben zu erwecken und hatten uns weiteren Demontagen widersetzt. Freundschaftliche Beziehungen zum deutschen Volk wurden jetzt eher gutgeheißen als gehemmt, doch immer noch wollte es uns nicht gelingen, die Deutschen von gleich zu gleich zu behandeln. Wir waren noch immer in der totalitären Auffassung befangen, daß einige Nationen *gut* seien und *den Frieden liebten*, andere jedoch bösartig und angriffslustig. Wir weigerten uns noch immer, die Tatsache anzuerkennen, daß Menschen überall eben Menschen sind und daß es unsere wichtigste Aufgabe sein müßte, die wirklich liberalen Kräfte, die man unter allen Völkern findet, zu ermutigen und zu unterstützen.

Im belagerten Berlin fuhren die dem Personal der Alliiertenvorbehaltenen amerikanischen und britischen Omnibusse immer noch fast leer durch die Stadt, während die Deutschen zu Fuß herumwanderten oder in langen Reihen auf die wenigen und überfüllten Straßenbahnen und Omnibusse warteten, die unter dem Druck der russischen Blockade noch verkehren konnten. Wir, die *Eroberer*, hatten noch immer die besten Häuser mit Beschlag belegt und uns geräumige Wohnungen reserviert, während die Mehrzahl der Berliner in schmutzstarrenden Kellern und bombenbeschädigten Wohnungen hausten. Wir hatten im Überfluß zu essen und konnten gute Sachen trinken, wir hatten sogar frische Milch, die auf dem Luftwege aus Dänemark herangebracht wurde; die Babys in Berlin hatten keine Milch und außer den Schwarzmarkthändlern hatte kein Deutscher genug zu essen. Die Demarkationslinie zwischen den Besatzungsmächten und den *Eingeborenen* war noch immer vorhanden, sie verlief sogar zwischen den Toiletten in den Büros der Militärregierung: einige davon waren den Amerikanern vorbehalten, andere durften auch von deutschem Personal benutzt werden. Acht von 24 Stunden hatten wir elektrisches Licht, die Deutschen dagegen nur für zwei Stunden und nur so viel Gas, um täglich einen Kessel voll Wasser zu erhitzen. In einigen Teilen des Westsektors der Stadt gab es Strom und Gas nur um 1 Uhr nachts; völlig erschöpfte Frauen, die den ganzen Tag übergearbeitet hatten, mußten mitten in der Nacht aufstehen, um kochen und waschen zu können. Wir aber konnten bis 23 Uhr in hellerleuchteten Räumen tanzen. Als der Winter kam, waren unsere Häuser und Wohnungen Tag und Nacht mollig warm, die Deutschen aber hatten keine Kohlen. Die völlig überfüllten deutschen Krankenhäuser lagen im Dunkeln, es gab dort keine Arzneien und selbst Verbandsstoffe fehlten; in den fast leeren amerikanischen und britischen Krankenhäusern brannte das Licht die ganze Nacht hindurch.

Die Kraftfahrer und anderen deutschen Angestellten der Militärregierung, von den Stenotypistinnen bis zu den Sachverständigen, erhielten ihre Gehälter und Löhne mit sechs Wochen Verspätung — weil wir 1945 den Russen die Kontrolle über die Berliner Banken eingeräumt hatten. Nur ein Viertel dieser Zahlungen wurde in der nach der Währungsreform eingeführten Westmark geleistet. Die anderen drei Viertel wurden in Ostmark gezahlt, die nur ein Viertel jener Westmark wert waren, die wir nur halben Herzens als Zahlungsmittel für Berlin anerkannt hatten. Unsere Beschwichtigungspolitik — man kann es auch höflicher unseren Wunsch nennen, die Russen nicht zu *provozieren* — veranlaßte uns, die Berliner — auch diejenigen, die für uns arbeiteten — dadurch zu bestrafen, daß wir die Ostmark zum legalen Zahlungsmittel erklärten.

Die Währungsreform vom Juni 1948 wird in einem späteren Kapitel behandelt werden, ich muß aber schon jetzt einiges zu der seltsamen Politik der Finanzabteilung der Militärregierung bemerken. Diese Abteilung gab mit der Einführung der Westmark den Russen den ersten Vorwand für die Blockade der Stadt, weigerte sich aber dann, ausreichende Westmarkbeträge einzuführen, die es der Stadtverwaltung und der Militärregierung gestattet hätten, Löhne und Gehälter in dieser Währung zu zahlen. Wir flogen unter gewaltigen Kosten Nahrungsmittel nach Berlin ein, nahmen aber Ostmark dafür in Zahlung und stützten im Effekt dadurch den Wert der von den Russen gedeckten Währung.

Da die Banken im Sowjetsektor lagen und die Kommunisten das für die Lohnzahlungen benötigte Geld zurückhalten konnten, hatten sie die Stadtverwaltung in ihrer Gewalt. Sie waren auch imstande, die Konten jedes Fabrikbesitzers zu blockieren.

Hätten wir aber mehr D-Mark mit Flugzeugen herangebracht, wäre mehr von diesem Geld in russische Hände gelangt und hätte zum Kauf der Waren benutzt werden können, die aus den westlichen Besatzungszonen dringend benötigt wurden. Wir nahmen zwar Ostmark für die in die Stadt geflogenen Waren in Zahlung, der freie — oder schwarze — Markt wurde jedoch von den Russen kontrolliert; D-Mark wurden für die meisten nicht rationierten Waren verlangt, wie etwa für die geringen Mengen frischer Früchte, Frischgemüses und Kohlen, die in den Sowjetsektor gelangten. D-Mark wurden auch beim Kauf von Bekleidung und Haushaltswaren verlangt, die bald nach der Währungsreform in den Läden erschienen. Die Schwierigkeit lag darin, daß wenig oder gar nichts in der Sowjetzone gekauft werden konnte, weil die Russen sie für sich selbst ausbeuteten. Die in geringen Mengen durch die Blockade nach Berlin gebrachten Güter oder die Rohstoffe, die für ihre Herstellung benötigt wurden, mußten mit D-Mark bezahlt werden. Es war nur zu verständlich, daß die Russen nicht beabsichtigten, Waren, die ihrer Kontrolle unterstanden, gegen Ostmark zu verkaufen.

Unter diesen Umständen wäre es vernünftiger gewesen, die Lebensmittelzuteilungen für alle Arbeiter im Westsektor ohne Bezahlung abzugeben, statt dafür Ostmark anzunehmen.

An dem Tage, an dem ich Berlin über die Luftbrücke verließ, wurde mir ein kleines, aber bezeichnendes Beispiel für die Hemmnisse zuteil, die uns unsere Haltung gegenüber den Deutschen im Kalten Krieg um Berlin bescherte.

Als ich die deutschen Arbeiter beobachtete, die die Maschine ausluden, die mich nach Frankfurt bringen sollte, sagte der amerikanische Luftwaffenpilot, der neben mir stand: "Wir werden heute mindestens eine halbe Stunde später abfliegen. Wie Sie sehen, besteht unsere Ladung aus Flugzeugkabeln und die Deutschen können das Zeug nicht schnell genug entladen. Nicht nur, weil es so schwer ist, sondern weil sie auch keine Handschuhe haben."

Die USA gaben jede Woche Millionen Dollar aus, um Berlin zu versorgen. Die Luftbrücke war ein Wunderwerk amerikanischen Organisationstalents; dies wurde mir so recht bewußt, als ich an den Kopfhörern des Funkers im Befehlsturm des Flughafens die Befehle mithörte, die alle paar Sekunden den in Zwei- oder Dreiminuten-Abständen aufsteigenden oder landenden Flugzeugen gegeben wurden. Ein Verschätzen um Sekunden oder ein Fehler bei der Berechnung von Zeit, Flughöhe und Position mußte unheilvolle Folgen haben. Alle Bewegungen dieser Art wurden aber verlangsamt und todmüde amerikanische Piloten zu einer Fünfzehn-Stunden-, statt der üblichen Zwölf-Stunden-Schicht gezwungen, weil ein paar hundert Dollar oder etwas mehr nicht vorhanden waren, um die

Deutschen, welche die Flugzeuge beluden und entluden, mit Handschuhen auszustatten.

Offensichtlich war diese Unterlassungssünde nicht auf Knauserei zurückzuführen, obgleich damit wohl Cents gespart, aber Dollars zum Fenster hinausgeworfen wurden. Nein, es war etwas anderes: der gewohnte Anblick hungriger, frierender, in Lumpen gehüllter Menschen während der drei Jahre der Besetzung eines eroberten Landes hatte unsere Gefühle abgestumpft und uns zweifelsohne zu dieser kostspieligen Mißachtung der menschlichen Bedürfnisse jener Deutschen verleitet, die in Berlin gemeinsam mit uns arbeiteten. Die GIs, die Piloten und amerikanischen Mechaniker, mit denen ich auf dem Flugplatz und während dieses und weiterer Flüge sprach, behandelten die Deutschen keineswegs vom Standpunkt einer *Herrenrasse* aus. Im Gegenteil: sie machten mich auf die barfüßigen Frauen aufmerksam, die Sand auf die Startbahn streuten und sie riefen: "Haben Sie jemals so etwas gesehen! Sind diese deutschen Frauen nicht prächtig?" Mein Pilot sagte zu mir: "Ich war immer der Meinung, daß man nur in China Frauen so arbeiten sehen könne wie die hier. Ich habe niemals im Traum daran gedacht, daß weiße Frauen das könnten. Die sind wirklich in Ordnung, ich bewundere sie."

Ich bewunderte sie auch, doch im Stillen dachte ich darüber nach, wie man sich fühlen mußte, wenn man nachts nach Hause ging, um zu kochen und sich um die Kindern zu kümmern, nachdem man den ganzen Tag über wie ein Schwerarbeiter geschuftet hatte. Ich fragte mich auch, wie diese in Lumpen gehüllten Frauen es fertigbringen würden, im Winter zu arbeiten.

Diese Frauen sind der stumme Chor, die niemals besungenen und zu Tode erschöpften Heldinnen dieses dank der Luftbrücke zu einem Drama emporgewachsenen Kampfes. In Berlin gab es mehr als zweimal soviel Frauen wie Männer und daher trugen sie die Hauptlast des Kampfes. Viele von ihnen hatten ihre Männer verloren oder warteten vergeblich auf deren Rückkehr aus den russischen Kriegsgefangenenlagern. Sie sind die einzige Stütze ihrer Kinder und oft auch einer Großmutter oder Verwandter, die während der Luftangriffe zu Krüppeln oder Blinden wurden. Tag um Tag mußten sie sich nicht nur ihren Lebensunterhalt verdienen, sondern auch ihre frierenden und hungrigen Kinder umsorgen und pflegen, bekamen aber selbst niemals genug zu essen, um satt zu werden.

Kostspielige Rache

Die Ration für Berlin betrug zu dieser Zeit 1800 Kalorien; vor der Blockade, als die Alliierten genug Lebensmittel hätten herbeischaffen können, war es noch weniger gewesen. Man staunte in Berlin darüber, wie Körper und Seelen dieser Frauen, deren Leben eine unablässige Kette von Schindereien und ohne jegliche Freude war, ohne jegliche Hoffnung auf ein künftiges glückliches Eheleben, diese endlose Prüfung durchstehen konnten. Diese Berlinerinnen wußten aber, daß da noch immer etwas war, was sie noch nicht verloren hatten und für das sie bis zu ihrem Ende ausharren wollten, um es ihren Kindern zu erhalten: die Freiheit. Eine weit größere Zahl Frauen als Männer hatte während der Oktoberwahlen von 1946, die den Kommunisten eine Niederlage einbrachten, ihre Stimme abgegeben und im Dezember 1948 stimmten 86 Prozent der Bevölkerung für die demokratischen Parteien. Im glücklichen Westen ist ein so großer Prozentsatz von Wählern niemals zur Wahlurne gegangen, obwohl es dort Straßenbahnen, Untergrundbahnen, Autos und genug freie Zeit gibt.

Ich besuchte die *Heime* einiger deutscher Arbeiter und ihrer Familien und fragte mich, wie diese Frauen es eigentlich fertigbrachten, einen Keller oder ein oder zwei mühsam zusammengeflickte Räume in einem Mietshaus in blitzsauberer Ordnung zu halten — trotz der Überfüllung und obwohl heißes Wasser und ausreichend Seife fehlten. Ihre Kinder, die unter solchen Umständen in anderen Ländern schmutzig und verschlampt wären, sahen immer noch recht gepflegt aus, weil ihre Mütter ihre Bekleidung ständig stopften und flickten.

Statt daß dieser bewundernswerte Fleiß der deutschen Frauen Sympathie und Achtung erweckte, verführte er viele Amerikaner zu der Meinung, daß es den Deutschen doch recht gut gehe. Frau Roosevelt zum Beispiel berichtete, nachdem sie sich einen oder zwei Tage in Berlin aufgehalten hatte, sie habe keine heruntergekommenen und hungrigen Kinder gesehen und die Deutschen schienen auch nicht so arm zu sein wie die Franzosen und andere ehemalige Opfer der nationalsozialistischen Angreifer. Sie kann unmöglich Zeit genug gehabt haben, mehr von Berlin zu sehen als Dahlem und Zehlendorf, wo die amerikanischen Besatzer lebten — Vororte, in denen früher die wohlhabenden Leute lebten und die wir niemals so nachhaltig bombardiert haben wie die Arbeiterviertel Berlins. Auch wenn sie die ärmeren Viertel der Stadt besucht haben sollte, dürfte Frau Roosevelt ihre Meinung wohl kaum geändert haben. Um das Mitleid bestimmter Herrschaften zu erwecken, tut man wohl gut daran, jene Bettler nachzuahmen, die sich dadurch ein gutes Leben zu machen verstehen, daß sie verlumpt und voller Schmutz das Mitleid der Mildherzigen erwecken.

Ich wünschte nur, alle diese selbstzufriedenen Besucher und Bewohner Berlins aus den Ländern der Sieger hätten sehen können, was ich gesehen habe und daß sie dann so viel Phantasie besessen hätten, sich einmal in die Lage der meisten Berliner Frauen und Kinder zu versetzen.

Es gab einige Beamte der Militärregierung, die so fühlten wie ich. Elizabeth Holt zum Beispiel, die Frau eines Beamten des Auswärtigen Amtes und selbst Assistentin des Leiters der Abteilung Erziehung und Religion der Militärregierung, war ständig im Kontakt mit deutschen Frauen. Sie verzehrte sich in dieser Aufgabe, nicht nur darum, weil sie diesen Menschen half und sie ermutigte, sondern auch, weil sie weder Ruhe noch Freude am Leben zu empfinden vermochte, wenn sie an all das Leid um sie herum dachte. Ich habe Mrs. Holt meine ersten Kontakte mit deutschen Frauen zu verdanken, die in der Sozialarbeit aller drei Parteien — der SPD, CDU und FDP — tätig waren.

Ursula Kirchert, eine Sozialdemokratin, nahm mich in eine Klinik mit, wo ich einen ganzen Morgen damit verbrachte, die Prozession der Kranken, der Krüppel, der Unterernährten und der Alten zu beobachten, denen jegliche Hilfe zuteil wurde, die die Ärzte ihnen geben konnten — obwohl Arzneien und noch mehr wirklich hochwertige Nahrungsmittel fehlten. Einer der Patienten hatte einen riesigen Abszeß am Halse, der, nachdem er geöffnet worden war, mit Papier verbunden werden mußte, weil die Deutschen keine Baumwollbandagen, keine saugfähige Wolle und kein Leinen besaßen. Der Stationsarzt erzählte mir, daß seine größte Schwierigkeit die war, daß medizinische Artikel nur mit D-Mark gekauft werden konnten, weil die Sowjetzone nicht imstande war, sie zu liefern. Die Folge davon war, daß die Sozialversicherungsfonds, die von den Russen kontrolliert werden, für den Kauf von Arzneien nicht verwendet werden und diejenigen Patienten, deren Löhne oder Pensionen hauptsächlich in Ostmark gezahlt wurden, sie auch nicht erwerben konnten.

Die bemitleidenswertesten, am härtesten arbeitenden Berliner waren die Frauen mit Kindern, deren Männer im Krieg gefallen oder noch immer in Kriegsgefangenschaft waren. Noch schlimmer daran waren die Flüchtlinge aus Schlesien, die aus ihren Häusern hinausgeworfen und nach Westen getrieben wurden, ohne mehr zu besitzen, als das, was sie auf dem Rücken mit sich fortschleppen konnten.

Ich besuchte eine Schlesierin, deren Mann, so hoffte sie, noch Kriegsgefangener in Rußland und nicht bereits tot war. Sie hatte drei kleine Kinder und sie alle waren nach Berlin gewandert; das jüngste Kind wurde von der Mutter getragen. Ihre Mutter und ihr Vater waren Berliner und noch eine Woche vor meinem ersten Besuch hatten alle miteinander in zwei winzigen Räumen gelebt. Nun war sie *glücklich*, denn sie hatten in einen nicht allzu feuchten Keller im gleichen Haus ziehen können. Die Frau besaß keine Wäsche, ihre Möbel waren zwei Matratzen und eine Kiste, die als Tisch benutzt wurde. Ihr ältestes Kind, ein zwölfjähriges Mädchen, versorgte die beiden Jüngsten, während die Mutter als Trümmerfrau arbeitete.

Ein paar Stockwerke höher fand ich ein Ehepaar, das meinte, es gehöre zu den glücklichsten Leuten der Welt, weil der Mann, der fünf Jahre lang als vermißt galt, vor ein paar Tagen heimgekehrt war. Seit 1943 hatte die Frau von ihm keine Nachricht erhalten und ihn bereits als tot betrachtet. Ihre Freude war unbeschreiblich, als er plötzlich auftauchte; man hatte ihn freigelassen, weil er zu krank war, um noch arbeiten zu können. Ich fragte mich, wie er jemals wieder mit den Rationen gesund werden konnte, von denen die Berliner auf irgendeine wunderbare Weise existierten; seine Frau war aber so glücklich, ihn wieder bei sich zu haben, daß sie sich keine Gedanken über ihr schweres Leben machte. Der Mann sagte zu mir: "Hätten die Russen sich anders verhalten, hätten sie uns für sich gewonnen. Dafür ist es jetzt zu spät. Nach der Behandlung, die wir von ihnen erlebt haben, werden wir niemals wieder etwas von ihnen wissen wollen. Ich werde wahrscheinlich für den Rest meines Lebens ein Krüppel bleiben, wenn ich aber wieder kämpfen könnte, würde ich mit den Amerikanern zusammen gegen die Sowjets losgehen."

An einem anderen Tag besuchte ich eine Witwe mit zwei Kindern, deren Mann an der russischen Front gefallen war. Seit kurzem wohnte sie mit ihren beiden jüngeren Schwestern zusammen, die drei Jahre im Ural als Sklavenarbeiter der Russen verbracht hatten. Die eine war Näherin gewesen, die andere Landarbeiterin und beide sahen aus wie typische *Proletarierinnen*. Trotzdem wurden beide im März 1945 verhaftet, in einen Keller eingesperrt und so lange geprügelt, bis sie *gestanden*, BDM-Mitglieder gewesen zu sein.

Offensichtlich hatten die Sowjetsoldaten, die sie verhaftet hatten, den Befehl erhalten, eine bestimmte Anzahl von Nazis zusammenzutreiben, und der einfachste Weg, das zu bewerkstelligen, war, alle mitzunehmen, die sie erwischen konnten und sie so lange zu schinden, bis sie zugaben, Nationalsozialisten gewesen zu sein. Nachdem sie einen in ihnen unverständlichem Russisch abgefaßten Wisch unterzeichnet hatten, wurden sie in Viehwagen in den Ural verfrachtet. In diesem Wagen waren

43 Menschen gewesen, von denen einige erstickt oder verdurstet waren. Sie hatten lediglich alle zwei Tage einen Becher Wasser erhalten. Im Gefangenenlager angekommen, erhielten sie den Auftrag, Ziegel zu brennen. Sie wurden gezwungen, die heißen Ziegel mit den nackten Händen aus den Öfen zu nehmen und ganze Karrenladungen von ihnen 14 Stunden lang im Tag zu schieben. Viele der deutschen Frauen in dem Lager waren gestorben — in einem Jahr mehr als die Hälfte der ursprünglichen Zahl. Der Typhus hatte viele von ihnen dahingerafft, obwohl eine deutsche Lagerärztin ihnen zu helfen versucht hatte. Der Lagerleiter, ein Volksdeutscher, war sehr brutal gewesen. Wahrscheinlich hatte er durch die Übernahme dieses Postens sein sonst bereits verlorenes Leben gerettet. Die Gefangenen hatten auf Holzbänken und ohne Decken schlafen müssen. Ihre einzige Nahrung waren Gemüsesuppen und eine kleine Brotration. Kontakte zur russischen Bevölkerung waren streng untersagt; die Frauen wurden von bewaffneten Wachen zur Arbeit getrieben und von ihnen nach zehnstündiger Arbeit wieder ins Lager zurückgeführt. Ein paar dieser Wachsoldaten hatten sich anständig benommen, die meisten waren Schinder gewesen.

Von Greueln will heute niemand mehr etwas hören. Niemand kümmert sich um die Leiden unschuldiger Deutscher, man ist aber immer noch nur zu bereit, sie für die Verbrechen der Nationalsozialisten bezahlen zu lassen. Ohnmächtiges Mitleid erfüllte mich, als ich erfuhr, daß nur eines der beiden deutschen Mädchen die Erlaubnis erhalten hatte, im amerikanischen Sektor von Berlin bleiben zu dürfen. Das andere wurde gezwungen, im russischen Sektor zu leben, wo es jeden Augenblick erneut verhaftet werden konnte, weil es zuvor nicht in Berlin gelebt hatte. Es besteht nämlich eine Anordnung, daß nur die Leute registriert werden und Lebensmittelkarten erhalten, die vor 1945 in Berlin gewohnt hatten. Der älteren der beiden Schwestern ging es ziemlich schlecht, doch sie hätte sicherlich einen Raum für beide gefunden, wenn nur die amerikanischen Behörden ihr gestattet hätten, die jüngere Schwester bei sich aufzunehmen.

Nicht nur die Armen und die Opfer des Kommunismus waren es, die in Berlin Mitleid erregten. Auch die völlig überarbeiteten Witwen und Frauen von Kriegsgefangenen waren, wenn sie nur Kinder hatten, wahrscheinlich weniger unglücklich als etwa meine deutsche Haushälterin im Pressehauptquartier. Sie versorgte ein leerstehendes Haus, das für auf Besuch befindliche amerikanische Journalistinnen reserviert war; es gab so wenige von ihnen und diese wenigen kamen so selten, daß dieses Haus fast immer leerstand. Sie war kein Mädchen mehr, aber noch keineswegs alt und sehr gut aussehend, doch Tag um Tag war sie mutterseelenallein. Ihr Bräutigam war im Krieg gefallen und ihre einzige noch am Leben befindliche Verwandte war ihre Mutter, der aber nicht erlaubt war, mit ihr in diesem den Siegern und ihren Dienern vorbehaltenen Hause zu leben. Da diese Frau zu den Dienern gehörte, hatte sie zwar mehr zu essen als die meisten anderen Berliner, doch der Hunger des Herzens ist sicherlich schlimmer als der des Körpers. Sie war nicht der Typ, der sich in allzu leichte Liebesaffären verstricken konnte; sie hatte keinen amerikanischen Freund noch war es wahrscheinlich, daß sie jemals die Gelegenheit haben würde, einen Deutschen kennenzulernen, der sie heiraten würde. Die Zukunft hatte ihr nichts anderes zu bieten als Einsamkeit.

In diesen Tagen des Unglückes war es die Standhaftigkeit der deutschen Frauen und ihre eiserne Entschlossenheit, ihre Familien am Leben zu erhalten, die Deutschlands Stärke auch in der tiefsten Niederlage begründete.

Da ich selbst sechs Jahre in der Sowjetunion gelebt hatte, wußte ich, was es bedeutete, eine Frau zu sein und in einer Welt, die von der ihren nicht sehr verschieden war, um Nahrung und Wohnraum für eine Familie kämpfen zu müssen. Es war unausbleiblich, daß ich mich diesen Frauen aufs Tiefste verbunden fühlte. Jetzt durfte ich mich der gleichen Privilegien erfreuen wie der Rest der amerikanischen und britischen Zeitungsberichterstatter und Besatzer, ich hatte aber nicht das Gefühl, daß ich zu ihnen gehörte. Die Erinnerung an das Leben, das ich in Moskau geführt hatte, als ich leben mußte, wie das ganz gewöhnliche Russen taten, war noch zu lebendig in mir.

Die meisten Amerikaner und sogar die Briten haben keinen rechten Begriff davon, was Hunger wirklich bedeutet und finden es durchaus in Ordnung, gut zu essen und in schönen Autos herumzufahren, während die *Eingeborenen* hungern und zu Fuß laufen müssen. Es war nicht etwa so, daß ich besser als die anderen gewesen wäre oder eine stärkere Vorstellungskraft besessen hätte; es waren lediglich meine Erfahrungen, die ich in der Vergangenheit gemacht hatte und die hautnahe Berührung mit der Sowjetmacht, die mir all dies so lebendig vor Augen stellten. Wenn ich deutsche Frauen sah, die schwere Lasten durch die Straßen schleppten, so erinnerte ich mich daran, daß ich einstmals nichts dabei gefunden hatte, 20 Kilo Kartoffeln nach Hause zu tragen und nur glücklich darüber gewesen war, so viel zum Essen ergattert zu haben. Wenn ich die mageren Berliner Kinder mit ihren traurigen Augen erblickte, dann dachte ich an meinen eigenen, in Moskau geborenen Sohn, der niemals wirklichen Hunger gelitten hatte, der aber so geworden wäre wie diese deutschen Kinder, wenn es mir nicht gelungen wäre, nach der Verhaftung meines Mannes mit ihm aus Rußland zu entkommen. Wenn ich deutsche Wohnungen aufsuchte, die lediglich aus einem einzigen baufälligen Raum bestanden, dann rief ich mir die ebenso überfüllten und feuchten Behausungen ins Gedächtnis zurück, in denen ich und meine russischen Freunde und Bekannten vegetiert hatten. Wenn ich mir im PX-Laden Zigaretten, Schokolade und Seife kaufte, dachte ich daran, was in längst entschwundenen Moskauer Tagen ein Päckchen mit Kaffee, Seife oder Toilettenpapier von irgendeinem Freund in England mir bedeutet hatte. In Deutschland empfand ich Scham darüber, einem dieser fremden Besucher Moskaus zu gleichen, die in den Intourist-Hotels in Saus und Braus gelebt hatten, während die Russen Hunger litten. Wenn ich Deutsche einlud, mit mir im Presse-Club zu essen, erinnerte ich mich daran, was es einmal für mich bedeutet hatte, von einem zu Besuch weilenden Ausländer zu einem guten Mittagessen in ein Moskauer Hotel eingeladen zu sein. Wenn ich die deutschen Kellner in den uns Siegern vorbehaltenen Klubs und Hotels beobachtete, dachte ich an ihre Kollegen in den Moskauer Intourist-Hotels, die gleich diesen Deutschen für andere Leute leckere Speisen auftrugen, ohne selbst etwas davon zu erhalten. Trinkgelder waren im kommunistischen Rußland verboten gewesen; Russen gaben sie zwar, Fremde aber nur selten, weil man ihnen erklärt hatte, es sei unter der Würde eines Kellners, sie im *Vaterland des Sozialismus* anzunehmen. In Deutschland war es ebenfalls untersagt, Trinkgelder zu geben (da Deutsche unser Besatzungsgeld nicht benutzen durften) außer in der Form von ein oder zwei auf dem Tisch liegengelassenen Zigaretten.

Das Schlimmste war, daß mich das Benehmen der Beamten der

Militärregierung gegenüber den Deutschen nur allzu sehr an die hochnäsige Geringschätzung erinnerte, mit der die kommunistischen Bürokraten die einfachen Russen behandelt hatten. Es war nicht so, daß die Amerikaner bereits gelernt hätten, sich ebenso arrogant zu benehmen wie die Mitglieder der herrschenden Klasse in der Sowjetunion. Es war erfreulicherweise noch viel von dem natürlichen amerikanischen Hang zu Freundlichkeit und Großmut zu bemerken, doch diesen Amerikanern war beigebracht worden, die Deutschen als Menschen zweiter Klasse zu behandeln und viele von ihnen war der Meinung, die Bekundung von Sympathie oder Freundlichkeit zeuge von schlechten Manieren.

Ich vermochte nicht, mich den Deutschen überlegen zu fühlen; denn auch ich war einmal schuldig geworden. Wenn die Deutschen es verdienten, für alle Zeiten zu leiden, weil sie einmal dem falschen und bösen Vorbild der Nationalsozialisten gefolgt waren, so mußte auch ich gleich vielen anderen Briten und Amerikanern bestraft werden, weil wir einmal Kommunisten oder Mitläufer der Kommunisten oder von ihnen Düpierte gewesen waren.

"Hier gehe ich, doch nur dank der Gnade Gottes", so dachte ich ständig bei mir in Berlin und den anderen, von Bomben zerschlagenen deutschen Städten, wo ein Volk, verdammt von der ganzen Welt, unfähig, sich zu verteidigen, hungrig und ohne Rechte und Freiheiten, nur dank seiner unzerstörbaren Lebenskraft und den Tröstungen der Religion weiterzuleben imstande war.

Ich weiß, daß die Impulse und Illusionen, die mich in meiner Jugend zur Kommunistin machten, gar nicht so grundlegend verschieden von jenen waren, die so viele junge Deutsche veranlaßt hatten, Hitler zu folgen. Ich war eine Engländerin, ich war als Sozialistin erzogen worden, ich lebte in einem reichen Land und in der Hauptstadt eines Weltreiches, über dem in jenen Tagen die Sonne niemals unterging, doch meine einzige Sorge galt der Befreiung des gesamten Menschengeschlechtes und nicht der meines Vaterlandes allein. Ich hatte mich dem Kommunismus in die Arme geworfen, weil er allen Menschen die Gleichheit zu bringen versprach, unabhängig von Nation, Rasse oder Glaubensbekenntnis. Das kommunistische Ideal war mir als die Erfüllung des jahrhundertealten Kampfes der Menschheit für Frieden und Gerechtigkeit erschienen.

Die Nationalsozialisten hatten nicht an die gleichen edelmütigen

Beweggründe und die Idee des Internationalismus appelliert, wie das die Kommunisten getan hatten. Nur allzu vielen jungen Deutschen muß aber anfangs der Nationalismus als der einzige Weg erschienen sein, dem deutschen Volk, das sie in die Fesseln des Vertrages von Versailles geschlagen sahen, Freiheit und Gleichberechtigung zu bringen. Als Hitler ihnen Arbeit und Brot versprach, das Ende der Arbeitslosigkeit und ein stolzes und starkes Deutschland anstelle der schwachen und wehrlosen Weimarer Republik, wird wohl keiner dieser Menschen geahnt haben, daß er sie dazu verführen werde, entsetzliche Grausamkeiten zu begehen und einen Angriffskrieg vom Zaune zu brechen. Auch ich hatte ja nicht gewußt, daß der Kommunismus die Liquidierung von Millionen russischer Bauern bedeutete, ein Hungerleben für die Arbeiter und Sklavenarbeit in einem bis dahin noch nie erlebten Ausmaß. In Rußland hatte ich erlebt, wie junge Männer und Frauen durch Appelle an ihren Idealismus dazu getrieben wurden, die sogenannten Kulaken auszurotten — ein Verbrechen so groß und furchtbar wie die Judenvernichtung durch die Nationalsozialisten. Mir erscheint es gleichermaßen schrecklich, Menschen für ihre *Klasse* wie für ihre *Rasse* zu töten oder in Konzentrationslager zu werfen.

Ich konnte es ganz einfach nicht verstehen, daß dieselben Amerikaner, die Stalins blutige Willkürherrschaft während und nach dem Krieg verherrlicht hatten, jetzt hartnäckig darauf bestanden, eine zeitlich nicht begrenzte Bestrafung aller Deutschen zu fordern. Wenn alle Deutschen der Teilhaberschaft an Hitlers Verbrechen für schuldig befunden wurden und jeder, der jemals Nationalsozialist gewesen war, für alle Zeiten verdammt sein sollte, dann müssen die Kommunisten aller Länder und auch diejenigen, die sich von ihnen verführen ließen und sie unterstützten, für die von Stalin begangenen Verbrechen zur Rechenschaft gezogen werden.

Ich war aus Rußland entkommen und als Ausländerin war es mir gelungen, die kommunistische Partei zu verlassen, ohne daß ich, Jahre bevor ich die Sowjetunion verließ, liquidiert wurde. Wäre ich aber geblieben, das wußte ich, hätte mich die Sowjetdiktatur gezwungen, schreckliche Dinge zu tun, falls das Leben meines Mannes und meines Sohnes der Preis für meinen Ungehorsam gewesen wäre. Da ich unter der kommunistischen Diktatur gelebt habe und daher weiß, was Terror bedeutet, kann ich den Deutschen nicht zum Vorwurf machen, nicht *gegen Hitler revoltiert* zu haben wie das andere Leute tun, die in Amerika in Sicherheit leben und sich ihr ganzes Leben hindurch der von den Vätern überkommenen

Freiheiten erfreuen durften.

Ein anderer Grund neben meinen russischen Erfahrungen, die Deutschen nicht als schlechtere Menschen ansehen zu können als andere Leute, hat zweifellos seine Ursache darin, daß ich als Engländerin geboren wurde. Ich erkenne an, daß die Deutschen den bösen Fehler gemacht haben, den Spuren der Briten, Franzosen, Niederländer und Belgier in einem Zeitalter gefolgt zu sein, als die Bildung von Imperien nicht mehr als respektable Betätigung erachtet wurde — es sei denn für Kommunisten. Ich vermag aber nicht einzusehen, warum die Deutschen, die keine asiatischen oder afrikanischen Kolonien besitzen, die sie ausbeuten können, für von Natur aus angriffslustiger als diejenigen Nationen Westeuropas gehalten werden, die stattliche Einkünfte aus ihren Kolonien beziehen. Ich war aber ob meiner eigenen, in der Vergangenheit begangenen Fehler und meiner verlorenen Illusionen unfähig, dem gesamten deutschen Volk die Schuld an den Verbrechen der Nationalsozialisten zu geben ebenso wie ich mich nicht als verantwortlich für die Übeltaten der britischen Imperialisten oder die vergangenen und gegenwärtigen Grausamkeiten der Sowjetdiktatoren betrachtete. Die Strafe für meine hinter mir liegenden Narreteien war gewesen, daß ich in Rußland meinen Mann verlor. Ich hatte aber meinen Sohn gerettet und war mit ihm in die freie westliche Welt entkommen. Die Deutschen, Unschuldige wie Schuldige, hatten gnadenlose Bombenangriffe, den Hunger, die Qualen der Ehemänner, Söhne und Bruder in russischen Gefängnissen und den Schimpf der gesamten Welt erduldet. Ich hatte das Gefühl, daß das Ausmaß ihrer Strafe in keinem Verhältnis zu der meinen stand.

Mit einem Gefühl der Scham hörte ich den Deutschen, welcher das Auto fuhr, das mir in Berlin zur Verfügung stand, zu mir sagen: "Ich habe jetzt drei Jahre für die Amerikaner gearbeitet, aber Sie sind der erste Mensch, der zu mir wie zu einem menschlichen Wesen gesprochen hat." Ich hatte ihn gefragt, wieviel er verdiene, wie viele Stunden er arbeiten müsse, ob er Frau und Kinder habe, ob diese auch genug zu essen bekämen und wie er nach Hause komme, wenn er mich nachts vor meinem Hotel verlassen habe. Ich glaube nicht, daß der Umstand, daß ich einiges Interesse an seiner eigenen Lage bekundete noch die Schokolade, die Seife und die Zigaretten, die ich ihm gab und daß ich mein reichhaltiges Frühstück mit ihm teilte, die Barriere zerbrach, die sein korrektes Benehmen als Bediensteter zwischen uns beiden errichtet hatte, das Benehmen eines Besiegten gegenüber seinem neuen Herrn. Erst als ich ihm eines Tages erklärte, daß wir meiner Meinung nach die Deutschen wie ein Kolonialvolk behandelten, wurde er mitteilsamer und freundlich. Meine Bemerkung war durch den Anblick der halbnackten, barfüßigen deutschen Jungens veranlaßt worden, die auf den Tennisplätzen des Presseklubs die Bälle aufsammelten. Ich war der Meinung, daß sie selbst Tennis spielen sollten statt wie kleine Sklaven umherzurennen. Dieser Mann gab mir, von der anderen Seite her gesehen, einen Eindruck davon, wie unsere ursprüngliche Politik des *Faßt die Deutschen hart an!* die Masse der deutschen Bevölkerung beeinflußt hatte.

"Ich nehme an", sagte er zu mir, "daß die Grobheit und der Mangel an Takt, den die Amerikaner bekunden, auf die Riesengröße ihres Landes zurückzuführen sind. Wahrscheinlich gehen viele Amerikaner niemals zur Schule und lernen, wie man sich anständig benimmt und deshalb sind sie so grob und taktlos." Ich sagte ihm, daß er im Irrtum sei und versuchte zu erklären, daß die Amerikaner in Wirklichkeit gar nicht unerzogen oder herzlos seien: Der Haß gegen die Brutalitäten der Nazis und der daraus gezogene Schluß, daß alle Deutschen Strafe und harte Behandlung verdienten, habe anfangs unsere Besatzungspolitik inspiriert. Ich vermochte ihn nicht zu überzeugen. Wie, so fragte er, könne ich die freundliche und bedachtsame Haltung der Amerikaner gegenüber den Russen erklären, wenn die im nationalsozialistischen Deutschland begangenen Grausamkeiten die Amerikaner dazu geführt hätten, sich unmenschlich gegenüber dem besiegten Deutschland zu benehmen. Das Gegenwort zu Unmenschlichkeit, das Wort *Menschlichkeit*, hörte ich am meisten auf deutschen Lippen. Dieses Wort ist schwer zu übersetzen, weil es so viel gleichzeitig bedeutet: ein eines Menschenwesens würdiges Betragen, Anstand, Freundlichkeit, Rücksichtnahme auf andere, Respekt vor dem anderen Individuum ohne Rücksicht auf dessen Nationalität, Klassenzugehörigkeit, Religion oder persönliche Macht — all das also, was einen freien Mann von einem Rohling, einem Sklaven, einem Roboter unterscheidet.

Die Einsicht, daß die Menschenrechte — im guten, altehrwürdigen Sinn des 18. Jahrhunderts, der die französische und amerikanischen Revolution inspirierte — den Vorrang haben und daß kein Wirtschafts- und Sozialsystem, das sie leugnet, erträglich ist, haben die sozialistische, liberale und christdemokratische Partei Berlins im Angesicht der kommunistischen Bedrohung ihrer Freiheit geeinigt. Hier, an der vordersten Front des Konfliktes zwischen westlicher

Demokratie und sowjetischer, totalitärer Tyrannei, war der wiedergeborene Glaube an die Ideale der Renaissance, der Reformation und der Gegenreformation zu finden.

Hier fand man eine Einigung wie nirgendwo anders in Europa, zwischen Ungläubigen und Christen, Protestanten und Katholiken, Sozialisten, Liberalen und Konservativen. Sie alle wußten, daß der Kampf um die Herrschaft über diese Welt vor allem ein Kampf zwischen dem Individuum, der Maschine und dem Staate ist, der uns alle zu seinen Sklaven machen will; mit den Totalitären, die uns alle auf die Stufe von Tieren herabziehen wollen, indem sie die Verantwortung des Einzelmenschen, Gewissen und Menschlichkeit leugnen sowie den Leuten, die darauf beharren, daß man *Sicherheit* nur durch die Unterwerfung unter die Tyrannei gewinnen könne.

Vielleicht, so dachte ich, ist es der neue Inhalt des Sozialismus, wie er sich in Berlin darbietet, wo die Sozialdemokraten die stärkste Partei und die Führer im Kampf gegen den Kommunismus sind, der die größte Hoffnung für die westliche Zivilisation darstellt.

Die Einigkeit, die Sozialisten, Christliche Demokraten und Freie Demokraten bei ihrem Widerstand gegen den Ansturm der Kommunisten bewiesen, wurde nur möglich, weil die Mitglieder aller drei Parteien anerkannten, daß keine dieser Parteien das Monopol der Wahrheit für sich beanspruchen konnte und daß Toleranz, Redlichkeit und Menschlichkeit die Grundvoraussetzungen einer freien Gesellschaft sind. Die meisten Berliner haben nichts zu verlieren als ihre Freiheit. Vielleicht ist es dies und die schrecklichen Prüfungen, die sie durchgestanden haben, die ihnen die klare Erkenntnis dessen, auf was es allein ankommt und ihre innere Stärke gibt. Sie haben sich an ihr hartes Leben so gewöhnt und so viel erlitten, daß diejenigen unter ihnen, die daran nicht zerbrochen sind, eine Geistesstärke besitzen, wie sie heutzutage selten zu finden ist.

Es überraschte mich, daß es unserer ursprünglich eingeschlagenen Besatzungspolitik nicht gelungen war, die deutsche Jugend in Zyniker, Opportunisten oder rücksichtslose Egoisten zu verwandeln. Wir hatten ja schließlich während der ersten beiden Jahre unserer Anwesenheit als Besatzungsmacht unsere demokratischen Grundsätze und Ideale zum Gespött gemacht, nicht nur dadurch, daß wir sämtliche Deutschen, einschließlich der Insassen der Gefängnisse Hitlers, als Parias behandelten, sondern auch, indem wir alle möglichen Entschuldigungen für die von den Sowjets begangenen Grausamkeiten fanden und die Kommunisten als Demokraten behandelten. Wir hatten sogar darauf bestanden, daß Kommunisten in die Verwaltung der deutschen Städte und Länder aufgenommen wurden und sie als Richter bei den Spruchkammern eingesetzt. In Berlin zum Beispiel hatte die alliierte Kommandantur, obwohl die Wahlen vom Oktober 1946 den Sozialisten, Demokraten und Christdemokraten 80 Prozent der Stimmen eingebracht hatten, eine Mehrheitsregierung abgelehnt und darauf bestanden, daß die Kommunisten in eine *Koalition* aufgenommen wurden, obwohl deren Partei — die SED — nur 19 Prozent aller in der Stadt abgegebenen Stimmen erhalten hatte. Auch später noch gestatteten die britischen und amerikanischen Besatzungsbehörden den Deutschen nicht, die Kommunisten hinauszuwerfen, die noch immer in den Wirtschafts-, Arbeits- und Gesundheitsämtern der Westsektoren saßen, es sei denn, sie erwiesen sich als untüchtig oder als offenkundige Zuträger der Russen.

Ich weiß natürlich sehr gut, daß Berlin nicht nur nicht Prag, sondern auch nicht ganz Deutschland ist. Das Entscheidende an Berlin schien mir aber zu sein, daß es dort eine Bewegung gab, die ganz Deutschland zu einer echten Demokratie zu machen imstande war und die durch ihr Beispiel die gespaltenen und verwirrten antitotalitären Kräfte in Europa und Amerika mit neuem Leben erfüllen und einigen konnte.

Es gab jedoch eine düstere Kehrseite dieses hoffnungsfreudigen Bildes, das Berlin bot. Einige der in der Wolle gewaschenen Nationalsozialisten hatten sich mit den Kommunisten zusammengetan und es bestand die Gefahr, daß ein neuer, aggressiver deutscher Nationalismus erstand — diesmal unter der Sowjetflagge statt unter der mit dem Hakenkreuz. Frühere Theoretiker des Nationalsozialismus hatten Lehrstühle an der Universität im russischen Sektor Berlins und in Städten der Sowjetzone inne.

Vielleicht noch entscheidender ist der Umstand, daß die Russen in ihrer Zone einen rücksichtslosen wirtschaftlichen Druck ausüben, um die demokratische Opposition zu unterdrücken. Nur *verläßliche* Studenten können sich immatrikulieren lassen und Sonderzuwendungen in Geld und anderer Form werden nur denjenigen gewährt, die die kommunistische Diktatur unterstützen.

Alle Deutschen, die der Sowjetunion von Nutzen sind oder sein könnten, erhalten die berühmten *Pajok*-Pakete. Auf die Leute, die nur um materieller Vorteile willen der SED beitreten, können die Russen möglicherweise nicht zählen. Ihre verläßlichsten Bundesgenossen und die, die uns am gefährlichsten sind, sind die ehemaligen Nationalsozialisten, die hoffen, durch eine Unterwerfung unter die Sowjets und eine Zusammenarbeit mit ihnen gegen den Westen Hitlers *Tausendjähriges Reich* vielleicht wiedererstehen zu lassen.

Die in Berlin offenkundig werdende politische Schwäche der Kommunisten beweist, daß es noch zu wenige Nationalsozialisten oder andere Kollaborateure gibt, die die kommunistische Diktatur verstärken könnten. Trotzdem wäre es ein Irrtum anzunehmen, daß die Deutschen auf alle Fälle auf unserer Seite bleiben müßten, selbst dann, wenn wir ihnen weiterhin die Rechte freier Menschen verweigern.

III. Die materiellen kosten der Vergeltung

Als ich Berlin Anfang September über die Luftbrücke verließ und in der amerikanischen Zone ankam, hatte ich das Gefühl, eher Zeit als Raum zurückgelegt zu haben. In Berlin standen wir, trotz der bedauerlich großen Ungleichheit zwischen uns und den Deutschen, was Opfer, Not und Gefahren betraf, doch Schulter an Schulter im Kampf gegen die Aggressionsgelüste der Sowjets. In der westlichen Zone schienen wir noch immer im Krieg miteinander zu liegen. Wir benahmen uns dort so, als ob Deutschland und nicht die Sowjetunion den Frieden der Welt und die Freiheit Europas bedrohe. Wir demontierten noch immer deutsche Fabriken und erfüllten wie bisher die Vereinbarungen von Jalta und Potsdam, als ob die Sowjets sie niemals unter völliger Mißachtung des Marshall-Planes und der Truman-Doktrin gebrochen hätten, von denen man zu Hause in den USA annahm, sie seien die Grundlage der amerikanischen Politik.

Bedeutende Lieferungen von *Reparationsund Restitutionsgütern* gingen noch immer in die Sowjetunion, nach Polen, Jugoslawien und andere Länder hinter dem Eisernen Vorhang — nicht nur aus der britischen und französischen, auch aus der amerikanischen Zone.

Als im Juni die Sowjets Berlin zu blockieren begannen, wurden diese Lieferungen in die Länder hinter dem Eisernen Vorhang nicht nur nicht gestoppt, sondern der Menge nach sogar verdoppelt. Der Hauptteil dieser Lieferungen an die Sowjetunion kam im Juli 1948 und den darauffolgenden Monaten aus der britischen Zone, die aus der amerikanischen waren eingestellt worden. Die USA fuhren aber fort, den Kommunisten Beistand zu leisten, indem sie in diesem einzigen Monat den Tschechen, Polen und Jugoslawen 5790 Tonnen deutsche Maschinen und anderen Industriebedarf lieferten. Ende Oktober, als schlechtes Wetter das Leben der amerikanischen Luftbrückenpiloten gefährdete und die Bevölkerung Berlins bereits in ihren ungeheizten Wohnungen fror, hatten sich die Reparationsund Restitutionslieferungen aus Westdeutschland in die Länder hinter dem Eisernen Vorhang von den 6500 Tonnen zu Beginn der Berlin-Blockade auf nahezu 9000 Tonnen erhöht.

Kostspielige Rache

In Westdeutschland wurden Fabriken zum Schaden der gesamten europäischen Wirtschaft und unter zynischer Mißachtung der Bedürfnisse der deutschen Bevölkerung sowie unter der Gefahr demontiert, Westdeutschland an die Kommunisten zu verlieren. Zur gleichen Zeit unternahm man den Versuch, Berlin vor ihnen zu retten. Die Kosten, die ein verarmtes Deutschland und ein um die Erzeugnisse der deutschen Industrie gebrachtes Europa den amerikanischen Steuerzahlern aufbürdete, wurden nicht nur von unseren westlichen Verbündeten, sondern auch von den Amerikanern mißachtet, die für unsere Deutschlandpolitik die Verantwortung trugen.

Trotz der Ankündigung, daß Deutschland sich mit Hilfe des Marshall-Planes am Wiederaufbau Europas beteiligen werde, hielten sich die USA und England genau an den *Revidierten Industrieplan* von 1947, der die Produktionskapazität der wichtigsten deutschen Industrien scharf begrenzte und keinerlei Bestimmungen über deutsche Stahl-, Maschinenund andere Exporte enthielt, die für den Wiederaufbau Europas dringend benötigt wurden.

Vom britischen Standpunkt aus waren die Demontierungen sinnvoll, da sie halfen, die deutsche Konkurrenz auf den Weltmärkten zu verhindern. Ursprünglich waren die britischen Behörden sogar geneigt gewesen, den Deutschen eine höhere Industriekapazität zuzugestehen als die Amerikaner. Sie begriffen, daß Westdeutschland nicht fähig war, sich selbst zu unterhalten, falls das Reparationsprogramm genau ausgeführt wurde; so lange sie selbst finanziell für die Ernährung der Industriebevölkerung ihrer Zone verantwortlich waren, verfolgten sie auch eine klügere Politik als die USA. Seitdem aber beide Zonen vereinigt worden waren und die USA sich gezwungen sahen, das Defizit beider Gebiete auszugleichen, gaben die Briten ihrem Streben, die lästige Konkurrenz auszuschließen, die Zügel frei. Sie widersetzten sich von nun an einer Revidierung der Demontierungspolitik. In ihrem verzweifelten Bemühen, sich von den Dollarsubsidien unabhängig zu machen, gaben sie ihre kluge Politik und die Zurückhaltung gegenüber besiegten Feinden auf, jene Haltung, die früher Großbritannien groß und stark gemacht hatte.

Später opferten die Briten sogar ihre auf lange Zeiträume ausgerichteten Interessen, indem sie Flugzeuge und wichtige Industriegüter in die Sowjetunion exportierten, sich die Deutschen entfremdeten und Kontinentaleuropa dadurch schwächten, daß sie demontierte deutsche Maschinen in großem Umfang in den Machtbereich der Männer im Kreml lieferten. Nach einer von der britischen Militärregierung am 6. Februar 1949 veröffentlichten Statistik sind von den insgesamt 598 000 Tonnen Maschinen und Material aus deutschen Fabriken 163 896 Tonnen in die Sowjetunion, 18 618 in die Tschechoslowakei, 1789 nach Albanien und 45 135 nach Jugoslawien geliefert worden. Die Briten schraken auch nicht davor zurück, ganze Rüstungswerke den Sowjetrussen zu überlassen. Am 20. Dezember 1948 berichtete die Londoner *Times*, daß das Rüstungswerk Borbeck der Firma Krupp auf dem Wege in die Sowjetunion sei.

In der französischen Zone hätte man niemals annehmen können, daß es so etwas gab wie eine kommunistische Gefahr, einen Marshall-Plan oder ein Problem wie das der Verteidigung Europas. Die Blindheit der Franzosen, die besessen waren von einer nicht mehr existenten Gefahr, ihr sichtliches Nichtgewahren einer sehr latenten Bedrohung durch die Sowjets, ihre Methoden, Deutschland auszupressen, um ihre eigene, falsch geführte Wirtschaft am Leben zu erhalten und ihr vergebliches Zurschaustellen einer nicht vorhandenen militärischen Macht vor der eingeschüchterten, sich aber insgeheim darüber lustig machenden deutschen Bevölkerung bedürften einer gesonderten Darstellung. Wir wollen uns hier mit der teilweise verschmolzenen amerikanischen und britischen Zone beschäftigen.

Man kann die Behandlung, die Briten und Franzosen den Deutschen angedeihen ließen, verstehen, aber nicht verzeihen; die amerikanische Politik jedoch war völlig unbegreiflich. Die USA hatten durch die wirtschaftliche, politische und militärische Entmachtung Deutschlands nichts zu gewinnen, aber alles zu verlieren, haben aber nicht den geringsten Druck ausgeübt, um diesem Verfahren in der britischen und französischen Zone ein Ende zu bereiten und es in der eigenen Zone fortgesetzt.

Die in den USA gängige Annahme, daß der Marshall-Plan den Morgenthau-Plan abgelöst habe, war, wie ich sehr schnell begriff, eine Täuschung. Der Geist Morgenthaus dominierte zwar nicht mehr in unserer Deutschlandpolitik, er inspirierte sie aber immer noch. Die Tatsache, daß es nun einen Marshall-Plan gab, der die Integration eines zu neuem Leben erweckten und demokratischen Deutschland in einem wiederaufgebauten und sich selbst am Leben erhaltenden Europa zum Ziele hatte, bedeutete, daß wir eifrig mit unserer rechten Hand die Schäden reparierten, die unsere linke Hand angerichtet hatte. Es war das so, als baue eine amerikanische Mannschaft ein zerbombtes Haus wieder auf, während eine andere die Fundamente zerstörte.

Wäre es nicht so tragisch gewesen, so hätte man lächeln können, wenn man den niemals endenden Streit zwischen denjenigen Amerikanern beobachtete, die nach Deutschland geschickt worden waren, um dort Industrie und Handel wiederzubeleben und denen, deren Befehle lauteten, die deutsche Wirtschaft zu zerstören. Der Konflikt zwischen Zerstörern und Wiederaufbauern war sogar noch heftiger und erbitterter als der zwischen zwei rivalisierenden Ministerien in Washington.

In Frankfurt, Essen und Stuttgart habe ich lächelnd zugehört, als amerikanische Kohlen-, Stahl und Eisenbahn-Experten wie Verschwörer am Werke waren, um die Demontierung der Fabriken zu verhindern, die die Bergwerks-, Eisenbahn und andere Ausrüstung herstellten, ohne die die Kohlenförderung nicht erhöht und die Eisenbahn nicht wieder betriebsfähig gemacht werden konnten. Ich hörte aufschlußreichen Gesprächen zwischen Vertretern amerikanischer und deutscher Behörden zu, in denen diese jene davon in Kenntnis setzten, welche Amerikaner auf dem konstruktiven und welche auf dem destruktiven Flügel standen.

Es gab zwar eine Art Zusammenarbeit zwischen den Deutschen und den Amerikanern, die damit betraut waren, die deutsche Wirtschaft wieder zur Blüte zu bringen und den Marshall-Plan zu fördern, doch war die Verbindung zwischen den amerikanischen Zerstörern und der britischen Militärregierung aus natürlichen Gründen wesentlich enger. Die Experten aus den USA, die sich bemühten, die Kohlen und Stahlproduktion zu erhöhen und das Transportwesen in Ordnung zu bringen, waren von den Briten abhängig, da nicht nur die Bergwerke, die Stahl und Eisenwerke sondern auch die Fabriken, die die Ausrüstung für Bergwerke und Eisenbahn produzierten, in der britischen Zone lagen. Man begriff die mißliche Lage dieser Amerikaner, wenn man die Tatsache im Auge behielt, daß die Demontierungsliste 47 Fabriken für Bergwerksausrüstung und 32 für die Produktion von Eisenbahnmaterial enthielt.

Glücklicherweise gab es auch einige erleuchtete britische Beamte, die darauf aus waren, die deutsche Wirtschaft wiederzubeleben. Der Konflikt zwischen Aufbauern und Zerstörern war daher nicht so ungleich wie er im anderen Falle gewesen wäre. Der leitende britische Beamte des bizonalen Eisenund Stahlamtes in Düsseldorf zum Beispiel arbeitete einträchtig mit seinem amerikanischen Kollegen zusammen; beiden gelang es 1948, eine erstaunliche Erhöhung der Stahlproduktion zu bewirken. Es waren allerdings 24 Millionen Dollar für die Lieferung amerikanischer Bergwerksausrüstungen reserviert worden, doch die Briten bestanden darauf, diejenigen deutschen Fabriken zu demontieren, die diese Maschinen hätten liefern können. Sie demontierten unter anderem die Werke, die 90 v.H. der in den westlichen Zonen hergestellten Preßluftbohrer produzierten.

Zweifellos hätten die Briten in Anbetracht ihrer Abhängigkeit von den amerikanischen Subsidien dazu veranlaßt werden können, die Demontierung deutscher Fabriken einzustellen, deren Produktionsausfall durch ECA-Zuteilungen wettzumachen war. Das Ärgernis war nur, daß einige Mitglieder der amerikanischen Militärregierung und Beamte in Washington noch immer die Morgenthau-Linie unserer Politik verfolgten.

Einer der amerikanischen Beamten faßte die Situation mir gegenüber sehr klug zusammen: "Wir sind zwischen zwei sich widerstreitenden politischen Richtungen gefangen und nicht imstande, uns vorwärtszubewegen. Die Mächte der Zerstörung, Ausgeburten der Kriegshysterie und vom Morgenthau-Plan angetrieben, sind immer noch an der Arbeit; die konstruktiven Kräfte, die der Marshall-Plan zur Wirkung hätte bringen sollen, kommen nicht zum Tragen, weil die Direktiven aus Washington fehlen. Das amerikanische Volk beginnt sich erst jetzt klarzumachen, daß die bedingungslose Kapitulation und der totale Sieg es zwingen, dieselben Verantwortungen für Deutschland zu übernehmen wie das der Erbe eines Besitztumes tun muß. Obwohl jeden Tag neue Rechnungen eingehen und Amerika sie zu bezahlen hat, vermögen wir noch nicht ganz zu begreifen, daß wir mit der Zerstörung deutscher Werte aufhören müssen, wenn nicht Amerika bankrott machen soll. Zur Zeit wird die Politik der Zerstörung von der neuen, konstruktiven lediglich überdeckt."

Einige amerikanische Beamte waren in der merkwürdigen Situation, mit den Zerstörern wie den Wiederaufbauern arbeiten zu müssen. Major Holbrook zum Beispiel, den ich in Stuttgart traf, war sowohl Reparations-Beauftragter für Württemberg wie Leiter des Amtes für Industrie und Wirtschaft in Gouverneur LaFolettes Behörde. Er hatte auf der einen Seite die Demontierungsbefehle auszuführen, die er von der Abteilung für Reparationen der Militärregierung in Berlin erhielt, auf der anderen Seite sich aber zu bemühen, die Produktion in seinem Gebiet zu erhöhen. Beiden Weisungen entsprach er mit einem beträchtlichen Maß an Einfallsreichtum. In der amerikanischen Zone galten Maschinen bereits als demontiert, wenn die Schrauben, die sie am Boden verankern, gelöst und die Maschinen selbst auf Holzböcke gestellt waren. Als er den Deutschen erlaubte, die Maschinen in diesem Zustand weiterzubenutzen, erleichterte er die Lasten der amerikanischen Steuerzahler, weil er so mehr Deutschen erlaubte, ihren Lebensunterhalt zu verdienen, als dies im anderen Falle möglich gewesen wäre; er hielt die demontierten Maschinen auch in gutem Zustand, bis sie anderen Ländern geliefert werden mußten. Anderswo, vor allem in der britischen Zone, sah ich Berge verrotteten, längst demontierten Materials herumliegen, das nach und nach unbrauchbar geworden war, weil es unter freiem Himmel oder in ungeheizten, feuchten Hallen aufgestapelt war. Es war nämlich britische Übung, Maschinen auch dann zu demontieren, wenn kein Land, das berechtigt war, Reparationen zu erhalten, sie wünschte. Diese unermeßliche Vergeudung war eine Folge des revidierten Industrieplans, dessen Ziel es nicht so sehr gewesen war, anderen Ländern zu helfen, mit deutschen Reparationsleistungen ihre Wirtschaft wiederaufzubauen, als den Deutschen ihre Produktionskapazität zu rauben. Wäre jenes das wirkliche Ziel gewesen, hätte man diesen Ländern modernere und bessere Maschinen in weit kürzerer Zeit liefern können, indem man die Demontagen stoppte und den Deutschen gestattete, an die Arbeit zu gehen, um diese Reparationsgüter zu produzieren. Major Holbrook hatte auch die Produktion vieler von Reparationsleistungen betroffener Fabriken wieder in Gang gebracht, indem er in ganz Württemberg nach ungenutzt herumstehenden Maschinen suchte. Diese Maschinen hätte man von Anfang an benutzen können, wenn es nicht die Herren der Militärregierung in Berlin vorgezogen hätten, den Produktionsprozeß zu unterbrechen und deutsche Arbeitskraft zu vergeuden, indem man Reparationen den bereits im Betrieb befindlichen statt den stillgelegten Fabriken entnahm.

Bevor ich gegen Ende Oktober Stuttgart besuchte, hatte ich geglaubt, die Feststellungen General Marshalls und anderer Vertreter des Außenministeriums in Washington sowie General Clays und seiner Untergebenen in Deutschland bedeuteten, daß die Demontagen in der amerikanischen Zone zu Ende geführt oder gestoppt worden waren. Ich war ebenso bestürzt wie die Deutschen, als ich herausfand, daß die bevorstehende Ankunft der Fachleute des Humphrey-Komitees — das aufgrund des Gesetzes über Auslandshilfe von 1948 nach Deutschland entsandt worden war, um festzustellen, welche auf der Demontageliste stehenden Fabriken mehr zur Wiedergesundung Europas beitragen konnten, wenn man sie in Deutschland beließ — zu einer Beschleunigung der Reparationslieferungen aus der amerikanischen Zone geführt hatte. Offensichtlich waren nicht nur die Briten und Franzosen darauf aus, dieses Komitee vor vollendete Tatsachen zu stellen. Die Reparationsbehörde im Hauptquartier der Militärregierung in Berlin hatte befohlen, diejenigen Maschinen sofort zu verpacken und auf den Weg zu bringen, die bis dahin in ihrem *demontierten* Zustand weiterbenutzt werden durften, weil große Nachfrage nach den mit ihnen hergestellten Dingen in Deutschland oder für den Export bestand.

Man hatte die Deutschen zu der Annahme verführt, daß die Ankunft des erwähnten Komitees den Stopp der Reparationslieferungen bedeute. Das baden-württembergische Wirtschaftsministerium war vom amerikanischen Leiter der Handels- und Industrie-Gruppe bei der bizonalen Kontrollbehörde am 11. Oktober davon informiert worden, daß die Ausrüstung von fünf Fabriken erst dann weggeschafft werde, wenn das Komitee seine Untersuchungen beendet habe. Ein oder zwei Wochen später war aber der Befehl eingetroffen, diese Ausrüstung in Rekordzeit zu verpacken und aus Deutschland wegzubringen. Man erzählte mir, daß der amerikanische Beamte in Berlin, der diesen Befehl gegeben hatte, am Telefon gesagt habe, das europäische Wiederaufbauprogramm möge gut sein oder nicht, ihn gehe es auf jeden Fall aber nichts an. Auch für die gegenteiligen Weisungen der amerikanischen Behörde in Frankfurt bekundete er nicht das geringste Interesse.

Zu der ohnmächtigen Erbitterung der Deutschen darüber, daß man sie der Mittel beraubte, mit denen sie sich ihren Lebensunterhalt verdienen konnten, trat unausweichlich der Zweifel an der Glaubwürdigkeit der Demokratie, von der wir ihnen doch gesagt hatten, daß sie eine gute und gerechte Sache sei. Die offiziellen Versprechungen der einen amerikanischen Behörde waren ja schließlich von einer anderen nicht erfüllt worden.

Eine der Fabriken, die unter den Hammer kam, weil die Reparationsbehörde bei der Militärregierung in Berlin entschlossen war, der Marshall-Plan-Verwaltung einen Prügel zwischen die Beine zu werfen, waren die Kiefer-Werke in Stuttgart. Ich besuchte diese Fabrik, die Ventilations- und Heizungseinrichtungen für Fabriken herstellt. Obwohl sie das einzige Werk für die Fabrikation von Krankenhaus-Klimaanlagen in beiden Zonen war, sollte sie doch an Griechenland geliefert werden. Die griechische Mission, die die Fabrik besichtigte, hatte den Deutschen erzählt, daß es in ihrem Land keinen Markt, keine Rohmaterialien und auch nicht die Fachleute gebe, um sich dieser Einrichtungen mit Nutzen bedienen zu können. Diese dürfte also zweifellos auf dem Schrotthaufen gelandet sein, jedoch — sie standen eben auf der Liste. Die wichtigsten dieser Maschinen sind auch tatsächlich weggeschafft worden und die Deutschen versuchten nun, weiterzuproduzieren, indem sie die Bleche mit der Hand zuschnitten und sie nieteten, statt sie zu schweißen.

Ich besichtigte auch die Zaiser-Werke in Stuttgart, die die Produktion von Aufzügen und Elektrokränen einstellen mußten, obwohl die Demontage der Flohr-Werke in Berlin und Wien durch die Russen Deutschland nur noch fünf Fabriken dieser Art belassen hatte, von denen noch eine weitere demontiert wurde und obwohl die Demontage sehr vieler Kräne im Ruhrgebiet durch die Briten zu einem großen Bedarf an neuen Kränen geführt hatte, dem nicht entsprochen werden konnte. Zaiser hatte auch keine Hoffnung, neue Maschinen erwerben zu können; denn die meisten von denen, die die Firma benötigte, wurden ausschließlich in der Sowjetzone hergestellt. Ich besichtigte verschiedene andere Fabriken in Stuttgart, von denen nicht eine einzige als Rüstungsbetrieb angesehen werden konnte oder Dinge produzierte, die für den Bedarf der westlichen Zonen nicht benötigt wurden. Ihre gesamte Ausrüstung wurde ihnen jedoch weggenommen, wahrscheinlich um jede Aktion zu ihrer Rettung durch die ECA-Behörden von vornherein zu verhindern.

In der gesamten amerikanischen Zone spielten sich dieselben Dinge ab. Ein Fall, der mir zu Ohren kam, betraf die Frank-Werke in Birkenau in Hessen, die künstliche Augen für Blinde, Meßinstrumente für die Textilindustrie und optische Präzisionsgeräte produzierten. Dieses Werk hätte wahrscheinlich niemals auf die Demontageliste kommen dürfen. Nachdem die Eigentümer bei der Militärregierung vorstellig geworden waren, hatte man sie davon unterrichtet, daß die

Demontage bis zur Prüfung durch das Humphrey-Komitee aufgeschoben sei. In der zweiten Oktoberwoche traf jedoch der Befehl aus Berlin ein, sofort mit dem Verpacken und Verschicken der Maschinen zu beginnen. Am 22. Oktober war, bevor die Marshall-Plan-Experten eintreffen konnten, das gesamte Werk ausgeräumt und die Maschinen abtransportiert.

Ein anderes Beispiel sind die Gendorf-Werke in Bayern, die Chlornatrium produzierten, einen von der Kunststoff-Faserindustrie benötigten chemischen Grundstoff; diese Industrie sollte, wie den Deutschen gesagt wurde, eine ihrer wichtigsten Exportindustrien werden. Der andere Hauptproduzent von Chlornatrium in Westdeutschland, das Werk Rheinfelden, das in der französischen Zone lag, war schon seit langer Zeit stillgelegt. Im September ordnete die amerikanische Militärregierung an, daß das Werk Gendorf demontiert und in die Tschechoslowakei transportiert werden sollte.

Das drastischste Beispiel, daß irgend jemand in irgendeiner Behörde entschlossen war, den Marshall-Plan zu sabotieren und die Kommunisten zu stärken, war die am 4. Oktober erlassene Anordnung, das Kraftwerk der Norddeutschen Hütte in Bremen zu demontieren und in die Tschechoslowakei zu bringen. Bremen war der einzige große Hafen der USA und das Tor, durch das aller Nachschub für die amerikanische Armee und die Lieferungen des Marshall-Planes kamen. Die hastige Abtransportierung seines wichtigsten Kraftwerkes in ein Satellitenland zu einer Zeit, als Berlin blockiert wurde und nach der Ankündigung, daß alle Reparationslieferungen aus den westlichen Zonen bis zur Revidierung der Demontagelisten durch die ECA eingestellt seien, war, wie es schien, auf nichts anderes zurückzuführen, als auf den Einfluß, die die *Morgenthau-Boys* in Berlin oder Washington noch ausübten. Die Demontierung des Bremer Kraftwerkes hatte eine sofortige und drastische Verringerung der Stromlieferung für Stadt und Hafen zur Folge; einer der ECA-Experten berichtete mir, daß es möglicherweise nötig sein werde, vor der Küste stehende Schiffe der US-Marine dazu zu benutzen, den Stromausfall auszugleichen. Während die amerikanische Luftwaffe das blockierte Berlin mit Nachschub versorgen mußte, war es also möglich, daß die amerikanische Marine ersucht werden mußte, unsere freiwillige Beschränkung der Stromlieferung für Bremen zugunsten des kommunistischen Europa wiedergutzumachen.

Wenn eine Militärregierung herrscht, ist es immer schwierig, die Verantwortlichkeiten festzulegen. Es kann daher unmöglich gesagt werden, ob Washington oder General Clays Wirtschaftsberater für die seltsame Entscheidung verantwortlich zu machen waren, so viele Maschinen wie möglich aus der amerikanischen Zone wegzuschaffen, bevor die ECA dem Einhalt gebieten konnte. Den Deutschen wollte es scheinen, als sei es unmöglich, den amerikanischen Versprechungen Glauben zu schenken. Ihre durch mannigfache Ankündigungen genährte Hoffnung, daß das Demontageprogramm revidiert und alle Abtransporte bis zur Prüfung durch die ECA gestoppt würden, wurde zunichte. Den Zusicherungen, daß Deutschland am Marshall-Plan für den Wiederaufbau Europas beteiligt werden sollte, konnte man nicht mehr länger Glauben schenken, nachdem die Militärregierung befohlen hatte, den Abtransport auch der Maschinen zu beschleunigen, die als lebenswichtig selbst für die Minimalerfordernisse der Wirtschaft der beiden Zonen galten.

Als die deutsche Wirtschaftsverwaltung zu protestieren wagte, untersagten ihr die britische wie die amerikanische Militärregierung, sich direkt an die Marshall-Plan-Behörden zu wenden. Deren Vertreter in Deutschland ließen es aber nicht zu, daß ihnen jeder direkte Kontakt mit den Deutschen verboten war. Leider verbrachte jedoch Paul Hoffman während seines Blitzbesuches in Deutschland im November nur zwanzig Minuten mit den Vertretern der deutschen Wirtschaftsverwaltung, die gekommen waren, um ihn in Frankfurt zu treffen. Es gelang ihnen, ihm einen gedruckten Bericht über die Folgen der geplanten Demontagen für die wirtschaftliche Lage Deutschlands und ihren Einfluß auf den Wiederaufbau Europas zu überreichen, sie erhielten aber nicht die Gelegenheit, ihre Nöte darzulegen. Hoffman hielt sich wochenlang in Paris auf, hatte aber entweder niemals die Zeit, sich mit der Situation in Deutschland zu befassen oder nicht die Absicht, durch eine Konferenz mit den deutschen Vertretern der beiden Zonen, deutschen Industriellen oder Gewerkschaftsführern der Militärregierung das Recht streitig zu machen, allein die Herrschaft auszuüben.

Die Deutschen hassen Vergeudung. Dieses sparsame, hart arbeitende und praktisch veranlagte Volk konnte ganz einfach nicht verstehen, warum sich in der britischen Zone riesige Mengen demontierter Maschinen unter freiem Himmel oder in ungeheizten Lagerhallen stapelten, warum so viele Maschinen, die anderen Ländern gar nicht zugesprochen waren, trotzdem demontiert und in

Schrott verwandelt wurden. Sie begriffen nicht, warum man ihnen nicht gestattete zu arbeiten, um den von den Nationalsozialisten in den von ihnen besetzten Ländern angerichteten Schaden wiedergutzumachen und sie stattdessen zu Bettlern gemacht wurden, die von amerikanischen Almosen abhängig waren. Immer und immer wieder sagten mir in der britischen Zone deutsche Beamte, Arbeiter, Betriebsleiter und Fabrikbesitzer: "Wir verstehen durchaus die Berechtigung der Forderung, Reparationen an die Länder zu liefern, die unter der deutschen Aggression zu leiden hatten. Wir können aber die Entscheidung nicht verstehen, Fabrikanlagen zu zerstören, die der Friedensindustrie dienen. Das hat mit Reparationen nichts zu tun, das ist nichts als sinnlose Verschwendung."

Natürlich wurden nicht alle in deutschen Fabriken der britischen Zone demontierten Maschinen auf den Schrotthaufen geworfen. Selbst dann aber, wenn diese Maschinen ins Ausland gebracht wurden, konnte man an der riesigen Spanne zwischen ihrem wirtschaftlichen Wert in Deutschland und dem dem Reparationskonto nach der Demontage gutgeschriebenen Restwert die hier eingetretene Vergeudung ablesen. Rechnete man die Arbeitskosten für die Demontagen und den Prozeß der Wiedererrichtung hinzu, so erschien einem das gesamte Reparationsprogramm als schlechter Witz. Die weitreichenden Wirkungen der Demontagen auf die deutsche Wirtschaft wurden durch die bei der Bewertung dieser Maschinen angewandten Methoden verschleiert. Diese bestanden darin, zunächst den Wert von 1938 festzustellen und dann nicht nur Kriegsschäden abzusetzen, sondern auch eine feststehende jährliche Abschreibungsquote, die weder Reparaturen noch Modernisierungen berücksichtigte. Häufig wurde auf diese Weise eine Maschine überhaupt nicht mehr bewertet, obwohl sie vor ihrer Demontage die ganze Zeit über benutzt worden war. Vom Standpunkt der Deutschen aus war es ganz einfach ungerecht, daß ein guter Teil der Maschinen, die sie verloren, ihnen überhaupt nicht auf dem Reparationskonto gutgeschrieben wurden. Diese Methode, den Wert der für Reparationszwecke weggenommenen Maschinen zu berechnen, war für die Festsetzung der der deutschen Wirtschaft durch die Demontagen zugefügten Schäden wertlos. Eine weit gerechtere Methode der Verlustkalkulation wäre es gewesen, die Wiederanschaffungskosten der betreffenden Maschine oder deren *wirtschaftlichen Wert* (Kapitalbedarf auf Grund der vor der Demontage damit erzielten Nettogewinne) festzustellen.

Nach den von der amerikanischen Militärregierung im Oktober 1948 veröffentlichten Zahlen betrug der Wert der bereits demontierten Fabrikanlagen in Reichsmarkwerten von 1938:

Amerikanische Zone:

187 Fabriken — 212 Millionen Mark

Britische Zone:

496 Fabriken — 600 bis 700 Millionen Mark

Französische Zone:

84 Fabriken — 150 bis 200 Millionen Mark (ohne die von den Franzosen unter Umgehung der Interalliierten Reparationsbehörde zum eigenen Gebrauch weggenommenen Maschinen).

Das wäre insgesamt nur etwa eine Milliarde Vorkriegs-Reichsmark gewesen, was einer Summe von 400 Millionen Dollar entsprochen hätte. Nach deutschen Berechnungen betrug der Vorkriegswert der in den westlichen Zonen bereits demontierten Anlagen etwa 1,8 Milliarden Dollar und die Kosten für deren Wiederbeschaffung wären noch sehr viel größer gewesen.

Nach einer Schätzung des Bremer Senators Harmssen waren die bereits aus Deutschland abgezogenen Maschinen und Einrichtungen nach dem Stand von 1938 folgendermaßen zu bewerten:

Sowjetzone:	1,6 Milliarden Reichsmark
Französische Zone:	1,2 Milliarden Reichsmark
Amerikanische und britische Zone:	3,5 Milliarden Reichsmark
Berlin:	1,5 Milliarden Reichsmark

Diese Schätzung gab, auch wenn sie übertrieben gewesen sein sollte, ein wahreres Bild der Verluste, die die Deutschen erlitten hatten, als die *Restwert*-Zahlen der Militärregierung, die die Wirkung der Demontagen auf die deutsche Wirtschaft verschleierten.

Der Wert der zu dieser Zeit in den westlichen Zonen noch zu demontierenden Fabriken betrug auf Grund deutscher Schätzungen etwa zwei Milliarden Dollar, erschien aber nur mit einem Bruchteil dieser Summe auf dem Reparationskonto, das ja nur den *Restwert* angab.

Da korrekte Gesamtschätzungen nicht zu erhalten waren, blieb die beste Methode, um die der europäischen Wirtschaft durch die Demontagen zugefügten Verluste festzustellen, die, Einzelfälle demontierter Fabriken zu betrachten, für die genaue Details verfügbar waren. In der großen Gute-Hoffnungs-Hütte an der Ruhr, die ich nach der Demontage besichtigte, betrugen die Kosten des Abbaues der Maschinen und ihres Transportes in die elf Länder, denen sie zugeteilt worden waren, zwischen 800 und 1000 Mark je Tonne. Hätte man neue Maschinen zur Lieferung als Reparationsgut produziert und aufgestellt, wäre dieser Betrag auf 400 Mark je Tonne zusammengeschrumpft. Dieses Werk hätte sich selbst wiederaufbauen können, mit anderen Worten: es hätte neue Maschinen für Reparationslieferungen in kürzerer Zeit liefern können, als benötigt wurde, die alten zu demontieren. Das Werk arbeitete weitgehend für den Export, doch hatte es diese Produktion auf lange Jahre, wenn nicht für immer verloren; es war nämlich unwahrscheinlich, daß die Staaten, die seine Anlagen erhalten hatten, in der Lage waren, sich der Trümmer, die sie zugeteilt erhielten, zu ihrem Nutzen zu bedienen. Nirgendwo zeigte sich die Vergeudung durch Demontagen besser als an diesem Beispiel. Die Jugoslawen, denen der Löwenanteil zugefallen war, hatten das Preß- und Hammerwerk und andere Schiffsbaumaschinen erhalten und hatten sogar darauf bestanden, daß sie die Ziegel, Träger und Holme bekamen. Die Griechen bekamen das Kesselhaus mitsamt dem 1871 errichteten Dachstuhl. Die Australier wurden mit einer 5000-Tonnen-Presse für Stahlbarren belohnt, die auf ihrem Kontinent aber nirgendwo unterzubringen war; die Einzelteile lagen daher neben irgendeinem Anschlußgleis herum. England hatte sich einen alten Güterwagen und ein paar Gußformen zur Verwertung als Schrott genommen. Pakistan hatte einen 125-Tonnen-Kran erhalten, für den es wahrscheinlich keine Verwendung hatte. Indien bekam die Ausrüstung, die zu diesem Kran gehörte. Eine Presse, eine Pumpe und ein Akkumulator, die in einer der Werksabteilungen demontiert worden waren, wurden ganz verschiedenen Ländern zugewiesen.

Vor der Demontage hatte die Gute-Hoffnungs-Hütte Aufträge für ölgefeuerte Maschinen in Höhe von einer Million D-Mark in ihren

Auftragsbüchern; die Deutschen nahmen an, daß das Werk von den Briten nur zerstört worden war, um seine Konkurrenz mit ihrer weniger leistungsfähigen Industrie auszuschalten. 15 000 Arbeiter hatten durch die Demontage dieses einzigen Werkes ihre Beschäftigung verloren.

Im Falle der Hörder Hüttenwerke in Dortmund schätzte man die Kosten der Demontage der dort stehenden Fünfmeter-Grobblech-Straße auf eine Million, die Mindestkosten ihres Wiederaufbaues — einschließlich des dazugehörenden Gebäudes — auf 13 Millionen D-Mark. Auf dem Reparationskonto standen jedoch als Restwert dieser Anlage lediglich 2,2 Millionen Mark.

Im Falle der berühmten Thyssen-Hütte an der Ruhr wurden die Demontagekosten auf 65 Millionen Mark veranschlagt, als Restwert waren aber nur 40 Millionen Mark gebucht. Die Kosten für die Zusammensetzung dieser Bruchstucke in anderen Ländern wurden auf 263 Millionen Mark geschätzt. Wenn man den Deutschen gestattet hätte, dieses Werk zu behalten, hätten sie ohne große Schwierigkeiten neue Maschinen in weniger Zeit und zu einem wesentlich höheren Wert als dem der weggeschafften Anlagen liefern können.

Trümmer und Schrott waren das Endergebnis der Demontage von Hochöfen und Siemens-Martin-Öfen. Die riesigen Walzstraßen und Pressen konnten nicht abtransportiert werden, weil ihr Gewicht und ihre Ausmaße zu groß für Brücken und Eisenbahnunterführungen waren. Hydraulische Anlagen sowie Dampfund Stromleitungen, automatische Kontrollapparaturen und viele andere Ausrüstungen konnten nicht wirtschaftlich sinnvoll demontiert werden und gingen vollständig verloren.

Das amerikanische Außenministerium erklärte im November 1947, daß die Arbeitsund Materialkosten der Demontagen *relativ geringfügig* seien. Die ECA-Fachleute, mit denen ich in Deutschland sprach, schätzten jedoch, daß das Demontageprogramm die Leistung von etwa 90 000 deutschen Arbeitern während eines gesamten Jahres beanspruchen und daß zumindest derselbe Arbeitsaufwand in den Empfängerstaaten benötigt werde, um die Maschinen wieder aufzustellen und in Betrieb zu setzen. Ihrer Ansicht nach war, alles in allem gesehen, das Demontageprogramm eine Vergeudung, ohne jeden Nutzen und unpraktisch. Sie erklärten, daß, wenn man die riesigen Kosten des Abtransportes der Anlagen, die Zeitverluste und die Produktionseinbußen, die durch die Trennung der Werkzeuge und Gußformen von den Maschinen entstanden, samt den Kosten ihres Ersatzes in Rechnung ziehe, der wirkliche Wert der Demontagen für die europäische Wirtschaft fast gleich Null sei, verglichen mit den Kosten des Wiederaufbaues Europas und den Kosten, die den USA entstünden, wenn sie das deutsche Zahlungsdefizit ausgleichen wollten.

Wie hoch auch immer die genauen Kosten sein mochten, es sprach Bände, was ein Leitartikel der New York Times vom 13. November 1947 ausspricht: "Nachdem die USA Milliarden Dollar anstelle der von Deutschland nicht gezahlten Reparationen zum Beistand Europas ausgegeben haben, sind sie zu der Forderung berechtigt, daß diese Milliarden zumindest in dem Umfang gegen die deutschen Reparationen aufgerechnet werden, daß eine Erhöhung der amerikanischen Ausgaben durch die wirtschaftliche Erdrosselung und die in Deutschland angerichtete Zerstörung verhindert wird. Laßt die Fabriken stehen und geht an die Arbeit. Die USA haben mehr als genug für sie bezahlt."

Obwohl jeder amerikanische Steuerzahler seinen Teil der Bürde trug, die uns die Versorgung eines nahezu verarmten Deutschland mit Nahrungsmitteln und anderen wichtigen Importwaren auferlegte, wurde die Verbindung zwischen unserer Deutschlandpolitik und unseren hohen Steuern nur von wenigen Leuten anerkannt. Die Kosten der Vergeltung, die in den ersten Besatzungsjahren an Deutschland ausgeübt wurde, waren etwas, mit dem sich die meisten Politiker und Journalisten nicht sehr gerne befaßten. Trotzdem war es wichtig, sich über diese Sachverhalte klar zu werden, wenn die Amerikaner nicht auch in Zukunft wie bis dahin ebenso teuer für den Morgenthau-Plan bezahlen wollten, der unsere ursprüngliche Besatzungspolitik formte und sie immer noch, trotz aller Versicherungen des Gegenteils, beeinflußte.

Daß die amerikanische Öffentlichkeit so wenig von der ungeheuren Verschwendung durch die Demontagen erfuhr, ist verschiedenen Ursachen zuzuschreiben. Zum ersten hatten die Deutschen zu dieser Zeit weder eine Regierung noch eine freie Presse noch Vertreter im Ausland, die ihre Sache vertreten konnten. Zum zweiten erhielten die meisten amerikanischen Journalisten, Kongreßmitglieder und Senatskomitees ihre Informationen nahezu ausschließlich von der

Militärregierung. Zum dritten steht es fest, daß alle Berichte, die von den Fachleuten des Kriegsund Außenministeriums sowie der Marshall-Plan-Behörde verfaßt wurden, unterdrückt worden sind. Sie wurden geheimgehalten und der Presse wie den meisten Mitgliedern des Kongresses nicht zugeleitet.

Die Deutschen waren des Glaubens (schließlich waren ja die USA ein demokratisches Land), daß alle Besuche und Untersuchungen dazu führen würden, daß die amerikanischen Wähler über die tatsächliche Lage ins Bild gesetzt werden. Immer und immer wieder wurde ich gefragt, wie man in den USA auf die Berichte der amerikanischen Experten, die die Situation sehr genau geprüft hatten, reagiert habe, mußte aber immer wieder antworten, daß niemand wisse, was diese Berichte enthalten und was sie empfohlen hatten.

Meine eigene Methode der Nachforschungen in Deutschland bestand darin, zuerst die deutschen Behörden aufzusuchen, um Informationen zu erhalten und dann selbst an Ort und Stelle zu prüfen, ob das, was man mir gesagt habe, wahr sei oder nicht. Danach ersuchte ich die Militärregierung um ihre Stellungnahme zu den deutschen Behauptungen und ihre Erklärung für das, was ich mit eigenen Augen gesehen hatte. Dies war offenkundig eine neue Art des Vorgehens und meine Untersuchungsmethoden galten, wenn nicht als verdächtig, so doch als unorthodox, da es für Journalisten nicht üblich war, zuerst, wenn überhaupt, anzuhören, was die Deutschen zu sagen hatten. Es gab allerdings eine beträchtliche Zahl amerikanischer Beamter, die ebenso wie ich darauf aus waren, daß die amerikanische Öffentlichkeit über die tatsächliche Wirkung der Demontage informiert wurde. Das galt vor allem für die ECA-Beamten, die mir erzählten, ihre Türe stehe jedem Deutschen offen, der Tatsachen zu schildern oder Vorschläge für das europäische Wiederaufbauprogramm zu machen hatte. Eingedenk dessen, daß ich in meinem Verlangen, all dem ein Ende zu bereiten, was der frühere Präsident Hoover *Zerstörung auf unsere Kosten* genannt hat, nicht allein stand, riet ich den Deutschen in der britischen, amerikanischen und französischen Zone, die ECA-Beamten in Frankfurt aufzusuchen und ihnen zu schildern, wie der Wiederaufbau Europas durch die Demontagen verzögert werde.

Herr Nölting, der Wirtschaftsminister von Nordrhein-Westfalen berichtete mir, daß er, als den Deutschen im Oktober 1947 die Demontagelisten überreicht wurde, den Briten gesagt habe: "Sie können alle die Maschinen haben, die Sie wünschen, lassen Sie aber bitte uns entscheiden, wo wir sie wegnehmen. Wenn Sie uns gestatten, diese Maschinen auszuwählen, wird die derzeitige Produktion nicht unterbrochen und unsere Gesamtwirtschaft nicht in Unordnung gebracht werden. Falls Sie es uns überlassen, das zu liefern, was Sie wünschen, werden wir auch sicherstellen können, daß die Reparationslasten gleichmäßig verteilt werden. Sie werden doch bestimmt einsehen, daß es ungerecht ist, einige Arbeitgeber und deren Arbeiter zu ruinieren, andere aber frei ausgehen zu lassen."

Die Briten hatten sich geweigert, auf diese deutschen Vorschläge einzugehen, obwohl deren Annahme nicht nur viel Zeit und Arbeit gespart, sondern auch Vertrauen in die demokratische Gerechtigkeit erweckt hätte. Die Tatsache, daß die Briten, statt Mehrzweckmaschinen wegzunehmen, darauf bestanden, Fabriken mit spezialisierter Produktion zu demontieren, deren Erzeugung durch die anderen Werke nicht ersetzt werden konnte, bestärkte den Eindruck, daß das eigentliche Ziel nicht Reparationen, sondern die Ausschaltung der deutschen Konkurrenz war.

Im September 1948 hatte Nölting, nachdem die Verkündigung des Marshall-Planes den Deutschen die Hoffnung gegeben hatte, daß das Programm zur Zerstörung der deutschen Industriekapazität gestoppt würde, ein Gespräch mit Brigadegeneral Noel, dem obersten britischen Reparationsbeamten im Ruhrgebiet. Der deutsche Minister informierte Noel davon, daß er, nachdem sich alle Vorstellungen bei den Briten, das Demontageprogramm zu ändern, als nutzlos erwiesen hätten, das deutsche Ersuchen an Hoffman weitergeleitet habe. General Noel wurde sehr zornig und sagte: "Sofern die Regierung Seiner Majestät betroffen wird, ist Herr Hoffman lediglich ein Privatmann und das britische Außenministerium wird alle Vorschläge eines Privatmannes nicht beachten." General Noel hatte dann Nölting geraten, sich auf irgendwelche *Vermittlungsversuche* Hoffmans nicht zu verlassen.

Nach dem, was ich von einem der Mitarbeiter Nöltings vernahm, war dieser ein paar Tage später nach London zitiert und ersucht worden, keinen allgemeinen Demontagestopp im Ruhrgebiet zu fordern, weil dies nicht nur die britische Labour-Regierung verärgern, sondern auch in Frankreich einen solchen Aufruhr entfesseln würde, daß de Gaulle an die Macht kommen könnte. Man hatte ihm auch zugesichert, daß die Briten, falls er mit ihnen zusammenarbeiten werde, mit den Deutschen die Streichung bestimmter Fabriken aus der Demontageliste *diskutieren* würden. Diese etwas versöhnlichere Haltung der Briten schrieb mein Informant dem auf sie ausgeübten Druck der MarshallPlan-Behörde und dem britischen Streben zu, direkte Kontakte zwischen den Deutschen und den ECA-Behörden in den USA zu verhindern.

In einem späteren Kapitel werde ich darüber berichten, wie die Briten sich der Einstellung der deutschen Sozialdemokraten bedient haben, die britische Labour-Party als Verbündeten zu betrachten und ihr mehr Vertrauen zu schenken als dem *kapitalistischen* Amerika. Dieses rührende Vertrauen der deutschen Sozialisten in die britische Labour-Regierung wurde dadurch auf eine harte Probe gestellt, daß die Briten im Sommer und Herbst 1948 die Demontagen beschleunigten, um die amerikanischen Untersuchungsbeamten der Marshall-Plan-Behörde vor vollendete Tatsachen zu stellen.

Es wäre ungerecht, wollte man die Briten allein für das Demontageprogramm verantwortlich machen, obwohl sie sich seinerzeit, ebenso wie die Franzosen, jedem Demontagestopp widersetzten. Ursprünglich waren es die USA gewesen, die auf Roosevelts Anweisungen hin sich mit den Russen zur Verwirklichung des Morgenthau-Planes zusammengetan hatten, der Deutschland in ein Land der Äcker und Weiden verwandeln sollte. 1945 und 1946 waren die Briten die einzige alliierte Macht, die sich diesem Vorhaben widersetzte. Damals hatten sie begriffen, daß die Zerstörung der deutschen Industrie, Massenarbeitslosigkeit und Elend der *Demokratisierung* des deutschen Volkes kaum dienlich sein konnten und sich auf jeden Fall als unausführbar erweisen werde, sobald das britische und amerikanische Volk begriffen, daß eine Massenhungersnot die unausweichliche Folge sein werde.

Auch dann, wenn das gesamte besetzte Deutschland als wirtschaftliche Einheit verwaltet worden wäre, wie das die Sowjetregierung in Potsdam versprochen hatte, wären auf Grund der ursprünglichen Besatzungsdirektiven Millionen von Deutschen dem Hungertode überantwortet worden. Die Wegnahme der deutschen Kornkammern östlich der Oder und Neiße durch Polen und Russen hatte Deutschland nicht nur ein Viertel seines landwirtschaftlich nutzbaren Gebietes beraubt, sie hatte auch die Millionen von Deutschen, die seit hunderten von Jahren in diesen Provinzen gelebt hatten, in das verstümmelte Reich getrieben.

Auch wenn die Sowjetregierung nicht sofort dazu übergegangen wäre, die britische, amerikanische und französische Zone der Lebensmittellieferungen aus der Sowjetzone Deutschlands zu berauben, hätten die Westdeutschen doch keinerlei Möglichkeit gehabt, genug Nahrungsmittel zu bekommen, um unter der Herrschaft des Morgenthau-Planes am Leben zu bleiben. Dieser Plan riet ja überdies auch zur Abtretung des Saargebietes, des Ruhrgebietes und einiger deutscher Gebietsstreifen an der niederländischen und belgischen Grenze. Es ist daher keine Übertreibung, wenn man sagt, daß im Vergleich zum Morgenthau-Plan sogar die Nationalsozialisten als vergleichsweise menschliche Eroberer erscheinen mußten. Die Empfehlung dieses Planes, die Deutschen sollten als sich selbst versorgende Bauern auf dem sowieso bereits übervölkerten deutschen Boden leben, erwies sich allein schon deswegen als getarntes Programm zum Völkermord, weil der Durchschnittsertrag pro Hektar in Westdeutschland bereits um 50 v. H. höher liegt als in den USA. Ganz offensichtlich gab es in Deutschland keinerlei Raum mehr für eine größere als die jetzt dort lebende Landbevölkerung.

Amerikanische Soldaten hatten zuviel menschliches Empfinden, als daß sie hätten zusehen können, wie das besiegte feindliche Volk vor ihren Augen dahinstarb. Zudem machte man sich in Washington klar, daß Gesundheit und Sicherheit der Amerikaner gefährdet würden, wenn sich *Seuchen und Unruhen* ausbreiteten. Daher begannen beinahe von Anfang an die USA Nahrungsmittel nach Deutschland einzuführen, um Minimalrationen sicherzustellen, die gerade ausreichten, das Leben in Gang zu halten und die Leute daran zu hindern, verhungert auf den Straßen zusammenzubrechen. Trotzdem wurde gemeinsam mit den Russen 1946 ein Industrie-Plan ausgearbeitet, der, wäre man ihm tatsächlich gefolgt, jede Möglichkeit ausgeschlossen hätte, daß die Deutschen jemals fähig gewesen wären, genug für ihren eigenen Unterhalt zu produzieren. Millionen von ihnen wären zu Bettlern gemacht worden.

Diese Folgen wurden von General Draper und seinen Fachleuten in der Wirtschaftsabteilung der amerikanischen Militärregierung klar erkannt. Im Potsdamer Abkommen mit der Sowjetunion war niedergelegt worden, daß der deutsche Lebensstandard nicht höher sein durfte als der Durchschnittsstandard in Kontinentaleuropa, England und die Sowjetunion nicht einbegriffen. Die Drapersche Denkschrift stellte fest, "daß alle Unterlagen beweisen, daß der deutsche Lebensstandard im Jahre 1932 nahe dem Durchschnitt für den Rest des Kontinentes in den Jahren 1930 bis 1938 lag." Daher könnten die Verbrauchsziffern von 1932 für Deutschland als Anhalt dienen. Das schlimmste Jahr der Weltwirtschaftskrise in Deutschland war aber nun das Jahr 1932, als man dort an die sechs Millionen Arbeitslose zählte. Es war demnach das erklärte Ziel der USA im Jahre 1946, in Deutschland wieder die Bedingungen zu schaffen, die Hitler zur Macht verholfen hatten. Da der damals aufgestellte Industrieplan de facto aber Millionen von Deutschen in eine weit schlimmere Lage versetzt hätte als 1932, hätte man als logische Konsequenz für die Zukunft einen noch größeren und schlimmeren Hitler erwarten können — mit einem Wort: einen deutschen Stalin.

Es ist nicht notwendig, sich mit den Einzelheiten dieses Planes zu beschäftigen, weil er auf der künstlichen Annahme aufgebaut war, daß die vier Besatzungszonen Deutschlands als wirtschaftliche Einheit verwaltet werden würden. Das Programm für die umfassenden Zerstörungen und Demontagen deutscher Industrieanlagen wurde modifiziert, als es sich erwies, daß die Sowjetzone weiterhin als rein russisches Reservat behandelt würde.

Im Jahre 1947 wurde von den amerikanischen und britischen Besatzungsbehörden ein *revidierter Industrieplan* auf der Annahme aufgebaut, daß Westdeutschland ohne die Zufuhren aus der Sowjetzone wie denen aus den ehemals deutschen Gebieten östlich der Oder zu existieren habe. Eine Liste von Fabriken, die als *überflüssig* für die deutschen Bedürfnisse aufgrund des den Deutschen zugestandenen Lebensstandards demontiert werden sollten, wurde auf der Grundlage dieses Planes aufgestellt und im Oktober 1947 veröffentlicht. Schon eine flüchtige Prüfung dieses revidierten Planes zeigt unmißverständlich, daß man es nicht vermochte, Westdeutschland eine Produktionskapazität zuzugestehen, die es ihm erlaubte, sich selbst zu erhalten — auch dann nicht, wenn man annahm, daß die Deutschen in alle Zukunft von ihren damaligen Rationen leben konnten, von denen der wichtigste Vertreter der Marshall-Plan-Behörde in Deutschland sagte, daß sie *unter den Normen für Kalorien und Eiweiß* lägen.

Westdeutschland besaß damals mit 42 Millionen mehr als die Hälfte der ursprünglichen Bevölkerung des Deutschen Reiches, weniger als die Hälfte seines bestellbaren Landes, drei Viertel seiner Steinkohlenund etwa ein Drittel seiner Braunkohlenproduktion. Es war zu keiner Zeit imstande, mehr als 50 Prozent der Nahrungsmittel zu erzeugen, die benötigt wurden, um seine nicht von eigenen Erzeugnissen lebenden Menschen einermaßen ausreichend zu ernähren. Die restlichen 50 Prozent mußten eingeführt werden und das konnte nur geschehen, wenn Deutschland imstande war, *seine Industrie so weit wiederaufzubauen, daß sie billig und leistungsfähig produzieren und auf dem Weltmarkt konkurrieren konnte.* Die landwirtschaftliche Erzeugung pro Hektar war bereits um 50 Prozent höher als in den USA, so daß kaum eine oder gar keine Möglichkeit blieb, die Erträgnisse zu steigern. Sogar die außerordentlich gute Ernte von 1948 hatte die durchschnittliche Lebensmittelration der nichtbäuerlichen Bevölkerung nur auf etwa 2400 Kalorien zu erhöhen gestattet; das Programm für 1949/50 gründete sich auf wesentlich niedrigere Rationen und das Ziel des auf lange Sicht geplanten Wiederaufbauprogrammes waren nur 2700 Kalorien. Man erwartete damals, daß die Deutschen in den Jahren 1952 und 1953 noch immer von einer Ernährung lebten, die hauptsächlich aus Kartoffeln und anderen Kohlehydraten bestand und nicht ausreichte, die Menschen zu harter Arbeit fähig zu machen.

Selbst unter Beibehaltung der unternormalen Verpflegung in Westdeutschland und angesichts der ständigen Weigerung, den Deutschen die am dringendsten benötigten Gebrauchsgüter sowie anständige Wohnungen zu geben, wären Nahrungsmittel- und Rohmaterialeinfuhren im Werte von 2,8 Milliarden Dollar erforderlich gewesen und ein diesem Betrag entsprechender hoher deutscher Export von Industriewaren und Kohle. Im Gegensatz zu den Schätzungen der ECA sah der revidierte Industrieplan von 1947 lediglich Exporte im Wert von zwei Milliarden Dollar vor, mit denen Westdeutschlands lebenswichtige Einfuhren an Nahrungsmitteln, Düngemitteln und Rohmaterialien bezahlt werden sollten. Dieser Betrag von zwei Milliarden Dollar, der weit unter den Schätzungen der ECA lag, hätte eine fünfzehnprozentige Erhöhung der deutschen Ausfuhren über die Zahlen von 1936 hinaus erforderlich gemacht. Diejenigen, die diesen Plan aufgestellt hatten, erkannten selbst, daß ihre Schätzung wahrscheinlich zu niedrig war, auch wenn man sich nur schwer vorstellen konnte, wo in der Welt eine derartige Menge von Konsumgütern verkauft werden konnte. Sie sagten, daß *mindestens* zwei Milliarden Dollar das Minimum für Importe seien, fügten aber hinzu: "Da der Handel zwischen der amerikanischen und britischen Zone und den anderen Teilen Deutschlands größeren Ungewißheiten unterworfen ist als der frühere Binnenhandel, könnte die Folge davon sein, daß der Handel mit anderen Ländern noch weiter ausgedehnt werden muß." Mit anderen Worten: noch 1947 haben amerikanische Behörden bei der Entscheidung darüber, wieviele Maschinen der deutschen Wirtschaft entzogen werden sollten, sich geweigert, als Grundlage für ihre Berechnungen die Tatsache anzuerkennen, daß die von den Russen beherrschte Sowjetzone völlig vom übrigen Deutschland abgeschnitten war.

Auch wenn man annahm, daß zwei Milliarden Dollar die richtige Zahl für das Ausmaß der Exporte war, die benötigt wurden, um Westdeutschlands Mindestbedarf zu decken, so schloß doch der revidierte Industrieplan ein für allemal aus, daß so viel ausgeführt wurde, da er die Stahlproduktion drastisch einschränkte. Dieser Plan schloß also von vornherein große Exporte von Maschinen und Baumaterialien aus, die der Weltmarkt am meisten verlangte und aus denen in der Hauptsache Deutschlands Vorkriegsausfuhren bestanden. Stattdessen stellte man sich vor, daß Deutschland unbeschränkte Mengen an Textilien, Keramik und anderen Erzeugnissen der Leichtindustrie ausführen könne. Man hatte zwar die Schwierigkeit erkannt, Märkte für die nach diesem Plan bedeutend zu erhöhende Ausfuhr von Gebrauchsgütern zu finden, aber nicht in Rechnung gestellt. In der Einleitung zum revidierten Industrieplan hieß es: "Vor dem Krieg machten Metalle, Maschinen und Chemikalien zwei Drittel des gesamten Exportes aus. Die Produktion von Textilien, Keramik und Verbrauchsgütern kann zwar erhöht werden, doch eine Voraussage über das Ausmaß, in dem über den Vorkriegsstand hinausgehende Verkäufe auf den Exportmärkten erzielt werden können, ist schwierig. Die Ausfuhren der in ihrer Produktion nicht beschränkten Industrien müßten annähernd um 90 v. H. erhöht werden, falls die höheren Ausfuhren ausschließlich von diesen Industriezweigen bestritten werden sollen, was ganz offensichtlich unausführbar ist. Aus diesem Grund muß auch die Produktion der Industrie erhöht werden, der Beschränkungen auferlegt wurden."

Nachdem sie auf diese Weise sich selbst den Boden unter den Füßen weggezogen hatten, fuhren die Verfasser des Planes fort, die Beschränkungen der Produktionskapazität der deutschen Stahl-, Maschinen-, Elektround der chemischen Industrie sowie anderer lebenswichtiger Zweige einer modernen Wirtschaft zu bestimmen. Es wurde auch ausdrücklich erklärt, daß in dem Plan keinerlei Vorsorge für eine Rückzahlung der von den Besatzungsmächten gewährten Vorschüsse für die Einfuhr von Nahrungsmitteln, Saatgut und Düngemitteln getroffen wurde. Den Reparationen wurde damit der Vorzug vor den Schulden Deutschlands an die USA gegeben.

Der Plan beschränkte die westdeutsche Stahlproduktion auf 10,7 Millionen Tonnen pro Jahr; 1936 betrug diese Produktion 17,5 Millionen Tonnen und wurde in den USA zu Ende des zweiten Weltkrieges auf 19,2 Millionen Tonnen geschätzt. Nach deutscher Auffassung trug diese Schätzung den Bombenschäden zu wenig Rechnung. Man erklärte, daß nach der Demontage einer Produktionskapazität von 6,5 Millionen Tonnen Stahl die 10,7 Millionen Tonnen, die der revidierte Industrieplan gestattete, de facto nicht erreicht würden.

Welche dieser Ziffern man auch immer als richtig betrachtete:

es bestand kein Zweifel, daß die geplanten Demontagen Westdeutschland jede Möglichkeit rauben mußten, sich selbst zu erhalten. Dieser Plan sah ein Deutschland vor, das weit weniger produzierte als vor dem Kriege. Er traf keine Vorkehrungen für den Wiederaufbau der zerbombten deutschen Städte und Brücken, die Reparaturen der Bahnstrecken und des rollenden Materials und die Ersetzung der von den Russen, Polen und Franzosen geraubten Maschinen und Güterwagen. Er sagte nichts darüber, wie man Wohnungen für die Millionen aus dem Osten Vertriebener bauen solle, wie man den unzähligen schwerbeschädigten Männern, Frauen und Kindern helfen und wie man die zahlreichen Kriegsgefangenen in Krankenhäusern kurieren konnte, die aus Rußland, Frankreich und Jugoslawien erst heimgeschickt worden waren, als sie zu krank oder zu schwach geworden waren, um als Sklavenarbeiter noch einen Nutzen bringen zu können.

Gleich dem alten Industrieplan sah er — auch in der Theorie — für Deutschland nur ein Volkseinkommen vor, das dem niedersten Stand der Jahre der Wirtschaftskrise entsprach, als man in Deutschland sechs Millionen Arbeitslose zählte. Es wurde ausdrücklich festgesetzt, daß die Produktionskapazität pro Kopf der Bevölkerung auf 75 Prozent derjenigen von 1936 reduziert werden sollte, was genau der Kapazität von 1932 entsprach. In der Praxis mußte dadurch das deutsche Volkseinkommen pro Kopf sogar noch weiter reduziert werden, denn der Plan unterschätzte den derzeitigen und noch zu erwartenden Bevölkerungszuwachs der westlichen Zonen auf schwerwiegende Weise. Die Zahl der Flüchtlinge aus Schlesien, dem Sudetenland und anderen Teilen Osteuropas betrug etwa 12 Millionen. Etwa drei Millionen waren nach den Schätzungen verhungert oder den Erschöpfungen erlegen, eine bestimmte Zahl von Flüchtlingen befand sich in der Sowjetzone. Gegen die Verringerung der Zahl derjenigen, für die in Westdeutschland gesorgt werden muß, war aber der ständige und immer noch steigende Zustrom derjenigen zu ersetzen, die aus der Sowjetzone und aus allen Ländern unter der kommunistischen Diktatur nach Westdeutschland flohen. Unter diesen Flüchtlingen gab es viele Nationalitäten, sogar Russen; sie alle wurden aber, wenigstens zum größten Teil, nicht in die DP-Lager aufgenommen, sondern fielen der deutschen Wirtschaft zur Last.

Zog man alle diese Faktoren in Rechnung, so wurde der Lebensstandard der Bevölkerung Westdeutschlands um nahezu 50 Prozent unter den Vorkriegsstand reduziert. Ohne amerikanische Hilfe mußte das Volk später sogar noch elender leben als damals.

Da er lediglich die deutschen Mindestbedürfnisse berücksichtigte, war der revidierte Industrieplan auch mit dem MarshallPlan unvereinbar, nach dem die deutsche Industrie und die Tüchtigkeit der Bevölkerung einen Beitrag zum Wiederaufbau Westeuropas leisten sollten. Die Begrenzung der deutschen Stahlproduktion genügte für sich allein bereits, jede Möglichkeit eines deutschen Beitrags zum Wiederaufbau und der Verteidigung Westeuropas auszuschließen.

Die Londoner Zeitschrift *Economist* vom 6. August 1946 stellte fest, daß Deutschland vor dem Kriege 5 Millionen Tonnen Stahl lediglich für die Produktion notwendigen Friedensbedarfes wie Nägel, Blech, Messer, Öfen und Ofenrohre, Werkzeuge und Haushaltungsgeräte benötigte. Sogar im letzten Jahr des Zweiten Weltkrieges wurden 40 Prozent des Stahlausstoßes in Großdeutschland (8 oder 9 Millionen Tonnen von 22 oder 24, nach den Zahlen des *Economist*) für zivile Zwecke verwendet.

Nach den Berechnungen der deutschen Wirtschaftler benötigte Westdeutschland nicht 10,7, sondern mindestens 14 Millionen Tonnen Rohstahl im Jahr für die nächsten fünf Jahre für den Inlandsbedarf selbst dann, wenn der Lebensstandard sehr niedrig blieb. Niemand, der die Verwüstungen mit eigenen Augen gesehen hatte, die die Bombenangriffe und Erdkämpfe in der gesamten westlichen Zone Deutschlands angerichtet hatten, zog diese Berechnungen in Zweifel. Mit seltenen Ausnahmen lag jede Stadt, ob klein oder groß, in Ruinen. Weil die Briten und Franzosen in den deutschen Forsten gewaltige Mengen Holz gefällt hatten, mußte Metall an Stelle von Holz beim Wiederaufbau treten, jedoch die Baustahlproduktion Westdeutschlands wurde um 40 Prozent vermindert.

Für die Unterhaltung der Straßen und die Reparatur der Rheinbrücken mußten im ersten Halbjahr 1948 allein 8000 Tonnen Stahl zugeteilt werden; der Verbrauch in den nächsten sieben Jahren wurde auf 40 000 Tonnen pro Jahr geschätzt. Die Wiederherstellung der Bahnstrecken und -anlagen erforderte ein Minimum von 150 000 Tonnen pro Jahr für die nächsten Jahre.

Jeder, den nicht Rache blind gemacht hatte, mußte sehen, daß Westdeutschland sich niemals selbst unterhalten konnte, wenn man ihm nicht gestattete, zumindestens so viel Stahl für seine eigenen Bedürfnisse zu produzieren und noch mehr Maschinen auszuführen als vor dem Kriege.

Deutschland ist ein Land, das praktisch außer Kohle keinerlei Rohstoffe besitzt; sein Reichtum besteht in der Tüchtigkeit und im Fleiß seiner Bewohner. Wenn man diesem Land nicht gestattete, diese Eigenschaften für sich selbst und zum Segen für ganz Europa nutzbar zu machen, konnte es seine Bevölkerung nicht unterhalten. Zur gleichen Zeit benötigte Europa dringend deutsche Maschinen und trotzdem wurden 94 Eisenund Stahlwerke auf die im Oktober 1947 den Deutschen überreichte Demontageliste gesetzt. Diese enthielt die modernsten und leistungsfähigsten Werke Deutschlands.

Jeder amerikanische Fachmann für die Eisenund Stahlerzeugung weiß, daß Hochöfen, Siemens-Martin-Öfen und Glühöfen nicht versetzt werden können; man kann sie nur zerstören. Deswegen bringt ein demontiertes Eisenund Stahlwerk an Reparationserträgen höchstens 20 bis 25 Prozent seiner früheren Kapazität. Deutschlands Verluste in der Stahlerzeugung bedeuteten einen dauernden Verlust für die gesamte europäische Wirtschaft.

Der amerikanischen Öffentlichkeit wurde nicht gestattet, den Wolf-Bericht über die deutsche Eisenund Stahlindustrie kennenzulernen. Es blieb jedoch kein Geheimnis, daß nach diesem Bericht auch die 10,7 Millionen Tonnen Rohstahl, die der revidierte Industrieplan zugestand, wertlos sein mußten, falls die Maschinen, die benötigt wurden, diesen Stahl bei niedrigen Arbeitsund Materialkosten zu walzen, nicht in Deutschland bleiben durften. Die geplante Demontage dieser Walzwerke machte dies aber unmöglich. Etwa 80 Prozent der deutschen Stahlproduktion bestehen aus Walzerzeugnissen. Nach den Angaben der deutschen Wirtschaftsverwaltung mußte die geplante Demontage von Walzwerken die Stahlproduktion weit unter die 10,7-Millionen-Grenze drücken und sie den 6 Millionen Tonnen nähern, auf denen die Russen 1946 bestanden hatten.

Da die USA nicht einmal imstande waren, den Inlandbedarf an Blechen und Bandeisen zu decken, stellte sich die Frage, woher Europa diese Erzeugnisse erhalten sollte, falls die Briten auf den Demontagen im Ruhrgebiet bestanden. Nach dem Bericht des Herter-Komitees waren die USA bis 1951 nicht in der Lage, den einheimischen Bedarf sowie den Europas und des Nahen Ostens an Walzrohren großen Durchmessers zu decken. Trotzdem wurden 46 Prozent der deutschen Produktion geschweißter Rohre demontiert und die Erzeugung von Rohren großen Durchmessers völlig unmöglich gemacht.

Zehn Prozent der Produktion der deutschen Walzwerke bestanden aus Stacheldraht. Man hätte demnach eine Kapazität von 800 000 Tonnen erhalten müssen, die vorgesehenen Demontagen verringerten sie jedoch auf nur 530 000 Tonnen.

Bei meinen Besuchen im Ruhrgebiet stellte ich fest, daß die Art und Weise, in der diese Demontagen ausgeführt wurden, auch die deutschen Produktionskosten, den Kohlenverbrauch und die Transportkosten wesentlich steigerte. Da die Engländer ihr Auge vor allem darauf gerichtet hatten, die deutsche Konkurrenz auszuschließen, legten sie eine große Zahl von Fabriken lahm, statt ein paar wenige völlig zu demontieren. Dieses Vorgehen erhöhte die deutschen Produktionskosten so weit, daß die deutsche Industrie nicht mehr konkurrenzfähig wurde, erweckte aber gleichzeitig den Anschein, als seien die Reparationsentnahmen in ihrer Gesamtheit verhältnismäßig gering.

In einem modernen Eisenund Stahlwerk vollzieht sich der gesamte Prozeß der Erzverhüttung im Hochofen, die Erzeugung von Rohstahl aus Eisen oder Schrott im Konverter und das Formen des rotglühenden Stahls in Barren, Platten, Draht oder Röhren unter ein und demselben Dach. Auf diese Weise werden Brennstoff, Strom und

Transportwege gespart. Die Briten hatten im Ruhrgebiet diesen Prozeß gestört, indem sie Teile der Werksausrüstung entfernten. In einem Werk demontierten sie die Walzstraße, in einem anderen die Schmiedepresse, in einem dritten zerstörten sie die Öfen. So konnte in einem Hüttenwerk der benötigte Stahl nicht mehr im Werksgelände erzeugt werden, in einem zweiten konnte er nicht mehr gewalzt oder gepreßt werden und mußte zu diesem Zweck anderswohin transportiert werden.

Im Werk des Dortmund-Hörder Hüttenvereins sah ich zum Beispiel die riesige Fünfmeter-Grobblech-Straße, die einzige ihrer Art in ganz Europa mit einer Produktionskapazität von 200 000 Tonnen Walzstahl im Jahr, die nun auf britisches Geheiß stillgelegt worden war. Bevor sie auf britischen Befehl hin im Herbst 1948 demontiert wurde, hatte sie jeden Monat etwa 7000 Tonnen Stahl produziert. Früher wurde in diesem Werk der Stahl sofort weiterverarbeitet, nun mußte er gekühlt und zur Weiterverarbeitung anderswohin gebracht werden, was eine beträchtliche Steigerung des Kohleverbrauches und der Transportkosten zur Folge hatte. Vor allem diese waren bedeutend, da das Werk an keiner Wasserstraße lag und sich in der Nähe keine anderen Walzwerke befanden. Die Dortmund-Hörder Hüttenwerke waren nun nicht mehr imstande, rentabel zu produzieren. Die Niederländer, Schweden und Norweger hatten im Ruhrgebiet 200 000 Tonnen Schiffsbauplatten in Auftrag gegeben, die England und Frankreich nicht liefern konnten. Die Demontage der Fünfmeter-GrobblechStraße in Hörde verhinderte, daß dieser Auftrag nach Deutschland ging. In ganz Europa gab es keine andere Anlage, die so große Platten erzeugen konnte. Die Kapazität der beiden übriggebliebenen Werke, die dreieinhalb und vier Meter breite Grobbleche walzten, reichte aber nicht aus, die gesamten ausländischen Aufträge für den Schiffbau auszuführen und gleichzeitig den Lieferverpflichtungen für das Inland nachzukommen, da die Nachfrage nach breiten Grobblechen auch in Deutschland sehr groß war. Die Werke in Dortmund-Hörde hatten zum Beispiel die Platten für den Wiederaufbau der Kölner Rheinbrücke hergestellt, die im Herbst 1948 wiedereröffnet wurde, und es warteten in Deutschland noch viele Brücken darauf, wiederaufgebaut zu werden.

Im Februar 1949 meldete die Presse nach den Unterhandlungen des norwegischen Außenministers in Washington über den Beitritt seines Landes zum Atlantikpakt, daß die Amerikaner versprochen hatten, Stahlplatten für den Wiederaufbau der norwegischen Handelsmarine zu liefern — wohl als Ersatz für die deutschen Lieferungen, die unmöglich gemacht worden waren.

Die Deutschen hatten sich erboten, eine neue Walzstraße statt der in Hörde zu liefern. Diese neue Straße war bereits zur Hälfte fertig und hätte in neun Monaten geliefert werden können, während dreieinhalb Jahre erforderlich waren, um die Walzstraße in Hörde zu demontieren, zu verpacken und abzutransportieren — vorausgesetzt, daß dies überhaupt möglich war. Dies erschien angesichts ihrer Riesengröße und ihres Reisegewichtes sehr unwahrscheinlich. Trotzdem wurde das Angebot von der britischen Reparationsbehörde in Düsseldorf zurückgewiesen.

Den Arbeitern in Hörde war es zur Zeit meines Besuches gelungen, die Demontage dadurch zu verhindern, daß sie eine Postenkette bildeten, die die Abbrucharbeiter am Betreten des Werksgeländes hinderte. Die gewaltige Walzstraße stand still, da ihre Benutzung verboten war und niemand wußte, ob die Briten Truppen einsetzen würden, um die Arbeiter zurückzudrängen und ob sie DPs verwenden wollten, falls deutsche Arbeiter sich weigern sollten, diese Aufgabe zu übernehmen. Die Arbeiter hatten Plakate folgenden Inhaltes angeschlagen:

"Hände weg! Ihr nehmt 8000 Arbeitern und deren Familien den Lebensunterhalt!"

"Marshall-Plan — Wiederaufbau oder Zerstörung?"

"Laßt uns arbeiten! Wir wollen mithelfen, Europa wiederaufzubauen!"

Ich verbrachte viele Stunden in den Hörder Werken, wo hagere, unterernährte Deutsche ihre harte Arbeit im Schmelzwerk verließen, um mich zu fragen, ob sie darauf hoffen könnten, daß die Amerikaner eine Zerstörung ihrer Lebensgrundlage verhinden würden. Ich sprach ihnen Mut zu, so gut ich das vermochte und sagte, ich sei mir sicher, daß das amerikanische Volk nach einiger Zeit die sinnlose und böswillige Zerstörung der deutschen Industriekapazität stoppen werde. Da ich aber keine falschen Hoffnungen wecken wollte, gab ich zu, daß dieses Erwachen Amerikas vielleicht nicht mehr rechtzeitig genug kommen könnte, um ihnen ihre Arbeitsplätze zu erhalten.

In Dortmund habe ich auch die Union-Werke besucht, die nach der

Dekartellisierung von ihren Kohlenzechen, ihren Zulieferern und ihren Märkten abgeschnitten waren. Auch hier stellte ich fest, daß nicht das gesamte Werk demontiert worden war, daß aber Vorkehrungen getroffen waren, daß der in diesem Werk hergestellte Gußstahl nicht mehr im Werk in geschmolzenem Zustand bearbeitet werden konnte. Eine riesige Presse, die für den Transport viel zu groß war, trotzdem aber auf die Reparationsliste gesetzt worden war, wurde eben zerstört. Die zu ihr gehörigen Öfen waren bereits niedergerissen und die Presse selbst wurde, da sie nicht von der Stelle zu bewegen war, wahrscheinlich an Ort und Stelle in Schrott verwandelt. Sie war im Werksgelände aufgebaut worden und die größte Presse Europas. Zwei andere Pressen und vier Dampfhämmer waren bereits demontiert,

29 Öfen zerstört worden; ein Kran, der 250 Tonnen heben konnte, war abgerissen, fünf kleinere weggebracht worden. Dieses Werk hatte zuvor Ausrüstungen für den Bergbau und die Elektroindustrie sowie Kurbelwellen und Getriebe für große Seeschiffe hergestellt; die gesamte Produktion hing von den Pressen ab, die nun zerstört oder demontiert wurden. Die Jahreserzeugung der Dortmunder Union-Werke hatte vor der Demontage einen Wert von 25 Millionen Mark erreicht, der Restwert auf der Demontageliste betrug nur einen Bruchteil dieser Summe. Das Werk konnte in dieser Form nicht wiederaufgebaut werden, weil eine ihm früher angeschlossene Fabrik, die der Firma Wagner & Co., die Pressen dieser Art herstellte, bereits demontiert und nach Indien abtransportiert worden war. Die Deutschen hatten sich erboten, stattdessen neue Maschinen an Indien zu liefern und die Inder hätten es auch vorgezogen, Maschinen zu erhalten, die nach ihren speziellen Angaben angefertigt worden wären. Die Briten hatten aber darauf bestanden, daß die Anlagen der Firma Wagner demontiert wurden. Es gab dafür nur eine Erklärung, nämlich die, daß es vom britischen Standpunkt aus besser war, die Inder erhielten Maschinen, die sie nicht gebrauchen konnten statt Maschinen, mit deren Hilfe sie mit den Briten in Konkurrenz treten konnten. Die Demontage machte einen deutschen Wettbewerb unmöglich und verhinderte gleichzeitig das Entstehen tüchtiger neuer Konkurrenten.

Nach der Demontage hatte die Firma Wagner in Dortmund mit den Briten eine Abmachung getroffen, daß ihre Arbeiter andere Fabriken demontieren sollten. Angesichts der steigenden Empörung der Deutschen gegen die Zerstörung der Reichtümer ihres Landes, der Abneigung der deutschen Arbeiter, die Maschinen zu vernichten, von denen der Lebensunterhalt ihrer Gewerkschaftskameraden abhing und der allgemeinen Verachtung, die allen Deutschen zuteil wurde, die gemeinsam mit den Briten die deutsche Produktion zerstörten, hatte sich die Firma Wagner im Oktober 1948 geweigert, ihren Kontrakt zu erneuern. Zur Strafe dafür wollten die Briten, wie sie während meines Besuches in Dortmund ankündigten, die leeren Werkshallen der Firma niederreißen, die bis dahin als Lager für die Maschinen benutzt worden waren, die man in den Fabriken der Stadt herausgerissen hatte.

Die deutschen *Industriekapitäne*, mit denen ich in Dortmund zusammentraf, waren der Meinung, daß der revidierte Industrieplan, der die künftige deutsche Produktion beschränkte, schlimmer als die Demontagen war, so kostspielig diese auch sein mochten. Dies war auch die Ansicht der Gewerkschaftsvertreter, mit denen ich im Ruhrgebiet sprach. Betriebsführer wie Arbeiter waren zwar erbittert über die noch immer im Gang befindliche sinnlose Zerstörung von Maschinen, vertrauten aber auf die Fähigkeit der Deutschen, diese Schäden zu überwinden, wenn man ihnen nur erlaubte, an die Arbeit zu gehen. Das Schlimmste an der alliierten Besatzungspolitik war, daß sie dem Wagemut, der Erfindungsgabe und dem Arbeitswillen Fesseln anlegte.

Deutschlands Kohlen-, Eisenund Stahlindustrie war früher diejenige Europas, die am engsten und wirtschaftlichsten untereinander verbunden war. Die Konzerne verwandten die an Ort und Stelle gewonnene Kohle dazu, Stahl zu produzieren und ihn, wenn er noch rotglühend war, zu Platten oder Bändern zu walzen oder unter den Pressen zu formen. In vielen Betrieben lief die gesamte Produktion vom Schmelzprozeß im Hochofen bis zu den fertigen Erzeugnissen, etwa Röhren oder Draht, auf dem gleichen Gelände ab, was die Kosten für Bearbeitung und Transport auf ein Mindestmaß reduzierte.

Die Demontage in Verbindung mit der sogenannten Entflechtung verhinderte, daß auf diese wirtschaftliche Weise weiterproduziert wurde. Die deutsche Kohlen-, Eisenund Stahlindustrie wurde auf den Leistungsstand des 19. Jahrhunderts zurückgeworfen. Diese *Dekartellisierung* oder Entflechtung wurde dem amerikanischen Volk anfangs unter einer falschen Bezeichnung plausibel gemacht. Sie wurde als eine Methode dargestellt, mit der die *Monopole* beseitigt und der Weg für ein freies Unternehmertum gebahnt werden konnte.

De facto aber wurde unter dem Einfluß der kommunistischen *fellow-travellers* in den Wirtschaftsbehörden der US-Militärregierung die Entflechtung ein Instrument zur Unterminierung des kapitalistischen Systems. Sie begrenzte zunächst die Höchstzahl der Mitarbeiter jedes deutschen Unternehmens auf 1000. Später wurde diese Zahl auf 10 000 erhöht, doch auch sie machte die Fortführung der wirtschaftlichen und leistungsfähigen vertikalen Verflechtung der deutschen Kohlen-, Stahlund Eisenindustrie unmöglich.

Später übten die Mitläufer der Kommunisten sowie die Schüler Morgenthaus keinen bestimmenden Einfluß auf die amerikanische Militärregierung mehr aus. Viele dieser Leute hatte man nach Hause geschickt. Diejenigen, die geblieben waren, gaben sich große Mühe, ihre wirklichen Absichten zu verschleiern. Sie waren aber keineswegs völlig verschwunden und übten im Geheimen noch einen beträchtlichen Einfluß aus. Sie konnten sich noch immer der Briten bedienen, die zwar niemals den Absurditäten des Morgenthau-Planes beigestimmt oder den kommunistischen Mitläufern gestattet hatten, ihre Politik zu bestimmen, die sich aber der Entflechtung bedienten, um die deutsche Produktion zu verringern und zum Vorteil der britischen Konkurrenz auf dem Weltmarkt deren Kosten zu erhöhen.

Das hervorragendste Beispiel für die Demontage eines Musterbetriebes an der Ruhr ist die August-Thyssen-Hütte. Sie war einmal das leistungsfähigste Schmelzwerk ganz Europas. Sie produzierte 125 0000 Tonnen Rohstahl, der an Ort und Stelle dazu verwendet wurde, hochwertigen Stahl für Dynamos und Transformatoren, Brückenbaumaterial sowie hitzeund säurefesten Stahl herzustellen. Die Thyssen-Hütte fabrizierte früher die Hälfte der deutschen Gesamtproduktion der nun so dringend benötigten Transformatorenbleche. Unmittelbar nach Kriegsende hatten die Briten verhindert, daß das Werk arbeiten konnte und nun war es demontiert worden.

Wiederholte Bekundungen vor Kongreß-Komitees sowie Feststellung der Sprecher der Marshall-Plan-Behörde und der Militärregierung bekräftigten die Tatsache, daß das deutsche Wiederaufbauprogramm entscheidend durch die nicht ausreichende EnergieVersorgung behindert wurde. Dies war eine Folge unserer Bombenangriffe, der seit langem versäumten Reparaturen, der Demontage von Kraftwerken und der Knappheit an Kohle. Ohne neue Lieferungen von Elektroblechen für Dynamos und Transformatoren war die Stromknappheit nicht zu beheben. 50 Prozent der Produktionskapazität der amerikanischen und britischen Zone für Elektrobleche war jedoch, wie bereits erwähnt, in der ThyssenHütte konzentriert.

In einem Memorandum vom 1. März 1948 hatte das amerikanische Außenministerium noch versichert, *daß keine in der britischen Zone gelegenen Werke zur Herstellung von Kraftwerksausrüstungen zur Demontage bestimmt sind.* Wie war diese Behauptung zu erklären? Verstanden die Sachverständigen des Außenministeriums sogar noch weniger von Technologie oder den Erfordernissen einer neuzeitlichen Industrie als die Verfasserin dieses Buches oder war irgend jemand daran interessiert, den Außenminister, den amerikanischen Kongreß und die amerikanische Öffentlichkeit zu täuschen? Oder war vielleicht gar die Wahrung des Rufes jener nicht fachkundigen Leute, die diese Fehler begingen, eine Milliarde Dollar wert.

Der technische Fortschritt führt in allen Ländern dazu, daß immer mehr Elektround Edelstahl verwendet wird und der Industrieplan fordert auch, daß Deutschland mehr, nicht etwa weniger hochwertige Werkzeugmaschinen sowie optische und elektrotechnische Präzisionsinstrumente herstellt, für die Stähle dieser Art benötigt wurden. Trotzdem wurde die deutsche Produktion von Elektrostahl auf nur 300 000 Tonnen pro Jahr reduziert. Von insgesamt 209 Elektroöfen wurden nicht weniger als 118 demontiert. Wir versprachen also den Deutschen auf der einen Seite, Produktion und Export ihrer Werkzeugmaschinen und optischen Instrumente zu steigern, waren aber eifrig dabei, sie der Kapazität zu berauben, die diese Industriezweige mit Spezialstählen versorgte. Diese Beschneidung der deutschen Produktion von Edelstahl, nach dem auf dem Weltmarkt eine so große Nachfrage herrschte, betraf vor allem die amerikanischen Steuerzahler, da sie den deutschen Export hochwertiger Werkzeuge drastisch einschränkte und da damit die ungünstige Handelsbilanz bestehen blieb, die bisher durch die amerikanischen Lebensmittellieferungen ausgeglichen wurde. Sie verkrüppelte auch die chemische Industrie, weil Deutschland von nun an nicht mehr imstande war, die erforderlichen Mengen hitzeund säurefesten Stahls zu liefern.

Im revidierten Industrieplan war festgelegt worden, daß die

feinmechanische-, die Werkzeug und die optische Industrie nicht angerührt werden dürfen, doch auch in diesen Produktionszweigen wurden in der amerikanischen Zone Werke demontiert, manchmal mit der Ausrede, daß sie für die Kriegsproduktion *grundlegend verändert worden seien.* Es wurden sogar Fabriken demontiert, welche die für die Ausfuhr unentbehrlichen Präzisionswerkzeuge herstellten. Des weiteren wurde festgestellt, daß die Produktion von Landmaschinen und Traktoren in beiden Zonen zu niedrig war und daß daher keine dieser Fabriken demontiert werden sollte. Wiederum wurde jedoch ein den Deutschen gegebenes Versprechen gebrochen. 1948 wurde die Landmaschinenfabrik der Krupp-Werke trotz der erbitterten Proteste der dort beschäftigten Arbeiter demontiert.

Obwohl zugegeben wurde, daß die deutschen Maschinenexporte unbedingt erhöht werden mußten, schrieb der Industrieplan von 1947 folgende Abstriche bei der Produktionskapazität vor:

> Abzubauen waren 35 Prozent der Produktionseinrichtungen der Fabriken für Schwermaschinenbau,
> 23 Prozent der Kapazität der Leichtmetallindustrie,
> 35 Prozent der derzeitigen Kapazität der Werkzeugmaschinenindustrie.

Dagegen sollten *nur* drei Kraftwerke demontiert werden, weil *der Vorkriegsbedarf der beiden Zonen größtenteils von Berliner Werken gedeckt wurde, die beinahe gänzlich demontiert worden sind.*

In Bezug auf Personen- und Lastkraftwagen bestimmte der Plan, daß Westdeutschland eine Produktionskapazität von 160 000 Personenautos und 61 500 Fahrzeugen für gewerbliche Verwendung erhalten blieb. Die Vorkriegsproduktion lag weit über diesen Zahlen. Man muß dazu bemerken, daß bis 1948 nahezu die gesamte Produktion an Volkswagen und Lastwagen von den britischen und französischen Besatzungsbehörden für ihren eigenen Gebrauch oder für den Verkauf auf eigene Rechnung weggenommen worden war. Überdies wurden zu Beginn der Besatzungszeit zahlreiche deutsche Personen- und Lastwagen konfisziert. Es besaßen daher nur noch sehr wenige Deutsche Autos und diese wenigen Autos waren zudem sehr alt. Den meisten Unternehmen fehlte es an Transportmitteln, der Nachholbedarf war dementsprechend sehr groß.

Der chemischen Industrie waren 40 bis 50 Prozent ihrer Kapazität weggenommen oder zerstört worden. Alle Sprengstoff-Fabriken wurden weggenommen oder vernichtet, ein Viertel der Kapazität der Kunststoffindustrie wurde für Reparationszwecke verfügbar gemacht, die Kapazität der Farbstoffindustrie sank unter den Vorkriegsstand. Die Demontage eines pharmazeutischen Werkes drückte die Herstellung von Atebrin unter den Vorkriegsstand. 15 Prozent der Kapazität der Gruppe *Verschiedene Chemikalien* und 17 Prozent der Kapazität der Industrie für organische und anorganische Grundstoffe wurden abgebaut.

Die Liste der Deutschland verbotenen Industrien umfaßte noch immer den Schiffbau sowie die Herstellung von Aluminium, Beryllium, Vanadium, Magnesium, Kugellagern, synthetischem Ammoniak, synthetischem Kautschuk, synthetischem Benzin und Öl.

Deutschland wurde vorläufig gestattet, eine bestimmte Menge von Kugellagern herzustellen, aber nur bis zu dem Zeitpunkt, da seine eigenen Ausfuhren es instandsetzten, diese anderswo zu kaufen. Amerikaner wie Briten waren später der Meinung, daß diese Anordnung undurchführbar sei, mittlerweile aber war die Hälfte der Ausrüstung der großen Kugellagerfabrik in Schweinfurt in die Sowjetunion abtransportiert worden. Die Briten hatten, offenkundig weil sie auf diesem Gebiet keine deutsche Konkurrenz wünschten, bis dahin sich stets geweigert, die Verbote für den Schiffbau aufzuheben, außer für kleine und langsame Fahrzeuge. Sie hatten die Leichtmetallindustrie der Kategorie *Leichtmaschinenindustrie* zugesellt, deren Produktionskapazität um 23 Prozent vermindert werden sollte. Trotz deutscher Proteste haben sie Fabriken demontiert, die Kaffeekannen, Pfannen, Kessel und andere Haushaltsgeräte aus Blech auf den Markt brachten. An die 40 Werke wurden von den Briten auf die Demontageliste gesetzt.

Das amerikanische Außenministerium hat behauptet, daß die Auswahl der zu demontierenden Fabriken mit größter Sorgfalt getroffen worden sei, daß keine dieser Fabriken mehr benutzt werden könnte, falls sie in Deutschland blieben und daß ihre Demontage die wirtschaftliche Erholung der Empfängerländer erleichtern werde. Diese Behauptung muß sich auf unzulängliche Informationen gestützt haben. Nichts lag klarer auf der Hand, als daß in Deutschland sehr oft gerade jene Fabriken demontiert wurden, die mit voller Kapazität arbeiteten und denen Kohlen und Rohstoffe bevorzugt zugeteilt wurden, weil ja ihre Erzeugnisse für das Funktionieren einer Friedenswirtschaft von entscheidender Bedeutung waren. Wollte man den Deutschen erzählen, daß die so demontierten Maschinen zur Deckung ihres Bedarfes nicht benötigt würden, war das ein grausamer Spaß und sonst nichts.

Der Behauptung des Außenministeriums, daß nur solche Fabriken demontiert worden seien, die Deutschland keinen Nutzen mehr brachten, widersprachen sowohl Informationen der Militärregierung wie auch die von den Deutschen gelieferten Gegenbeweise. Beamte der amerikanischen Militärregierung in Berlin berichteten mir im November 1948, daß die in der amerikanischen Zone demontierten Fabriken jetzt wieder die Hälfte dessen erzeugten, was sie vor der Demontage produziert hatten. Sie waren wieder in Gang gesetzt worden, indem man für sie die Ausrüstung beschaffte, die zuvor in nicht demontierten Fabriken ungenutzt geblieben war. Mit anderen Worten: die Reparationen waren nicht der *überschüssigen* Kapazität stilliegender Werke, sondern der von Werken entnommen worden, die mit voller Kapazität arbeiteten.

Auf jeden Fall ist die Behauptung, die deutschen Reparationsleistungen hätten den Wiederaufbau nicht behindert, weil die Kapazitäten nicht voll ausgenutzt worden seien, weitgehend anzuzweifeln. Es müßte stattdessen die Frage gestellt werden, wieso in Anbetracht des vorhandenen europäischen Bedarfes Produktionskapazitäten nicht bis zum Äußersten genutzt worden sind. Die Antwort auf diese Frage enthüllt den verhängnisvollen Kreislauf, für den die zerstörerische Politik der Alliierten in Deutschland die Verantwortung trägt.

Die unzureichende Ernährung der deutschen Bergarbeiter und ihrer Familien, sowie die miserablen Wohnungen, in denen sie leben mußten, haben in Verbindung mit der Demontage der Fabriken, die Bergwerksausrüstungen erzeugten, die deutsche Kohlenförderung niedergehalten. Die Auflage, 20 Prozent der Ruhrkohlenproduktion (hauptsächlich nach Frankreich) auszuführen sowie der Verlust des Saargebietes und der Braunkohlengebiete in Mitteldeutschland hatten die Menge der für den deutschen Bedarf verfügbaren Kohle weiter drastisch verringert. Dies wiederum hatte die Stahlproduktion eingeschränkt und dazu geführt, daß einige Eisen und Stahlwerke als überzählig bezeichnet wurden, nur weil man Deutschland nicht gestatten wollte, soviel Kohle und Eisenerz zu erhalten, wie dies für einen bedeutenderen Beitrag zum Wiederaufbau Europas notwendig war.

Den wahren Grund für die Demontagen gab der Leiter der Stahlproduktionsbehörde in Düsseldorf, der im August 1948 einem Vertreter des amerikanischen Senators Malone erklärte:

"Es besteht nicht die Absicht, Deutschland eine Stahlproduktion zu belassen, die es ihm erlauben würde, jemals wieder Stahl oder Stahlerzeugnisse in nennenswerten Mengen auszuführen." Der revidierte Industrieplan wäre im Hinblick auf die Notwendigkeit erhöhter deutscher Exporte auch dann unrealistisch gewesen, wenn er auf einer korrekten Schätzung der vorhandenen Kapazitäten beruht hätte. Es gibt jedoch Beweise dafür, daß die Liste der zu demontierenden Fabriken ohne exakte Übersicht über diejenigen Anlagen aufgestellt wurde, die in Deutschland bleiben sollten. Die Deutschen behaupteten, die Grundlage der amerikanisch-britischen Schätzungen der Produktionskapazität sei der zeitweise während des Krieges erzielte, aber niemals beizubehaltende Spitzenausstoß gewesen. Kapazitäten können normalerweise nur zu 80 bis 90 Prozent genutzt werden und während der vielen Jahre, in denen Reparaturen nicht möglich waren, hatte sich die Kapazität weit stärker vermindert als bei normaler Abnutzung. Auch diese Tatsachen wurden nicht in Betracht gezogen. Die Deutschen behaupteten auch, daß die Verwendung von Bruttokapazitäten in den alliierten Berechnungen eine Überschätzung der Produktionsmöglichkeiten zur Folge hatte, weil einige Zulieferwerke zweimal in der Liste aufgeführt wurden.

Übrigens erklärten die Deutschen auch, daß die Verminderung der Produktionskapazität viel größer sei, als dies die Gesamtzahlen über die Demontagen besagten, weil die leistungsfähigsten Werke für die Demontage ausgewählt wurden und weil die Vernichtung eines Industriezweiges die anderen des von ihnen benötigten Materials beraubte. Als Folge der Reparationslieferungen ergaben sich nicht mehr zu überbrückende Engpässe, die die gesamte deutsche Wirtschaft und in manchen Fällen die ganz Europas in Mitleidenschaft zogen; einige dieser demontierten Fabriken konnten in anderen Ländern überhaupt nicht mehr wiederaufgebaut werden und auch diejenigen, bei denen das glückte, benötigten Monate und Jahre, bevor sie ihre Produktion aufnehmen konnten.

Zum dritten war die Grundlage der Berechnung der deutschen Produktionskapazität nicht, wie das amerikanische Außenministerium behauptet hat, eine *sorgfältige* Untersuchung der vorhandenen Kapazitäten. Diese Grundlage waren allem Anschein nach die *Mecit*-Berichte aus dem Winter 1945/46, als die deutschen Fabrikbesitzer angewiesen wurden, Fragebogen über die Produktionskapazität auszufüllen. Das Ziel dieser Fragestellungen wurde damals nicht angegeben und die Deutschen dachten, diese Fragebogen seien die Grundlage für die Zuteilung von Brenn- und Rohstoffen. Da Menschen eben einmal Menschen sind, schätzten die meisten von ihnen zu dieser Zeit ihre Produktionskapazität höher ein; niemand konnte ja damals erwarten, mehr als einen Bruchteil von dem zu erhalten, was er wirklich benötigte. Es war sicherlich der Fehler der Deutschen, daß daraufhin die Produktionskapazitäten überschätzt wurden, doch die Tatsache bleibt bestehen, daß diese *Mecit*-Berichte nicht verläßlich waren und nicht als Grundlage für die Berechnungen hätten dienen dürfen, nach denen die auf Grund des revidierten Industrieplanes als überzählig anzusehenden Fabriken bestimmt wurden.

Es liegen zahlreiche eindeutige Beweise dafür vor, daß Angaben über bestimmte Fabriken so ungenau waren, daß diese Werke noch nicht einmal unter dem Industriezweig geführt wurden, zu dem sie gehörten.

Selbst wenn die ursprünglichen anglo-amerikanischen Schätzungen über Deutschlands Produktionskapazität als korrekt anzusehen waren, so haben doch die britischen *multilateral deliveries*, die französischen *prélèvements* und die *Restitutionen* aus allen Zonen ihren Wert endgültig zerstört. Niemand, nicht einmal mehr die Deutschen, wußte nun genau, was von Deutschlands Produktionskapazität übrigblieb. *Multilateral deliveries* war die englische Bezeichnung für den Abtransport besonders wertvoller oder für Spezialproduktion bestimmter und sehr oft unersetzlicher Maschinen aus deutschen Fabriken nach England. *Prélèvements* war die französische Bezeichnung für die Wegnahme ganzer Fabriken und einzelner Maschinen aus ihrer Zone, ohne daß darüber der Internationalen Reparationsbehörde in Brüssel Rechenschaft abgelegt worden wäre. Beide Bezeichnungen sind *legalisierte* Gleichsetzungen für das, was man als Plünderung bezeichnen würde, falls ein feindliches Land solche Praktiken anwenden würde.

In der britischen Zone erschien zum Beispiel eine Kommission in einer deutschen Fabrik, die nicht auf der Demontageliste stand, wählte verschiedene Maschinen aus und befahl, sie zu demontieren, um *dem Bedarf im United Kingdom entsprechen zu können*. Obwohl im Oktober 1947 General Robertson das offizielle Versprechen gab, daß weitere *multilateral deliveries* nicht mehr gefordert würden, sind sie doch im Laufe des gleichen Jahres an verschiedenen Orten erneut verlangt worden. So forderten die Briten im September 1948 in Düsseldorf 72 Maschinen, diesmal aber aus Fabriken, die auf der Demontageliste standen. Der Grund dafür war wahrscheinlich, daß diese Maschinen vor dem Termin für die allgemeine Demontage geliefert werden sollten; die Deutschen waren davon überzeugt, daß die Briten auf diese Weise hofften, den Empfehlungen der ECA-Kommissionen zuvorkommen zu können.

Die als *multilateral deliveries* weggenommenen Maschinen waren für den britischen Gebrauch bestimmt, da sie ja nicht von der Reparationsbehörde in Brüssel zugeteilt worden waren. Einige dieser Maschinen, die in deutschen Fabriken demontiert und bei der Aufstellung des revidierten Industrieplanes nicht berücksichtigt wurden, waren unersetzlich, da sie ausschließlich in der Sowjetzone hergestellt wurden. Manche Fabriken wurden auf diese Weise für immer verkrüppelt, obwohl sie nicht auf der Demontageliste standen.

Die *Restitutionen* haben der ursprünglichen Einschätzung der deutschen Produktionsanlagen weiterhin jeden Wert genommen. Ursprünglich wurde die Bezeichnung *Restitutionen* nur auf die Rückgabe des von den Deutschen in den von ihnen besetzten Ländern gestohlenen oder *unter Zwang* an Deutsche übertragenen Eigentums angewandt. Im Sinne dieser Auslegung sind Restitutionen vollauf berechtigt, juristisch wie wirtschaftlich gesehen. Im Juli 1948 begann aber die amerikanische Militärregierung, dem Begriff Restitutionen eine Auslegung zu geben, für die weder das Recht noch der Begriff der Billigkeit eine Grundlage abgaben. Die 1946 von General Clay erlassene Bestimmung, nach der *Zwang* bei der Übertragung von Eigentum nachzuweisen war, wurde außer Kraft gesetzt; es wurde bestimmt, daß Eigentumsübertragungen während der Zeit der deutschen Besetzung auf keinen Fall als *normale geschäftliche Transaktionen* anzusehen seien. Auf Grund dieser Bestimmung mußten Maschinen und andere Waren, die von deutschen Kaufleuten oder Industriellen erworben worden waren, dem Ursprungsland als Restitutionen zurückgegeben werden; der Beweis, daß sie unter *Zwang* veräußert worden waren, mußte nicht erbracht werden. Auch wenn der deutsche Käufer an Hand von Dokumenten beweisen konnte, daß der Verkäufer den ihm gezahlten Preis als angemessen ansah und die Rückgabe seines Eigentumes nicht verlangte, hatte er die Ware ohne Entschädigung herauszugeben, da *Restitutionsforderungen Forderungen der Regierung und nicht solche von Einzelpersonen* waren. Diese Anordnung der amerikanischen Militärregierung hatte zur Folge, daß restitutionspflichtige Güter nicht denjenigen zurückerstattet wurden, die sie den Deutschen verkauft hatten, sondern den ausländischen Regierungen. Die meisten dieser Regierungen, die auf diese Weise Maschinen und andere Waren zurückerstattet erhielten, die ursprünglich von ihren Untertanen verkauft worden waren, waren nun Satelliten der Sowjets. Sie verkauften sehr oft das ihnen *zurückerstattete* Eigentum gegen harte Dollars ins Ausland. Sehr häufig haben sie angeboten, diese Restitutionsgüter den Deutschen, denen sie weggenommen wurden, gegen ausländische Währung zu verkaufen, die wahrscheinlich dazu dienen sollten, sich gegen die *Bedrohung durch den amerikanischen Imperialismus* zu schützen.

Es gab eine Ausnahme von dieser amerikanischen Anordnung über die Rückgabe von Maschinen und anderen Waren an die ehemals von den Deutschen besetzten Länder: falls ein Deutscher *mit Zahlen und Daten* beweisen konnte, daß er die gleiche Art von Maschinen oder anderen Waren im gleichen Umfang vor dem Kriege kaufte, erhielt er möglicherweise die Erlaubnis, sein Eigentum zu behalten.

Der Handel Deutschlands mit Frankreich, Belgien, den Niederlanden, der Tschechoslowakei und anderen osteuropäischen Ländern, der stets sehr umfangreich gewesen war, nahm aus ganz natürlichen Gründen während des Krieges und der Blockade noch beträchtlich zu, vor allem, seitdem die Nationalsozialisten wegen unserer Bombenangriffe auf Deutschland beträchtliche Teile ihrer Produktion in der Tschechoslowakei und Frankreich konzentrierten. Das Verlangen, daß alle Güter, die während des Krieges an Deutschland geliefert wurden, nun an die Ursprungsländer zurückzugeben waren, sogar dann, wenn sie bezahlt worden waren, mußte uferlosen Ansprüchen an die Wirtschaft der westlichen Zonen Tür und Tor öffnen.

Ein Land wie die Tschechoslowakei, das wahrscheinlich mehr industrielle Ausrüstung von Deutschland erhielt, als es an Deutschland verkaufte, war nun dank der amerikanischen Auslegung des Begriffes Restitutionen in einer besonders glücklichen Lage. Es muß jedoch bemerkt werden, daß im Falle der Tschechoslowakei Restitutionsansprüche auf Waren, die an die Deutschen vor dem 5. Januar 1943 verkauft wurden, von den USA nicht anerkannt wurden. An diesem Tag verkündeten nämlich die Alliierten, daß sie sämtliche zwangsweisen Übertragungen von Eigentum in besetzten Ländern nicht anerkennen würden. Trotzdem befand sich die Tschechoslowakei, deren Staatsgebiet niemals Bombenangriffen ausgesetzt und niemals Schlachtfeld gewesen war und deren Industrie aus der Arbeit für Deutschland reiche Profite zog, in einer weit besseren Position bei der Forderung von *Restitutionen* als Polen, das unter der deutschen Besetzung so viel gelitten hatte und niemals ein Arsenal der Nationalsozialisten geworden war. Während der Zerstörung Warschaus gingen den Polen viele Unterlagen verloren, die nötig waren, um die Rückgabe der Maschinen zu fordern, die die Deutschen ihnen ohne Gegenleistung weggenommen hatten. Im Gegensatz dazu hatten es die Tschechen und Franzosen nicht schwer, diejenigen Maschinen, die sie an Deutschland verkauft hatten, genau zu bezeichnen, ausfindig zu machen und zurückzufordern.

Da Polen wie die Tschechoslowakei jetzt zum Herrschaftsbereich der Sowjets gehörten, machte das wohl keinen großen Unterschied, ich konnte mich aber des Mitgefühls mit dem polnischen Offizier nicht erwehren, der sein Land bei der amerikanischen Restitutionsbehörde in Karlsruhe vertrat. Er erzählte mir, welch großes Hindernis es für die Polen war, ohne Autorisation durch amerikanische Behörden und bevor sie nicht eine Beschreibung der polnischen Maschinen und des Datums ihrer Wegnahme durch die Deutschen geben konnten, Zutritt zu deutschen Fabriken zu erhalten. Ganz offenkundig befanden sich die Polen hier in einem großen Nachteil gegenüber der Tschechoslowakei und Frankreich, die beide mit den Deutschen kollaboriert hatten und wußten, wem sie ihre Erzeugnisse verkauft hatten, oder verglichen mit den früheren Verbündeten der Deutschen — Italien, Ungarn und Rumänien —, deren Vertreter in der amerikanischen Zone es ebenfalls leicht hatten, Restitutionen zu verlangen.

Mein polnischer Gewährsmann berichtete mir, daß die Briten sehr viel bereitwilliger als die Amerikaner waren, Polen seine ihm von den Deutschen geraubten Maschinen wieder zu verschaffen. In der britischen Zone konnten die Polen nach ihrem Gutdünken alle deutschen Fabriken besichtigen und hatten Hunderte von

Güterwagen voll Restitutionsgütern erhalten. Waren auch die Polen unzufrieden darüber, daß sie in der amerikanischen Zone nur so wenige Restitutionsgüter erhalten hatten, so war doch der Umfang dessen, was die Satellitenstaaten der Sowjetunion erhalten hatten, beträchtlich.

Als ich in der Restitutionsbehörde der US-Militärregierung in Karlsruhe eintraf, traf ich gleich anfangs auf eine Gruppe jugoslawischer Offiziere, die ich zuerst für Russen hielt, weil ihre Uniformen mit den scharlachnen und goldenen Achselstücken den russischen so sehr glichen. Dann traf ich Polen, Tschechen, Ungarn, Italiener und Rumänen und erfuhr, daß nahezu jeder europäische Staat (einschließlich der früheren Verbündeten Deutschlands) eifrig darauf aus war, das eine oder andere auf unsere Kosten von Deutschland zurückzufordern.

Über diese Restitutionen wurden keinerlei Bücher geführt, die ihre Wirkungen auf die deutsche Wirtschaft hätten zeigen können. Der Leiter der amerikanischen Restitutionsbehörde, ein in Deutschland geborener amerikanischer Bürger, erzählte mir, *er habe nicht die geringste Vorstellung darüber und nicht das geringste Interesse daran, wieviele Maschinen und in welchem Umfang* als Restitutionen aus Deutschland weggeführt worden seien. Die einzigen Zahlen, die er mir geben konnte, waren die des Gesamtwertes der Restitutionslieferungen; dieser betrug 287 Millionen Reichsmark nach dem Kurs von 1938.

Ich bedeutete diesem Herrn, daß mein Hauptinteresse zwar den wirtschaftlichen Wirkungen der Restitutionen galt, daß ich aber von ihm auch gerne die juristische Begründung für die sehr weitgehende Auslegung des Begriffes Restitutionen durch sein Büro gehört hätte. Es sei ja schließlich möglich, daß wir künftig, wie die Deutschen, als *Kriegsverbrecher* behandelt würden, weil wir es nicht verstanden hätten, die Regeln der Haager Landkriegsordnung über das feindliche Eigentum zu beachten. Seine Empörung über meine Feststellung war zunächst grenzenlos, doch nach einer Weile erzählte er mir, daß ich meine Einschätzung der Haltung der US-Restitutionsbehörde revidieren würde, wenn ich erst einmal die Vertreter Polens, Frankreichs und anderer alliierter Länder in Karlsruhe besucht haben würde. Nachdem ich mit den Polen gesprochen hatte, verstand ich, was er gemeint hatte. Trotzdem blieben meine Zweifel hinsichtlich der Rechtmäßigkeit der

Anordnungen der US-Restitutionsbehörde bestehen.

Wie umfassend die Bezeichnung *Restitution* auszulegen war, wurde durch eine im Sommer 1948 erhobene französische Forderung illustriert, nach der eine Anzahl von Vollblutpferden aus Deutschland nach Frankreich zurückgebracht werden sollte. Keines dieser Pferde war älter als drei oder vier Jahre und konnte daher während der Besetzung Frankreichs durch die Nationalsozialisten nicht gestohlen worden sein. Die Franzosen behaupteten jedoch, daß die fraglichen Pferde von französischen Hengsten abstammten. Sie nahmen offenbar an, daß ein guter und patriotischer französischer Hengst nur *unter Zwang* gehandelt hatte, wenn er zu einer deutschen Stute geführt wurde.

Folgende Beispiele für die Art und Weise, wie der Begriff Restitutionen ausgelegt wurde, sind allerdings weniger humorvoll:

Ein ausgebombter deutscher Schneider kaufte eine gebrauchte alte Nähmaschine tschechischen Ursprungs und ließ sie reparieren. Er erhielt den Befehl, sie an die Tschechoslowakei zurückzuerstatten und verlor damit die Möglichkeit, sich seinen Lebensunterhalt zu erwerben und seine fünf Kinder zu ernähren. Eine Deutsche, deren Mann gefallen war, verlor bei einem Bombenangriff auf Berlin ihre gesamte Habe. Sie kaufte in Mühlhausen im Elsaß ein paar gebrauchte Möbel und nahm sie mit, als sie nach Bayern evakuiert wurde. Nun verlangten die Franzosen das Bett, das sie mit ihrem Sohn teilte, als Restitutionsgut. Die Liste solcher Fälle könnte man ins Unendliche verlängern.

Die Franzosen haben dem Begriff Restitutionen eine so umfassende Bedeutung gegeben, daß sie Personenwagen französischer Fertigung konfiszierten, die vor dem Krieg von Deutschen gekauft worden waren.

Später konfiszierten die Amerikaner diejenigen Automobile, die sie in den ersten Jahren der Besetzung aus beschlagnahmten Wehrmachtsdepots an die Deutschen verkauft hatten. Ein paar tausend Automobile, für die die Deutschen bezahlt hatten, wurden ihnen in der britischen und amerikanischen Zone ohne Entschädigung wieder weggenommen und an die Franzosen oder andere *restituiert*, die sie ursprünglich den Deutschen verkauft hatten. Die amerikanische und britische Militärregierung, die beim

Verkauf konfiszierten Wehrmachtsgutes an Deutsche einen Gewinn erzielt hatten, annullierten nun die Kaufverträge und gaben die Autos ohne Verlust für sich selbst den Erstverkäufern zurück.

Die Briten weigerten sich dank des ihnen angeborenen Respektes vor dem Gesetz — falls dieses nicht mit ihren lebenswichtigen Interessen in Konflikt gerät — anfangs, Restitutionsansprüche anzuerkennen, wenn nicht ein Zwang bei der Übertragung des Eigentumes nachgewiesen werden konnte. Aus der britischen Zone wurden nur Güter zurückerstattet, die in den besetzten Ländern auf illegale Weise erworben worden waren. Seit September 1948 hatten sich aber auch die Briten die *umfassendere* amerikanische Auslegung zu eigen gemacht und erklärt, daß auch durch rechtlich einwandfreie Transaktionen nach Deutschland verbrachtes Eigentum in diejenigen Länder zurückgebracht werden könnte, in denen es erworben worden war.

Es besteht kaum ein Zweifel darüber, daß die im Herbst 1948 eingetretene Wandlung der britischen Praktiken auf die zu erwartende Einstellung der Demontagen deutscher Fabriken zum Abtransport als Reparationsgut zurückzuführen war. Als ich Deutschland verließ, drohten die Restitutionen aus der amerikanischen wie britischen Zone die Reparationen als Mittel zur Reduzierung der deutschen Industriekapazität zu ersetzen, womit das Land noch stärker von der Marshall-Plan Hilfe abhängig werden mußte.

Nach den offiziellen Statistiken der amerikanischen Militärregierung betrug der Wert der Restitutionen aus der amerikanischen Zone bis September 1948 über 287 Millionen Mark; im Vergleich dazu betrug der Restwert der auf Reparationskonto demontierten Fabriken 235 Millionen Mark. In der britischen Zone berechneten die alliierten Missionen den Wert der bereits erledigten Restitutionen auf 36 Millionen, den Restwert der demontierten Fabriken auf 32 Millionen Mark.

Die Restitutionen gefährdeten schließlich auch die Belieferung der Ruhrzechen mit unbedingt benötigten Ausrüstungen. Eine Anzahl Gruben waren von der Schließung bedroht oder zur Einschränkung ihrer Arbeit gezwungen, weil als Folge der Restitutionen neue Ausrüstungen nicht geliefert werden konnten. Nach einer Aufstellung, die auf Anregung der anglo-amerikanischen

Stahlproduktionsbehörde angefertigt wurde, kam man bei den Restitutionsansprüchen, die an die Eisenund Stahlindustrie gestellt wurden, auf eine Gesamtsumme von 40 Millionen Mark (nach dem Wert von 1938). Verluste, die durch zwangsläufige Produktionsunterbrechungen nach dem Abtransport lebenswichtiger Maschinen entstanden, wurden auf einen noch weit höheren Betrag geschätzt.

Die Deutschen, die man zuvor zu der Annahme verleitet hatte, daß der Marshall-Plan der Zerstörung ihrer Industrie ein Ende setzen werde, verloren nun auch ihre letzten Illusionen, als die Restitutionen auch auf legal erworbene und voll bezahlte Maschinen ausgedehnt wurden und die Reparationen als ein Mittel ablösten, ihnen jegliche Existenzgrundlage zu rauben. Sie sahen kein Ende der mannigfachen Methoden ab, mit deren Hilfe ihre Bezwinger sie zu Bettlern machten. Es war ihnen auch nicht mehr länger möglich, auf den revidierten Industrieplan von 1947 zu vertrauen; so hart und kompromißlos er auch war, versprach er doch wenigstens, ihnen eine Industriekapazität zu erhalten, mit der das Äußerste aus bestimmten, nur für den Friedensbedarf arbeitenden Industriezweigen herauszuholen war. Unter den bereits demontierten oder noch zu demontierenden Fabriken befanden sich viele, die aufgrund des revidierten Industrieplanes nie und nimmer als Reparationsgut hätten gelten dürfen.

Fabriken, die Seife, Spielzeug, Möbel, Töpfe und Pfannen, optische Instrumente, Landmaschinen, Krankenhausausrüstungen und eine Menge anderen Friedensund Ausfuhrbedarfs erzeugten, wurden nicht nur in der britischen und französischen, sondern auch in der amerikanischen Zone demontiert. Dafür gab es recht üble Beispiele in der amerikanischen Zone, doch schien das Bestreben der Briten, die Konkurrenz auszuschließen, in seiner Ungerechtigkeit keine Grenzen zu kennen; das galt auch für die verlogenen Ausflüchte, unter denen die Briten deutsche Werte an sich brachten, um ihr eigenes Dollardefizit zu vermindern. Nur ein Beispiel: in der französischen Zone lag die Diana-Spielzeugfabrik, die Luftgewehre herstellte. Die Briten überredeten die Franzosen, sie als Rüstungsfabrik zu klassifizieren, um die Ausrüstung dieser Fabrik wegnehmen zu können.

Als ich im Dezember 1948 Deutschland verließ, lernte ich im Zug nach Ostende einen britischen Spielwarenfabrikanten kennen, der von Nürnberg nach Hause reiste. Er zeigte mir Spielzeugautos mit drei Gängen und andere Beispiele für deutsche Erfindungsgabe und Einfallsreichtum und erklärte mir, daß kein anderer Spielzeugfabrikant mit den Deutschen konkurrieren könne. Dann berichtete er mir, daß unmittelbar nach Kriegsende er und andere britische Fabrikanten vom Board of Trade die Mitteilung bekommen hätten, sie würden mit passenden Heeres- oder Marineuniformen ausgestattet werden, um nach Deutschland gehen und dort als *Reparationsbeamte* alle Maschinen aussuchen zu können, die sie wünschten oder von denen sie dachten, daß sie ihnen gute Dienste leisten könnten. Dieser Mann war den Deutschen gutgesinnt und hatte nicht die Absicht, ihnen ihren Lebensunterhalt zu nehmen; er hatte daher das Angebot abgelehnt. Seiner Meinung nach machte es sich für ihn besser bezahlt, deutsche Spielwaren zu kaufen als diese selbst in England zu fabrizieren. Da die britischen Arbeiter seiner Auffassung nach nicht so tüchtig waren wie die Deutschen und sich weigerten, ebenso hart zu arbeiten wie diese, war es für ihn vorteilhafter, deutsche Spielwaren einzuführen statt deutsche Maschinen wegzunehmen, um den Deutschen Konkurrenz zu machen.

Das beste Beispiel für das Unvermögen der Westmächte, den Deutschen sogar die Industriebetriebe zu belassen, von denen man hätte annehmen sollen, daß sie niemals auf der Demontageliste stehen würden, war die Uhrenindustrie. Im Schwarzwald konzentriert und meist aus Kleinstbetrieben bestehend, ist sie eine von Deutschlands ältesten Industrien und hatte niemals etwas mit Rüstung zu tun. Trotzdem begannen die Franzosen zu Beginn der Besatzungszeit damit, sie zu zerstören und ihre Ausrüstung nach Frankreich zu schaffen. Die Briten waren ebenfalls daran interessiert, die Deutschen daran zu hindern, weiter Uhren zu fabrizieren. Dank den Bemühungen einiger liberal eingestellter Briten, die es wagten, die Demontagen zu stoppen, wurde der nachstehende Auszug aus dem britischen Fachorgan *British Jeweler and Metal Worker* 1948 weithin bekannt: "Mr. Barrett, der Leiter der Exportgruppe, hat in den letzten drei Jahren langwierige Verhandlungen mit dem Ziel geführt, die künftige Produktion der deutschen Uhrenindustrie unter die von der Alliierten Kontrollkommission festgesetzten 72 Prozent der Produktion von 1938 zu drücken. Erfreulicherweise kann berichtet werden, daß ein Übereinkommen erreicht worden ist, nach dem die Produktion der deutschen Uhrenindustrie auf 50 Prozent des Wertes von 1938 reduziert wurde. Das war es, was wir zu erreichen wünschten. Obwohl nicht daran zu zweifeln ist, daß die

Deutschen ihre Uhrenindustrie schließlich wieder auf einen hohen Stand bringen werden, bedeutet doch dieses Ergebnis, daß der britischen Uhrenindustrie eine angemessene Atempause gewährt wurde, in der sie sich auf einer gesunden Grundlage neu organisieren kann. Als Folge davon wurden bereits einige deutsche Uhrenfabriken auf die Demontageliste gesetzt. Mr. Cope hat kürzlich diese Fabriken sowie bestimmte Maschinen besichtigt, die unserem Lande nutzbar gemacht werden können."

Der Skandal, den in England diese kaltschnäuzige Darlegung der händlerischen Beweggründe für die Demontagen auslöste, führte dazu, daß das Foreign Office eine Kommission bildete, die von dem Labourabgeordneten Crossman geführt wurde und untersuchen sollte, was mit der deutschen Uhrenindustrie geschah. In Frankfurt traf ich Mrs. Brailsford, die Frau eines alten englischen Freundes, der zu den wenigen Liberalen gehörte, die zu jeder Zeit mutig für Recht und Gerechtigkeit gestritten haben. Frau Brailsford hatte Crossman auf seiner Reise durch die französische Zone begleitet und war entsetzt über das, was sie dort gesehen hatte. Sie war voller Mitgefühl für die durch die Demontagen um ihren Lebensunterhalt gebrachten deutschen Arbeiter, sagte aber zu mir: "Nun, letzten Endes ist nur Amerika an all dem schuld." Ich begriff nicht ganz, was sie damit sagen wollte. Amerikas Sünden mochten groß, seine Torheiten noch größer sein, wie aber konnte man die USA für die Vernichtung der deutschen Uhrenindustrie durch die Briten und Franzosen verantwortlich machen? Frau Brailsford erleuchtete mich: "Sehen Sie denn nicht, daß all dies nur geschieht, weil Amerika den Briten und Franzosen nicht genug Dollars gibt? Sie müssen diese üblen Dinge tun, um genug Dollars zu bekommen."

Frau Brailsfords Bemerkungen mußte jeder Amerikaner für undankbar, ja für absurd halten, sie entschleierten aber doch das Grundproblem, das auch der Marshall-Plan nicht lösen konnte. Ob man nun der Ansicht ist oder nicht, daß die tiefste Ursache zweier Weltkriege wirtschaftlicher Konkurrenzneid war, so bleibt doch die Tatsache bestehen, daß Deutschland und Großbritannien die beiden Länder Europas sind, die *exportieren oder sterben müssen*. Dies war die Wahrheit, schon bevor der Kriegspräsident der USA gestattete, daß die Sowjetunion den größten Teil Osteuropas und dessen landwirtschaftliche Schätze rauben konnte und es ist heute noch wahrer. Es schien nun, als hätten die USA nur die Wahl, Westdeutschland, dem jede Möglichkeit genommen war, sich selbst zu erhalten, weil Briten und Franzosen ihm alles weggenommen hatten, weiter zu unterstützen oder damit fortzufahren, die Briten mit den Dollars eines niemals endenden europäischen Wiederaufbauprogrammes zu unterstützen.

In einem Bericht der *New York Herald Tribune* vom 27. Februar 1949 aus dem Ruhrgebiet stand zu lesen: "Die hier lebenden Briten leugnen nicht, daß Westdeutschland in seiner vermehrten Bevölkerung und seinen erheblich verringerten Hilfsquellen gute Argumente dafür hat, daß seine Produktion noch über den Vorkriegsstand hinaus erhöht wird. Sie sehen aber voraus, daß diese Steigerung, die das Ziel hat, der meist von den USA an Deutschland geleisteten Unterstützung von einer Milliarde Dollar pro Jahr ein Ende zu bereiten, wahrscheinlich einen harten Kampf um die Weltmärkte bringen wird."

Sollte Amerika sich nun auf die Seite des besiegten Gegners schlagen, der nun sein Schützling geworden war, oder auf die seines britischen Verbündeten? Die Briten ließen selbstverständlich keine Zweifel darüber, wie nach ihrer Meinung die amerikanische Politik aussehen sollte. Marguerite Higgins fährt in ihrem eben erwähnten Bericht in der *Herald Tribune* fort:

"Die britische Ansicht, wie sie mir von einem sehr hohen Beamten in Düsseldorf geschildert wurde, ist diese: Es stimmt, daß das alte Schlagwort *Exportieren oder Sterben* noch immer für Großbritannien und Deutschland gilt. Unserer Ansicht nach müssen es aber die Deutschen sein, wenn einer von den beiden in dem jetzt entbrennenden Kampf um die Weltmärkte stirbt. Wir fühlen uns dazu berechtigt, die Früchte des Sieges zu genießen. Großbritannien wird einen genügend großen Vorrang auf dem Weltmarkt verlangen, um den Ausgang der Schlacht sicherzustellen, die es selbst schlägt: die um die Sicherung seiner Existenz aus eigener Kraft."

Marguerite Higgins berichtete weiter, daß nach britischer Ansicht die deutsche Produktion erhöht werden sollte, jedoch nicht bis zu einem Punkt, wo sie England und Frankreich in ihren Bemühungen stören könnte, im Ausland genug zu verkaufen, um die für beide lebenswichtigen Importe zu ermöglichen.

Ich hatte nicht die Absicht, mich zum Richter aufzuspielen, doch schien es mir hoch an der Zeit zu sein, daß die Amerikaner ein Faktum verstehen lernen mußten: da sie zweimal in *Europas nie endende Kriege* eingegriffen hatten, um eine Entscheidung durch Waffengewalt in dem Konflikt zwischen Deutschland und England um die politische und industrielle Vorherrschaft unter Verzicht auf eigenen Gewinn zu verhindern, konnten sie sich jetzt nicht mehr weigern, den Schiedsrichter zu spielen, wenn nicht ganz Europa als Folge seiner inneren Streitigkeiten der Sowjetunion unterliegen sollte.

Die Briten, die einen großen Teil ihres Kolonialreiches und ihrer Auslandsguthaben verloren hatten, befanden sich nun in einer Situation, die der der Deutschen zwischen den beiden Weltkriegen vergleichbar war. Die Deutschen aber, die eine Niederlage erlitten und Teile ihres Landes verloren hatten, waren nun in einer weit schlimmeren Lage. Die alte Handelsrivalität zwischen England und Deutschland mußte daher unvermeidlich zu einem halsabschneiderischen Konkurrenzkampf führen, in dem die Vorteile, die sich Großbritannien als Siegermacht boten, von der besseren Befähigung der Deutschen zu harter Arbeit ausgeglichen wurden und von Amerikas Interesse daran, daß Deutschland kein wirtschaftlicher Mühlstein am Halse der amerikanischen Steuerzahler wurde.

Auf der anderen Seite erschien der erbitterte Kampf der europäischen Nationen um die Märkte sinnlos, da die gesamte Welt die Waren, die sie erzeugen, dringend benötigte. Noch mehr: wenn es auch schwierig war, daß Deutschland und England sich wieder versöhnten, so hatten beide doch dasselbe Interesse daran, eine weitere Ausweitung Sowjetrußlands auf Europa zu verhindern. Man mußte irgendeinen Weg finden, diesen mörderischen Kampf zu beenden, wenn die westeuropäische und die amerikanische Zivilisation gerettet werden sollten. Dieses Problem und die verzweifelte Notwendigkeit, es zu lösen, wurden lediglich von dem leidenschaftlichen Appell an Haßgefühle und dem Wunsch verschleiert, sich an Deutschland, der Angreifernation, zu rächen.

Als ich gegen Ende November 1948 nach Berlin zurückgekehrt war, unternahm ich es nicht nur, die Ursachen unserer selbstmörderischen Reparationspolitik festzustellen, sondern auch nachzuforschen, warum die offiziellen Bekundungen der amerikanischen Militärregierung über die Demontagen mit den Tatsachen, wie ich sie erlebt hatte, nicht in Übereinstimmung zu bringen waren.

Nachdem ich mit verschiedenen Beamten der Militärregierung gesprochen hatte, schien es mir, als seien beide Phänomene teils politisch, teils durch Unwissenheit zu erklären. Der getarnte Einfluß der noch übriggebliebenen Morgenthau-Boys, von denen sich noch einige in der Wirtschafts- und der Finanzabteilung der amerikanischen Militärregierung verbargen, hatte, so wollte es mir scheinen, den höchsten Stellen eine unvollständige, wenn nicht direkt falsche Darstellung des Gesamtkomplexes Demontagen vermittelt.

Sei es, weil sie mit dem Kalten Krieg um Berlin vollauf beschäftigt waren und sich daher auf zivile Untergebene für ihre Information über wirtschaftliche Probleme verlassen mußten, sei es wegen der Stimmung in der Heimat und der Weisungen aus Washington oder wegen des Zögerns der Briten und Franzosen, die die USA in ihrem Kampf gegen die Sowjetunion unterstützten: ich stellte jedenfalls fest, daß die höchsten Beamten der amerikanischen Militärregierung in Berlin sich weigerten, die Demontagen als eine Angelegenheit von äußerster Wichtigkeit zu betrachten.

General Hays, der Stellvertreter General Clays, der ganz bestimmt kein Racheapostel war, zeigte sich über die Kosten und die Wirkung der Demontagen offenkundig falsch informiert. Er nannte eine Zahl von nur 60 oder 80 Millionen Dollar als Wert für die Ausrüstung der 215 deutschen Fabriken in der amerikanischen Zone, die auf der Demontageliste standen. Diese Summe betrachtete er als nebensächlich, verglichen mit der Notwendigkeit, mit den Franzosen hinsichtlich des Ruhrgebietes zu einer Übereinkunft zu gelangen und einen westdeutschen Staat zu bilden.

General Hays akzeptierte nicht nur die rein fiktive, weil viel zu niedrige Ansetzung des Wertes der als Reparationen gelieferten Maschinen, er war auch, gleich vielen anderen Amerikanern, die in amerikanischen Begriffen von riesigen natürlichen Reichtümern und einer bedeutenden Industriekapazität dachten, der Auffassung, daß die deutschen Demontageverluste durch die Marshall-Plan-Hilfe sehr leicht ausgeglichen werden könnten. Als ich im Sommer General Clay interviewte, hatte ich bemerkt, daß er gleichfalls geneigt war, die deutschen Beschwerden nicht ernst zu nehmen und die Demontageverluste als unbedeutend und leicht behebbar zu betrachten.

Die Annahme, daß ein paar Millionen Dollar Marshall-Plan-Hilfe mehr die Verluste wettmachen könnten, übersah die sozialen und politischen Auswirkungen der Demontagen. Carlo Schmid, damals Führer der Sozialdemokraten in der französischen Zone, sagte mir in Bonn: "Die Menschen verlieren ihre Hoffnung und ihren Unternehmungsgeist. Da die Besatzungspolitik der Westmächte ihnen das Recht auf Arbeit und Unabhängigkeit verweigert, beginnen sie jetzt, Ausländer daraufhin zu prüfen, ob sie von ihnen etwas erhalten können oder nicht. Mit euren Demontagen und eurer übrigen Wirtschaftspolitik zerstört ihr unsere Moral und unsere Selbstachtung und macht uns zu Bettlern. Leute, die nur auf Wohltätigkeit hoffen, werden niemals imstande sein, dem Kommunismus Widerstand zu leisten."

Ich verstand die Hindernisse, die sich einer klaren Beurteilung der Lage in den Weg stellten, besser, als ich die Ansichten Mr. Wilkinsons, des Hauptberaters General Clays in Wirtschaftsfragen vernahm. Wilkinson, der seit Beginn der Besatzungszeit in Deutschland gearbeitet hatte und auf seinen Posten berufen worden war, als Morgenthau und dessen Freunde das Schatzamt leiteten, erklärte mir, daß es ihm *völlig gleichgültig* sei, was die Deutschen über die Demontagen dächten. Er erinnerte sich, wie er mir sagte, noch sehr deutlich an das, was die Deutschen in den von ihnen besetzten Ländern angerichtet hatten, als sie die Sieger gewesen waren. Er sagte mir, er *könne keinen Deutschen leiden oder ihm vertrauen*. Nachdem er so seine Bereitschaft bekundet hatte, die gesamte deutsche Nation zu verurteilen, erklärte mir Wilkinson, daß seiner Meinung nach die Deutschen vonseiten ihrer Bezwinger *keinerlei Rücksichtnahme verdienten*. Er war jedoch intelligent genug einzusehen, daß Europa sich erst erholen könnte, wenn man den Deutschen erlaubte, zu arbeiten und sie dazu ermutigte. In seinem Berliner Büro sagte er zu mir: "Genauso wie Sie ein Pferd erst dann dazu bringen können zu arbeiten, wenn Sie ihm genug zu fressen geben, muß auch das deutsche Volk sattgemacht werden, damit es genug arbeitet."

Diese invertierte nationalsozialistische Denkweise des Hauptwirtschaftsberaters General Clays erklärte mir weitgehend die sonst völlig unverständliche Politik, deren Anwendung ich in der amerikanische Zone beobachtet hatte. Rassische Antipathien oder blindwütiges Streben nach Vergeltung an einem besiegten Volke schließen von vornherein wahres staatsmännisches Handeln aus. Indem sie derartige Gefühle ausnutzten, waren die Kommunisten imstande, uns zur Führung einer Politik zu überreden, die unseren eigenen Interessen diametral widersprach. Ich war daher gar nicht erstaunt, als mir Wilkinson ein Exemplar der letzten Ausgabe der Zeitschrift der *Gesellschaft zur Verhinderung des Dritten Weltkrieges* überreichte und mich bat, den darin abgedruckten Artikel über Demontagen und Reparationen zu lesen. Er war, ich nahm es wenigstens an, sich überhaupt nicht darüber klar, wie die Art, in der das Propagandaorgan dieser berüchtigten Organisation Haß und Rache predigte, den Kommunisten half. Nachdem ich in Berlin mit Wilkinson gesprochen hatte, konnte ich besser verstehen, warum in der amerikanischen Zone demontiertes Material noch immer in die kommunistischen Länder Osteuropas gebracht wurde. Ein Beispiel dafür war die Rosenheimer Firma Martin Beilhack; noch im Februar 1949 wurden 115 Tonnen dort demontierter Maschinen in die Tschechoslowakei, 190 Tonnen nach Jugoslawien abtransportiert. Auch eine HorizontalSchmiedepresse mit einem Druck von 900 Tonnen wurde den tschechischen Kommunisten überantwortet. Die Tatsache, daß die Firma Beilhack nach dem ERP-Programm neue Maschinen für den Bau von Güterwagen erhalten soll, zeigte, was die Demontagen zugunsten der Sowjetunion und ihrer Satelliten die USA kosteten.

Sir Cecil Weir, der britische Reparationschef, den ich am nächsten Tag interviewte, konnte man nicht beschuldigen, ein Deutschenhasser wie sein amerikanischer Kollege zu sein. Er ist ein freundlicher kleiner Herr, der weit davon entfernt war, die Deutschen wie Arbeitstiere zu behandeln, ein Mann voll menschlicher und anständiger Regungen. Unglückseligerweise hatte er offenkundig keine Ahnung davon, was im Ruhrgebiet geschah. Immer und immer wieder versicherte er mir, daß keinerlei Maschinen als Reparationsgüter abmontiert würden, deren die deutsche Wirtschaft noch bedurfte. Ich gelangte zu der Überzeugung, daß er selbst an seine Versicherung glaubte, daß Reparationen nicht Fabriken entnommen wurden, die den wichtigsten Bedarf der deutschen Friedensindustrie erzeugt en und daß *niemals ein Sieger eine besiegte Nation so gut behandelt* habe wie das die Westmächte mit den Deutschen täten. Es war sinnlos, ihm zu erklären, daß er falsch informiert sei. Er wollte ganz einfach nicht glauben, daß ich selbst demontierte Maschinen gesehen hatte, die alles andere als nicht lebensnotwendig waren und daß viele davon auf den Schrotthaufen gewandert waren.

Wilkinsons eiskalter Haß gegen das deutsche Volk hatte mich entsetzt, doch Sir Cecil Weir zwang mich, darüber nachzudenken, ob nicht die Ignoranz hochgestellter Mitglieder der Militärregierung der Sache der Demokratie in Europa ungleich mehr geschadet habe als der Rassenhaß der Morgenthau-Boys. Nachdem ich Deutschland verlassen hatte, fragte ich mich, ob Sir Cecil überhaupt wußte, daß seine Untergebenen das Rüstungswerk Bobreck der Firma Krupp der Sowjetunion ausgeliefert hatten. Die Londoner *Times* berichtete darüber am 20. Dezember 1948, aber es ist möglich, daß Sir Cecil trotzdem davon nichts wußte.

Mein Interview mit Mr. McJunkins, dem Chef der Reparationsabteilung der amerikanischen Militärregierung und Untergebenem von Mr. Wilkinson, war weit weniger ergiebig. Nach McJunkins Äußerungen zu schließen, hatte die amerikanische Militärregierung gar keine andere Wahl, die der Tschechoslowakei, Jugoslawien und anderen kommunistischen Ländern versprochenen Reparationsgüter auch zu liefern. Dieser Mann war ein Musterbeispiel für einen Beamten, der seine Befehle ohne Voreingenommenheiten oder Begünstigungen ausführte. Ich konnte mir kein Urteil darüber bilden, ob er selbst die Verantwortung für die Anordnungen zur Demontage und zum Abtransport jener Maschinen in der amerikanischen Zone trug, die zum Wiederaufbau Deutschlands und Europas hätten beitragen können. Er zeigte niemals seine persönlichen Antipathien so, wie das Wilkinson getan hatte, er war aber der Hauptverantwortliche für die Sabotierung des Marshall-Plan-Programmes durch lokale amerikanische Behörden in der amerikanischen Zone.

Eine Erfahrung, die ich im November in Berlin machte, gab mir Grund, auf eine künftige intelligentere Politik der USA zu hoffen. Die amerikanische Militärregierung hatte damit begonnen, den revidierten Industrieplan nicht mehr als Mittel dafür zu betrachten, die deutsche Wirtschaft für alle Zeiten an die niedrigen Kapazitäten zu fesseln, die für sie vorgeschrieben waren; diese wurden nunmehr lediglich als Schätzungen für das Ausmaß der als Reparationsgüter zu demontierenden Anlagen betrachtet. In der Praxis wurde in der amerikanischen Zone den Deutschen kein Hindernis in den Weg gelegt, neue Maschinen zum Ersatz für die demontierten alten aufzustellen, falls die Fabrikbesitzer dazu imstande waren. Die Briten und Franzosen hatten sich jedoch diese Ansicht nicht zu eigen gemacht und es will auch so scheinen, als sei sie nicht von Anfang an bestimmend für die amerikanische Haltung gewesen. Es war wohl eher so gewesen, daß die amerikanischen Behörden sich dem Umschwung der internationalen Lage angepaßt hatten, ohne zuzugeben, daß der Industrieplan von allem Anfang an ein Fehler gewesen war. Sie stoppten weder die Demontagen noch die Reparationslieferungen, zu denen sie sich durch frühere Abmachungen verpflichtet fühlten, sie sahen aber nun ein, daß man die Deutschen mit allen Kräften produzieren lassen mußte, wenn man Europa instandsetzen wollte, der kommunistischen Bedrohung zu widerstehen und wenn man von den Schultern der USA die Bürde dauernder jährlicher, in die Milliarden gehender Hilfen für Europa nehmen wollte.

Was aber die Stahlproduktion betraf, so wurde die in diesem Plan festgelegte Kapazität von 10,7 Millionen Tonnen noch immer als dauernde Höchstgrenze betrachtet, obwohl Europa Stahl dringend benötigte und trotz der Belastungen, der die amerikanische Wirtschaft ausgesetzt war, wenn sie auch nur einen Teil des ehemaligen europäischen Defizits decken wollte. Nach dem Herter-Bericht mußte die Erfüllung auch nur der dringendsten Erfordernisse der 16 europäischen Staaten, die MarshallPlan-Hilfe erhielten, das Stahldefizit der USA von 1,6 auf 5 Millionen Tonnen erhöhen.

Die ganze Nutzlosigkeit, Dummheit und Kostspieligkeit des Demontageprogramms wird am besten durch den einen langen Zeitraum umfassenden Bericht der Vertreter der amerikanischen und britischen Zone in der OEEC vom Oktober 1948 illustriert. Dieser Bericht empfahl eine zehnprozentige Erhöhung der deutschen Produktionskapazität über den Stand von 1936; sie sollte bis 1952 mit Hilfe des Marshall-Planes erreicht werden. Beamte der Marshall-Plan-Behörde in Washington waren sogar der Meinung, daß eine noch größere Steigerung erforderlich wäre — 15 oder 20 statt 10 Prozent —, falls Deutschland instandgesetzt werden sollte, sich selbst zu unterhalten.

Während die USA also noch die westdeutsche Kapazität durch Demontagen auf drei Viertel des Standes von 1936 beschnitten, planten sie bereits, sie mit Hilfe der von den amerikanischen Steuerzahlern aufzubringenden Summen um 10 oder 15 Prozent zu erhöhen.

Niemand wagte zu dieser Zeit noch zu behaupten, daß mit Hilfe der Demontagen nur überflüssige Anlagen weggeschafft werden sollten. Der revidierte Industrieplan von 1947 wurde in dem Augenblick eine Absurdität, als wir planten, die in deutschen Fabriken demontierten

Maschinen zu ersetzen. Der Vertreter der Marshall-Plan-Behörde in Deutschland drückte das mit folgenden Worten aus: "Wir stoßen heute in Westdeutschland auf die paradoxe Situation, daß auf der einen Seite Hilfe von außen für den Wiederaufbau gegeben wird, während auf der anderen Restriktionen auferlegt werden, die das zugestandene Ausmaß dieses Wiederaufbaues begrenzen. Nach dem heute geltenden Demontageprogramm wird ein bestimmter Prozentsatz der Industrie entweder weggeschafft oder zerstört."

Dem Argument des amerikanischen Außenministeriums, daß die Knappheit an Arbeitskräften und Material die Ausschöpfung der deutschen Produktionskapazität ausschließe und daß daher Reparationslieferungen sowohl wirtschaftlich wie moralisch gerechtfertigt seien, fehlte damit jegliche Beweiskraft. Für die OEEC-Behörden stand damals fest, daß es in Deutschland auch dann noch Arbeitslosigkeit geben werde, wenn der MarshallPlan, so wie er jetzt aussah, ausgeführt würde. Was die Knappheit an Rohmaterialien betrifft, so war es sicherlich eines der Hauptziele des Marshall-Planes, die Länder Europas instandzusetzen, diejenigen Materialien erwerben zu können, die es ihnen erlaubten, sich selbst zu erhalten, statt von amerikanischen Gaben abhängig zu bleiben.

Löcher im Boden auszuschachten und die Arbeitslosen dafür zu bezahlen, daß sie diese Locher wieder zuschütteten — wie das in den Jahren der Wirtschaftskrise in den USA geschah —, war ein im Vergleich zur Nachkriegspolitik der USA in Deutschland wirtschaftlich gesehen höchst lobenswertes Unterfangen.

Der Preis der Vergeltung ist aber bei weitem höher als der für Wirtschaftskrisen und Arbeitslosigkeit. Das amerikanische Außenministerium erklärte noch am 2. Februar 1948, daß der Angreifer unbestreitbar die Pflicht habe, ein Höchstmaß an mit den wirtschaftlichen Gegebenheiten zu vereinbarenden Reparationen zu leisten. Es mochte damit recht haben oder nicht, der springende Punkt war aber jetzt, daß die wirtschaftlichen und politischen Realitäten die Beendigung der Reparationsleistungen und den Wiederaufbau Deutschlands als einen entscheidenden Teil eines sich selbst erhaltenden Europas verlangten. Es mußte fähig sein, der kommunistischen Propaganda und den sowjetischen Angriffsgelüsten zu widerstehen, ohne an die USA und deren Hilfsquellen unerfüllbare Ansprüche stellen zu müssen.

So, wie es um 1948 in der Welt aussah, durfte es nicht unser Unterfangen sein, auf der Grundlage unvollständiger Informationen die Reduzierung der deutschen Produktion zu planen, wir hatten vielmehr die Pflicht, zu der höchstmöglichen Produktionsleistung anzuspornen. Nur wenn wir das Streben nach Gewinn wiederbelebten, wenn wir zur Initiative, zur Selbsthilfe und zu harter Arbeit ermutigten, konnten Deutschland und Europa wieder aus eigener Kraft leben und aufhören, ein Mühlstein um den Hals des amerikanischen Volkes zu sein.

1949/1950 haben die amerikanischen Steuerzahler nahezu eine Milliarde Dollar für Deutschland aufgebracht (987 Millionen Dollar); 573 400 000 Dollar waren Zuteilungen an die Armee *zur Verhütung von Seuchen und Unruhen*, 414 Millionen stammten aus dem Europäischen Wiederaufbauprogramm und waren hauptsächlich Rohstofflieferungen. Die Gesamtsumme der ERPHilfe für 1949/1950 wurde auf 881 600 000 Dollar geschätzt, doch die Marshall-Plan-Behörden waren der Ansicht, daß der darin enthaltene Betrag für Kapitalinvestitionen zu niedrig sei, um einen ausschlaggebenden Beitrag zum Wiederaufbau eines sich selbst erhaltenden Deutschland leisten zu können.

Die Belastung der amerikanischen Wirtschaft durch das ERPProgramm mußte beträchtlich verringert werden, wenn den Demontagen Einhalt getan, der revidierte Industrieplan in den Papierkorb geworfen wurde und wenn man Deutschland gestattete, die Länder Westeuropas mit Stahl, Maschinen und anderen Industrieerzeugnissen zu beliefern, die jetzt noch die USA zu liefern hatten.

Es bestand kaum ein Zweifel darüber, daß dann, wenn die amerikanische Öffentlichkeit mit der tatsächlichen Lage bekanntgemacht wurde, die Nachkriegspolitik, die der Londoner *Economist* als eine Politik des *Deutschland in Ketten und Europa in Lumpen zu halten* bezeichnet hatte, völlig aufgegeben wurde, statt wie jetzt noch mit Hilfe amerikanischer Zuschüsse gemildert zu werden.

Unglücklicherweise wurden es die meisten Amerikaner nicht gewahr, bis zu welchem Grade ECA und amerikanisches Außenministerium den britischen Wünschen nach der Ausschaltung der deutschen Konkurrenz und der blinden Furcht der Franzosen nachgegeben hatten. Als das Außenministerium am 13. April 1949 bekanntgab, daß mit den Regierungen Großbritanniens und Frankreichs ein endgültiges Abkommen über die Demontagen erzielt worden sei, hat die gesamte amerikanische Presse es nicht deutlich zu machen vermocht, daß die Zerstörungen auf unsere Kosten weitergeführt würden.

Der Humphrey-Ausschuß, dessen Bericht zur gleichen Zeit veröffentlicht wurde, hat 381 der ursprünglich etwa 900 auf der Demontageliste von 1947 stehenden Fabriken inspiziert und dann vorgeschlagen, nur 148 von ihnen als Ganzes und weitere 19 teilweise in Deutschland zu lassen. Das Außenministerium gab dann auch noch den Wünschen der Briten und Franzosen hinsichtlich der wichtigsten Werke nach, deren Verbleiben in Deutschland die Marshall-Plan-Behörde empfohlen hatte; darunter befanden sich die August-Thyssen-Hütte, die Bochumer Eisenund Stahlwerke sowie die Kunstdüngerfabrik in Oppau. Der ECAAusschuß hatte vorgeschlagen, daß nur 21 der 84 der von ihm inspizierten Stahlwerke bleiben sollten und gestattet, daß 47 demontiert und Teile von 16 weiteren für Reparationslieferungen verwendet werden sollten. Das Außenministerium war noch weitergegangen und hatte der Demontage der fünf größten und leistungskräftigsten Stahlwerke zugestimmt, deren Verbleiben die ECA-Behörde empfohlen hatte. Trotz der sehr ernst zu nehmenden Energieknappheit in Deutschland, die eine weitere Erholung seiner Wirtschaft verhinderte, hatte das Außenministerium genehmigt, daß 2 Kraftwerke abgerissen wurden. Das gleiche traf für die chemische Industrie zu: 43 Werke wurden als Reparationsgut freigegeben und nur 32 der insgesamt 75 inspizierten blieben zurück. Auch dieses Demontageabkommen hat also das ursprüngliche Programm nur wenig modifiziert und daher das Bild, das in diesem Kapitel gegeben wurde, nicht grundlegend geändert.

IV. Tragödie im Siegerland

Berechnungen, die sich um Milliarden drehen und Statistiken über dieses und jenes begreift der menschliche Geist schwerer als individuelle Tragödien. Mein Besuch im Siegerland — in der Südostecke der britischen Zone — setzte mich in den Stand, die humane Seite jener in Berlin aufgestellten Demontagepläne zu begreifen, bei denen man ohne jede Rücksicht auf die sozialen und politischen Folgen oder den Ruin vorging, dem man damit unschuldige Menschen überlieferte.

Das Siegerland hat seinen Namen von einem Fluß, der unterhalb von Bonn in den Rhein mündet, nachdem er sich zuerst durch ein wunderschönes Tal am Rande des Westerwaldes gewunden hat. Die Stadt Siegen, die gleich Rom auf sieben Hügeln erbaut wurde, ist über 700 Jahre alt und Zentrum einer Industrie, die sich auf das in den umliegenden Hügeln gefundene Eisenerz gründet. Diese Erzlager, obwohl nach modernen Begriffen nicht übermäßig reichlich, sind von guter Qualität und werden seit dem vierten Jahrhundert nach Christus verhüttet. Vor über einem Jahrhundert, als Preußen das Deutsche Reich zusammenschmiedete, hatten die Siegener Eisenhüttenbesitzer begonnen, eine moderne, hochspezialisierte Industrie zu entwickeln. Auch jetzt noch waren fast alle Siegener Werke klein und im Privatbesitz; seit jeher waren Geschicklichkeit, Wagemut und harte Arbeit ihre Grundlagen gewesen, nicht aber großer Kapitalbesitz und die Hilfen der Regierung.

Die Arbeiter von Siegen, von denen die meisten ihr ganzes Leben lang in einer einzigen Fabrik tätig sind und die auch ihre Söhne dorthin schicken, fühlen sich selbst als Teil dieses Unternehmens. Viele Werksbesitzer haben als Arbeiter begonnen. Klassenunterschiede kennt man hier fast gar nicht. Einige Arbeiter besitzen kleine Bodenparzellen, die sie an den waldigen Hügelflanken gerodet haben, oder Gärten und lassen eine Kuh auf Gemeindeland weiden. Einige von ihnen kommen aus kleinen, 20 oder 30 Kilometer entfernten Walddörfern nach Siegen zur Arbeit. Die Industrie verschafft ihnen einen Teil, doch nicht ihr ganzes Einkommen.

Kostspielige Rache

Weder Nazis noch Kommunisten hatten jemals in den Städten und Dörfern des Siegerlandes viel ausrichten können, wo nahezu alle Leute einen Anteil an einem Privatunternehmen besitzen und fast alle gläubige Protestanten sind. Dieses Land hier glich dem Deutschland der Tage vor Hitler und vor Preußen. Dies hier waren jene friedfertigen Deutschen, die den USA einige ihrer besten Bürger schenkten: ein tiefreligiöses, fleißiges, hart arbeitendes Volk, unter dem Bauern, Handwerker und Techniker vorherrschen.

Diesem Siegerland drohte nun der Ruin. 28 Fabriken waren bereits demontiert worden oder wurden demontiert; ein Drittel der arbeitenden Bevölkerung hatte seine Haupteinnahmequelle verloren. Die Russen hätten kaum bessere Arbeit leisten können bei der Zerstörung von Privateigentum, der Ausschaltung des freien Unternehmungsgeistes und der darauf gegründeten freien Institutionen und damit als Wegbereiter des Kommunismus, als dies die Briten im Siegerland taten.

Vor dem Zweiten Weltkrieg hatte Siegen trotz der rauchenden Fabrikschornsteine einer mittelalterlichen Stadt geglichen, mit seinen engen Gassen, dem schönen alten Rathaus und dem die Stadt beherrschenden, von weiten Wällen umgebenen Schloß der Prinzen von Oranien und Nassau. Zwei Bombenangriffe hatten über die Hälfte der Stadt völlig zerstört, ein weiteres Viertel zum Teil. Während der Luftangriffe waren viele Fabriken zerschlagen und viele Menschen getötet oder verstümmelt worden; andere hatten während der schweren Kämpfe sterben müssen, die sich abspielten, bevor die deutsche Armee die Brücken sprengte und sich nach Norden zurückzog. Die Überlebenden hatten begonnen, wieder an die Arbeit zu gehen; sie hatten erwartet, daß sie nun endlich wieder in Frieden die Früchte ihrer Arbeit genießen konnten, so schwer auch die Mühe des Wiederaufbaues sein mochte. Im Herbst 1948 hatten sie jedoch etwas zu befürchten, was viel schlimmer war als sogar die Bombenangriffe: die Ruinierung ihres Landes durch die Eroberer, die jetzt daran gingen, die Maschinen wegzunehmen, ohne die diese Menschen nicht länger ihr Brot verdienen konnten. Eines der ältesten Industriezentren Europas war in Gefahr, durch die Demontagen vernichtet zu werden.

Obwohl es niemals ein Zentrum der Kriegsindustrie und niemals eine Hochburg der Nationalsozialisten gewesen war, war geplant, dem Siegerland relativ mehr von seiner Produktionskapazität zu rauben als jedem anderen Industriegebiet Deutschlands. Das Siegerland war nur 124 Quadratkilometer groß und hatte an die 35 000 Einwohner, sollte aber 25 Fabriken verlieren.

Auch in einigen Orten in seiner Nachbarschaft wurden Fabriken demontiert, womit deren Gesamtzahl auf 28 stieg. Ursprünglich hatten 29 auf der Liste gestanden, doch eine, die einem Katholiken — eine Seltenheit in Siegen — gehörte, war durch die Intervention eines Kardinals gerettet worden.

Der Ruin eines Unternehmens zog viele andere in Mitleidenschaft, die von ihm als Zulieferer oder Kunden abhingen. Mindestens ein Viertel der Bevölkerung verlor sein Einkommen und sogar schon vor den Demontagen zählte man bereits 1500 Arbeitslose. Siegen mußte nicht nur für seine eigene Bevölkerung sorgen, unter der man 1600 arbeitsunfähige Personen zählte und zu der auch die Witwen und Waisen der in Rußland Gefallenen und die Familien der immer noch in Rußland als Kriegsgefangene zurückgehaltenen Männer gehörten. Die Stadt hatte auch eine große Zahl von aus Ostdeutschland Vertriebenen unterzubringen und zu ernähren. In beschädigten Baracken war ein großes Durchgangslager eingerichtet worden, das bereits eine Viertelmillion dieser erbarmenswerten Opfer rassischer Verfolgung passiert hatten; andere sollten noch kommen. 3000 deutsche Flüchtlinge waren ständig in der Stadt untergebracht und mußten ernährt und bekleidet werden; man mußte ihnen Möbel geben und versuchen, sie auf geringstem Raum in bombenzerstörten Häusern und den Kellern unterzubringen, in denen bereits die einheimische Bevölkerung lebte.

In Siegen erfuhr ich, daß zu dieser Zeit im gesamten Deutschland nur eines von vier oder fünf Kindern ein eigenes Bett besaß und daß fünf Millionen Kinder, von denen die Hälfte aus den verlorenen Ostgebieten kamen, Waisen waren.

Siegens Hinterland, das die Stadt früher ernährt hatte, lag nun in der französischen Zone, wo alle landwirtschaftlichen Produkte rücksichtslos zugunsten der französischen Verbraucher weggenommen wurden. 1946 lebte die Bevölkerung Siegens am Rande des Hungertodes und sogar noch 1947 mußte sie mit weniger als 1000 Kalorien pro Tag auskommen. Die Tuberkulose hatte alarmierend zugenommen. Vierzehnund fünfzehnjährige

Kinder, die bereits arbeiten mußten, sahen nicht älter aus als Zehnund Elfjährige, so sehr waren sie im Wachstum zurückgeblieben.

Der britische Reparationsoffizier in Siegen erzählte mir, daß er seine Arbeit hasse und sich wie ein Verbrecher vorkomme, vor allem darum, weil Siegen ihn an seine Heimat Nordengland erinnere. Er nannte die Stadt *ein Sheffield im kleinen*. Er berichtete mir, daß er bisher sein ganzes Leben lang Konstrukteur gewesen sei, daß er im Alter von zwölf Jahren als Lehrling in eine große Maschinenfabrik in Lancashire eingetreten sei und sich in eine wichtige Stellung emporgearbeitet habe. "Mir will es nicht in den Kopf, daß es rechtens ist, Maschinen zu zerstören, doch wenn ich nicht auf diesem Posten bleibe, dann übernimmt ihn irgendjemand anderer; ich mache den Versuch, das Demontageproblem zu erfüllen, indem ich so wenig Schaden als möglich dabei anrichte", sagte er.

Der Gegensatz zu diesem höflichen und bescheidenen Engländer war der britische Militärgouverneur dieses Gebietes, der mit der Linken sympathisierte, sich sehr von oben herab benahm und eine bösartige Freude daran bekundete, die Deutschen unter dem Deckmantel des *Sozialismus* zu ruinieren. Sein Verhalten im privaten Bereich war ebenso unsauber, denn er hatte einen Mann aufgrund falscher Anschuldigungen ins Gefängnis geschickt, um eine deutsche Frau verführen zu können. Sein Opfer sprach gut Englisch und war Dolmetscher für die Deutschen. Er hatte Frau und Kind, die er von Herzen liebte. Um die Frau, für die sich der Gouverneur interessierte, bewarb er sich nicht, hatte sie aber vor den rüden Annäherungsversuchen des britischen Majors beschützt. Das alles glich einem Schundfilm, doch solche Dinge gibt es und daß diese Geschichte wahr ist, bekundete mir der Arzt, der auf Kosten des britischen Majors der betreffenden Dame ein Kind abgetrieben hatte.

Die Fabriken, die in Siegen demontiert wurden, stellten Bergwerksund Eisenbahnmaterial, Rohre und Flanschen, Schweißlampen und Schneidbrenner, Walzwerksausrüstungen, Maschinen für die Nahrungsmittelindustrie, Stahlbehälter für den Transport von Gasen, Kraftfahrzeugteile, Küchenutensilien, Mülltonnen und andere für eine Friedenwirtschaft benötigte Güter her. Die einzige wirklich große Fabrik, die demontiert wurde, waren die Waldrich-Eisenund Stahlwerke, die an die Tschechoslowakei ausgeliefert wurden. Eine kleinere Fabrik der Rüstungsindustrie — die Inko-Werke, die Flammenwerfer fabriziert hatten und deren

Besitzer Nationalsozialist gewesen war — wurde nicht demontiert und baute nun Schreibmaschinen.

Viele der Siegener Fabriken hatten aufgrund der von den Briten für den eigenen Gebrauch erhobenen Forderungen bereits die meisten wertvollen Maschinen verloren. In anderen Fabriken wurden jetzt ebenfalls die am dringendsten benötigten Maschinen ausgebaut, sogar dann, wenn diese Unternehmen nicht auf der Liste derer standen, die für eine völlige Zerstörung ausersehen waren.

Da war zum Beispiel der Fall des Herrn Steinmetz, den ich antraf, als er im Garten hinter seiner kleinen Fabrik an einem Samstagnachmittag Äpfel pflückte. Ihm waren bereits seine Maschinen zum Polieren und Schneiden von Metall weggenommen worden. Er hatte sich erboten, einen neuen Kran statt des alten zu kaufen, den er dank einem glücklichen Zufall hatte erwerben können. Sein Angebot war abgeschlagen worden, obwohl der alte Kran in zwei Teile verschnitten werden mußte, damit man ihn abbauen konnte. Dieser alte Kran mußte auf dem Schrotthaufen landen, obwohl Herr Steinmetz Aufträge im Wert von 100 000 Dollar zu erfüllen hatte. Da er nun nicht mehr imstande war, diese niederländischen und belgischen Bestellungen von Metallbearbeitungsmaschinen auszuführen, ging diese ausländische Valuta der deutschen Wirtschaft und den amerikanischen Steuerzahlern verloren.

Die Entscheidungen der britischen Behörden in Düsseldorf waren völlig unberechenbar. In einem Fall nahmen sie einen neuen Kran für den zum Abbruch bestimmten alten zwar an, befahlen aber, daß dieser neue Kran sofort in Schrott verwandelt werden sollte!

Die meisten der in Siegen demontierten Maschinen, die ich sah, konnten niemals wieder in anderen Ländern aufgestellt und benutzt werden. Sie waren für ganz spezielle Zwecke gebaut worden und viele von ihnen waren viel zu alt, um von anderen als den sehr geschickten Arbeitern Siegens bedient zu werden, die daran Jahrzehnte gearbeitet hatten. Viele andere Maschinen konnten überhaupt nicht mehr ersetzt werden, da sie nur in der Sowjetzone hergestellt wurden.

In jeder der neun von mir besuchten Siegener Fabriken hatten die Vertreter der zum Empfang von Reparationslieferungen berechtigten

Länder kein Interesse bezeugt, die demontierten Maschinen zu bekommen. Sie alle wurden weggenommen, um dann in irgendeiner Lagerhalle zu verrosten. Das gleiche galt auch für die meisten anderen für die Demontage bestimmten Maschinen. Die Briten zerstörten die Lebensgrundlagen Tausender von Menschen ohne jeglichen Sinn und Zweck, es sei denn, um Rache zu üben oder — in einigen Fällen — zum Nutzen der britischen Konkurrenten Deutschlands auf den europäischen Märkten.

Mein traurigstes Erlebnis war der Anblick von Herrn Fuchs, einem 68jährigen, der seinen einzigen Sohn im Krieg verloren hatte und der in seinem ganzen Leben nicht einen einzigen Urlaubstag genossen hatte und dessen ganzes Dasein nur seiner Fabrik galt, die ausschließlich Staurohre für das Ruhrgebiet lieferte. Rohre aus sehr widerstandsfähigem Stahl, durch die — um das Einstürzen der Wände zu verhindern — unter starkem Luftdruck Schutt in die Hohlräume unter Tage geblasen wurde, aus denen die Kohle weggeräumt worden war.

Aus der Fabrik des Herrn Fuchs waren bereits sämtliche Maschinen weggeschafft worden, sein Lebenswerk lag in Trümmern. Zu welchem Zweck? dachte ich bei mir, als wir in den leeren Hallen standen. Er berichtete mir, daß, nachdem sein Sohn gefallen war und die Bomben nur die Wände seiner Fabrik hatten stehen lassen, es ihm und seinen treuen Arbeitern eben geglückt war, die Gebäude wiederaufzubauen und die Maschinen zu reparieren, als die Briten mit dem Demontagebefehl kamen.

Die Zweizonenverwaltung hatte seine Fabrik auf die Liste der lebenswichtigen Betriebe gesetzt, kein fremdes Land wünschte die Maschinen und diese verrotteten nun in einer Lagerhalle. Herr Fuchs war ruiniert und seine 130 Arbeiter samt ihren Familien hatten ihren Lebensunterhalt verloren. Ich war den Tränen nahe, als ich dem armen alten Herrn auf Wiedersehen sagte. Herr Fuchs war zu alt, um von neuem zu beginnen.

Andere, etwa Herr Hensch, dessen Fabrik ich am gleichen Tage besichtigte, ließen mich fühlen, daß die Grausamkeit und Stupidität der Besatzungsmächte die Deutschen auf die Dauer nicht zu Boden zwingen konnten. Wir mochten noch so sehr versuchen, sie zu Bettlern zu machen, sie versuchten mit allen Kräften, wieder an die Arbeit zu gehen. Vom völligen Ruin bedroht, da die Briten seine sämtlichen Schmelzöfen zerstört und alle seine Maschinen demontiert hatten, war es Fritz Hensch auf die eine oder andere Weise doch gelungen, sein Werk wieder in Gang zu bringen. Seine Siegerthaler Eisenwerke im Dorf Eisenfeld produzierten riesige Vakuum-Kochkessel für die Nahrungsmittelindustrie und Flansche für große Rohre. Man hatte ihm gestattet, ein paar Maschinen einige Wochen zu behalten, um einen Auftrag der Irak-Petroleum-Gesellschaft ausführen zu können, da keine britische Fabrik imstande war, die geforderten riesigen Flansche zu liefern. Sobald dieser Auftrag erfüllt war, sollte die Demontage vollendet werden. Seine zehn Krane und seine Schweißmaschinen — eigens für sein Werk gebaut und daher für andere völlig nutzlos — sollten auf dem Schrotthaufen landen.

Hensch hatte als Lehrling ohne einen Pfennig in der Tasche begonnen, er war eines der zehn Kinder eines Schneiders. Jahre hindurch hatte er am Aufbau seiner Fabrik gearbeitet, hatte mühevoll Maschine auf Maschine gekauft, von denen jede nach seinen Wünschen für seine speziellen Zwecke gebaut worden war. Die Produktion war so hervorragend organisiert, daß jeder Arbeiter sich mittels der im Dachgebälk eingebauten vielen kleinen Krane selbst helfen konnte.

Dieser Mann liebte seine Maschinen, kannte jedes Detail jedes Produktionsvorganges in seiner Fabrik und hatte den Stolz eines Handwerkers auf das, was er produzierte. In mittleren Jahren mager und drahtig, mit vor Intelligenz funkelnden Augen, war Herr Hensch die lebende Verkörperung freien Unternehmertumes, das nicht getötet werden kann, so sehr man es auch in Deutschland jetzt auszulöschen suchte.

Der Wert der 300 Tonnen zu demontierender Maschinen war 1938 auf eine halbe Million Mark geschätzt worden; ihre Ersetzung würde jetzt eineinhalb Millionen D-Mark kosten, doch die Briten hatten sie auf der Reparationsliste mit nur 160 000 Mark bewertet. Hensch hatte kein Geld, um die für die Zerstörung bestimmten Maschinen zu ersetzen, doch baute er jetzt einen neuen Schmelzofen mit den Ziegeln der zerstörten alten Öfen und es war ihm gelungen, eine neue Maschine bei einem in einer anderen Stadt lebenden Freund zu borgen. Dieser Mann war die Verkörperung des deutschen Volkes, das man zu Boden geschlagen und auf dem man herumgetrampelt hatte, das sich weigerte zu sterben, das sich wieder schwankend auf die Füße gestellt und nun wieder zu kämpfen begonnen hatte.

Die Gebrüder Bender, deren Fabrik ich ebenfalls aufsuchte, waren beide dick und untersetzt und ihre Gesichter glichen sich so sehr, daß ich den einen vom anderen nicht zu unterscheiden vermochte. Sie waren alt und schienen sich in ihr Schicksal ergeben zu haben, das ihre Fabrik ruinierte, obwohl diese, wie die von Herrn Fuchs, Röhren für die Zechen im Ruhrgebiet produzierte. 90 Prozent der Produktion dieser wichtigen Ausrüstung für beide Zonen mußte vernichtet werden, wenn die Maschinen der Benders denen des Herrn Fuchs auf den Schrotthaufen folgten. Einer der Gebrüder Bender hatte einen Sohn, der so beredsam war, wie sein Vater und sein Onkel schweigsam waren. Der junge Bender war als Kriegsgefangener in den USA gewesen und sprach fließend einen typisch amerikanischen Slang; er hoffte, daß es ihm gelingen werde, nach Amerika auszuwandern, wo er Verwandte hatte. Er wußte nur zu gut, daß die Bendersche Fabrik irrtümlich demontiert wurde, als eigentlichen Grund betrachtete er jedoch die britische Konkurrenz. Auf der Demontageliste standen *Kessel, Tanks und Rohre für Ölleitungen*, aber keinesfalls Staurohre. Der junge Bender war der Meinung, daß irgendein ahnungsloser britischer Beamter den Unterschied zwischen der einen Röhrenart und der anderen nicht kannte; er wußte aber, daß die Briten die deutsche Konkurrenz bei der Produktion des Zubehörs für Pipelines zu vernichten wünschten und hatte deshalb die Bendersche Fabrik auf die Demontageliste gesetzt. Dieser junge Herr Bender war der erste, der mich darauf aufmerksam machte, daß Demontagen in großem Umfang erst nach der Währungsreform vom Juni 1948, die alle Ersparnisse vernichtet hatte, eingesetzt hatten. Wäre sie eher gekommen, wären die Fabrikbesitzer möglicherweise imstande gewesen, neue Maschinen zu erwerben und die deutsche Konkurrenz wäre dann für die Briten noch immer gefährlich gewesen.

Die Demontagen nahmen wie die Bomben oder der Regen keine Rücksicht auf Gerechte und Ungerechte. Bei der Auswahl der zu zerstörenden Fabriken hatte man offenkundig über den Daumen gepeilt und nicht die Absicht gehabt, die Schuldigen zu bestrafen und diejenigen zu schützen, die aller Wahrscheinlichkeit nach imstande waren, Deutschland in eine Demokratie zu verwandeln. Der Fall der Familie Weber, bei denen ich in Siegen wohnte und die ich sehr nahe kennenlernen sollte, war ein Beispiel dafür.

Während ihre vier Söhne in Rußland fochten, hatten die verwitwete Frau Weber und ihre sehr junge Tochter Margarita Schwierigkeiten mit den Nazibonzen bekommen, weil sie die in der Weberschen Fabrik arbeitenden französischen und russischen Kriegsgefangenen sehr anständig behandelten. Frau Weber hatte den armen Teufeln, die tagsüber in ihrer Fabrik arbeiteten und nachts in einem kleinen Haus im hinteren Teil ihres Gartens schliefen, warme Mahlzeiten vorgesetzt. Einer der Kriegsgefangenen war ein junger Franzose, der hin und wieder vom vergitterten Fenster seines Gefängnisses aus mit Margarita sprach, wenn diese abends im Weberschen Gemüsegarten arbeitete. René war schwächlich und an harte körperliche Arbeit nicht gewöhnt, und die gutherzige Frau Weber, die eines Tages zusehen mußte, wie er unter einer schweren Last ins Taumeln geriet, hatte ihm Arbeiten im Büro übertragen. Bald darauf wurde er in das Webersche Haus eingeladen und begann, Margarita französische Lektionen zu erteilen. Die junge Leute verliebten sich ineinander. Unglücklicherweise hörte ein Nazi, der in der Weberschen Fabrik arbeitete, von dieser *Verbrüderung* und informierte seine Dienststellen. Frau Weber erhielt einen scharfen Verweis und René wurde in eine andere Siegener Fabrik versetzt; dort wurde er so brutal behandelt, daß er ausriß und als man ihn wieder einfing, wurde er in ein Straflager in Polen gebracht. Hier bekam er die Tuberkulose und wurde in ein Kriegsgefangenenhospital in Köln verlegt. Am Heiligen Abend des Jahres 1944 fuhr Margarita mit einem Kuchen und ein paar Äpfeln dorthin und versuchte, diese Gaben zu ihrem Freund einzuschmuggeln. Sie wurde dabei ertappt und von den Nazis auf sechs Monate ins Gefängnis geschickt; die NSDAP setzte auch einen Betriebsleiter aus ihren Reihen in die Webersche Fabrik.

Einer der Söhne Frau Webers, Otto, der zu dieser Zeit aus Rußland auf Urlaub gekommen war, unternahm einen Selbstmordversuch, kam aber mit dem Verlust eines Auges davon. Später wurde die Webersche Fabrik in Grund und Boden bombardiert. Das Webersche Wohnhaus wurde ebenfalls bombardiert, vor völliger Vernichtung aber durch russische Kriegsgefangene bewahrt, die sich der Gutherzigkeit Frau Webers erinnerten und herbeieilten, um die Flammen zu löschen. Bei Kriegsende bewahrten diese Gefangenen Frau Weber auch davor, von den zahlreichen anderen ehemaligen Kriegsgefangenen ausgeplündert zu werden, die nun DPs geworden waren.

Der zweite Sohn Frau Webers, Günther, verhungerte im April 1946, nachdem er zwei Jahre lang als Kriegsgefangener der Russen in den Steinbrüchen bei Kuibishev gearbeitet hatte. Einer seiner Kameraden, der später nach Siegen zurückkehrte, berichtete den Webers, daß Günther, der ein großer starker Mann gewesen war, vor seinem Tod einem lebenden Skelett geglichen habe. Ein russischer Doktor hatte versucht, sein Leben zu retten, nachdem er zusammengebrochen und in das Lagerhospital gebracht worden war, doch kam die Hilfe zu spät. Frau Weber hatte Günther von allen ihren Söhnen am meisten geliebt. Er war, wie sie mir oft erzählte, von allen ihren Jungen der zärtlichste und liebevollste gewesen. All die Tage, die ihr noch zu leben beschieden waren, mußte sie nun in Gedanken an die Qualen leben, die er vor seinem Tode gelitten hatte; wenn sie sich seiner erinnerte, kamen ihr die Tränen, auch wenn alle übrigen in der Familie glücklich waren.

Der jüngste der Söhne der Familie Weber, Helmuth, siechte in einem Krankenhaus an den Leiden, die er sich während und nach dem Kriege zugezogen hatte, zu Tode. Während er Soldat gewesen war, hatte er sich ein Nierenleiden zugezogen und die Behandlung, der er nach dem Krieg ausgesetzt war, hatte dieses Leiden unheilbar gemacht. In amerikanischer Kriegsgefangenschaft hatte man den bereits Schwerkranken monatelang gezwungen, auf dem nackten, kalten und feuchten Boden zu schlafen und ihm noch nicht einmal eine Zeltplane zum Zudecken gelassen. Seine eingeschrumpften Nieren waren nicht mehr länger imstande, sein Blut von den eingedrungenen Giften zu befreien und die Ärzte erwarteten, daß er vor seinem Tode entweder geistesgestört oder blind würde.

Erhardt kehrte heim, nachdem er drei Jahre an der russischen Front gestanden und danach eineinhalb Jahre lang als Sklavenarbeiter geschuftet hatte. Er hatte zuerst in einer Kohlengrube in Karaganda, 800 Meilen von der chinesischen Grenze entfernt, zugebracht. Als man entdeckte, daß er statt Kohle Dreck in die Kübel warf, hatte man ihn verprügelt und mit dem Tode bedroht, doch hatte ihn das kaltgelassen. "Viele von uns hatten einen Punkt erreicht, wo es einem egal war, ob man weiterlebte oder starb", erzählte er mir. Nachdem man herausgefunden hatte, daß er Ingenieur war, hatte man Erhardt aus der Kohlengrube herausgenommen, doch waren seine Beine bereits durch Hungerödeme so dick angeschwollen, daß man ihn in ein Hospital an der Wolga bringen mußte. Alle Patienten dort waren Deutsche, und sie mußten dort ebenso hungern wie zuvor. Manchmal erhielten sie einen ganzen Monat lang kein Brot und lebten nur von ein paar Löffeln Haferschleim, die man ihnen morgens und abends zuteilte und mittags von einem Teller Wassersuppe. Als sie sich bei ihrer vorgesetzten Ärztin darüber beklagten, meinte diese, sie sollten doch Hitler um Nahrung anbetteln. Als Erhardt im November 1945 schließlich nur noch 83 Pfund wog und nicht mehr aufrecht stehen konnte, hatte man ihn heimgeschickt, damit er sterbe. Dank der Fürsorge seiner Mutter hatte er sich nach und nach wieder erholt. Als ich mit ihm bekannt wurde, glich er immer noch einem Skelett und seine Augen lagen tief in ihren Höhlen: ein noch junger Mann, der selten lächelte und sehr wenig sprach. Ich fragte ihn, was ihn in all diesen schrecklichen Tagen aufrechterhalten hatte, und er erwiderte schlicht, nur die Hoffnung auf die Heimkehr habe ihn getragen. Er war den ganzen Krieg hindurch an der Front gestanden, hatte vor Dünkirchen gekämpft und war im besetzten Frankreich gewesen, war Tausende von Meilen marschiert und hatte alle Beförderungen abgelehnt, weil er die Armee haßte. Er hatte aber als Mann und Deutscher seine Pflicht getan und ertrug den Ruin seines Vaterlandes ebenso schwer wie die Verluste, die seine eigene Familie erlitten hatte.

Margarita hatte mittlerweile ihren René geheiratet; man hatte ihn heimgeschickt, als er den Deutschen als Sklavenarbeiter keinen Nutzen mehr brachte, doch er war sofort nach Kriegsende von Frankreich nach Siegen zurückgeeilt, um seine Liebste aufzusuchen. René Devilliers war schlank und elegant, witzig und geistreich, ein typischer Intellektueller. Margarita glich einem kleinen Mädchen aus einem Märchen; sie war stets sehr einfach angezogen, trug kein Make-up, war fröhlich und süß und trug ihr Herz auf der Zunge. Ich habe selten zwei junge Leute gesehen, die so sehr ineinander verliebt und einander so ergeben waren. Margarita hatte als Hinterlassenschaft aus dem Gefängnis ein Nierenleiden mitgebracht und René war tuberkulös, doch die beiden strahlten vor Glück und immer, wenn sie ins Haus der Webers kamen, löste Fröhlichkeit die Traurigkeit ab, die dort sonst herrschte.

Erhardt und René, so verschiedenen Temperamentes sie auch waren — der eine so sehr französisch, der andere so sehr deutsch —, waren sehr gute Freunde, bessere als Erhardt und dessen Bruder Otto; dieser war das schwarze Schaf der Familie und verdiente sich sein Geld mehr mit Köpfchen als mit harter Arbeit. René und Erhardt hatten gekämpft und gelitten und hatten als Kriegsgefangene die Schrecken der Zwangsarbeit und des Hungers über sich ergehen lassen müssen; obwohl sie sich als Feinde gegenübergestanden hatten, verstanden und respektierten sie einander und Margarita betete beide an. Jeder dieser beiden jungen Männer repräsentierte in seiner Weise die besten Eigenschaften seiner Nation. Erhardt beklagte sich darüber, daß René, ein Franzose, nicht wußte, was harte Arbeit sei und René meinte, daß Erhardt mit seiner Fabrik verheiratet sei und niemals gelernt habe, sich seines Lebens zu freuen.

Während ich bei den Webers wohnte, kam mir in den Sinn, daß sich mir in diesem Hause das deutsch-französische Problem in seinem Kern darbot. Wenn diese beiden Völker zueinanderzufinden und ihre Tugenden und Talente zu vereinigen vermochten, wenn die Deutschen den Franzosen Fleiß und Ausdauer beibringen und die Franzosen den Deutschen die Freude am Leben erschließen konnten, dann mußte Europa stark sein und in Frieden leben. Tatsächlich ist die Kluft zwischen den Süddeutschen und den Nordfranzosen gar nicht so groß. René kam aus den Vogesen auf der anderen Seite des Rheines, und in vergangenen Jahrhunderten waren seine Ahnen und die Erhardts ein einziges Volk gewesen.

Sobald Erhardt wieder gehen und arbeiten konnte, hatte er begonnen, die Maschinen aus dem Schutt der Weberschen Fabrik auszugraben und sie mit dem Beistand der geschickten Männer, die Generation um Generation für seine Familie gearbeitet hatten, zu reparieren. Im Jahre 1947 arbeitete die Fabrik wieder und produzierte Schneidbrenner, Gasschneidemaschinen und andere für den Wiederaufbau dringend benötigte Maschinen; etwa 100 Arbeiter waren dort beschäftigt. Frau Weber hatte nun deutsche Flüchtlinge aus dem Osten zu ernähren statt russische und französische Kriegsgefangene. Otto war verheiratet und hatte ein Kind. Die Gemüseund Blumengärten, die Frau Webers ganzer Stolz waren, standen in voller Blüte. Neue rote Ziegelmauern erhoben sich dort, wo die ausgebombten Gebäude gestanden hatten. Ein paar Monate lang sah es so aus, als ob die Schwierigkeiten der Webers zu Ende seien, auch wenn Frau Webers Lieblingssohn Günther nie mehr heimkam und Helmuth langsam starb.

Dann befahlen die Briten die Demontage der Weberschen Fabrik. Erhardts ganze mutige Arbeit war umsonst getan, er und seine Familie standen vor dem Ruin. Margarita und René würden auch Not leiden müssen; denn René, der ein deutsches Mädchen geheiratet hatte, mußte auf seine Karriere als Offizier der französischen Armee, die bereits sein Vater eingeschlagen hatte, verzichten. Auch er arbeitete nun für die Webers.

Der Endwert der Weberschen Fabrik wurde mit nur 36 000 Mark gebucht, obwohl die Ersetzung der auf dem Schrotthaufen landenden Maschinen etwa 750 000 Mark kosten mußte; dies war ein Betrag, den die Familie auf keinen Fall aufbringen konnte, denn sie hatte vor der Währungsreform keine Waren gehortet, sondern die gesamte Produktion auf den Markt gebracht. Die Jahresproduktion war — nach ihren Auftragsbüchern zu schließen — fünfmal so viel wert wie der Demontagewert.

Die geplante Zerstörung der Weber-Werke mußte viele andere Firmen in Mitleidenschaft ziehen, da die Webers die Schweiß und Schneidegeräte sowie die Blechbearbeitungsmaschinen lieferten, die für die Wiederaufnahme der Produktion nach den Demontagen unbedingt benötigt wurden. Dies wurde durch die Tatsache bewiesen, daß die Webers zwar Aufträge aus anderen Ländern für ihre Werkzeugmaschinen erhalten hatten, daß aber die Alliierten den Export untersagt hatten, weil diese Erzeugnisse in Deutschland benötigt wurden. Tschechen, Jugoslawen, Belgier, Inder und Vertreter anderer Staaten, die einen Anspruch auf Reparationslieferungen hatten, waren in den Weber-Werken zur Besichtigung erschienen, doch niemand hatte den Wunsch geäußert, diese Maschinen zu erhalten; viele von ihnen waren veraltet und bedurften zu ihrer Bedienung sehr geschickter Arbeiter. Die ganze für die Demontage bestimmte Ausrüstung war dazu bestimmt, auf dem Schrotthaufen zu landen. Ich verwandte lange Stunden darauf, den Weberschen Arbeitern zuzusehen, die sich Tag und Nacht in zwei langen Schichten abmühten, so viel als möglich zu verdienen, bevor man ihnen ihre Lebensgrundlage raubte. Einer von ihnen sagte zu mir: "Wir hatten geglaubt, daß man nach Hitlers Sturz den deutschen Arbeitern helfen werde. Nun müssen wir das Gegenteil annehmen. England und Amerika haben offenkundig die Absicht, uns zu vernichten. Wie sonst könnten sie uns unsere Arbeit wegnehmen?"

In einem Brief, den Erhardt Weber in diesen Tagen an die Marshall-Plan-Behörde in Frankfurt schrieb, stand: "Dies ist ein Appell in letzter Minute an die Sieger dieses Krieges, nicht neue Wunden zu schlagen und nach sinnloser Zerstörung nicht neues Elend zu schaffen. Reichen Sie uns in dieser Stunde, da der Wiederaufbau Europas oberstes Gebot ist und da diese Aufgabe nur unter schweren Opfern gemeistert werden kann, Ihre helfende Hand, da wir den Willen haben, im Frieden dafür zu arbeiten."

Die Demontagen in den Weber-Werken sollten am 2. Oktober beginnen, ein paar Tage vor meinem ersten Besuch in Siegen. Ich war von diesem Unrecht so erschüttert und empfand bereits jetzt so viel Sympathie für diese Familie und ihre Arbeiter, daß ich mich entschloß, nach Detmold zu fahren und Mr. Whitham, den für die Reparationslieferungen verantwortlichen britischen Beamten, um Hilfe anzugehen.

Erhardt fuhr mich in seinem alten Mercedes, der dazu neigte, gelegentlich zusammenzubrechen, aber das einzige der Automobil der Familie war, das die Briten nicht konfisziert hatten, dorthin. Auf dem Weg nach Norden berichtete er mir von dem, was die Männer der Armee Hitlers in Rußland während und nach dem Krieg erlitten hatten. Ein zurückhaltender und verbitterter junger Mann, der seine besten Jahre an der Front zugebracht hatte und dessen Erlebnisse als Kriegsgefangener in Rußland so schrecklich gewesen waren, daß er darüber mit seiner Familie nicht sprechen konnte, wurde jetzt langsam mitteilsamer und warf vor mir, nachdem ich ihn davon überzeugt hatte, daß auch ich die Bitternisse eines Lebens in Sowjetrußland kannte, seine Bürde von sich. Er hatte drei Jahre an der Ostfront gedient, bevor er verwundet und kriegsgefangen worden war. Er hatte gehungert und gefroren und so viel erduldet, wie ein menschliches Wesen ertragen kann — physisch wie psychisch. Ich begann zu verstehen, daß seine rastlose Tätigkeit in der Weberschen Fabrik seine Abwehr gegen Erinnerungen war, die ihm sonst das Leben unerträglich gemacht hätten.

Wir verließen das Siegerland, kamen in das Sauerland und fuhren durch die flachen Ebenen Hannovers. Im Sauerland zeigte Erhardt hier und da auf die häßlichen nackten Hügel, auf denen dereinst Wälder gestanden hatten, die jetzt von den Briten geschlagen worden waren; sie hatten sogar die jungen Bäume nicht verschont und nichts zurückgelassen als kahle Stümpfe.

Wir verbrachten die Nacht in Bad Oeynhausen, dem Hauptquartier der britischen Rhein-Armee, in der ein Freund von mir diente, den ich seit 1938 in Singapore nicht mehr gesehen hatte und dem nun als Brigadegeneral der gesamte Kraftwagentransport der Rhein-Armee unterstand.

Die britischen Quartiere in Bad Oeynhausen waren mit Stacheldraht umgeben, um die *Eingeborenen* draußen zu halten. Erhardt war wahrscheinlich der erste Deutsche, den Joss und seine Frau in ihrem Heim empfingen. Man mußte allerdings zugeben, daß die Briten mindestens in einer Hinsicht besser als die Amerikaner waren. Sie gestatteten ihren Soldaten, deutsche Mädchen zu heiraten und mit diesen in den Kasernen zu leben, während die Amerikaner solche Heiraten erst erlaubten, wenn ein Offizier oder Soldat kurz vor seiner Heimkehr stand. Es war auch richtig, daß die britische Besatzungsarmee unter viel besseren materiellen Bedingungen lebte als die Briten zu Hause, doch waren ihre Lebensmittelzuteilungen wesentlich niedriger als die nach amerikanischem Standard. Was die Unterbringung und die personellen Dienste betraf, so verlangten sie von den Deutschen wesentlich mehr als die amerikanische Besatzungsarmee.

Erhardt sprach den ganzen Abend über nur sehr wenig, während ich mich mit Joss und seiner Frau herumstritt, die, so nett sie auch waren, sehr oft das britische Standardargument gebrauchten, wenn ich sie mit Beispielen für unser Verhalten gegenüber den Deutschen konfrontierte: "Wir haben schließlich den Krieg gewonnen, oder nicht?" Am nächsten Morgen, als wir auf dem Weg zu Mr. Witham in Detmold waren, meinte Erhardt, es sei doch ein wenig komisch, daß die Briten diese Phrase so oft gebrauchten, da schließlich, wer auch den Krieg gewonnen haben mochte, es sicherlich nicht die Briten gewesen waren.

Joss hatte mich gewarnt und mir bedeutet, daß mir Witham ein paar harte Nüsse zu knacken geben werde; er bestände sogar darauf, daß Fabriken demontiert würden, die die britische Armee für Reparaturen und Ausrüstung benötigte. Joss hatte mir gesagt: "Benehmen Sie sich recht amerikanisch, aber verlieren Sie nicht Ihre Ruhe. Versuchen Sie, ihn als Gentleman zu nehmen; vielleicht wird das, obwohl ich daran zweifle, Herrn Webers Fabrik retten."

Ich hatte Glück mit Witham, aber erst nach einer einstündigen Unterhaltung. Er kam mit mir schließlich überein, den Demontagebefehl aufzuheben, wollte aber nicht sagen, für wieviele Wochen diese Order gelten sollte. Im Verlauf unseres Gespräches, während dem Erhardt vor der Türe wartete, weil Witham ihn nicht zu sehen wünschte, wies dieser allmächtige britische Beamte mit der Hand zum Fenster hinaus und sagte: "Diese Deutschen haben immer noch wesentlich mehr Hilfsquellen als wir."

Als wir um Mitternacht wieder in Siegen eintrafen, erfuhren wir, daß die Demontagen, die am gleichen Morgen begonnen hatten, am Nachmittag gestoppt worden waren. Da ich wußte, daß ich nur einen Aufschub des Befehls erreicht hatte, war ich entschlossen zu sehen, was ich bei der Industrieund Handelsabteilung der bizonalen Verwaltung erreichen konnte. Vorher verbrachte ich noch ein paar Tage in Siegen, um andere Fabriken zu besichtigen und um die Baracken zu besuchen, in denen Tausende von deutschen Flüchtlingen untergebracht waren. Andere Flüchtlinge aus Schlesien, dem Sudetenland und anderen Ostprovinzen lebten in Privathäusern, eine beträchtliche Zahl von ihnen arbeitete in den zu demontierenden Fabriken.

Die andere Familie, mit der ich in Siegen Bekanntschaft machte, waren die Bartens, denen die alte Firma Achenbach Söhne gehörte. Diese modernen Eisenund Stahlwerke waren aus einer Schmiede entstanden, in der man im Jahr 1452 das Eisenerz des Westerwaldes zu verarbeiten begonnen hatte. Die Umwandlung in eine moderne Fabrik hatte 1846 begonnen, bevor noch jemand etwas von Bismarck wußte und als Siegen noch Teil eines Gebietes war, das dem Hause Oranien gehörte, das jetzt über die Niederlande herrscht. Achenbach produzierte hochwertige Walzwerksausrüstungen, die nach allen Ländern Europas exportiert wurden und so wohlbekannt waren, daß nun eine britische Firma in Birmingham für die Qualität ihrer Erzeugnisse damit Reklame machte, daß sie den Namenszug der Firma Achenbach auf ihren Maschinen anbrachte. Dieser Teil der Fabrik war bereits demontiert und nach England geschafft worden. Jetzt sollte Achenbach auch noch die Spezialmaschinen verlieren, die ausschließlich der Herstellung von Ersatzteilen für Lokomotiven dienten. Achenbach lieferte 90 Prozent der von den Bahnen der beiden Zonen benötigten Kolbenringe, die Demontagen sollten aber im Dezember beginnen. Die Absurdität eines solchen Vorgehens lag auf der Hand, da diese Abteilung der Firma Achenbach als *absolut notwendiges Werk* in die Demontageliste aufgenommen worden war und sofort nach der Demontage wiederaufgebaut werden sollte. Alliierte Beamte, die mit dem Wiederaufbau des deutschen Transportwesens beauftragt waren, hatten kürzlich die AchenbachWerke besucht, um festzustellen, wie schnell dort die Produktion wieder aufgenommen werden konnte. Der alte Dr. Barten verwies aber darauf, daß die Briten nicht nur die Maschinen entfernten, sondern auch daran gingen, die drei im Dach der

Eisenbahnwerkstätten eingebauten Krane auszubauen und zu zerstören, ein Schaden, der zur damaligen Zeit nicht zu beheben war. Später erfuhr ich in Stuttgart, daß die Reparationsabteilung der USMilitärregierung zu dieser Zeit eine der wenigen westdeutschen Fabriken demontierte, die Kräne produzierte.

Wiederholte Proteste bei den britischen Behörden waren erfolglos geblieben, obwohl einige britische Offiziere zugaben, daß hier von Anfang an nahezu sicher ein Fehler gemacht worden war. Es war fast ausgeschlossen, Irrtümer in der Demontageliste zu korrigieren. Ein Amt schob die Angelegenheit an das andere ab und nicht eines davon wollte oder konnte die Verantwortung dafür übernehmen, eine einmal gegebene Anordnung wieder aufzuheben.

Die Firma Achenbach war ein größeres Unternehmen als die Weber-Werke und hatte 300 Arbeiter beschäftigt. Der Demontage-Endwert seiner Ausstattung wurde auf nur 175 000 Reichsmark festgesetzt, doch deren Ersetzung mußte nach den Preisen von 1948 an die 3 Millionen D-Mark kosten. Vor dem Krieg hatte die Monatsproduktion der Firma einen Wert von 250 000 Mark — war also höher als der Gesamtwert ihrer Maschinen nach den Berechnungen der Reparationsbehörden.

Als ich die Achenbachsche Fabrik besuchte, erstaunte mich die große Zahl der dort arbeitenden jungen Frauen. Als ich mit ihnen sprach, stellte ich fest, daß die meisten von ihnen Flüchtlinge aus dem Osten waren, die Bartens untergebracht hatte und nun ausbildete. Sie waren schnelle und fähige Arbeiterinnen, und einige von ihnen verdienten beim Drehen von Kolbenringen bereits 1,20 Mark in der Stunde. Unter den Flüchtlingen befanden sich darum so viele Frauen, weil die Polen, Tschechen und Jugoslawen viele deutsche Männer als Sklavenarbeiter zurückbehalten, Frauen und Kinder aber ausgewiesen hatten. Diese Frauen, die nun bald wegen der Demontagen ihre Arbeit verlieren sollten, nachdem sie erst vor kurzem die Möglichkeit erhalten hatten, sich selbst und ihre Kinder zu erhalten, mußten nun in die überfüllten Flüchtlingslager zurückkehren und erneut zu Bettlern werden.

Sogar die Maschinen für die Lehrlingsausbildung sollten weggenommen werden. 30 junge Leute, die ich sah, waren so vertieft in ihre Arbeit, als ob sie Spielzeugflugzeuge herstellten; ihnen sollte nun die Möglichkeit genommen werden, ein Handwerk zu erlernen. Der Vorarbeiter der Achenbachs hatte einen Bruder in Milwaukee, der ihm Care-Pakete sandte und war den Amerikanern sehr freundlich gesinnt, fragte mich aber, wie wir oder die Briten hoffen könnten, Europa vor dem Kommunismus zu retten, wenn wir mit unserer Politik die deutschen Arbeiter zur Verzweiflung trieben und ihren Söhnen die Möglichkeit raubten, sich technisch auszubilden.

Später am Tage suchte ich einige Flüchtlingsarbeiter in ihren Behelfsunterkünften auf, die nahe der Fabrik errichtet worden waren. Dort sprach ich mit einem alten hageren Arbeiter aus Schlesien, der eine Grobschmiede in einem Dorf nahe Glatz besessen hatte, dort, wo die Bevölkerung halb deutsch und halb polnisch gewesen war. Er war mit den polnischen Bauern seines Bezirkes sehr gut ausgekommen, und sie hatten versucht, ihn vor der Austreibung zu bewahren. Die polnische Kommunistenregierung hatte ihn aber mitsamt seiner Frau und seinen Enkeln aus dem eigenen Hause geworfen, und sie hatten Hunderte von Meilen wandern müssen, bis sie nach Berlin gelangten. Dort war es ihm gelungen, Arbeit zu finden, doch bald darauf waren die Russen gekommen und hatten die Fabrik demontiert, in der er arbeitete. Nun mußten sie erneut auf Wanderschaft gehen und waren in Siegen gelandet. Zum drittenmal stand der alte Grobschmied also vor dem Nichts, gerade dann, als er erwartet hatte, den Rest seines Lebens in Frieden zubringen zu können.

Die Bartens waren im Vergleich zu den Webers in verschiedener Beziehung besser dran. In Frankfurt stellte ich später fest, daß sie eine bessere Möglichkeit hatten, ihre Fabrik zu retten. Der einzige Sohn der Bartens, ein schlanker, hübscher junger Mann mit einem fröhlichen Temperament, war heil aus dem Kriege zurückgekehrt und hatte vor kurzem ein hübsches Mädchen von der Saar geheiratet. Der junge Barten hatte wie so viele andere Männer, mit denen ich in Siegen gesprochen hatte, an der russischen Front viel erleiden müssen; er war aber nicht wie Erhardt Weber in russische Kriegsgefangenschaft geraten, und über dem Heim der Bartens lagen nicht die Schatten des Todes und des Schreckens wie über dem der Webers. Eines Tages fragte ich den jungen Barten und seine Frau, wie sie es fertigbrächten, trotz des Ruins, der sie bedrohte, so glücklich zu sein. Er antwortete: "Wir jungen Deutschen, die wir den Krieg überlebten, haben gelernt, in Gefahren zu leben. Wir wissen nun, wie schön es ist zu leben, ganz gleich, was die Zukunft bringt."

Der alte Barten war ein untersetzter, freundlicher Mann mit einem roten Gesicht; er glich den Deutschen, die von Karikaturisten dargestellt werden, wie sie in irgendeinem Sommerrestaurant am Rhein Bier in sich hineinschütten, war aber energisch, intelligent und gutherzig. Seine Frau, eine Berlinerin, sah fast so jung aus, als sei sie seine Tochter. Hübsch, elegant und geistreich, mit einer lieblichen Singstimme, hatte sie das gleiche glückliche Temperament wie ihr Sohn. Es machte ihr nicht sehr viel aus, daß die Briten die Bartensche Wohnung beschlagnahmt hatten und daß nun zwei Junggesellen diese zwölf Räume benutzten, sie sehnte sich aber danach, ihr Klavier zurückzubekommen. Als ich von den beiden britischen Beamten, die das Bartensche Haus bewohnten, zu einem Drink eingeladen wurde, fragte ich sie, ob sie nicht Frau Barten das Klavier benutzen lassen könnten, das ihr so viel bedeutete. Sie protestierten; sie könnten zwar nicht selbst darauf spielen, doch werde es zu ihrer Unterhaltung benutzt; ich sollte mich daran erinnern, daß die Briten in Siegen wenig Amüsement hätten. Das war sicherlich richtig. Hätte man die Regeln für die Besatzung in normaler Weise angewendet und hätte man die Sieger in den Häusern der Besiegten untergebracht, ohne diese auf unbestimmte Zeit daraus zu verdrängen, ob nun der gesamte beschlagnahmte Raum benötigt wurde oder nicht, so wären die britischen und amerikanischen Soldaten, Offiziere und Zivilisten wie auch die Deutschen wesentlich froher gewesen. Die von den Briten wie den Amerikanern angewandte Rassendiskriminierung traf die Besatzungsmächte ebenso hart wie die Besiegten. Die ursprünglichen Anordnungen für die *Nonfraternization* waren zwar gemäßigt worden, doch in beiden Zonen trennte Sieger und Besiegte noch eine breite Kluft.

In Siegen bedeutete diese Rassenschranke, daß die Handvoll Briten in ihren Mußestunden kaum eine Entspannung hatten, vor allem wenn sie als verheiratete Männer nicht willens waren, die einzig möglichen Verbindungen zu suchen — die mit leichtlebigen Damen. In einer kleinen Gemeinschaft wie hier in Siegen, wo nahezu jeder jeden kannte und wo die sehr puritanischen protestantischen Moralbegriffe von den Nationalsozialisten kaum aufgeweicht und auch von der Niederlage und dem Hunger nicht zerstört worden waren, gab es wenige *Fräuleins*, wie sie im Sprachgebrauch der Besatzer genannt wurden, und es fiel schwer, an sie heranzukommen. Auf der anderen Seite waren natürlich die britischen Reparationsbeamten bei den Deutschen sehr unbeliebt, und der britische *Gouverneur* war, wie ich bereits erwähnte, außerordentlich verhaßt, weil man behauptete, er habe Frauen unter

Druck verführt und sei den Kommunisten freundlich gesinnt.

Im Siegerland standen keine britischen Truppen, denn dieser Teil des Landes war von der belgischen Armee besetzt. Deren Soldaten hatten einen großen Teil des kostbaren Wohnraumes beschlagnahmt und beschäftigten sich mit sehr einträglichen Schwarzmarktgeschäften. Gleich den Franzosen wurden sie von den Anordnungen und Zollkontrollen, die die Einfuhr und den Verkauf von Zigaretten, Schnäpsen, Kaffee und anderen Luxuswaren sowie die Ausfuhr von deutschen Waren und Geld für die Amerikaner und Briten riskant machten, nicht behindert. Die Belgier standen sich mit den Deutschen besser als die Briten und Amerikaner, weil es zwischen beiden kaum eine Sprachgrenze und auch keine Anordnungen gab, die ihr Benehmen als *Herrenrasse* regelten. Die Deutschen betrachteten sie als geringeres Übel; sie beklagten sich zwar über ihre Unsauberkeit und Trunkenheit, doch befaßten sie sich nicht mit Demontagen, und ihr Schwarzmarkthandel mit Zigaretten und Kaffee ließ die Preise fallen. Verglichen mit den Belgiern sahen sogar die französischen Soldaten in Deutschland sehr proper aus — was einiges besagen wollte. Die Franzosen, was immer für Laster sie sonst haben mochten, tranken niemals zuviel, doch die Belgier, die ich in Siegen sah, waren ebenso betrunken wie schmutzig und unmilitärisch im Auftreten. Sie gaben auch niemals vor, daß es ihre Absicht sei zu kämpfen. Sie erzählten den Deutschen ganz offen, daß sie ganz einfach davonlaufen würden, falls ein neuer Krieg komme.

Nachdem ich mit Erhardt Weber aus Detmold zurückgekehrt war, blieb ich noch ein paar Tage im Siegerland. Ich besuchte viele Fabriken, sprach mit den Arbeitern und besuchte sie in ihren Wohnungen. Ich verbrachte ein paar Stunden in dem Museum im Schloß, wo sehr eindrucksvolle Bilder ausgestellt waren, die aus Rußland zurückgekehrte Kriegsgefangene gemalt hatten. Ich suchte René und Margarita in ihrem Heim auf, das ein paar Meilen entfernt in der französischen Zone lag, und hielt mich einen weiteren Tag mit Otto und Helmuth in der französischen Zone auf. Mir war jetzt so, als hätte ich alle diese Leute mein Leben lang gekannt; es wurde mir gestattet, Anteil an ihren Familienzwistigkeiten zu nehmen, und ich vermochte die guten oder schlechten Eigenschaften jedes Mitgliedes der Familie zu erkennen. Die Unterschiede in ihren Charakteren und ihrem Aussehen waren ebenso groß wie ihr Zusammenhalt als Familie. Die arme Frau Weber sehnte sich nach ihrem Mann, der gewußt hatte, wie man die Differenzen zwischen den Söhnen bereinigen konnte, während sie sie nur beklagen und den Tod

Günthers beweinen konnte, der alle Tugenden, doch keine der schlechten Eigenschaften ihrer anderen Söhne gehabt hatte. Es war merkwürdig, daß in der Weberschen Familie nur die Männer im Streit lagen, Margarita und Frau Weber aber sich sehr zugetan waren.

Ich kehrte nach Frankfurt mit dem Entschluß zurück, alles zu tun, was ich für die Leute in diesen Städten und Walddörfern tun konnte, deren Schwierigkeiten ich als die eigenen zu betrachten gelernt hatte. Ich war der Meinung, daß entweder die britischen und amerikanischen Beamten, deren Aufgabe es war, den Wiederaufbau der Eisenbahnen und die Erhöhung der Kohlenproduktion voranzutreiben oder die Marshall-Plan-Behörden daran interessiert sein mußten, die Zerstörung einiger der Siegener Fabriken zu verhindern.

Früh am nächsten Morgen verließ ich hoffnungsvoll gestimmt das Pressezentrum, um die Handelsund Industrieabteilung der vereinigten britisch-amerikanischen Verwaltung beider Besatzungszonen aufzusuchen. Frankfurt war damals de facto die Hauptstadt der Bizone, deren Behörden in dem riesigen Verwaltungsgebäude der IG-Farbenindustrie untergebracht waren, das wir während der Bombenangriffe ausgespart hatten. Es ist nicht sehr viel kleiner als das Pentagon, und da die verschiedenen Abteilungen ständig *wechselt das Bäumchen* spielten, mußte man dort schon angestellt sein, um herauszufinden, wo welche Abteilung an welchem Tag der Woche arbeitete. Es gelang mir endlich doch, den Brigadegeneral zu finden, von dem man annehmen konnte, daß er der Leiter der britischen Sektion der BizonenHandelsund Industrieabteilung war. Diese Leistung gelang mir auch nur, weil ich eine amerikanische Journalistin war und in den Korridoren herumwandern konnte wie ich wollte. Nur wenigen Deutschen wurde der Zutritt zu dem Gebäude gestattet und das nur, wenn sie einen Paß erhielten; nur, wenn sie genau wußten, wen sie aufzusuchen hatten, gelang es ihnen, ihre Beschwerden oder Bitten vor den richtigen Leuten vorzubringen. Um es ihnen noch schwerer zu machen, hatte man die Schreibtische der Auskunft in das Gebäude hineingestellt, so daß sie nicht herausfinden konnten, wen sie zu sehen wünschten und wo sie ihn finden konnten, bis sie ein Permit in Händen hatten, das es ihnen erlaubte, die Posten vor dem Eingang zu passieren. Die Mädchen an den Auskunftstischen wußten zwar für gewöhnlich gar nichts, doch konnte man immerhin die Bücher konsultieren, in denen die Namen und Lokalitäten der vielen und verschiedenartigen Abteilungen verzeichnet standen; obwohl die

Zimmernummern selten stimmten, konnte man wenigstens losziehen und dann möglicherweise finden, was man suchte.

Der britische Brigadegeneral war umgänglich und recht anständig, hatte aber sichtlich überhaupt nichts zu tun; sein Raum wie sein Vorzimmer waren frei von Besuchern. Er berichtete mir, daß er soeben erst diesen Posten angetreten habe und noch kaum wußte, was seine Arbeit war. "Gehen Sie und besuchen Sie Mr. Radford, weiter diesen Korridor entlang", schlug er vor.

"Er ist der Mann, der alles über die deutsche Industrie weiß."

Ich wanderte also den Korridor entlang und fand auch Mr. Radford. Leider bekundete dieser nicht das geringste Interesse an dem, was ich ihm zu berichten hatte. Er machte mir sofort klar, daß er ein Vansittart-Mann sei, das britische Gegenstück zu den Morgenthau-Boys. Er lächelte kalt, als ich ihm von Siegen zu erzählen begann und sagte: "Ich habe zweimal gegen die Deutschen gekämpft und im Krieg meine Brüder verloren. Diesmal, das versichere ich Ihnen, werden wir die Deutschen dafür zahlen lassen."

Es war offensichtlich nutzlos, mit einem Mann wie Radford zu argumentieren, sogar über einen solch außergewöhnlichen Fall wie den der Firma Achenbach, und obwohl er als stellvertretender Leiter der britischen Abteilung der Bizonen-Handels- und Wirtschaftsabteilung eher um den Wiederaufbau bemüht sein mußte als um die Befriedigung seiner Rachegelüste. Ich verließ ihn daher und suchte seinen amerikanischen Kollegen Mr. Messler auf. Hier wurde ich ganz anders empfangen. Messler war sehr an dem Fall interessiert, obwohl er mir berichtete, daß die Entscheidungen der Reparationsbehörde bei der Militärregierung in Berlin von den Behörden in Frankfurt nicht angefochten werden könnten. Hier stand ich zum erstenmal vor dem unglückseligen Dualismus der amerikanischen Besatzungspolitik. Die mit dem Wiederaufbau der deutschen Wirtschaft betrauten Beamten hatten nichts gemein mit den Reparationsbehörden, deren Auftrag lautete, die deutsche Fähigkeit zur Selbsterhaltung zum Erliegen zu bringen.

Messler ließ einen Mr. Yule holen, dessen Aufgabe es unter anderem war, die deutschen Eisenbahnen wieder in Gang zu bringen. Yule erwies sich als einer der aktivsten, bestinformierten und am wenigsten von Vorurteilen belasteten amerikanischen Beamten, die ich in Deutschland antraf. Er wisse, erklärte er mir, daß die Achenbachsche Produktion für die Eisenbahnen absolut unentbehrlich sei; es sei völlig richtig, daß diese Fabrik beinahe sämtliche von den Eisenbahnen beider Zonen benötigten Kolbenringe herstelle und daß ihre Demontage verheerende Folgen haben werde. Yule nahm mich zu den beiden amerikanischen technischen Experten mit, die sich mit den Lieferungen an die Reichsbahn befaßten: Im Gegensatz zu den Büros der großen Herren mit militärischen Titeln waren die von Mr. Pumphrey und Mr. Hartlaub angefüllt mit Deutschen, und — Wunder über Wunder — beide Amerikaner sprachen sogar Deutsch. Sie verhandelten tatsächlich direkt mit den Deutschen und halfen ihnen, ihre Probleme und damit die unseren zu lösen. Dies war ein sehr erfreuliches Erlebnis; denn die meisten amerikanischen Beamten in Deutschland schienen mit den Deutschen nur über ihre Sekretärinnen zu verhandeln, und es fiel einem Deutschen so schwer, zu einem Amerikaner vorzudringen wie es dem sprichwörtlichen Kamel schwerfiel, durch das bewußte Nadelöhr zu gehen.

Ich berichtete diesen Amerikanern, daß ich zwar Korrespondentin von *Reader's Digest* sei, daß ich aber nicht gekommen sei, um als Journalistin von ihnen Informationen zu erlangen, sondern um ihnen einige Tatsachen zu berichten, von denen ich wüßte, daß sie für sie selbst wie für alle Amerikaner außerordentlich wichtig seien. Da ich kein Ingenieur sei und ihnen daher nicht alle technischen Details geben könne, schlug ich vor, sie sollten mit Dr. Barten sprechen.

Alle drei stimmten sofort zu und baten mich, mich mit Dr. Barten in Verbindung zu setzen und ihn am nächsten Tag von Siegen nach Frankfurt zu holen. Sie bedeuteten mir, ebenso wie Messler das getan hatte, daß Reparationslieferungen nicht zu ihrem Amtsbereich gehörten, sagten aber offen, daß sie bereit wären, die Morgenthau-Boys in Berlin oder die Briten daran zu hindern, Fabriken zu demontieren, die für den Wiederaufbau der Bahnen lebenswichtig waren.

Dr. Barten wird diese Zusammenkunft mit den amerikanischen Experten wohl niemals wieder vergessen haben. Sie waren die ersten Amerikaner, die er traf, und er war überwältigt — nicht nur von dem Unterschied in der Art, wie sie ihn aufnahmen und der Behandlung, die er von den Briten gewohnt war, sondern auch von dem Unterschied zwischen amerikanischen und deutschen Beamten.

Kostspielige Rache

Er strahlte vor Freude, als wir das IG-Farben-Gebäude verließen und sagte: "Wirklich, wir Deutschen haben von den Amerikanern noch einiges zu lernen. Das ist ja fast unglaublich! Diese amerikanischen Herren ließen mich noch nicht einmal eine halbe Stunde warten, um mir zu zeigen, wie wichtig sie seien; das hätte jeder deutsche Bürokrat ganz bestimmt getan. Sie sprachen so freundlich mit mir, als sei ich ihr Freund, ganz ohne pompöse Aufgeblasenheit und ganz ohne irgendwelche Formalitäten. Vielleicht ist Eure amerikanische Demokratie doch etwas wert, es ist einfach nicht zu glauben, wie ich hier behandelt wurde. Ich möchte möglichst schnell nach Hause fahren und allen Leuten davon erzählen."

Dr. Barten wünschte, mich zum Mittagessen in ein deutsches Restaurant einzuladen; Herr Zezulak, der ihn von Siegen als Dolmetscher begleitet hatte, dessen Dienste aber kaum benötigt wurden, weil Hartlaub fließend Deutsch sprach und Pumphrey wie Yule der Sprache einigermaßen mächtig waren, sollte uns begleiten. Ich bestand aber darauf, daß beide stattdessen mit mir ins PX-Restaurant mitkommen sollten, wo es keine Rassenoder Klassenunterschiede gab und die amerikanischen Soldaten und Offiziere ihre deutschen Gäste mitnehmen konnten. Hier war Dr. Barten wieder tief angetan von den amerikanischen Sitten.

"Wie vernünftig, ein Tablett zu nehmen und sich selbst zu bedienen. Wie außergewöhnlich zu sehen, daß amerikanische Offiziere in der Schlange hinter einfachen Soldaten stehen. Fast nicht zu glauben, daß Amerikaner und Deutsche am gleichen Tisch sitzen. So etwas könnte es in der britischen Zone nicht geben, wo Deutsche zu britischen Restaurants und Klubs keinen Zutritt haben. Wirklich, wir könnten von den Amerikanern viel Gutes lernen", wiederholte er, viel zu beschäftigt, das lärmerfüllte Restaurant zu beobachten, um seine belegten Brote zu essen. Er hatte eine Lektion in echter Demokratie erhalten, die tausend Unterrichtsstunden und alle Radiound Zeitungspropaganda aufwog. Er hatte die Realität der amerikanischen Demokratie beobachtet, die sonst für gewöhnlich von den Gebräuchen einer Militärregierung verdunkelt wurde, und hatte Amerikaner getroffen, die sich benahmen, als seien sie zu Hause und nicht Eroberer, die über ein geschlagenes Volk herrschten.

Ich war keineswegs befriedigt von der Aussicht, daß nur die Achenbachsche Fabrik aller Voraussicht nach gerettet werden würde.

Dr. Bartens Fabrik war offenkundig ein ganz einfach nicht zu entschuldigendes Beispiel für die Demontagen im Siegerland, doch die amerikanischen Eisenbahnfachleute, die ich so eifrig am Werk des Wiederaufbaues hatte arbeiten sehen, konnten den Webers, den Henschs oder anderen nicht helfen; die Zerstörung ihrer Fabriken war zwar eine Sabotage des Marshall-Planes, hatte aber für die Eisenbahnen keinerlei unmittelbare Bedeutung.

Ich wandte mich daher als nächstes an die ECA-Behörden. Dank Mr. Haroldson, dem Vertreter des Außenministeriums in Frankfurt, der einer der wirklich liberal gesinnten Männer war, die ich in Deutschland traf, machte ich die Bekanntschaft von Mr. Collisson, dem ECA-Vertreter in Deutschland, und Korvettenkapitän Paul F. Griffin, USNR, der soeben aus Washington mit den Experten des Humphrey-Komitees eingetroffen war. Diese hatte der Kongreß beauftragt zu untersuchen, welche auf der Demontageliste stehenden Fabriken besser zum Wiederaufbau Europas beitragen konnten, wenn man sie in Deutschland beließ.

Ich fragte als erstes die ECA-Vertreter, ob sie beabsichtigten, ihre Informationen direkt von den Deutschen zu erhalten oder ob sie mit diesen nur über die Militärregierung verhandeln wollten. Es wurde mir versichert, daß hier die Türen für alle die offenstanden, *die uns Informationen bezüglich des ERP-Programmes geben konnten*.

Ich freute mich über diese Feststellung und gab sie an die Deutschen an der Ruhr und in der französischen Zone weiter; die Folge war, daß in den ECA-Büros in Frankfurt ein Riesenstrom von Briefen eintraf und die deutschen Industriellen und Gewerkschaftsführer, die ich während meiner Reisen getroffen hatte, sich dort die Tür in die Hand gaben. Ich machte es selbstverständlich allen Leuten klar, daß Collisson und seine Kollegen nicht von jedem bestürmt werden konnten, der eine Beschwerde vorzubringen hatte, und daß sich ihre Kompetenz nur auf solche Fälle erstreckte, die den Wiederaufbau Europas betrafen.

Im Augenblick war ich vor allem bemüht, das Interesse der ECA-Behörden auf die Tragödie im Siegerland zu richten. Nachdem er sich meinen Bericht mit großer Geduld und großem Interesse angehört hatte, willigte Collisson ein, eine Deputation aus dem Siegerland zu empfangen.

Eine oder zwei Wochen später, nachdem ich Frankfurt verlassen hatte, um ins Ruhrgebiet zu fahren, wurden fünf Vertreter der Industrien des Siegerlandes von Collisson empfangen; er hörte sich ihre Darstellung des Falles an und versprach, daß die technischen Experten der ECA-Behörde bald Siegen besuchen würden.

Tatsächlich haben diese Siegen zweimal besucht. Beim ersten Male verweigerten die Briten den Siegenern, ihren eigenen Dolmetscher mitzubringen, und diejenigen Fabrikbesitzer, die nicht Englisch sprechen konnten, waren daher sehr benachteiligt. Leute wie Erhardt Weber, die die Sprache einigermaßen gut verstanden, mußten hören, wie der britische Dolmetscher der Delegation falsche Auskünfte gab; Erhardt wußte aber nicht, ob seine in gebrochenem Englisch vorgebrachten Proteste verstanden worden waren oder nicht. Mr. Lewis, der ECA-Fachmann, hinterließ in Siegen jedoch einen tiefen Eindruck; denn er traf früh am Morgen ein und arbeitete ohne Pause den ganzen Tag über, machte sich überall Notizen und weigerte sich, gastfreundliche Angebote der Briten anzunehmen. Er war, wie es schien, ein Mann, der eine gewaltige und schwierige Arbeit zu leisten hatte, der zehn und zwölf Stunden am Tag am Werk war, der niemanden begünstigte, ein unparteiischer, hochqualifizierter Fachmann, der die ihm übertragenen detaillierten Untersuchungen ausführte und sich um nichts anderes als um seine Arbeit kümmerte.

Nach meiner Rückkehr in die USA erhielt ich einen Brief von Herrn Zezulak, der mich darüber informierte, daß die Mitglieder des Humphrey-Komitees am 3. und 4. Dezember Siegen besucht und 14 der auf der Demontageliste stehenden Fabriken inspiziert hatten. Wieder war Mr. Lewis mit dabei, diesmal aber begleitet von Frederick V. Geier von der Cincinnati-Walzwerkmaschinenfabrik, von dem man sagte, er sei ein Schwager Albert Einsteins. Geier schien sehr gut über jedes Detail im Bilde zu sein; er hatte einen ihm von der britischen Militärregierung angebotenen Dolmetscher mit der Begründung abgewiesen, daß er fließend Deutsch spreche. Das war schlimm für die Briten, die während Mr. Lewis' erstem Besuch den Deutschen einen eigenen Dolmetscher verweigert hatten. Zezulak schrieb mir: "Die Briten mußten also ihren Dolmetscher zurücklassen, alle Fabrikbesitzer sprachen Deutsch mit Mr. Geier, die Briten konnten den Gesprächen nicht folgen und die Leute konnten frei sagen, was sie zu sagen hatten. Das war wirklich ein großer Tag."

Ob nun Paul Hoffman oder Washington den geeigneten Gebrauch

davon machen wollten oder nicht: das Beispiel Siegen muß Mr. Geier und Mr. Lewis instandgesetzt haben, Washington die Unterlagen für eine kluge und realistische Entscheidung hinsichtlich der Demontagen an die Hand zu geben.

Nach meinem Besuch im Ruhrgebiet kam ich im Oktober wieder nach Siegen und wurde dort für eine Woche von einer Lungenentzündung ans Bett gefesselt — zweifellos eine Folge meiner zu anstrengenden Untersuchungen über die Demontagen in Düsseldorf, Dortmund und Essen. Als ich im Hause der Webers das Bett hüten mußte, wurde mir diese Familie vertrauter als manche guten alten Freunde; die beiden Bartens, der alte und der junge, besuchten mich sehr häufig. Auch Mr. Paisley, der britische Reparationsoffizier, fand sich ein und wurde sichtlich freundlicher zu den Webers, sobald er feststellte, daß sie ihn persönlich für die Demontagen nicht verantwortlich machten. Er meinte, daß ich ihn mit meinem Eintreten für Siegen wahrscheinlich arbeitslos machen werde, war aber nicht unglücklich darüber und sehnte sich nach dem Tag, an dem er wieder arbeiten konnte, um etwas zu schaffen, statt zu zerstören. Eines Abends erzählten mir die Webers in seiner Anwesenheit, daß viele Siegener sich fragten, ob man etwas tun könne, um mir für meine Versuche zur Rettung ihrer Stadt zu danken. Lachend erwiderte ich, daß sie mir meines Erachtens nach ein goldenes Standbild auf dem Marktplatz errichten sollten, falls es sich erweisen solle, daß ich das Siegerland vor der Zerstörung bewahrt habe. Paisley warf ein, daß in diesem Falle die Statue mich zeigen sollte, wie ich einen Fuß auf seinen Leichnam setzte.

Dieser Scherz hatte ein Nachspiel, das mich zutiefst rührte. Kurz bevor ich Deutschland verließ, kamen die beiden Bartens, Erhardt Weber und Zezulak nach Frankfurt mit einer kleinen Bronzenachbildung der riesigen, aus dem Mittelalter stammenden Statue eines Eisenarbeiters, die für gewöhnlich an der Brücke über die Sieg stand. Auf den Fuß der Statuette hatten sie geschrieben:

"Zur freundlichen Erinnerung an den Besuch von Mrs. Freda Utley im Siegerland und an ihre erfolgreichen Bemühungen, die Existenz der Industrien in diesem Gebiet zu retten."

Sie sagten mir, daß dies nicht nur ihre eigene Gabe sei, sondern daß diese die Dankbarkeit vieler anderer Leute zum Ausdruck bringen solle. Die Statue wog mindestens an die 100 Pfund, und da ich in die Vereinigten Staaten zurückflog, mußte ich sie zurücklassen; sie sollte mir später nachgeschickt werden. Ich konnte nur hoffen, daß ich wirklich geholfen hatte, die Existenzgrundlage der Bevölkerung des Siegerlandes zu retten und daß ich nicht nur den Tag ihres endgültigen Ruins hinausgeschoben hatte.

Erhardt Weber war nun noch hagerer geworden als je zuvor. Sein Bruder lag im Krankenhaus und war von den Ärzten aufgegeben worden. Otto, das unausgeglichene, aber bezaubernde und fröhliche Mitglied der Familie Weber, hatte sich dem Trunk ergeben und arbeitete überhaupt nichts mehr. Er sah keinen Sinn darin, denn den Deutschen war offensichtlich bestimmt, Bettler zu werden. Warum überhaupt noch kämpfen? Er jedenfalls wollte so viele Blumen pflücken, wie sie an seinem Wege wuchsen, und seine eigenen Sorgen wie die anderer im Alkohol ertränken.

Erhardt war aus einem härteren Holz geschnitzt. Ob nun die Webersche Fabrik demontiert wurde oder nicht, er jedenfalls wollte sie auf jeden Fall wieder aufbauen. Eine weitere Mauer aus roten Ziegeln stand bereits, drei Gebäude waren bald wiederhergestellt. Trotz Ottos Protesten, daß es sinnlos sei wiederaufzubauen, da ja alle Maschinen weggenommen worden seien, trotz Helmuths Überzeugung, daß es zur Zeit nur einen Weg in Deutschland gebe, um zu Geld zu kommen, nämlich auf dem Schwarzmarkt zu kaufen und zu verkaufen, bestand Erhardt, das Oberhaupt der Familie (oder deren Diktator, wie seine Brüder meinten), darauf, zu arbeiten und noch mehr zu arbeiten. Mochten die Briten alle Früchte seines eigenen Tuns und dessen seiner Arbeiter wegnehmen, er jedenfalls hatte nicht die Absicht aufzugeben. Grimmig und schweigsam bestand er darauf, daß die Arbeit weitergehen müsse; er schonte weder sich selbst noch andere und weigerte sich zuzugeben, daß alles aus sei. Er verkörperte den besten Teil deutschen Geistes, der unüberwindlich erscheint, vielleicht darum, weil er niemals durch leichte Eroberungen und leichtes Leben korrumpiert worden ist. Erhardt war niemals ein Nazi gewesen und hatte in der deutschen Armee jede Beförderung abgelehnt, war aber ein Patriot im besten Sinne des Wortes. Kein anderer Mensch, den ich in Deutschland traf, ließ mich so deutlich das bittere Leid erkennen, das die Zerstörung und Versklavung ihres Landes über die Deutschen brachte.

Über seine Jahre hinaus gealtert, nicht verheiratet und ohne eine freie Minute für die Frauen, die von seiner Kühle und seinem guten

Aussehen angezogen wurden, liebte er Musik und Dichtkunst und verbarg unter seiner Zurückhaltung einen echten Sinn für Humor; von seiner Mutter weniger geliebt als deren schwächere Söhne, nicht fähig, seine Zuneigung mit großen Worten auszudrücken, aber empfindsam und intelligent, war Erhardt von einem Geist beseelt, den nichts überwinden konnte. Er mochte an Überarbeitung sterben, doch vor dem Giganten Verzweiflung kroch er niemals zu Kreuze.

Deutsche gleich Erhardt Weber und viele andere Siegerländer, denen man die Chance gab, ihre Fähigkeiten und Talente für die Werke des Friedens zu nutzen, statt für Kriege, die sie nicht zu führen wünschen, waren imstande, Deutschland wiederaufzubauen und Westeuropa zu lehren, wie man vom Werk der eigenen Hände leben konnte, statt sich auf die Gewinne aus den dahinschwindenden Kolonialreichen oder die amerikanischen Subsidien zu verlassen, die nun deren Platz einnahmen.

V. Die deutsche demokratie zwischen scylla und charybdis

Der Marshall-Plan gründete sich auf der Auffassung, daß Armut und Verzweiflung die Völker dazu führen könnten, die Demokratie abzulehnen und dem Beispiel der Kommunisten zu folgen. Um die westliche Welt vor der totalitären Tyrannei zu retten, mußte daher Amerika den europäischen Nationen, die auf unserer Seite des Eisernen Vorhanges lebten, genug Dollars geben, damit diese ihre Wirtschaft wiederaufbauen und ihren Völkern die Möglichkeit bieten konnten, ein anständiges Leben zu führen.

Diese Theorie wurde jedoch auf Deutschland nicht angewandt. Wir weigerten uns zuzugeben, daß Armut, Arbeitslosigkeit und Verzweiflung die Nationalsozialisten zur Macht gebracht hatten und nun wiederum das deutsche Volk bewegen konnten, das politische Konzept und die moralischen Werte des Westens zurückzuweisen. Stattdessen betrachteten wir die Deutschen als ein von Natur angriffslustiges Volk mit einer Vorliebe für eine autoritäre Herrschaft und behandelten sie, als seien sie von einem Teufel besessen, den man dadurch austrieb, daß man sie züchtigte.

Man hatte bereits vergessen, daß die Nationalsozialisten keineswegs dadurch die Macht errangen, daß sie den Krieg predigten. Sie appellierten zuallererst an die Sehnsucht des deutschen Volkes, von unerträglicher Unordnung und wirtschaftlichem Chaos befreit zu werden. Ihr wichtigstes Schlagwort war *Brot und Arbeit*. Hitler begann erst dann über die Notwendigkeit zu sprechen, *Lebensraum* durch Anwendung von Gewalt zu erobern, als er zur Macht gekommen war. Viele Deutsche wandten sich der NSDAP zu, weil diese antikommunistisch war, andere unterstützten sie, weil die demokratischen Parteien bei der Lösung des Arbeitslosenproblems versagt oder es nicht verstanden hatten, die Demokratien zu den Konzessionen zu überreden, die für die Existenz des deutschen Volkes von ausschlaggebender Bedeutung waren.

Da viele Ausländer Hitlers Lügen für Wahrheit hielten, ist es kaum überraschend, daß so viele Deutsche das gleiche taten. Sie alle der

Schuld an Hitlers Verbrechen zu zeihen, nachdem es für sie zu spät geworden war, seiner Tyrannei zu entkommen, heißt das Wesen einer totalitären Herrschaft verkennen. Es ist sehr zu bezweifeln, ob irgend eine andere Nation, hätte sie an Deutschlands Stelle gestanden, den Verführungskünsten der Nazi-Propaganda hätte Widerstand leisten können. Es hätte nach dem Zweiten Weltkrieg unser Ziel sein müssen, das deutsche Volk davon zu überzeugen, daß Hitler nicht nur versagt hatte, sondern daß er auch im Unrecht gewesen war und daß die Demokratie neues Leben und neue Hoffnung versprach.

Stattdessen war zum zweiten Mal innerhalb 30 Jahren das Wort Demokratie für die Deutschen gleichbedeutend mit der Unterwerfung unter unerträgliche Lebensbedingungen, der Verweigerung der Freiheit sowie der Sicherheit und der Selbstachtung für das deutsche Volk.

Es war ein Paradox unserer Tage, daß in einer Zeit, in der Psychologie bereits in den Oberschulen gelehrt wird und psychologische Kriegführung ein Zweig der Militärwissenschaften wurde, wir unsere Außenpolitik mit weit geringerem Verständnis fremder Völker führten als unsere Vorfahren, deren Wissen auf Geschichte und Philosophie begrenzt war. Die Lehren der Psychologie schienen offensichtlich für die Deutschen keine Gültigkeit zu besitzen. Obwohl die meisten Amerikaner der Überzeugung huldigen, daß kriminelle Tendenzen auf Umwelteinflüsse zurückzuführen sind und die Jugendkriminalität durch eine psychologische Behandlung bekämpft werden kann, glaubten sie, daß der einzige Weg, die Deutschen zu verändern, der war, sie als hartnäckige Kriminelle zu behandeln und sie alle zu bestrafen — einschließlich der Kinder, die noch gar nicht geboren waren, als Hitler an die Macht kam.

Ein Deutscher sagte mir: "Wenn Sie ein Kind oft genug einen Dieb nennen, dann wird es möglicherweise einer werden. Auf die gleiche Weise habt ihr, indem ihr alle Deutschen als Naziverbrecher behandelt habt, mehr Leute zu Nazis gemacht, als das Hitler jemals gelungen ist." Man kann die Menschen nicht zur Reue prügeln, sie müssen ihre Selbstachtung behalten, um ihre Schuld eingestehen zu können. Viele Deutsche machten sich während der nationalsozialistischen Herrschaft niemals klar, was sie taten oder welchen Taten sie Vorschub leisteten, als aber nach der Niederlage Deutschlands die von den Nazis in den besetzten Ländern begangenen Grausamkeiten ans Tageslicht kamen, hätte das Entsetzen darüber sie reumütig machen können, wenn sie selbst nicht Opfer ähnlicher *Verbrechen wider die Menschlichkeit* geworden wären. Alles, was wir getan haben, war, sie davon zu überzeugen, daß alle Menschen Bösewichte und grausam sind. Wie konnten wir von den Deutschen ein Eingeständnis ihrer *Schuld* erwarten, wenn wir selbst oder unsere Verbündeten mit ihnen ebenso verfuhren wie die Nationalsozialisten es mit denen taten, die sie besiegt hatten? Jetzt betrachteten die Deutschen, weit davon entfernt, Reue zu bekunden, sich selbst als das am schlimmsten unterdrückte aller Völker und sahen keinen Unterschied zwischen der Herrschaft der Nationalsozialisten und der der westlichen Militärregierungen.

Dr. Helmuth Becker, der Sohn des weltbekannten Pädagogen und preußischen Kultusministers vor 1932, sagte zu mir in Nürnberg: "Falls die Konzeption der Militärregierung vom Wesen der Demokratie noch längere Zeit beibehalten wird, dann hat die Demokratie für die nächsten hundert Jahre in Deutschland keinerlei Chancen." Er fuhr fort: "Nur wenige Amerikaner machen sich klar, daß Deutschland Hitler nachlief, weil die demokratischen Parteien Bankerott gemacht hatten. Sie sehen auch nicht, daß die Militärregierung sehr viel Ähnlichkeit mit der Herrschaft der Nationalsozialisten hat. Die Nazis und die Leute von der Militärregierung wären sehr gut miteinander ausgekommen. Sie haben denselben Glauben an die Überlegenheit autoritärer Herrschaft und sie werden deshalb von den Deutschen im gleichen Licht betrachtet. Wir glauben eurer Propaganda ebenso wenig, wie wir der der Nationalsozialisten nach dem ersten oder zweiten Jahr ihrer Herrschaft glaubten. Wir beurteilen euch nach dem, was ihr tut, nicht nach dem, was ihr sagt, und das, was ihr tut, gleicht dem, was die Nazis taten, aufs Haar."

Es ergab sich ein unausweichlicher Widerspruch zwischen dem Wesen der Demokratie, was Regierung unter Zustimmung der Regierten bedeutet, und einer Militärregierung, die sich auf Gewalt gründet und auf die Macht der Sieger, den Besiegten ihren eigenen Willen aufzuzwingen. Dieser Widerspruch wurde noch durch die Haltung und das den Besatzungsgruppen in Deutschland vorgeschriebene Verhalten unterstrichen, er hätte aber auf jeden Fall das Heranwachsen einer lebendigen demokratischen Bewegung in Deutschland verhindert.

Es war unvermeidlich, daß die deutschen Demokraten in den westlichen Besatzungszonen den meisten ihrer Landsleute als *Quislinge* erschienen, die lediglich die Befehle der Sieger ausführten. Da aber diese Befehle die hungernden Deutschen dazu verdammten, im Bombenschutt ihrer Städte weiterzuleben, ohne daß es ihnen erlaubt wurde, sie wiederaufzubauen und da die Demontagen den Arbeitern ihren Lebensunterhalt und dem gesamten Volke die Freiheit raubten, wurde Demokratie erneut gleichbedeutend mit Niederlage, Elend, Ungerechtigkeit und Knechtschaft. Wiederum, genau wie in den Tagen der Weimarer Republik, nun aber in weit umfassenderem Maße, verweigerten wir den deutschen Demokraten jegliche Möglichkeit, ihren Landsleuten zu beweisen, daß Gerechtigkeit, Recht auf Arbeit und anständige Entlohnung sowie Gleichberechtigung unter den Nationen ohne Anwendung von Gewalt errungen werden können.

Die Situation, in die die deutschen Sozialdemokraten außerhalb Berlins geraten waren, illustrierte die betrüblichen Folgen unserer undemokratischen Haltung gegenüber den Deutschen. Als ich im Ruhrgebiet mit deutschen Gewerkschaftsführern sprach, fühlte ich mich in die Tage der Weimarer Republik zurückversetzt, in jene Zeit, in der ich Deutschland so oft besucht hatte. Die alten Sozialisten, die die Verfolgungen der Nazis und den Krieg überlebt hatten, standen wieder dort, wo sie vor zwanzig Jahren gestanden hatten, es fiel ihnen jetzt aber sehr viel schwerer, dem deutschen Volk die Demokratie mundgerecht zu machen. Sie setzten trotzdem immer noch ihren Glauben in friedliche Methoden und vernünftige Argumente. Sie scheuten davor zurück, sich *direkter Aktionen* oder revolutionärer Methoden zu bedienen, um gerechte Forderungen durchzudrücken. Sie glaubten noch immer an die Möglichkeit der Vereinigung *aller Arbeiter der Erde* und setzten noch immer ihr Vertrauen in die britischen und französischen Sozialisten; sie waren unter der Herrschaft der britischen Militärregierung noch immer so gesetzesfromm wie unter den früheren deutschen Regierungen; es fehlte ihnen nicht an Mut, doch schienen sie in Krisenzeiten zu kühnen und entscheidenden Aktionen unfähig zu sein.

Sie waren in der tragischen Situation, aus den Erfahrungen der Vergangenheit nichts lernen zu können, weil dies bedeutet hätte, daß sie den demokratischen Grundlagen ihres Glaubens hätten abschwören müssen. Da aber die Situation, der sie nun gegenüberstanden, derjenigen nach dem Ersten Weltkrieg glich, gerieten sie wiederum in die Gefahr, des Beistandes der deutschen

Arbeiter verlustig zu gehen und damit den Demagogen und den Aposteln der Gewaltherrschaft den Weg freizugeben — den extremen Nationalisten auf der Rechten und den Kommunisten auf der Linken, die schon einmal die Demokratie zerstört hatten.

Die Deutschen scheinen dazu zu neigen, stets aufs Ganze zu gehen. Entweder sind sie extreme Nationalisten und zu gewaltsamen Angriffen geneigt oder sie sind pazifistischer und internationalistischer gesinnt als die Sozialisten und Liberalen jedes anderen Landes. Ein junger deutscher Gewerkschaftsfunktionär erklärte mir in Düsseldorf: "Da unser Land im Herzen Europas liegt, treffen in Deutschland Einflüsse von allen Seiten in schärfster Weise aufeinander. Bei uns erhalten alle Entscheidungen eine weit schärfere Ausdeutung als anderswo. Die Deutschen neigen dazu, aus jedem Fall eine philosophische Streitfrage zu machen. In Deutschland waren die Religionskriege weit verheerender als anderswo, weil wir uns jedem Glauben aus ganzem Herzen hingeben und Kompromisse nicht als Tugenden betrachten. Aus diesem Grund gehen wir heutzutage in der Politik ins andere Extrem: vom Ultranationalismus zur Verneinung aller nationalen Gefühle. Wir erfüllen unsere Politik mit religiöser Hingabe und betrachten jeden, der anders denkt, als unseren Feind. So, wie positive und negative Komponenten in der Elektrizität Kraft erzeugen, sind im deutschen Charakter noch immer die stärksten Antriebe gleichermaßen zum Guten wie zum Bösen lebendig."

Ist der Nationalismus im Anwachsen, findet man die Deutschen unter den gewalttätigsten und bedenkenlosesten Völkern; wenden sie sich dem Pazifismus, dem Internationalismus und dem reinen Vernunftsdenken zu, reichen sie trotz aller Provokationen, Ungerechtigkeiten und allen Leides, das man ihnen antut, die andere Wange zum Schlage hin, was wenige andere Völker täten. Diese Tendenz zum Extremen und zur Verneinung des Kompromisses ist auch die Ursache für die harten Parteikämpfe, die die Weimarer Republik zerstört haben. Unähnlich den Briten, die aus Instinkt heraus das Interesse der Nation über das der Parteien stellen, gehen die Deutschen in ihren politischen Streitigkeiten so weit, daß, außer wenn eine autoritäre Herrschaft sie zur Führung eines Krieges zusammenschmiedet, innere Konflikte die Nation in sich erbittert befehdende Gruppen aufspalten. Dies war der Grund, warum jetzt sogar Deutsche liberaler Observanz erklärten, daß Deutschland eine Monarchie brauche, weil nur eine festbegründete und von allen Parteien anerkannte Autorität die Zerrissenheit Deutschlands in verschiedene Lager überwinden könne.

Deutschland steht in dieser Beziehung vielleicht nicht allein da.

Die Franzosen zeigen eine ähnliche Unfähigkeit, die Demokratie wirklich mit Leben zu erfüllen und auch die Briten hatten in der Vergangenheit ihre Bürgerkriege. Es ist die vergleichsweise Jugendlichkeit des deutschen Staates, die dieses ständige Schwanken vom übersteigerten Nationalismus zum politischen Kampf aller gegen alle im Inneren ohne Rücksicht auf die Interessen der Nation und von dort wieder zurück zum extremen Nationalismus gebar.

Die Absage, die die deutschen Sozialdemokraten den nationalen Empfindungen und Zielsetzungen erteilt haben, spielte den extremen Nationalisten wie den Kommunisten in die Hände, die ja deutsche nationale Gefühle für die Zwecke der Russen ausbeuteten.

Die Haltung mancher deutscher Sozialisten in den westlichen Besatzungszonen verstärkte den Eindruck, daß sie Puppen seien, die nur die Ansichten der Sieger wiederholten, welche forderten, daß die Deutschen — ungleich anderen Nationen — ein Nationalgefühl nicht kennen sollten.

Patriotismus wurde, wenn ihn die Sieger bekundeten, als Tugend betrachtet, wenn ihm aber die Deutschen huldigen wollten, war er ein Zeichen für eine negative Haltung. Jedes Anzeichen für eine *Wiederbelebung des deutschen Nationalismus* wurde zum Vorwand genommen, um die Unterdrückungsmaßnahmen zu erneuern. Wir behandelten die Deutschen wie Sexualverbrecher, die man entmannen, in Gefängnissen halten oder denen man normale sexuelle Handlungen verbieten mußte, während ihre Gefängniswärter sich ihren natürlichen menschlichen Trieben in vollem Ausmaße hingeben durften.

Gestern waren es die Nationalsozialisten, heute waren es ihre einstigen Verbündeten und Brüder im Geiste, die Kommunisten, die Vorteil aus der Behandlung Deutschlands durch die Alliierten und der Schwäche der deutschen Demokratie zogen. Die Kommunisten appellierten an dieselben Leidenschaften, Haßgefühle und dieselbe extrem nationalistische Gesinnung wie die Nationalsozialisten. Sie waren führend im Kampf gegen die Demontagen und die sogenannte

Internationalisierung des Ruhrgebietes; sie erklärten, daß die deutschen Demokraten nicht fähig und die demokratischen Mächte nicht willens seien, dem deutschen Volk die ihm zustehenden Grundrechte zu gewähren.

Obwohl die Erfahrungen, die die Deutschen mit dem kommunistischen Terror in der Sowjetzone und Berlin gemacht hatten und die Eindrücke aus erster Hand, die die Angehörigen der deutschen Armee als Soldaten und Kriegsgefangene in der Sowjetunion gewonnen hatten, bisher das Wiedererstehen einer starken deutschen kommunistischen Bewegung verhinderten, gab es doch im Ruhrgebiet eine ansehnliche Minderheit von Kommunisten, die bisher nur von den Sozialdemokraten und Christdemokraten in Schach gehalten wurde. Diese hofften immer noch, daß die Westmächte im Angesicht der sowjetischen Bedrohung Vernunft annehmen und dem deutschen Volk gestatten würden, zu leben und zu arbeiten. Man sagte, daß etwa ein Drittel der Gewerkschaftsmitglieder der Kohlenund Eisenindustrie an der Ruhr Kommunisten seien oder der kommunistischen Führung folgten. Diese beträchtliche Minderheit konnte durchaus an Zahl zunehmen, falls es so aussah, als würden nur die Kommunisten die Demontagen bekämpfen. Sie mußte auch wachsen, falls die Besatzungsbehörden zwar weiter danach strebten, das freie Unternehmertum in Deutschland wiederzubegründen, gleichzeitig sich aber weigerten, Deutschland von der Last der Reparationszahlungen zu befreien und die harten Kontrollen nicht aufzuheben, die zugunsten der britischen und französischen Konkurrenten Deutschlands auf dem Weltmarkt verhängt worden waren und damit Kargheit und Inflation nicht minderten, die die deutschen Arbeiter aller Lebensgewohnheiten beraubten.

Falls die deutschen Sozialisten, die die Gewerkschaften des Ruhrgebietes kontrollierten, einsehen mußten, daß sie trotz aller Zusammenarbeit von den Briten nicht gerecht behandelt würden, falls sie fortfuhren, ihre Gefolgsleute von organisierten Streiks gegen die Demontagen zurückzuhalten, falls es ihnen auf keinen Fall gelang, diejenigen deutschen Arbeiter zu unterstützen, die ins Gefängnis mußten, weil sie sich weigerten, britischen Befehlen zur Zerstörung oder zum Abtransport der Maschinen nachzukommen, von denen der Lebensunterhalt anderer Deutscher abhing, mußten die Kommunisten unvermeidlich die Führung der deutschen Arbeiterschaft an sich reißen, obwohl die Deutschen die Sowjetunion fürchteten und haßten.

Die Briten hatten bisher aus der vertrauensvollen Haltung der deutschen Gewerkschaftsführer mannigfache Vorteile gezogen, doch auf lange Sicht mußte dieser Gewinn, der ihnen aus dem Glauben der deutschen Sozialisten an die britische Labour-Regierung zufloss, sich in einen Gewinn für die Kommunisten verwandeln. Die Briten erzielten damals beträchtliche Vorteile dadurch, daß sie der Sowjetunion und deren Satelliten Waffen und Flugzeuge sowie Material und Maschinen zu deren Herstellung verkauften; wahrscheinlich mußten sie es später bitter bereuen, daß sie ausschließlich damit beschäftigt waren, zum Schaden ihrer eigenen Verteidigung Dollarguthaben anzusammeln. Auch in Deutschland konnte es so weit kommen, daß sie den Tag bereuten, an dem sie aus händlerischen Beweggründen den guten Willen derjenigen geopfert hatten, die ihnen vertrauten und die ihre stärksten Verbündeten hätten werden können.

Mein Besuch an der Ruhr im Herbst 1948 zeigte mir nicht nur die Ähnlichkeit der Art und Weise, in der die Sieger heute und nach dem Ersten Weltkrieg mit der deutschen Demokratie umsprangen, sie ließ mich auch die Schwächen der deutschen Sozialdemokratie gewahr werden. Bevor Hitler an die Macht kam und die deutsche Sozialdemokratie noch der Treue der Mehrheit der deutschen Arbeiterbevölkerung sicher sein konnte, glaubten die deutschen Demokraten, daß die westlichen Demokratien niemals in ihren Untergang einwilligen würden, indem sie ihnen jene Konzessionen verweigerten, die dem deutschen Volk eine friedlich gesinnte Führung erhalten mußten. Im Jahr 1948 stellte ich im Ruhrgebiet fest, daß die deutschen Gewerkschaftler davon überzeugt waren, daß die britische Labourregierung das Demontageprogramm, das das deutsche Volk wiederum dazu zwingen mußte, sich der Demokratie zu versagen, keinesfalls auszuführen bereit war. Andere waren offenkundig zur Annahme der Demontagen durch ein britisches Versprechen gewonnen worden, daß man die Sozialisierung der Kohlengruben und der Stahlindustrie gegen die Amerikaner, die die Privatinitiative begünstigten, unterstützen werde; dieses Versprechen war für den Fall gegeben worden, daß die Gewerkschaftsführer mit der britischen Militärregierung zusammenarbeiteten oder zumindestens nicht mit entschlossenen Aktionen den Abtransport der Maschinen aus den deutschen Fabriken verhinderten. Dies war offensichtlich die Erklärung dafür, daß Hans Böckler und andere alte deutsche Gewerkschaftsführer den Forderungen ihrer Gefolgsleute nach einem Generalstreik gegen die Demontagen nicht nachkamen. Gleich dem geschorenen Samson hatte die deutsche Arbeiterbewegung ihre Stärke verloren; die Verführerin war die sozialistische Idee gewesen. In der Hoffnung, zur Zusammenarbeit mit den britischen Eroberern zu gelangen, hatten die deutschen Gewerkschaftsführer die arbeitende Klasse ihrer Waffen beraubt.

Ob nun tatsächlich zwischen den britischen und deutschen Sozialisten ein Abkommen erzielt worden war oder nicht, meine Gespräche mit den Gewerkschaftsführern an der Ruhr zeigten mir, daß diese vor nichts so sehr Angst hatten als davor, die britische Labour-Regierung zu verärgern. Auf der anderen Seite mußte ich mir auch klarmachen, daß die deutschen Gewerkschaftsführer kaum eine andere Wahl hatten, als mit den Briten zusammenzuarbeiten. Die Abhängigkeit der Deutschen von den Lebensmittelzufuhren ihrer Besieger war eine schreckliche Waffe in den Händen der britischen und amerikanischen Militärregierung — und sie wurde ohne jegliche Skrupel angewendet. Niemand hatte vergessen, daß die Westmächte im Jahre 1947 gedroht hatten, die Lebensmittelzufuhren zu stoppen, falls die deutschen Arbeiter streiken sollten.

Als Außenseiter vermochte ich nicht zu beurteilen, ob die Mohrrübe oder der Stecken mehr dazu tat, die deutschen Gewerkschaftsführer zu veranlassen, mit der britischen Militärregierung zusammenzuarbeiten. Aller Wahrscheinlichkeit nach war der Stecken — also der Hunger — stärker als die sozialistische Verlockung. Aushungerung als Methode des Zwanges wurde von den britischen und amerikanischen Besatzungsbehörden weniger ungeniert angewendet als von den Sowjets, hatte aber eine kaum geringere Wirkung. Diese Abhängigkeit Westdeutschlands von den Lebensmittelzufuhren hatte den deutschen Demokraten den Boden unter den Füßen weggezogen und die deutsche Arbeiterbewegung in eine noch weit schwächere Position als unter den Nationalsozialisten gebracht. Es war für die NS-Regierung von ausschlaggebender Bedeutung, die deutschen Arbeiter dazu zu ermutigen, bis an die Grenze ihrer Leistungsfähigkeit zu arbeiten, da mit Zwang allein ein Höchststand der Produktion nicht zu erreichen war. Die britische Militärregierung war daran überhaupt nicht interessiert. Den Briten war es — um ihren Lieblingsausdruck zu gebrauchen — *völlig Wurst*, ob die deutschen Arbeiter streikten und damit den Hungertod wählten. Die Einstellung der Produktion in den deutschen Fabriken war den britischen Eroberern, die ja auch Deutschlands Konkurrenten waren, vielleicht sogar sehr willkommen. Auf diese Weise wurde in der Tat den deutschen Arbeitern an der

Ruhr ihre einzige Waffe gegen die Zerstörung ihrer Existenzgrundlage aus der Hand geschlagen.

Da jede deutsche Arbeiterfamilie zu jener Zeit am Rande der echten Not lebte und nun für ihre unzureichende Ernährung vom guten Willen der Sieger abhängig war, konnte kein deutscher Arbeiterführer leichten Herzens die Besatzungsbehörden bekämpfen. Einer von ihnen sagte mir: "Eine Woche ohne Arbeit und Löhne bedeutet Tausende von tuberkulösen Kindern und Tausende von Invaliden mehr; wir sind so unterernährt und schwach, daß wir uns gerade noch am Leben erhalten können, aber keinerlei Reserven mehr haben. Noch ein kleiner Stoß kann bereits den völligen Zusammenbruch bedeuten. Wie können wir uns der organisierten Gewalt unserer Besieger widersetzen, die unser Leben in Händen halten und uns wie Verbrecher oder zumindest wie Gefangene behandeln, die man auf Zeit entlassen hat?"

Trotzdem fiel es mir schwer, die Haltung von Männern wie Hans Böckler zu verstehen. Er war eben von London zurückgekehrt, wo er mit Ernest Bevin gesprochen hatte. Als ich ihn fragte, wie Bevin seine Argumente gegen die Demontagen beantwortet habe, fand Böckler Entschuldigungen für den britischen Außenminister. Er sagte: "Bevin ist so überlastet mit anderen Sorgen, so sehr mit den Schwierigkeiten der Außenpolitik befaßt — Palästina, Rußland und all das andere —, daß er ganz einfach nicht die Zeit findet, sich unseren deutschen Problemen zu widmen." Nach dieser Unterhaltung war ich kaum überrascht, als einer der Minister in Nordrhein-Westfalen, der selbst ein Sozialdemokrat war, mir bedeutete, daß Böckler *allzu sehr auf Großbritannien* ausgerichtet sei. Die mittleren Führungskräfte der Gewerkschaft, so erzählte mir derselbe Minister, waren sich darüber im klaren, daß die deutschen Arbeiter von den Briten aufgeopfert würden; die Arbeiter selbst seien zum Streik gegen die Demontagen entschlossen, doch Böckler habe jede volle Aktion verhindert. Böckler war sowohl Führer der Metallarbeitergewerkschaft als auch Vorsitzender des Deutschen Gewerkschaftsbundes.

Arnold Schmidt, der damalige Führer der deutschen Grubenarbeiter, hatte die gleiche probritische Einstellung. Bevor ich ihn in seinem Hause bei Bochum interviewte, hatte ich ihn am 2. Oktober zu den in Essen versammelten britischen und amerikanischen Beamten der Militärregierungen sprechen hören und vergeblich auf seinen Protest gegen die Demontagen gewartet. Ich war daher kaum überrascht, als er mir erzählte, daß die deutschen Arbeiter *voller Bewunderung für die sozialistischen Errungenschaften der britischen Arbeiterregierung* seien. Mag es Taktgefühl oder Überzeugung gewesen sein — er selbst hatte jedenfalls gegen die derzeitige britische Politik nichts einzuwenden.

So sehr ich auch die Gewerkschaftsführer alter Prägung, mit denen ich im Ruhrgebiet zusammentraf, bewunderte, ihr rührender Glaube an die britische Labour-Regierung schien mir doch ein wenig übertrieben. Trotz der herablassenden Behandlung, die ihnen wie allen anderen Deutschen von den Beamten der britischen Militärregierung zuteil wurde und trotz der unzähligen Beweise dafür, daß die Briten entschlossen waren, die deutsche Konkurrenz durch rücksichtslose Demontagen zu vernichten, weigerten sie sich zu glauben, daß ihnen eine britische *Arbeiter*Regierung nicht freundlich gesinnt sei. Statt die von ihrer Gefolgschaft geforderten Streiks und Demonstrationen anzuführen, warteten sie geduldig und unterwürfig darauf, ob die Briten und Franzosen nicht doch zur Vernunft kommen und aufhören würden, den deutschen Arbeitern das Brot aus dem Munde zu stehlen.

Während meines Besuches im Ruhrgebiet begleitete mich ein Deutscher aus dem Sozialministerium, den mir Richard Stokes empfohlen hatte, jenes Mitglied des englischen Parlamentes, der am entschiedensten für einen Demontagestopp gefochten hatte. Obwohl ich Deutsch spreche, kenne ich die Sprache doch nicht so gut, daß ich jedes Wort verstehe, wenn es um technische Fragen geht. Stokes Freund Zilliken, der fließend Englisch sprach, war daher bei meinen Untersuchungen der Demontagen an der Ruhr eine große Hilfe für mich. Er war zudem ein intelligenter, mutiger und gut informierter junger Mann.

Als ich mein Erstaunen über das sichtlich schrankenlose Vertrauen der deutschen Gewerkschaftsführer in die britische LabourRegierung ausdrückte, bemerkte Zilliken: "Ja, das Verhältnis, das die britische Labour-Regierung zu den Sozialdemokraten im Ruhrgebiet herstellen konnte, gleicht dem der englischen Aristokratie zu der britischen Arbeiterklasse." Dieser Vergleich dürfte nicht so sehr auf heute, als auf die Zeit vor 50 Jahren zugetroffen haben. Man könnte wohl zutreffender sagen, daß das Verhältnis der Sozialdemokraten Westdeutschlands zur britischen LabourRegierung eher dem der SED der Sowjetzone zu Moskau glich. Beide sind hinsichtlich der

Einflüsse, die sie ausüben können, von den Besatzungsbehörden abhängig. Sicherlich genießen die Sozialdemokraten eine nachhaltigere Unterstützung beim Volke als die SED, waren sich aber wohl bewußt, daß sie nach einem Abzug der Besatzungstruppen aus ihren Ämtern gefegt würden. Mit dieser Feststellung wurde nicht etwa die Integrität der deutschen Sozialisten bezweifelt, dies ist vielmehr die Folge davon, daß in deutschen Augen Demokratie mit der Unterwerfung unter den Willen der Sieger gleichgesetzt wurde.

Trotz ihrer schwachen Position mangelte es der deutschen Sozialdemokratie nicht an Führern, die einen kühneren Kurs befürworteten als den, den Leute wie Böckler und Schmidt eingeschlagen hatten. Es gab in der Partei eine militante Opposition, die behauptete, daß eine wirkungsvolle direkte Aktion gegen die Demontagen wie gegen die Verwandlung des Ruhrgebietes in eine angelsächsisch-französische Kolonie möglich sei und daß die Kommunisten die Führung übernehmen würden, falls es den Sozialisten nicht gelänge, für die Rechte der deutschen Arbeiterschaft und des deutschen Volkes zu kämpfen. Dieser kämpferische Flügel der deutschen Sozialdemokratie und der Gewerkschaften befürwortete Massenstreiks und Demonstrationen gegen die Demontagen, weil er glaubte, daß die Briten es in diesem Stadium nicht wagen würden, die deutsche Arbeiterklasse mit nackter Gewalt zu unterdrücken; sie mußten je sehen, daß die einzigen Nutznießer dann die Kommunisten sein würden. In den ersten Monaten des Jahres 1949 schien es, als ob diese Leute im Ruhrgebiet die Führung übernehmen würden, zweifellos wohl darum, weil die Kommunisten begonnen hatten, die Führung im Kampf gegen die Demontagen an sich zu reißen und weil die Zahl der registrierten Arbeitslosen in der vereinigten britisch-amerikanischen Zone auf über eine Million gestiegen war.

In Dortmund besuchte ich eine der außergewöhnlichsten Persönlichkeiten unter diesen kämpferischen sozialistischen Gewerkschaftsführern; er lag, nachdem er ein paar Tage zuvor bei einem Verkehrsunfall seine rechte Hand verloren hatte, im Krankenhaus. Herr Meyer hatte als Bergarbeiter begonnen, war Gewerkschaftsorganisator gewesen, bevor Hitler an die Macht kam und hatte sich dann seinen Lebensunterhalt in den verschiedensten Berufen wie dem eines Werbeleiters einer Filmgesellschaft, eines Glühbirnenverkäufers und eines Hotelmanagers verdient; während des Krieges war er zuerst Soldat gewesen und dann in eine Glasfabrik zwangsverpflichtet worden. Er sah aus wie Beethoven.

Sein massiver Körper, das bleiche Gesicht, die Adlernase, der kräftige Mund und die breite Stirn, das von grauen Strähnen durchzogene schwarze Haar und die brennenden schwarzen Augen hinterließen einen tiefen Eindruck. Seine freimütige und furchtlose Haltung und der Unterschied zwischen seinen Ansichten und der engherzigen sektiererisch-sozialistischen Einstellung von Männern wie Böckler und Schmidt schlugen mich ebenso sehr in ihren Bann.

Meyer berichtete mir, daß er in den letzten, verzweifelten Wochen des Krieges trotz seines Alters wieder zur Armee eingezogen worden und von den Amerikanern gefangen worden war, daß er aber das Glück gehabt hatte, von einem früheren Gewerkschaftskollegen verhört zu werden, der in die USA ausgewandert und amerikanischer Bürger geworden war. Dieser Freund aus den Tagen der Weimarer Republik hatte ihn sofort aus der Gefangenschaft entlassen lassen und er war daraufhin sogleich zu seinem früheren Gewerkschaftsführer Böckler gestoßen, der eben daran ging, die deutsche Gewerkschaftsbewegung wiederaufzubauen.

Meyer stimmte mit der jetzt von Böckler angewandten Taktik nicht überein. Als im Sommer 1948 in der britischen Zone die Demontagen großen Ausmaßes begonnen hatten, hatte er vorgeschlagen, daß die deutschen Gewerkschaften, die Handels- und Handwerkerkammern, die Angestellten und Besitzer der deutschen Fabriken zusammen mit der protestantischen und katholischen Geistlichkeit gleichzeitig in den Streik treten und jegliche Zusammenarbeit mit der britischen Militärregierung verweigern sollten. Meyers Vorschlag war, wie er mir berichtete, von den Mitarbeitern Böcklers zurückgewiesen worden; sie hatten erklärt, Böckler wünsche nicht, daß Unruhen oder Drohungen die guten Ergebnisse zunichte machten, die er von seinen Verhandlungen in London und Paris erwartete. Möglicherweise war Böckler auch jeder Aktion abgeneigt, die die Bildung einer Einheitsfront mit den *Kapitalisten* und den Kirchen zur Verteidigung des gesamten deutschen Volkes zur Voraussetzung hatte.

Fritz Hentzler, der sozialdemokratische Oberbürgermeister von Dortmund, mit dem ich am gleichen Tage sprach, war, obwohl kein junger Mann mehr, ein ebenso kämpferisch und unvoreingenommen eingestellter Mann. Gleich Ernst Reuter in Berlin vertrat er die Interessen aller seiner Mitbürger und widmete sich mehr den menschlichen Sorgen, der Erringung von Freiheit und Gerechtigkeit als der *Verstaatlichung von Produktion und Verteilung*. Er teilte keine der Illusionen Böcklers und Schmidts, die wie Träumer in einer verwandelten Welt immer noch daran glaubten, daß die Sozialisten anderer Länder ebenso internationalistisch dächten wie sie selbst. Hentzler berichtete mir, daß die deutschen Gewerkschaftsführer sich zuerst geweigert hätten zu glauben, daß eine britische *Arbeiter*-Regierung jemals darauf ausgehen werde, den deutschen Arbeitern ihre Existenzgrundlagen zu rauben; die Mehrheit der deutschen Arbeiter hatte daher niemals damit gerechnet, daß wirklich Demontagen großen Ausmaßes angeordnet würden. Sie hatten die Warnrufe der Industriellen und ihrer Angestellten lediglich als kapitalistische oder nationalistische Reaktion gegen die Methoden der Entwaffnung betrachtet. Die Gewerkschaften im Ruhrgebiet gelobten daher, sich ihren speziellen Aufgaben zu widmen und weigerten sich, der britischen Besatzungsmacht Schwierigkeiten zu bereiten. Als dann später die Wirkungen der geplanten Demontagen voll zu Tage traten, vertrauten die deutschen Arbeiter darauf, daß der Marshall-Plan den Demontagen Einhalt gebieten und Deutschland eine höhere Industriekapazität zugesprochen werde. Diese Arbeiterführer, die zuerst vergeblich ihr Vertrauen in die britische Labour-Regierung gesetzt hatten, suchten nun vom kapitalistischen Amerika Gerechtigkeit zu erlangen.

Hentzler und ein paar andere Leute hatten sich vom Anfang an klargemacht, daß die Demontagen eine schwerwiegende Bedrohung darstellten und daß wenig Hoffnung bestand, daß die Amerikaner ihnen Einhalt gebieten würden. Seiner Ansicht nach waren die umfassenden Demontagen von den USA und Großbritannien geplant worden, um zu einem Einverständnis mit den Franzosen zu gelangen; er glaubte, daß sie im Jahre 1948 versprochen hatten, die Demontagen unter allen Kosten und ohne Rücksicht auf die verheerenden Folgen für die deutschen Arbeiter und die deutschen Demokraten zu Ende zu führen. Hentzler erzählte mir auch, daß General Robertson, als er zuerst mit ihm über die finanziellen Konsequenzen der Demontagen gesprochen hatte, sehr günstig gesinnt gewesen, jetzt aber *eiskalt* geworden sei. Offenkundig gab es eine feste britisch-französisch-amerikanische Abmachung über die Stahlproduktion, die dazu bestimmt war, die deutsche Produktion zu vernichten und die der Franzosen und Belgier zu verdoppeln.

"Da antidemokratisch und destruktiv gleichartige Begriffe sind, wird das Endergebnis der Demontagen die Demontage der Demokratie sein", sagte Hentzler. Er fuhr fort: "Jede wirtschaftliche Schwierigkeit hat ihre Rückwirkung auf die Demokratie und wird daher von den Nazis und anderen extremen Nationalisten in Deutschland ebenso willkommen geheißen wie von den Kommunisten."

Das Ruhrgebiet war das Zentrum des kommunistischen Einflusses in Deutschland und die Kommunisten nahmen jeden Vorteil wahr, der sich für ihre Propaganda durch den Ruin bot, den die Demontagen brachten. Sie spielten auf der Klaviatur nationalistischer Gefühle ebenso wirkungsvoll, wie das die Nationalsozialisten getan hatten. Sie behaupteten, daß die Demontagen und die britisch-französisch-amerikanische Übereinkunft über die Kontrolle des Ruhrgebietes von Anfang an geplant gewesen seien, um Deutschland in eine Sklavenkolonie zu verwandeln, die für den Profit der angelsächsischen und französischen Imperialisten arbeitete. Ihre Propaganda hatte genug Wahrheitsgehalt, um ihre Wirkung nicht zu verfehlen. Wenn sie sahen, daß es ihren sozialdemokratischen Führern nicht gelang, ihre Existenz und die entscheidenden Interessen Deutschlands zu schützen, mußten die deutschen Arbeiter ganz naturgemäß den Kommunisten folgen, hätten sie selbst nicht den Terror der Russen als erste am eigenen Leibe verspürt.

Als ich Hentzler fragte, wie es möglich sei, daß auch nur ein einziger Deutscher sich von der kommunistischen Propaganda täuschen lassen könne, da ja jedermann die schreckliche Behandlung kannte oder von ihr gehört hatte, die den Deutschen in Rußland und der Sowjetzone zuteil wurde, lächelte er traurig und sagte: "Sie unterschätzen die Dummheit der Massen. Roosevelt wie Churchill sind beide von Stalin betrogen worden, warum sollte es beim deutschen Volk anders sein?" Er berichtete mir auch, daß einige deutsche Nationalisten glaubten, sie könnten Deutschland mit dem Beistand der Sowjets wiederbewaffnen.

"Sie sind bereit, jetzt Söldner der Russen zu werden, weil sie hoffen, auf diese Weise in späterer Zukunft ein unabhängiges Deutschland schaffen zu können", meinte Hentzler und verwies auf den Fall des Grafen Einsiedel, eines Enkels Bismarcks, der zu dieser Zeit in dem von den Russen geschaffenen Komitee *Freies Deutschland* eine wichtige Rolle spielte, weil er zu der Rußland freundschaftlich gesinnten Politik seines Großvaters zurückzukehren wünschte. Ich wollte von Hentzler wissen, ob diese deutschen Nationalisten wirklich daran glauben, daß Deutschland mit Hilfe einer Zusammenarbeit mit Rußland gegen den West en seine

Unabhängigkeit zurückgewinnen könnte oder ob sie es darauf abstellen, die Russen zu betrügen, wenn sich ihnen ihre Chance bot. Er erwiderte: "Leute, die auf der den Fortschritt verneinenden Seite stehen, sind viel eher bereit, sich zu einigen als diejenigen, die den Fortschritt bejahen." Ich fragte Hentzler auch, ob seiner Meinung nach viele ehemalige Nationalsozialisten jetzt mit den Kommunisten zusammenarbeiteten. Er antwortete: "Sehr wenige mit der Absicht, Deutschland für die Russen gewinnen zu können, viele von ihnen aber im Glauben, daß sie Rußlands Beistand gewinnen müßten, um Deutschland wiederaufbauen und es von der Herrschaft der Westmächte befreien zu können. Die ehemaligen hochgestellten Nationalsozialisten und viele ehemalige Offiziere der Wehrmacht werden sich niemals mit untergeordneten Stellungen zufriedengeben. Sie streben so vor allem ein System an, in dem sie wieder Macht ausüben können."

Ministerpräsident Arnold von Nordrhein-Westfalen, den ich in Düsseldorf interviewte, lenkte meine Aufmerksamkeit auf die Hilfe, die den deutschen Kommunisten durch eine angebliche Äußerung Bevins gegenüber General Marshall geleistet wurde; Bevin hatte verlangt, daß die Demontagen im Ruhrgebiet *aus Gründen der Sicherheit* fortgesetzt werden müßten, da sonst den Sowjets intakte Fabriken in die Hände fallen könnten, die sie dann für sich nutzen könnten. Wenn man erwarten dürfe, daß ein unbewaffnetes Deutschland nicht verteidigt, sondern im Falle eines Krieges den Russen ausgeliefert würde, müßten viele Deutsche zu dem Schluß gelangen, daß es keine andere Chance gäbe, als sich mit den Kommunisten gutzustellen. Arnold sagte: "Die antikommunistische Einstellung der Deutschen ist tief gegründet und stark." Falls England und Amerika ein Besatzungsstatut ausarbeiten würden, das den Deutschen die Freiheit, eine eigene Regierung und Verantwortung gäbe, wäre eine solide Grundlage für eine Entwicklung zur Demokratie gegeben. Arnold fuhr fort:

"Dann könnten wir mit einer Stimme sprechen, die in der Sowjetzone sicherlich gehört würde." Eine Erklärung, daß die Demontagen sofort eingestellt würden, mußte eine sehr ermunternde Wirkung auf die Deutschen haben. Arnold meinte: "Die Deutschen sind so sehr bereit, an der Wiederaufrichtung Europas mitzuarbeiten, daß in ihren Herzen das *Europa über alles* das *Deutschland über alles* ersetzen würde."

Es ist leicht, solche Feststellungen als unglaubwürdig hinzustellen und zu behaupten, daß die Deutschen nur vorgäben, gute Europäer sein zu wollen, um Europa desto besser beherrschen zu können. Ein solches Mißtrauen ignoriert die dem deutschen Charakter innewohnende Haltung des *Alles oder Nichts*. Da die Deutschen dazu neigen, eine politische Linie bis in ihre letzten Konsequenzen zu verfolgen, ist es — vorausgesetzt man gibt ihnen die Chance, ihren Verstand, ihre Tüchtigkeit und ihre Fähigkeit zu harter Arbeit auf friedliche Weise zu nutzen — durchaus wahrscheinlich, daß sie bessere Europäer als andere Völker werden, die nicht so sehr einem einzigen Ziel nachstreben.

Die Kriegspropaganda hat die harten Tatsachen der Geschichte verschleiert, sonst müßten die Amerikaner wissen, daß die Deutschen — wenn überhaupt — keineswegs angriffslustiger sind als die Franzosen, Briten und Niederländer, die in Asien und Afrika Riesenreiche eroberten, während die Deutschen zu Hause blieben, Musik komponierten, Philosophie studierten und ihren Dichtern lauschten. Vor gar nicht so langer Zeit gehörten die Deutschen noch zu den friedfertigsten Völkern dieser Erde; sie könnten es wieder werden, wenn man ihnen eine Welt gäbe, in der es erlaubt wäre, im Frieden zu leben. Die Böcklers in Deutschland waren zwar im Irrtum, wenn sie glaubten, daß man von den Westmächten Zugeständnisse auf dem Verhandlungswege erringen könne, ihre Haltung beweist aber die Bereitschaft vieler Deutscher, sich bei der Verfolgung ihrer Ziele friedfertiger Methoden zu bedienen. Leider sah es gar nicht so aus, als ob sie imstande sein würden, das auch zu tun. Wieder — wie in den Tagen vor Hitler — standen die deutschen Sozialdemokraten zwischen zwei Feuern. Vor 20 Jahren hatten sie gegen die Nationalsozialisten auf der einen, die Kommunisten auf der anderen Seite kämpfen müssen. Heute wurden sie in ihrem Kampf gegen die Kommunisten von der britischen und amerikanischen Militärregierung behindert.

Man sagte mir: "Wir sind im Ruhrgebiet zu einem vorsichtigen Vorgehen gezwungen, weil es unter den deutschen Arbeitern starke kommunistische Gruppen gibt, die jede Aktion, die wir gegen die Demontagen unternehmen, als Opposition gegenüber den westlichen Demokratien ausdeuten." Das Gewicht dieser Feststellung hatte sich mir bereits bei der Lektüre der von den Russen lizensierten Presse Berlins eingeprägt, die gegen die Demontagen im Ruhrgebiet (selbstverständlich aber nicht gegen die in der Sowjetzone) und gegen die Behandlung Deutschlands als

Kolonie durch die Westmächte vom Leder zogen. Es wollte mir aber scheinen, als ob die deutschen Sozialdemokraten kaum hoffen durften, Führer der Arbeiterschaft bleiben zu können, wenn sie sich so sehr davor fürchteten, dem äußeren Anschein nach auf Seiten der Kommunisten zu stehen, daß sie es nicht fertigbrachten, sich an die Spitze des Kampfes um Deutschlands nationale Freiheit und das Recht auf Arbeit zu setzen. Dies zeigte sich besonders deutlich im Falle der sogenannten Internationalisierung des Ruhrgebietes, über die sich die Briten, Franzosen und Amerikaner Anfang 1949 geeinigt hatten. Diese Übereinkunft sah vor, daß die Besieger Deutschlands auf die Dauer oder sehr lange Zeit die Kontrolle über die Ruhrindustrie behalten sollten und daß die Deutschen über die Verwertung ihrer Produktion nur sehr wenig zu bestimmen hatten. Es war gar keine Frage, daß dieses Statut das Ruhrgebiet in eine britische Kronkolonie unter einer Dreimächtekontrolle verwandeln mußte. Die deutschen Arbeiterführer im Ruhrgebiet schienen jedoch mehr Interesse daran zu haben, die Männer ihrer Wahl in die Betriebsräte der Zechen und der Eisenund Stahlindustrie an der Ruhr zu bringen, als sich der Herauslösung des Ruhrgebietes aus dem deutschen Wirtschaftskörper zu widersetzen.

So nahmen im Januar 1949 die Kommunisten die großartige Gelegenheit wahr, die sich ihnen bot, hier als Vorkämpfer des besiegten und gedrückten deutschen Volkes aufzutreten. Max Reimann, der Führer der Kommunisten im Ruhrgebiet, errang einen großen Sieg für die kommunistische Sache, als er in einer öffentlichen Kundgebung erklärte: "Deutsche Politiker, die heute unter dem internationalen Ruhr-Statut mit den Besatzungsmächten zusammenarbeiten, dürfen nicht überrascht sein, wenn die deutsche Nation sie als Quislinge betrachtet. Eines Tages werden sie die Quittung für diese Haltung vorgelegt bekommen." Die Briten halfen ihren Sozialdemokraten kaum damit, daß sie Max Reimann für seine Feststellungen ins Gefängnis brachten und ihn damit zu einem Helden des deutschen Widerstandes machten. Die Kommunisten verwandelten die Gerichtsverhandlung gegen ihn in eine Demonstration gegen die Umwandlung des Ruhrgebietes in eine britisch-französisch-amerikanische Kolonie. Die von den Kommunisten zusammengetrommelte Menge sang während der Verhandlung gegen Reimann die Internationale so laut, daß die Sitzung unterbrochen werden mußte. Der britische Sicherheitsoffizier war gezwungen, den Kommunistenführer zu ersuchen, die Menge zu beruhigen und ihr zu sagen, daß sie sich zerstreuen solle. Max Reimann soll daraufhin herzlich gelacht und erklärt haben: "Ich habe die Leute nicht hierher gerufen." Schließlich trieb die deutsche Polizei die Menge auseinander, doch als Reimann den Sitzungssaal verließ, wurde er auf einem kilometerlangen Weg von der ihm zujubelnden Menge auf den Schultern getragen. Ein hoher britischer Beamter soll reumütig eingestanden haben: "Es sieht so aus, als ob dieser Schuß in die verkehrte Richtung losgegangen ist. Wir haben die Kommunisten zu Vorkämpfern aller Deutschen gemacht, die sich den Kontrollen widersetzen, welche der Internationalen Ruhrbehörde über die deutsche Kohle, den Koks und den Stahl in die Hand gegeben worden sind." Reimann wurde trotzdem von dem britischen Gerichtshof ins Gefängnis geschickt und zwar unter der Beschuldigung, ein Gesetz der Militärregierung gebrochen zu haben, das verbot, die *Arbeit derjenigen Personen zu stören, die den Besatzungsbehörden Beistand und Unterstützung leisten*, der Personen also, die mit den Eroberern zusammenarbeiteten. Nichts hätte den Kommunisten besser in ihr Konzept passen können. Reimann konnte sich nun als Verteidiger der unterdrückten deutschen Nation gerieren und antikommunistisch eingestellte deutsche Politiker waren gezwungen, ihm zu Hilfe zu kommen. Kurt Schumacher, der Führer der deutschen Sozialdemokraten, stellte fest, daß das Prinzip des *Gehorsams* gegenüber der Militärregierung den Kommunisten nützen werde, falls deutsche Politiker sich dahinter verstecken konnten. Heinrich Hellwege, der Führer der rechtsgerichteten Deutschen Partei erklärte, daß Reimanns Einkerkerung die Behauptung der Kommunisten bestärke, daß nichtkommunistische deutsche Politiker *die Vollstrecker des Willens der Besatzungsmächte* seien und daß diejenigen, die die Handlungen der Westmächte offen kritisierten, mit Strafen zu rechnen hatten. Die Folge davon war, daß Beamte der Militärregierung vertraulich berichteten, sie hätten jetzt wieder Schwierigkeiten, Deutsche dazu zu bringen, verantwortliche Posten in der Verwaltung zu übernehmen.

Es war ein Unglück für die Sache der Demokratie, daß deutsche Arbeiter, die in Essen von den Briten verhaftet wurden, weil sie sich geweigert hatten, die Bochumer Eisenund Stahlwerke zu demontieren oder diese Demontagen zu gestatten, keineswegs eine solch nachhaltige Unterstützung erhielten wie die, die die Kommunisten für ihren Führer Reimann organisiert hatten. Diese Arbeiter gingen ins Gefängnis, ohne daß sie jemand begleitete oder daß ihr Loblied gesungen wurde. Die sozialdemokratischen Gewerkschaftsführer taten auch nichts Entscheidendes, um den Einsatz britischer Truppen gegen die Bochumer Arbeiter zu verhindern. Die Briten hatten am 5. Januar 1949 angekündigt, daß "genug britische Truppen verfügbar sein werden, um den Beginn der Demontagen sicherzustellen und daß jeder Einmischungsversuch der Arbeiter des Bochumer Vereins mit Gegenmaßnahmen beantwortet werden wird." Ein Jahr zuvor, im Januar 1948, wurden die sozialdemokratischen Führer in der britischen Zone durch die Doppeldrohung mit dem Hunger und den britischen Tanks dazu gebracht, den von ihrer Gefolgschaft geforderten Generalstreik abzuwürgen.

Die Ruhrarbeiter waren in diesem Winter 1947/48 buchstäblich dem Hungertode nahe; denn für lange Zeit waren die Tagesrationen auf 800 bis 900 Kalorien zusammengeschrumpft, weniger also, als die Nationalsozialisten den Insassen ihrer Konzentrationslager gegeben hatten. Die Gewerkschaftsführer wurden damals vom Ernährungsminister von Nordrhein-Westfalen zu einer Konferenz zusammengerufen, in deren Verlauf ihnen gesagt wurde, daß im gesamten Ruhrgebiet nur noch 3000 Tonnen Fett vorhanden waren. Es stellte sich die Frage, ob man diesen Vorrat so aufteilen solle, daß die Bergarbeiter, von deren Anstrengungen die gesamte Industrie abhängig war, eine Vierwochenration Fett erhalten sollten, oder ob man jedem Arbeiter einmal im Monat auf die Dauer von zwei Monaten 30 Gramm Fett geben sollte. Die Gewerkschaftsführer hatten sich geweigert, diese furchtbare Entscheidung zu treffen. Als dann der Ernährungsminister die Entscheidung dem Wirtschaftsrat in Frankfurt überließ, wurde ihm mitgeteilt, daß nicht einmal diese 3000 Tonnen vorhanden waren. Im gesamten Land Nordrhein-Westfalen gab es nur noch 460 Tonnen Fett — eine einzige Wochenration für die Bergarbeiter, aber nur dann, wenn alle anderen Deutschen überhaupt kein Fett erhielten. In dieser verzweifelten Lage richtete man einen Hilferuf an Bayern, das dann einiges Fett lieferte. Ein Gewerkschaftsbeamter berichtete mir: "Hätten wir den von einem Drittel der Ruhrarbeiter geforderten Generalstreik zugelassen, wären wir der letzten Möglichkeit verlustig gegangen, Fett heranzuholen, weil dann ja auch das Transportwesen zu arbeiten aufgehört hätte. Wir sagten damals den Arbeitern die Wahrheit und baten sie, ohne Fettrationen weiterzuarbeiten. Wir verhüteten Aufstände, weil wir glaubten, daß in einem solchen Falle die Briten Tanks einsetzen würden; es bestand die echte Gefahr, daß die Russen dann als *Befreier* von der britisch-amerikanischen Tyrannei uns zur Hilfe gekommen wären. Alles andere war dem vorzuziehen."

In diesem schrecklichen Januar 1948 hatte Böckler den britischen und amerikanischen Behörden bedeutet, sie sollten ihre Truppen besser dazu verwenden, Nahrungsmittel bei den deutschen Bauern zu holen als ihre Tanks gegen die Ruhrarbeiter loszuschicken.

Es fiel im Ruhrgebiet schwer, der Folgerung zu widerstehen, daß die deutschen Sozialdemokraten wegen ihrer friedfertigen Gesinnung, ihrem Pazifismus und ihrer aus Respekt, Vertrauen und Furcht gemischten Einstellung gegenüber der britischen Labour-Regierung sich selbst den Anschein gegeben hatten, Quislinge zu sein. Wie in den späten zwanziger Jahren verloren sie an Popularität und bereiteten sich selbst den Weg zur eigenen Niederlage.

Wenn die meisten Führer der Gewerkschaften und der Sozialdemokratie im Ruhrgebiet ebenso wenig wie die Besatzungsmächte aus der tragischen Geschichte der letzten 30 Jahre gelernt zu haben schienen, so konnte man dies von anderen deutschen Sozialistenführern nicht behaupten. In einem vorangegangenen Kapitel habe ich von den klardenkenden und mutigen Sozialdemokraten Berlins gesprochen. Carlo Schmid, der Führer der Sozialdemokraten in der französischen Zone, dachte genauso.

Carlo Schmid sagte mir in Bonn: "Wenn die Alliierten sich schon entschlossen haben, uns am Leben zu lassen, dann müssen sie auch vernünftig sein und uns die Möglichkeit geben, uns unser Brot zu verdienen. Wenn dem nicht so ist, sollten sie uns erklären, daß sie uns verhungern lassen wollen. Wenn sie dann noch einen Funken Mitleid haben, sollten sie genug Gaskammern bereitstellen, damit wir möglichst schmerzlos ausgelöscht werden können." Den geringsten Schaden richteten seiner Ansicht nach die Amerikaner an, die immerhin die wirtschaftlichen Gegebenheiten in Rechnung stellten. Die Briten aber waren seiner Meinung nach entschlossen, ohne Rücksicht auf die politischen und moralischen Folgen die deutsche Konkurrenz zu vernichten; in der französischen Zone hatte die Zerstörung ein solches Ausmaß erreicht, daß die wichtigsten Industriezweige nichts mehr exportieren konnten und keine Möglichkeit mehr bestand, daß die Deutschen sich selbst helfen konnten. Carlo Schmids Meinung nach war es ein Irrtum zu glauben, daß die kommunistische Propaganda in Deutschland zu dieser Zeit auf taube Ohren treffe. Er sagte zu mir: "Werden die Deutschen jetzt in die Verzweiflung getrieben, so werden sie den Kommunisten folgen, schon allein in der Hoffnung, daß die anderen dann auch wie

Hunde verrecken werden."

Einige Zeit darauf berichtete man mir in einer Fabrik in der französischen Zone, daß die Arbeiter bereits sagten: "Laßt doch die Russen kommen. Was sie uns auch antun werden, auf jeden Fall werden sie dazu fähig sein, zuerst einmal den Franzosen die Hälse abzuschneiden."

Ich hatte keine Veranlassung, Carlo Schmids Warnung zu bezweifeln, daß der Tag kommen werde, an dem die Massen außer Kontrolle geraten würden. Gleich anderen deutschen Demokraten berichtete auch er mir, daß am Tage nach dem Siege die westlichen Alliierten mit den Deutschen nach ihrem Belieben hätten verfahren können. Er sagte: "Amerika glich in diesen Tagen einem allmächtigen Gott. Hätten die Amerikaner gewußt, was sie wollten und das auch ausgesprochen, so hätten sie Deutschland und Europa nach ihrem Willen formen können. Heute ist das nicht mehr der Fall, nicht nur wegen der Sowjetunion, sondern auch, weil die Deutschen angesichts der weiten Kluft zwischen demokratischer Theorie und Praxis und den Schwankungen, Schwächen und Widersprüchen der amerikanischen Politik alle Illusionen verloren haben." Als ich im Verlaufe unseres Gespräches auf den Kontrast zwischen dem Heroismus der Berliner Sozialdemokraten und der schwächlichen Haltung ihrer Kollegen in Westdeutschland gegenüber der britischen und amerikanischen Militärregierung hinwies, meinte Carlo Schmid, daß der Grund dafür nicht in der Feigheit der westdeutschen Sozialdemokraten zu suchen sei, sondern in den bitteren Erfahrungen, die diese gemacht hätten. In Berlin konnten die Deutschen sich auf den Beistand der Amerikaner verlassen, in Westdeutschland aber waren sie allein und hilflos. Außerdem brachte sie der Umstand, daß nach ihren Erfahrungen jede offene und harte Kritik der Militärregierung den Kommunisten in die Hände spielte, in eine außerordentlich schwierige Lage.

In Berlin hatten die deutschen Demokraten die Demokratien des Westens auf ihrer Seite, in den westlichen Besatzungszonen hatten sie diese Bundesgenossen nicht, da sie sich weigerten, die Kommunisten als Verbündete anzuerkennen oder Rußland gegen den Westen auszuspielen. Die deutschen Demokraten in Westdeutschland konnten auch nicht damit rechnen, daß Übelstände und Ungerechtigkeiten durch eine Flucht in die Öffentlichkeit oder durch Appelle an den amerikanischen Kongreß oder das britische

Parlament gelindert werden konnten. Die Deutschen besaßen keine Regierung, die für sie sprechen konnte. Sie hatten keinerlei Rechte und lebten in einem Etwas, das man in vieler Hinsicht als riesiges Internierungslager bezeichnen konnte. Nur sehr wenige Deutsche erhielten die Erlaubnis, ins Ausland zu reisen, ausländische Zeitungen und Bücher waren kaum erhältlich, Kontakte mit Ausländern außerhalb der Kreise der Militärregierungen selten; die Deutschen wurden noch nicht einmal über die Deutschland-Debatten im Kongreß informiert oder erhielten Kenntnis von den sie unmittelbar betreffenden offiziellen Texten und Dokumenten, wie denen über den Marshall-Plan. Nach 15 Jahren einer halben Isolierung unter Hitler waren die Deutschen unter der Herrschaft der Militärregierungen noch immer von der freien Welt vor ihren Türen abgeschnitten.

Während einer Zusammenkunft der Generäle Clay und Robertson mit deutschen Industriellen, Beamten und Gewerkschaftsführern in Essen am 2. Oktober 1948, der ich beiwohnte, stellte ich zu meinem Erstaunen fest, daß weder Hans Böckler noch Arnold Schmidt scharfe Proteste gegen die Demontagen erhoben. Dies war eine Zusammenkunft, an der die Weltpresse teilnahm und wo sich daher den Deutschen die seltene Gelegenheit bot, ihr Elend hinauszuschreien und auch gehört zu werden. Nur Kost, der Vertreter der Grubenbesitzer, gab mehr von sich als höfliche Plattheiten. Als ich wenige Tage später in Düsseldorf einen Beamten der Metallarbeitergewerkschaft um eine Erklärung bat, sagte er mir: "Böckler und die anderen haben so lange ausschließlich mit der Militärregierung verhandelt, daß sie die einmalige Gelegenheit gar nicht bemerkten, zur Welt da draußen sprechen zu können. Wir gleichen nur allzu sehr Gefangenen, die plötzlich ans Tageslicht gebracht wurden, nun mit den Augen zwinkern und nicht glauben können, daß sie frei sind."

Die Deutschen waren aber keineswegs frei. Zwar hatte man ihnen jetzt eine viel größere Redefreiheit zugestanden als in den ersten Jahren der Besetzung, doch die Presse stand noch immer unter Kontrolle, und Zeitungsverlegern, die Berichte veröffentlichten, die die wahre Meinung der Deutschen darstellten, konnte es widerfahren, daß sie eine über den Mund bekamen und daß man ihnen vorwarf, sie ermutigten die *Nationalisten*. Auch Amerikaner wurden von dieser Beschuldigung nicht ausgenommen, wie sich das am Fall Kendall Foss erwies, eines ehemaligen Korrespondenten der *New York Post*, den man zum Herausgeber der *Neuen Zeitung* der amerikanischen Militärregierung gemacht hatte. Er erhielt im Januar 1949 einen scharfen Tadel und wurde der Oberaufsicht dreier Vertreter der Informationsabteilung unterstellt. Diese Aktion wurde von Oberst Textor unternommen, *um durch einen starken amerikanischen Stab die redaktionellen Veröffentlichungen dieses Blattes kontrollieren zu lassen.*

Foss, ein echter Liberaler und daher eine Seltenheit, hatte irrtümlicherweise angenommen, Freiheit der Presse bedeute, daß eine Zeitung *ein Forum für die Veröffentlichung der deutschen Meinung* sei. Er mußte, viel später noch als die meisten Deutschen, erfahren, daß diese *Freiheit* nach Auffassung der amerikanischen Militärregierung bedeutete, daß nur Meinungen wiedergegeben werden durften, die sie selbst in einem günstigen Licht erscheinen ließen. Die *Neue Zeitung*, die bei der Papierzuteilung, der Versorgung mit Nachrichten und dem Vertrieb bevorzugt wurde, hatte eine weit höhere Auflage als die anderen Zeitungen in deutscher Sprache. Aus diesem Grunde war die Beschneidung der Freiheit dieses Blattes besonders schwerwiegend und die deutschen Redakteure traten aus Protest zurück.

Erkannte man das Recht auf Freiheit der Sprache und Meinung an, dann war es ehrlicher und weniger schädlich für die Prinzipien der Demokratie, wenn man offen verkündete, daß den Deutschen diese Freiheit nicht zugestanden sei, statt das Gegenteil vorzutäuschen. Ein Deutscher erklärte mir: "Wir hätten mehr Respekt vor den Amerikanern, wenn sie endlich damit aufhören würden zu predigen, was sie nicht praktizieren, da wir nicht mehr länger darauf hoffen können, daß sie praktizieren, was sie predigen."

Den Deutschen ging es nun ein wenig besser als in den ersten Besatzungsjahren, aber nur darum, weil ihre Besieger sich in den Haaren lagen. Die von den Russen lizenzierte Presse stellte uns bloß, wir beschuldigten die Russen und die Gegensätze zwischen Briten, Franzosen und Amerikanern machten es möglich, daß britisch lizenzierte Zeitungen die amerikanische Militärregierung kritisierten, amerikanisch lizenzierte Blätter die Briten und französisch lizenzierte alle beide. Hatte man den Deutschen wegen der Streitigkeiten unter ihren Bezwingern wieder erlaubt, die Köpfe ein wenig höher zu tragen, so bleibt dieses Recht nicht unbestritten. Jedesmal, wenn die Deutschen gegen ihre unerträgliche Lage zu protestieren und die Rechte zu fordern wagten, die freien Menschen zustehen, schwoll die

Flut der Artikel in der Presse der USA an, die sich mit solch gefährlichen Bekunden *nationalistischer* Gesinnung befaßten.

Die deutsche Presse wurde von der Militärregierung nicht nur immer noch in einer Zwangsjacke gehalten — den Deutschen wurde auch jede direkte Verbindung mit der Welt vor ihrer Türe und jegliche Vertretung ihrer Presse im Ausland verboten. Aus diesem Grunde waren sie völlig davon abhängig, daß amerikanische, britische und französische Zeitungskorrespondenten von ihren Kümmernissen berichteten; diese erregten daher nur selten die Aufmerksamkeit ihrer Beherrscher. Offiziell war den Deutschen keinerlei Verbindung mit irgendwelchen Amtsgewalten außerhalb und über den Militärregierungen zugestanden.

Dies erklärte mir ein deutscher Sozialdemokrat: "Das amerikanische Volk ist weit weg, aber General Clay ist sehr nahe. Wir haben nur einen geringen Glauben daran, daß sich die Prinzipien und der gute Willen des amerikanischen Volkes gegen die Macht General Clays durchsetzen werden. Da General Clay sehr schlechte Ratgeber hat, vor allem in wirtschaftlichen Fragen, haben wir mehr Grund, ihn zu fürchten als auf den guten Willen des amerikanischen Volkes zu vertrauen."

Als während einer Zusammenkunft aller Ministerpräsidenten der deutschen Bundesstaaten ein wagemutiger Deutscher den Vorschlag machte, in der Demontagefrage einen direkten Appell an den amerikanischen Kongreß zu richten und diesen um Hilfe zu bitten, stimmte die Mehrheit diesen Vorschlag nieder, da ihrer Meinung nach der Ausgang ungewiß sei und die amerikanischen Besatzungsbehörden ärgerlich würden.

"Hoffman existiert für uns nicht. Die Marshall-Plan-Leute werden zu uns kommen müssen, denn uns ist es nicht erlaubt, mit ihnen in Verbindung zu treten", sagte Carlo Schmid.

Die Verstimmung wurde noch stärker, als sich herausstellte, daß die Militärregierung die Lage der Berliner dazu benutzte, die westdeutschen Demokraten zu erpressen. Tatsächlich wurde den Deutschen bei mehr als einer Gelegenheit bedeutet, daß Proteste gegen die Demontagen zur Aushungerung der Berliner führen könnten. Diese Drohungen waren allerdings in ziemlich verschleierten Worten gehalten. Den deutschen Behörden in den westlichen Zonen wurde erklärt, daß es der Militärregierung vielleicht unmöglich sein werde, Berlin zu versorgen und zu halten, falls das amerikanische, britische und französische Volk durch eine aktive Opposition gegen die Demontagen verstimmt werde.

Dies erschien den Deutschen nicht nur als Verleugnung der gemeinsamen Interessen der Westmächte und der deutschen Demokraten im Angesicht der sowjetischen Aggression und der von den Kommunisten begangenen Verbrechen wider die Menschlichkeit. Es rief auch die Erinnerung an die erste Zeit der Besatzung wieder wach, als die Amerikaner keine Skrupel gehabt hatten, manche Deutsche dadurch unter Druck zu setzen, daß sie ihnen drohten, sie auf Gnade und Ungnade den Russen auszuliefern. Der Hinweis, daß man möglicherweise Berlin dem kommunistischen Terror ausliefern werde, falls die Deutschen in den westlichen Besatzungszonen sich weigern sollten, den Verlust ihrer Existenzgrundlagen durch die Demontagen ruhig hinzunehmen, war gleichermaßen unehrenhaft wie politisch gesehen töricht.

Während meines Aufenthaltes in Deutschland wurde ich oft an eine Anekdote erinnert, die der Botschafter eines südamerikanischen Staates in New York erzählt hatte. Ich kann nicht schwören, ob das darin Erzählte sich wirklich zugetragen hat, sie illustriert aber sehr gut, was ich sagen will. Der Außenminister von San Marino, so erzählte der Südamerikaner, kam nach Washington, um eine Anleihe zu erhalten. Die erste Frage, die man ihm im Außenministerium stellte, lautete: Wieviele Kommunisten gibt es in San Marino? Der Diplomat antwortete, daß San Marino ein sehr kleiner Staat sei und daß es dort keine Kommunisten gebe.

"Sehr schön", sagte das Außenministerium, "aber in diesem Falle können wir Ihnen keine Anleihe geben." Der Außenminister von San Marino fuhr daraufhin nach Paris und sagte zu Monsieur Bidault, dem damaligen französischen Außenminister:

"Frankreich und San Marino sind immer gute Freunde gewesen, seien Sie doch bitte so gut und leihen sie uns ein paar ihrer Kommunisten, damit wir von den Amerikanern eine Anleihe erhalten." Monsieur Bidault antwortete: "Ich bedaure außerordentlich. Ich wäre überglücklich, dem guten Volk von San Marino helfen zu können, aber ich kann Ihnen nicht einen einzigen Kommunisten leihen, da wir sie alle für den gleichen Zweck benötigen." Das Nachspiel zu dieser Geschichte liefert deren Moral: Jetzt hatte die Republik von San Marino eine Regierung, in der die Kommunisten dominierten.

Hätte es in Deutschland eine ebenso starke kommunistische Partei gegeben wie in Italien, wären die Deutschen wohl von uns weit besser behandelt worden. Die große Mehrheit der Deutschen ist den Kommunisten feindlich gesinnt: diese Menschen haben dem Kommunismus in Rußland von Angesicht zu Angesicht gegenübergestanden, sie haben unter ihm nach Deutschlands Niederlage gelitten, sie haben Verwandte in sowjetischen Konzentrationslagern, sie hatten die lebenden Skelette früherer Soldaten aus der russischen Kriegsgefangenschaft zurückkehren sehen oder waren gegen die kommunistischen Sirenengesänge taub geworden, weil sie unter dem sehr ähnlichen Regime Hitlers ihre Erfahrungen gesammelt hatten. Dieser Umstand hatte die britischen, französischen und amerikanischen Zwingherren zu dem Glauben verleitet, daß die Deutschen auf unserer Seite stehen würden, auch wenn wir sie noch so schlecht behandelten. Wir schienen nach der Theorie zu handeln, daß wir diejenigen bestechen sollten, von denen wir fürchteten, daß sie unsere Feinde werden könnten und daß wir ohne Schaden diejenigen mißhandeln dürften, die unsere treuesten Freunde werden könnten. So mußten die Deutschen, die im Guten oder Bösen ein beständiges und geradedenkendes Volk sind, leiden, weil wir glaubten, daß sie sich niemals auf die Seite unserer kommunistischen Feinde schlagen würden, so ruppig wir sie auch behandelten.

Wir versuchten zwar mit Hilfe eines endlosen Stromes von Subsidien, die schwachen Kräfte der französischen Demokratie am Leben zu erhalten, auf der anderen Seite aber beleidigten und tyrannisierten wir die deutschen Demokraten und rissen ihnen den Boden unter den Füßen weg, indem wir Frankreich so umschmeichelten, wie wir das zuvor mit Sowjetrußland getan hatten. Es war daher kaum überraschend, daß der Einfluß der Kommunisten in den westlichen Besatzungszonen keineswegs unerheblich war. Obwohl nur sehr wenige Deutsche sich Illusionen über den Kommunismus hingaben, begann doch eine beträchtliche Zahl von ihnen zu glauben, daß es unter den Russen *wohl kaum schlechter werden könne* und daß es auf lange Sicht gesehen sogar möglicherweise besser werde. Ein noch stärkerer Antrieb, sich mit der Sowjetregierung zu verständigen, war die Weigerung des Westens, entweder zu garantieren, daß er Deutschland verteidigen werde oder diesem zu gestatten, sich selbst zu verteidigen.

Ein ehemaliger hoher deutscher Verwaltungsbeamter der amerikanischen Militärregierung sagte in München zu mir: "Wenn man den Deutschen immer wieder erklärt, daß die USA sich lediglich um die Verteidigung Frankreichs, Englands und der Niederlande kümmern und keinen Deut darum geben, was mit Deutschland geschieht, dann könnte Westdeutschland gezwungen sein, sich Sowjetrußland anzuschließen." Ein junger deutscher Angestellter der amerikanischen Militärregierung in München berichtete mir, daß mehr und mehr Bayern sagten: "Nachdem wir von den USA entwaffnet worden sind und nun im Falle eines Krieges aufgegeben werden sollen, täten wir besser daran, Rußland nicht herauszufordern." Derselbe junge Mann erzählte mir, daß er von allen Leuten, auch solchen, die immer Gegner der Nationalsozialisten gewesen waren, getadelt wurde, weil er für die Militärregierung arbeitete — so groß war die Enttäuschung über Amerika in liberalgesinnten Kreisen, die uns zuerst als Befreier begrüßt hatten. Zudem hielt man es für sehr riskant, jetzt für die Militärregierung zu arbeiten, da zu erwarten war, daß jeder, der dies tat, liquidiert würde, *wenn die Russen kämen.* Der junge Mann berichtete, daß jedermann sich jetzt nach einem kommunistischen Freund zu seinem Schutz umsehe und jedermann sich wünschte, den Russen sagen zu können: " Ich habe niemals mit den Amerikanern zusammengearbeitet." Fabrikbesitzer, die sich weigerten, anderen Parteien Geld zu geben, gaben es der Kommunistischen Partei als eine Art Lebensversicherungsprämie.

Das Gefühl, daß man von keiner Seite echte Hilfe zu erwarten habe, erweckte wieder den Glauben, *daß nur ein starker Mann uns retten kann.* Als der Krieg zu Ende ging, hatten die Nationalsozialisten jeglichen Kredit verloren, doch jetzt waren schon wieder viele Deutsche der Meinung, daß Hitler doch im Recht gewesen sei. Nachdem ich einige Wochen in Bayern verbracht hatte, verstand ich nur zu gut, was Carlo Schmid in einer Versammlung der Sozialdemokraten am 27. November 1948 in Berlin, an der ich teilgenommen hatte, hatte ausdrücken wollen. Er hatte damals erklärt, daß der Kommunistischen Partei Bayerns Tausende von Mark von Leuten gespendet worden seien, die für die nächste Säuberung *Persilscheine* benötigten. Leute, die sich auf jede Eventualität vorbereiteten, versuchten sich insgeheim gegen einen Sieg der Kommunisten zu versichern, indem sie für die *Reaktion* stimmten, womit die CDU gemeint war. Carlo Schmid hatte weiter gesagt: "Ich wünschte, ich könnte etwas von der Stärke Berlins mit mir in den Westen nehmen. In den westlichen Besatzungszonen — wo wir im Vergleich zum Osten uns einiger Freiheit und des Friedens erfreuen — herrscht Defaitismus. Die Zukunft scheint uns nichts als Leiden zu bringen und unsere Hoffnungen sind beinahe gestorben. Sie aber hier in Berlin zeigen, daß wir Deutsche immer noch Geschichte machen und sie nicht nur erleiden können — hier bei Ihnen wird ein glorreiches Kapitel in der Geschichte des Kampfes der Menschheit um Freiheit geschrieben. Die Berliner zeigen der Welt, wie sich ein tapferes Volk inmitten der Niederlage und unter fremder Herrschaft verhalten kann." Er fuhr fort: "Der deutsche Name ist in Berlin wieder zu Ehren gekommen. Nur Berlin ist es zu verdanken, daß es heutzutage so etwas wie Sympathie mit dem deutschen Volke gibt. Wir drüben im Westen schicken euch ein paar Kalorien, doch wir erhalten dafür von euch etwas viel Kostbareres: aus Berlin kommen unsere moralischen Kalorien. Euch haben wir es zuzuschreiben, wenn Deutschland seine Selbstachtung wiedergewonnen hat und daß wir darauf hoffen können, daß die Deutschen endlich wieder in ihrem eigenen Lande zu Hause sind."

Die Halle, in der er sprach, war eiskalt, ungeheizt, es sei denn von der Körperwärme der Tausende, die sich hier versammelt hatten. Carlo Schmids Rede hatte sie befeuert; Ernst Reuter, der als nächster sprach, wurde eine Zuneigung von einer Wärme entgegengebracht, wie sie nur wenige demokratische Führer der Welt dieser Tage entfachen konnten. Reuter, der aussah wie ein trauriger Seelöwe, im Mantel, mit einem Schal um den Hals, heiser und von einer schweren Erkältung gequält, sprach zu der Menge nicht als Führer der Sozialdemokraten, sondern vielmehr als der frei gewählte Bürgermeister der Berliner. Schmid hatte die CDU in Westdeutschland angegriffen, hatte aber sorgfältig zwischen den Berliner Christdemokraten, die gemeinsam mit den Sozialdemokraten für die Freiheit fochten, und den bayrischen CSUFührern unterschieden; diese hatte er *Männer mit harten Gesichtern* genannt, die *Geld meinten, wenn sie von Gott sprachen*. Der einzige Teil der Rede Reuters, den man als sozialistischen Appell bezeichnen konnte, war ebenfalls ein Aufruf zur Einigkeit. Er sagte: "Adenauer fühlt sich in Berlin, das er niemals besucht, als Fremder. Er lebt am schönen Rhein, doch er sollte daran denken, daß auch Berlin deutsch ist und daß der Rhein auch uns gehört." Er fuhr fort: "Die Kommunisten werden niemals die Macht erringen, wenn die Deutschen Hand in Hand gegen sie zusammenstehen."

Carlo Schmid hatte die Berliner aufgerufen, *uns im Westen* von der Herrschaft der Reaktionäre zu befreien, *die den Massen das Recht verweigern, Subjekt statt Objekt des Wirtschaftsprozesses zu sein.* Das Volk, so hatte er gesagt, sehe keine Werte in der Demokratie, wenn diese bedeute, daß sie *sechs Tage in der Woche in der Fabrik despotisch behandelt werden und freie Menschen nur einmal alle vier Jahre werden, wenn sie ein Stück Papier in eine Wahlurne stecken.*

Im Gegensatz zu ihm sprach Reuter zu dieser sozialdemokratischen Versammlung in fast genau denselben Redewendungen, mit denen ich ihn zu den Hunderttausenden von Deutschen hatte sprechen hören, die sich im September vor dem Reichstagsgebäude versammelt hatten. Reuter sagte: "Wir sind das einzige Volk in Europa, das noch gezwungen ist, unter den Bedingungen des Krieges zu leben. Wir können unsere belagerte Stadt nicht wiederaufbauen; wir leben noch immer in Furcht und sind der Möglichkeit beraubt, zu arbeiten und unsere verwüsteten Heimstätten wieder zu errichten." Wiederum, wie jedesmal, wenn ich ihn hatte sprechen hören, stellte Reuter fest: "Wir sind keine Feinde des russischen Volkes, wir kämpfen gegen die Politik der sowjetischen Besatzungsmacht. Wir können es nicht ändern, daß unsere Frauen niemals vergessen werden, was russische Soldaten ihnen angetan haben, aber wir hassen kein Volk, keine Rasse, keine Nation."

Beide Redner bestanden darauf, daß Berlin die Hauptstadt Deutschlands sei und Schmid versicherte den Berlinern, die Deutschen in den westlichen Besatzungszonen würden darauf beharren, daß Berlin im westdeutschen Parlament vertreten sein werde.

Bei meinem Aufenthalt in Deutschland traf ich nicht mit Kurt Schumacher, dem Führer der Sozialdemokraten, zusammen; er lag im Krankenhaus und erholte sich dort von der Amputation eines Beines. Daher waren Ernst Reuter und Carlo Schmid die beiden einzigen überragenden Führer der Sozialdemokratie, die ich kennenlernte. Ich konnte nicht entscheiden, welcher von beiden Männern der Bedeutendere war, da ihre Erfahrungen und Aufgaben zu verschiedenartig waren. Reuter verbrachte die Kriegsjahre im türkischen Exil; Schmid war Offizier der deutschen Armee, auf keinen Fall aber ein Nazi gewesen. Reuter war der Führer des deutschen Widerstandes in Berlin gegen den Kommunismus und wurde dabei in einiger Beziehung von den Briten und Amerikanern unterstützt. Schmid kämpfte einen Kampf nach zwei Seiten: gegen den Kommunismus und gegen die westlichen Militärregierungen, die die Deutschen noch immer als Leute behandelten, die der Rechte freier Menschen unwert waren.

Der Verlag verweist in Zusammenhang mit diesem Kapitel, soweit es Carlo Schmid betrifft, auf die Seiten 317 ff.

Beide Männer waren tapfer, ehrlich und wurden in der Verteidigung der Demokratie niemals wankend. Beide waren dynamische Persönlichkeiten. Reuter, der Preuße, der Professor gewesen war, und Schmid, der Dichter, der Soldat gewesen war, waren sich einig in ihrer Ablehnung des engherzigen, doktrinären Sozialismus vergangener Zeiten. Die Grundhaltung beider Männer war zuerst und vor allem anderen die von Liberalen. Sie hatten beide die Erfahrungen der verflossenen Jahrzehnte in sich aufgenommen und verstanden weit besser als die meisten Gewerkschafts- und Sozialistenführer im Westen, daß die wirtschaftliche Organisation einer Gesellschaft zweitrangig war gegenüber der Erhaltung von Freiheit und Gerechtigkeit, der Achtung vor der Würde des Menschen, Ehrgefühl, Wahrheitsliebe und einer anständigen Behandlung von Menschen, Gruppen und Nationen. Sie waren auch Realisten, die sich weigerten, Worte anstatt Taten anzunehmen, und wußten, daß alle die wunderschönen Deklarationen der Vereinten Nationen nichts bedeuteten, wenn ihnen Aktionen entgegenstanden, die den von den Demokratien verkündeten Prinzipien widersprachen.

Als ich, neben seiner Frau sitzend, Reuters Worten lauschte, fühlte ich ihre Furcht ebensosehr wie ihre Liebe und ihren Stolz auf diesen Mann. Wenige andere haben aus solch unmittelbarer Nähe dem sowjetischen Terror widerstanden und sind dabei dem Tode entronnen. Frau Reuter lebte in ständiger Angst davor, daß die Russen ihren tapferen Mann ermorden oder entführen und dann an die Wand stellen würden. Sie hatte auch allen Grund, sich davor zu fürchten, daß er gesundheitlich zusammenbrechen würde, weil er sich niemals schonte und Tag und Nacht ohne ausreichende und kräftige Ernährung arbeitete; die westlichen Besatzungsmächte gaben ja, ungleich den Sowjets, denen keinerlei materielle Hilfe, die unsere Schlachten schlugen.

Drei Monate zuvor war ich mit den Reuters in dem kleinen Garten ihres Hauses in Zehlendorf beisammengesessen, wo Reuter in seiner *Freizeit* sein Gemüse pflanzte, gleich anderen Berlinern, die so glücklich waren, ein kleines Stück Land zu besitzen, auf dem sie einiges anbauen konnten, um ihre kümmerlichen Rationen aufzubessern.

Wir hatten über die Chancen einer dauernden Unterstützung der deutschen Demokratie durch die Amerikaner gesprochen und ich hatte mein Erschrecken und mein Mißvergnügen über die Sieger-contra-Besiegter-Attitüde der Briten und Amerikaner in Berlin ausgedrückt und erklärt, es erinnere mich an das Benehmen der *Weißen* gegenüber asiatischen und afrikanischen Völkern. Reuter hatte erwidert, daß das *eure Angelegenheit sei*, nicht die seine. Er ließ mich verstehen, ohne es allzu deutlich zu sagen, daß er zwar gleich allen anderen Deutschen unter den Folgen der Nazi-Verbrechen zu leiden habe, daß aber wir Bewohner des Westens gleichermaßen für die von unseren Regierungen im besiegten Deutschland begangenen *Verbrechen wider die Menschlichkeit* vor der Geschichte verantwortlich gemacht würden. Das war wiederum unsere Angelegenheit, nicht die seine, meinte er. Ihn ging nur der jetzige Kampf Deutschlands gegen die totalitäre Tyrannei des Kommunismus an, die an die Stelle von Hitlers Tyrannei zu treten drohte.

Reuter berichtete mir, daß er es gewesen sei, der als erster das Wort *Berlin ist nicht Prag!* ausgesprochen habe. Er machte sich auch zum Sprecher der Gefühle der Berliner. Sie hofften, daß sie, wenn sie trotz Hunger, Kälte und kommunistischem Terror ausharren würden, vielleicht die Freiheit gewinnen und es dem Westen unmöglich machen könnten, die Deutschen noch länger wie Eingeborene zu behandeln. Die Welt, die erleben mußte, wie die Tschechoslowakei ohne Kampf unterlegen war, hatte diesem Schauspiel untätig zugesehen und dann gefragt: "Wer wird das nächste Opfer der kommunistischen Aggressionen sein?" Berlin aber hatte gezeigt, daß sogar ein unbewaffnetes Volk, wenn es den Willen und den Mut zum Widerstand besitzt, einem kommunistischen Angriff widerstehen kann.

Reuter amüsierte sich über die Briten, statt ihnen bittere Gefühle entgegenzubringen. Zwar waren nicht alle seine Bemerkungen über die amerikanischen Besatzungsbehörden sehr schmeichelhaft, er meinte aber, daß die Amerikaner weniger selbstgerecht seien, mehr auf Neues aus wären und sich in vieler Beziehung menschlicher gegenüber den Deutschen benähmen als die Briten, die *wahre Herrenrasse*. Gespräche mit den Amerikanern waren in Berlin möglich; obwohl er und andere Deutsche noch immer als Untergebene behandelt wurden, konnte man mit den Amerikanern wenigstens über die aus der Blockade entstandenen Situation sprechen, die Briten aber benahmen sich weiterhin unnahbar. Sie kannten ihr Geschäft und machten weniger Fehler als die Amerikaner, diese aber benahmen sich wenigstens als menschliche Wesen. Im Gegensatz dazu glich das Auftreten der britischen Offiziere dem steifnackiger deutscher Beamter, denen einzig und allein Macht imponierte. Reuter berichtete, daß er eines Tages ziemlich wütend über die Briten geworden sei und ihnen erklärt hatte, er werde ihren Befehlen nicht mehr nachkommen, falls sie nicht eine andere Haltung einnähmen. "Berichten Sie ihrem General", hatte er zu ihnen gesagt, "daß er sich auf ein völliges Auseinanderfallen des Verwaltungsapparates gefaßt machen muß." Das Resultat dieser Herausforderung war das Ersuchen, den britischen kommandierenden General aufzusuchen. Dieser fragte Reuter: "Stimmt es, daß Sie gesagt haben, Sie würden uns nicht mehr länger gehorchen?" Reuter hatte erwidert:

"Wenn die Situation so bleibt wie jetzt, kann ich nicht mehr gehorchen." Der britische General lächelte und beendete das Gespräch. Er hatte deutlich zu machen gewünscht, daß die Deutschen unter allen Umständen zu gehorchen hatten. Als er eine glatte Absage erhalten hatte, war er von seinem hohen Postament herabgestiegen.

Die kommunistische Bedrohung hatte die Westmächte gezwungen, die Deutschen jetzt etwas höflicher zu behandeln. Nachdem die Blockade Berlins durch die Sowjets begonnen hatte, waren die britischen und amerikanischen Vertreter in der alliierten Kommandantur sogar aufgestanden, wenn die deutschen Vertreter eintraten.

Reuter war davon überzeugt, daß die Sozialdemokraten ihre Majorität in Berlin der Zuversicht zu verdanken hatten, die sein Verhalten ausgelöst hatte. Vielleicht konnte diese Zuversicht sie instandsetzen, die stärkste Partei in ganz Deutschland zu werden und ihnen die Möglichkeit bieten, ihr Wirtschafts und Sozialprogramm auszuführen. Reuter erklärte jedoch: "Wir werden niemals versuchen, eine sozialistische Wirtschaft mit Gewalt einzuführen. Wir werden versuchen, Deutschland zum Sozialismus zu führen, ihn unserem Volke aber nicht aufzwingen. Wir denken über wirtschaftliche Probleme nicht mehr in den Begriffen der Vergangenheit. So vieles von dem, was man früher für unmöglich hielt, hat sich nun als möglich erwiesen und so viele scheinbar einfache Lösungen als falsch. Wir sind nicht mehr länger doktrinäre Sozialisten; denn wenn man nach den theoretischen Schriften ginge, müßten wir alle längst tot sein. Aus unseren schrecklichen Erfahrungen wissen wir, daß das Vertrauen auf die reine Theorie in den Untergang führen kann. Wir müssen experimentieren und mit Hilfe von Versuchen und Irrtümern herauszubekommen versuchen, welches die besten Formen wirtschaftlicher Organisation sind; wir müssen dabei aber stets davon ausgehen, daß Freiheit und Achtung vor den Rechten des Einzelnen, Gerechtigkeit und menschliche Würde die Kriterien des Fortschrittes sind."

Reuter hatte mir in seinem Garten mit seinem gelassenen und tiefen Glauben daran, daß am Ende Recht, Anstand und Vernunft siegen würden, die Angst genommen, daß die Zivilisation des Westens zum Untergang verurteilt sei. In Westdeutschland war es später viel schwerer gewesen als in Berlin, an den Sieg der Demokratie zu glauben. Dort hörte man nicht das Brummen der amerikanischen Flugzeuge, die Nachschub zur Verteidigung der Demokratie nach Berlin brachten, man sah dort Fabriken, die niedergerissen wurden, um die Demokratie zu diskreditieren.

Wie lange konnte die Furcht der Deutschen vor dem kommunistischen Terror sie daran hindern, sich mit den Russen zu verständigen, wenn wir fortfuhren, ihnen zu demonstrieren, daß es für ein Deutschland, das auf unserer Seite stand, keine Hoffnung gab?

In Berlin vergaß niemand die Morde, Vergewaltigungen und Plünderungen der russischen Besatzer in der Zeit, als diese die ganze Stadt in ihrer Gewalt hatten. Jedermann wußte auch, was nun in der Sowjetzone geschah. Die Deutschen in den westlichen Besatzungszonen waren im Gegensatz dazu vor allem mit den Kränkungen beschäftigt, die sie von den westlichen Besatzern hinzunehmen hatten.

Einer der deutschen Verteidiger in Nürnberg, der eine Französin zur

Kostspielige Rache

Frau hat und am Bodensee in der französischen Besatzungszone lebte, sagte zu mir: "Rußland könnte in wenigen Wochen in Deutschland eine machtvolle, rußlandfreundliche Bewegung ins Leben rufen, wenn es einen auch noch so kleinen praktischen Beweis seines guten Willens in Taten, statt in Worten gäbe. Es hätte uns lediglich das Angebot zu machen, daß es unsere verlorenen Provinzen zurückgeben und uns eine eigene Regierung zugestehen werde. Die Russen haben die Möglichkeit, sich des deutschen Patriotismus zu bedienen, die Amerikaner haben sie nicht. Noch dazu haben die Amerikaner ja den Wunsch, daß wir überhaupt keine Patrioten mehr sein sollen. Fast alle Deutschen sind zwar Gegner der Kommunisten und leben in Angst vor dem, was die Kommunisten ihnen antun würden; wenn aber die Russen mit patriotischen Parolen kämen und aufhören würden, sich der deutschen Kommunisten zu bedienen, würden sie einen gewaltigen Erfolg erringen. Die meisten Deutschen wurden es sich zweimal überlegen, Soldaten für Amerika zu werden. Nach all dem, was ihr uns angetan habt, ist nicht nur sehr wenig von dem Glauben an eure demokratischen Bekundungen übrig geblieben. Schon die bloße Tatsache, daß wir euch als humanere und zivilisiertere Wesen als die Russen betrachten, spielt diesen in die Hände. Da man wenig Vertrauen darauf hat, daß die Amerikaner Deutschland verteidigen und den Krieg schnell gewinnen werden, scheint es sicherer zu sein, sich mit den Russen gut zu stellen, die alle ihre Gegner töten werden, falls sie Deutschland besetzen. Auf der einen Seite wissen wir, daß diejenigen unter uns, die für die Russen gekämpft haben, nach einem Sieg der Amerikaner nicht getötet werden. Da der Westen uns nichts bietet, für das es sich zu kämpfen lohnt und uns keinerlei Illusionen über irgendjemand oder irgendein politisches Glaubensbekenntnis geblieben sind, dürfen Sie nicht erwarten, daß wir jetzt uns um etwas anderes kümmern als um unsere persönliche Sicherheit. Da wir mit derselben Mißachtung für Recht und Ehrgefühl nazifiziert und denazifiziert wurden und gesehen haben, daß die Amerikaner die Kommunisten wohlwollend behandelten, so lange dies ihren Interessen dienlich war, sind wir Deutschen jetzt durchaus abgeneigt, an etwas zu glauben oder für irgendjemand zu kämpfen."

Dieser junge deutsche Rechtsanwalt war zwar ein Gegner der Kommunisten, hatte sich aber, als er in der ersten Zeit des Krieges an der russischen Front stand, eine große Zuneigung und einen hohen Respekt für das russische Volk erworben. Er war von Polen bis ans Asowsche Meer marschiert und zutiefst von der Herzenshöflichkeit dieses Volkes und der Tugendhaftigkeit seiner

Frauen berührt worden. Kamen die deutschen Soldaten am Ende eines langen Tagesmarsches mit wunden Füßen, hungrig und todmüde in ein Dorf, dann brachten dessen Bewohner Milch und versuchten es ihnen so behaglich als möglich zu machen. "Sie versuchten instinktiv, leidenden Menschen zu helfen, weil sie selbst ihr ganzes Leben hindurch gelitten hatten. Die Frauen aber, die sich unser annahmen, waren außerordentlich tugendhaft. Sie waren freundlich zu uns, wiesen aber alle Annäherungsversuche zurück. Sie waren menschliche Wesen, die anderen menschlichen Wesen halfen. Haß zwischen Völkern und nationale Leidenschaften kannten sie nicht. Ich kam aus einem Deutschland, in dem alles Aktion war und es machte einen unauslöschlichen Eindruck auf mich, nach Rußland zu kommen, wo das Leiden niemals ein Ende nahm und mit passiver Tapferkeit ertragen wurde. Viele von uns, die als Soldaten in Rußland gewesen sind, fühlen jetzt, daß wir von Rußland mehr zu lernen haben als vom Westen. Weil wir so rastlos tätig und solche harten Arbeiter gewesen sind, haben wir Deutschen die ganze Welt unglücklich gemacht. Am wichtigsten ist es jetzt, daß wir unsere Fähigkeiten zur Kontemplation entwickeln und gerade hier können wir vom russischen Volk viel lernen. Wir Deutschen sind stets entweder einem anderen Volk zu feindselig oder zu freundlich gesinnt, während die Russen die Menschen als Einzelwesen betrachten und wissen, daß Grundsätze nichts weiter als Grundsätze sind, und daß nur eines zählt: wie jemand sich als menschliches Wesen benimmt. Wir fragen: *Was hat er getan?*, doch die Russen fragen: *Was für eine Art Mensch ist er?*' — Dies war eine romantische Art, die Dinge zu sehen, es gab aber keinen Zweifel darüber, daß viele Deutsche tiefe Sympathien für das russische Volk empfanden, das ebenso elend, unterdrückt und arm war wie ihr eigenes.

Einige der aus der Sowjetunion zurückgekehrten Kriegsgefangenen, mit denen ich in Deutschland sprach, sahen die Dinge zwar nicht in solch philosophischer Sicht, waren aber dem russischen Volk, das so viel, wenn nicht noch mehr als ihr eigenes erduldet hatte, freundlich gesinnt. In München, wo ich mit einer Gruppe von Russen zusammentraf, die Kriegsgefangene oder Zwangsarbeiter in Deutschland gewesen waren, fand ich bei diesen eine ebensolch freundschaftliche Einstellung gegenüber dem deutschen Volk. Die Maxime, daß Leiden alle Menschen zu Brüdern macht, konnte immer noch Deutsche und Russen gegen den reichen, im Wohlleben verharrenden und selbstgefälligen Westen zusammenführen. Zwischen Deutschen und Russen stand lediglich die Grausamkeit und die Torheit der Sowjetregierung. War diese fähig oder willens, ihre Politik zu ändern, dann mußte Rußland einen außerordentlich starken Einfluß auf Deutschland ausüben. Zum Glück für den Westen waren die Verbrechen und Narreteien der Sowjetdiktatoren noch schlimmer als die unseren. Trotzdem war unser Glauben, daß die Deutschen auf unserer Seite blieben, ganz gleich wie niederträchtig wir sie behandelten, eine gefährliche Illusion.

Der Umstand, daß das Hauptquartier der amerikanischen Militärregierung sich in Berlin befand, führte möglicherweise zu allzu optimistischen Ansichten über die Empfindungen der Deutschen. Es war so, wie ein bekannter deutscher Politiker in Bayern zu mir sagte: "Die Gefühle der Bevölkerung Berlins unterscheiden sich sehr weitgehend von denen der Deutschen in den westlichen Besatzungszonen. Die Berliner wissen nicht nur besser, was man von Rußland zu erwarten hat, sie sind auch zutiefst bedrückt über die mögliche Rache, die die Sowjetregierung üben würde, falls der Westen Berlin aufgäbe. Hier in Westdeutschland haben die Leute lediglich die Ungerechtigkeiten kennengelernt, deren sich Amerika, Großbritannien und Frankreich schuldig gemacht haben; wo es keine so starke Opposition gegen den Kommunismus gegeben hat wie in Berlin, haben die Leute weniger Angst vor den Russen."

VI. Die urteile von Nürnberg

War Deutschland unsere Kolonie?

Die materiellen Kosten der Vergeltung waren schon hoch genug, die moralischen und politischen Folgen jedoch kaum schlimm genug einzuschätzen. Es war gleichermaßen notwendig, den Glauben des deutschen Volkes in die Demokratie wiederzubeleben wie seine Hilfsquellen und seine Arbeitskraft dem Wiederaufbau und der Verteidigung Europas nutzbar zu machen.

Vier Jahre nach ihrer bedingungslosen Kapitulation waren die Deutschen noch immer Parias — ohne bürgerliche und politische Rechte und ohne die Sicherheit, die die Herrschaft der Gesetze, nicht die von Menschen, bot. In Nürnberg sagte einer der bedeutendsten deutschen Verteidiger zu mir: "Wir haben lediglich eine Diktatur gegen die andere vertauscht. Nach zwölf Jahren Gesetzlosigkeit unter Hitler haben wir nun vier Jahre lang die Herrschaft einer Militärregierung erlebt, die ebenso willkürlich ist und uns gleichermaßen Recht und Gerechtigkeit verweigert."

Grundlage jeglicher Demokratie ist die Herrschaft der Gesetze und nicht die von Menschen; dies bedeutet, daß die Gesetze jedermann bekannt sind und auf alle Menschen gleichmäßig angewendet werden. In Nürnberg wandten wir aber nicht nur Gesetze an, die im Nachhinein erlassen worden waren, sondern erklärten auch, daß diese allein für die Deutschen gelten sollten. Die Urteile der amerikanischen Gerichtshöfe in Nürnberg verabsolutierten den Willen der Eroberer und die Besiegten hatten nicht das Recht, sich auf das Völkerrecht, die amerikanischen oder irgendwelche andere Gesetze zu berufen. Statt die Deutschen zu lehren, daß *Verbrechen sich nicht bezahlt machen*, hatten wir den Lehrsatz aufgestellt, daß die Sieger nach Beendigung des Krieges mit dem besiegten Volk alles tun konnten, was in ihrem Belieben stand. Nach der Logik unserer Nürnberger Urteile zu schließen, wurden die Deutschen nicht dafür bestraft, daß sie Kriegsverbrechen begangen, sondern dafür, daß sie den Krieg verloren hatten.

Die Auffassung, daß Macht Recht schafft, wurde eindeutig zur Grundlage der Gerichtsverfahren gemacht, die die Vereinigten Staaten in Nürnberg über die Bühne gehen ließen. Die amerikanischen Richter erklärten: "Wir sind ein Tribunal, das seine Macht und seine Urteilsfällung einzig und allein aus dem Willen und den Befehlen der vier Besatzungsmächte ableitet... In den Fällen, in denen man annehmen könnte, daß das Kontrollratsgesetz Nr. 10 über die feststehenden Regeln des Völkerrechtes hinausgeht, beruht seine Autorität selbstverständlich auf der Ausübung der *souveränen gesetzgebenden Gewalt* derjenigen Staaten, vor denen das Deutsche Reich bedingungslos kapituliert hat."

Viele Amerikaner zu Hause dürften dies nicht bemerkt haben, es war aber doch wahr, daß ihre Vertreter in Nürnberg ausdrücklich erklärt hatten, die Sieger seien nicht an die gleichen Gesetze gebunden wie die Besiegten. Als die deutschen Verteidiger die Frage stellten, warum es ein Verbrechen gegen das Völkerrecht gewesen sei, wenn die Deutschen im besetzten Polen und Rußland Privateigentum konfisziert, Zivilisten und Kriegsgefangene als Sklavenarbeiter benutzt und die Bevölkerung der besetzten Gebiete ausgehungert hatten, es aber kein Verbrechen sei, wenn die amerikanische, britische, französische und russische Militärregierung das Gleiche täten, wurde ihnen bedeutet: "Die Alliierten sind nicht den Beschränkungen der Haager Konvention und der Landkriegsgerichtsordnung unterworfen."

Warum?

"Weil", so sagten die amerikanischen Richter und Ankläger in Nürnberg, "die Regeln der Landkriegsgerichtsordnung sich nur so lange auf das Verhalten einer kriegführenden Macht in einem besetzten Gebiet beziehen, so lange dort noch eine Armee im Feld steht, die den Versuch macht, das Land an seinen rechtmäßigen Herren zurückzubringen. Diese Regeln gelten aber nicht mehr, wenn der Kriegszustand beendet ist, nicht mehr länger eine Armee im Felde steht, und — wie im Falle Deutschlands — die Unterwerfung eine Folge der Eroberung durch militärische Gewalt gewesen ist."

Mit anderen Worten: hätte Deutschland den Krieg gewonnen, wäre es nicht mehr länger an das Völkerrecht gebunden gewesen und keiner seiner Bürger hätte für schuldig befunden werden können, Kriegsverbrechen oder *Verbrechen wider die Menschlichkeit* begangen zu haben. Da wir den Krieg gewonnen hatten, waren für uns die Bestimmungen der Haager und Genfer Konvention oder des Völkerrechts und irgend eines anderen anerkannten Rechtes nicht mehr bindend.

Das Argument, daß das, was während des Krieges als Verbrechen gilt, aufhört, ein solches zu sein, sobald der Kampf eingestellt ist, dürfte sicher eines der bewundernswertesten Beispiele legalistischer Sophisterei sein, die sich der Herr Richter Jackson oder dessen Nachfolger als amerikanischer Hauptankläger in Nürnberg, der Brigadegeneral Telford Taylor ausgedacht haben. Das entspricht der Anordnung, daß man einen Mann nicht unter der Gürtellinie treffen darf, so lange man mit ihm kämpft, daß es aber erlaubt ist, ihn an seinem empfindlichsten Punkt zu treffen, sobald er am Boden liegt und kampfunfähig ist.

Das Argument, daß die Konventionen von Haag und Genf in dem Moment aufhörten, für uns bindend zu sein, in dem Deutschland sich uns auf Gnade oder Ungnade ergeben hatte, wurde von den amerikanischen Richtern und Anklägern ständig wiederholt. Die Richter erklärten: "Man muß einen klaren Unterschied machen zwischen den von den Alliierten vor der Vernichtung der deutschen Herrschaft getroffenen Maßnahmen und denjenigen, die hinterher angewendet wurden. Lediglich jene müssen einer Prüfung anhand der Haager Bestimmungen unterzogen werden, diese sind aber in der zur Zeit für Deutschland gegebenen Situation nicht anwendbar."

Diese Theorie wurde unmittelbar nach Deutschlands Kapitulation praktisch angewendet. Viele deutsche Kriegsgefangene in den Händen der Amerikaner, die bis dahin anständig behandelt worden waren, fanden sich unvermittelt in rechtlose Männer verwandelt, die aufgrund einer in Washington erlassenen Anordnung gezwungen waren, lange Stunden für einen Hungerlohn zu arbeiten. Statt sie nach dem Krieg nach den Bestimmungen der Genfer Konvention heimzuschicken, überantworteten ihre amerikanischen Gefangenenwärter sie den Franzosen, damit sie als Sklavenarbeiter in Kohlengruben und Fabriken verwendet werden konnten. Die Franzosen nahmen ihnen sogar ihre warme Kleidung sowie die Dollars ab, die sie sich als Kriegsgefangene verdient hatten. Ebenso hielten die Briten deutsche Kriegsgefangene als Zwangsarbeiter noch lange Jahre nach Kriegsende zurück. Präsident Trumans in Potsdam erteilte Zustimmung, daß *eine bestimmte Art von*

Reparationen Deutschland in der Form von Zwangsarbeit seiner Staatsangehörigen in den Siegerländern auferlegt werden dürfe, gab Stalin das Recht, Hunderttausende von deutschen Sklavenarbeitern den bereits in Rußland arbeitenden Gruppen von Kriegsgefangenen hinzuzugesellen.

Dieser Nachahmung nationalsozialistischer Praktiken wurde eine gesetzliche Grundlage durch die sehr gelegen kommende These gegeben, daß das Völkerrecht die siegreichen *Demokratien* am 15. Mai 1945 zu binden aufgehört habe — dem Tage, an dem Deutschland bedingungslos kapituliert hatte. Die Tatsache, daß nur die Deutschen wegen Kriegsverbrechen bestraft werden sollten, weil sie die Besiegten waren und keine Regierung besaßen, die sie schützen konnte, wurde in Nürnberg ganz offen dargetan:

"Es muß zugegeben werden, daß nicht nur Deutsche Kriegsverbrechen verschuldet haben; andere Völkerrechtsverletzer können zweifellos von den Staaten, deren Untertanen sie sind, zur Verantwortung gezogen und verurteilt werden, oder von dem Staate, dessen Rechte verletzt wurden, wenn er dieser Personen habhaft werden kann oder auch von einem Tribunal kompetenter und dazu autorisierter Richter." Dann aber wurde den Deutschen gesagt: "Die Tatsache, daß Verbrecher in anderen Ländern offenkundig vor einer Strafverfolgung sicher sind, ist nicht darauf zurückzuführen, daß man dort die Regeln des Völkerrechtes nicht kennt, die wir hier in Nürnberg anwenden, sondern darauf, daß wir zwar unsere Souveränitätsrechte über Deutschland ausüben, es aber keine internationale Behörde gibt, die in den Grenzen eines Staates mit einer diese Souveränität ausübenden Regierung Machtvollkommenheiten besitzt."

Mit anderen Worten: die Eroberung Deutschlands und die Ausschaltung seiner Regierung erlauben es, Deutsche der Strafverfolgung auszusetzen, während das gegenüber Angehörigen nicht besiegter Staaten unmöglich war. Die Tatsache, daß nur die Besiegten für Zuwiderhandlungen gegen das Völkerrecht bestraft werden konnten, wurde im Verfahren gegen die Generäle ausdrücklich festgelegt. Der deutsche Verteidigerstab hatte festgestellt, daß strafbare Handlungen wie etwa *nicht aus militärischen Notwendigkeiten berechtigte Zerstörungen, die Wegnahme von Privateigentum, die unterschiedslose Verhängung von Strafen — Geldstrafen oder solche anderer Art — über die*

Bevölkerung besetzter Gebiete, die Forderung nach Requisitionen oder Dienstleistungen von Gemeinden oder Einzelbürgern, die nicht den Bedürfnissen der Besatzungsarmee dienten und über die Möglichkeiten des betreffenden Landes hinausgingen, die Wegnahme von Bargeld oder verwertbaren Gegenständen, die nicht unmittelbares Staatseigentum sind, die Zwangsrekrutierungen unter der Bevölkerung eines besetzten Landes für die Arbeit im Lande des Siegers sowie andere in der Haager und Genfer Konvention ausdrücklich verbotene Handlungen sowohl von den Siegern wie von den Deutschen begangen worden seien. Der amerikanische Gerichtshof antwortete: "Es ist im Verlaufe dieses Verfahrens festgestellt worden, daß Kommandeure amerikanischer Besatzungstruppen ähnliche Befehle gegeben haben. Dieser Gerichtshof ist nicht zusammengetreten, um gegen Kommandeure alliierter Besatzungstruppen zu verhandeln, es muß vielmehr darauf hingewiesen werden, daß als Folge der bedingungslosen Kapitulation Deutschland keine Truppen mehr im Felde stehen hatte, die nach dem Gesetz als Kriegführende gelten konnten."

In ihrem Bestreben, nur die Deutschen für Kriegsverbrechen zu bestrafen, haben die amerikanischen Richter und Ankläger mit ihrer Theorie über den Unterschied zwischen dem, was einer *nichtkriegführenden* Besatzungsmacht erlaubt war, aber verboten, solange die Kämpfe andauerten, Amerikaner und Briten in eine zwielichtige Situation gebracht. Richard Stokes, Labour-Abgeordneter im britischen Parlament, argumentierte in einer Rede vom 30. Juni 1948 vor dem Unterhaus folgendermaßen: "Ich bezweifle sehr, ob das Gesetz uns befugt, vor Abschluß eines Friedensvertrages Reparationen zu fordern. Ich würde gern die Ansicht eines Völkerrechtslehrers darüber hören. Ich bin der Meinung, daß Reparationen Teil eines Friedensvertrages sind, und nicht die Konsequenz der Einstellung der Feindseligkeiten, selbst nach einer bedingungslosen Kapitulation. Ich bin der Auffassung, daß Reparationen, die vor einem Friedensvertrag weggenommen werden, Plünderung sind und nichts anderes. Die ehrenwerten Mitglieder dieses Hauses dürften diesen Ausdruck nicht schätzen, doch nach den Gesetzen des Völkerrechtes ist dies Plünderung."

Legale und moralische Skrupel solcher Art haben die amerikanischen Ankläger in Nürnberg nicht gequält; sie fühlten sich sicher, weil sie wußten, daß das amerikanische Volk von seiner Presse und dem Kongreß über die legalen und moralischen Fragen, die sich hier ergaben, in völliger Unkenntnis gehalten wurde. Einige der nach

Nürnberg entsandten amerikanischen Richter haben allerdings Bedenken empfunden, ein bis dahin noch niemals angewandtes Recht zu sprechen, das sich auf nichts anderes gründete als auf die Macht und den Willen der Eroberer. Im *Verfahren gegen die Richter*, in dem die Grundlage für die in Nürnberg gefällten Urteilssprüche am klarsten zu Tage trat, versuchte der amerikanische Gerichtshof, sich rückzuversichern, indem er verkündete: "Sicherlich muß dem Kontrollratsgesetz Nr. 10, das von den dazu autorisierten Vertretern der vier mächtigsten Staaten dieser Erde erlassen wurde, von seiten der Richter Respekt entgegengebracht werden." *Der Wille der vier Großmächte wurde demnach für ebenso heilig erachtet wie die Gesetze der Gottheit oder die anderen Rechtssystemen zugrundeliegenden, der Vernunft entsprungenen Prinzipien der Menschenrechte.*

Man beharrte zwar darauf, daß die Begriffe des Völkerrechtes nicht auf unsere Besetzung Deutschlands angewendet werden konnten, weil die bedingungslose Kapitulation die Ausübung der Souveränitätsrechte den Besatzungsmächten übertragen hatte, stellte aber in Nürnberg fest, daß *die Tatsache, daß die vier Großmächte die oberste legislative Gewalt als Regenten Deutschlands zur Bestrafung deutscher Kriegsverbrecher ausüben, nicht bedeutet, daß die Rechtssprechung dieses Tribunals auch nur im geringsten auf deutschem Recht, deutschen Prärogativen und deutscher Souveränität beruht.*

Diese Feststellung stand in direktem Gegensatz zu der ersten, die sich darauf berief, daß die Übertragung der deutschen Souveränitätsrechte an uns eine Aufhebung der Grundsätze des Völkerrechtes durch uns rechtfertige. Wir wollten haben, daß die Deutschen zu gleicher Zeit drinnen und draußen standen. Wir weigerten uns, das Völkerrecht zu beachten, weil wir im Besitz der *souveränen* Macht waren, weigerten uns jedoch, deutsches oder amerikanisches Recht anzuwenden, weil angeblich unsere Gerichtshöfe ihre Macht von *internationalen Autoritäten* ableiteten. Man ließ die Deutschen rechtlos — ohne Schutz durch irgendwelche Gesetze und der Willkür ihrer Besieger unterworfen. Wir hatten de facto die gesamte deutsche *Rasse* so außerhalb des Gesetzes gestellt, wie das Hitler mit den Juden getan hatte. Im Namen der Demokratie hatten wir die deutsche Bevölkerung der Herrschaft, nicht den Gesetzen der Menschen unterworfen.

Da noch kein Friedensvertrag unterzeichnet war, trotzdem aber unsere Besetzung Deutschlands als *nichtkriegerischer* Akt hingestellt wurde, erhob sich die Frage: *Welches ist die gesetzliche Grundlage?* Regierten die Vereinigten Staaten ihre Zone in Deutschland in der Theorie wie in der Praxis als ihre Kolonie? Durfte in diesem Falle *eingeborenes* oder amerikanisches Recht angewendet werden, da ja die Anwendung des Völkerrechtes außer Kraft gesetzt worden war? Die Antwort, die den deutschen Verteidigern auf diese Frage gegeben wurde, lautete: Nein.

Weder das Völkerrecht noch deutsches oder amerikanisches Recht und auch nicht die Grundprinzipien der angelsächsischen Jurisprudenz waren die Grundlagen für die Anklagen, Prozesse und Urteile des Nürnberger Tribunals.

Briten, Franzosen und Russen zogen sich aus Nürnberg zurück, nachdem das erste und einzige *Internationale Militärtribunal* (I. M. T.) Göring und anderen obersten Anführern der NSDAP den Prozeß gemacht und sie verurteilt hatte. Die anderen zwölf Verfahren, die danach in Nürnberg stattfanden und erst im November 1948 beendet wurden, waren rein amerikanische Schaustellungen. Richter und Ankläger waren sämtlich amerikanische Staatsbürger; die Verhandlungen wurden unter der Flagge der Vereinigten Staaten gehalten und begannen jeden Morgen, nachdem der Gerichtsmarschall Gottes Segen auf die USA herabgefleht hatte. Die Anklageschrift begann mit den Worten: "Die Vereinigten Staaten von Nordamerika als Kläger gegen die Beklagten..." Trotzdem wurde vorgegeben, daß dies *internationale* Gerichtshöfe seien und daß sie ihre Befugnisse vom Alliierten Kontrollrat zugesprochen erhalten hätten — dieses sogar noch, nachdem er zu bestehen aufgehört hatte. Es wurden weder die Prinzipien noch die Prozeduren der amerikanischen Rechtssprechung befolgt und den Angeklagten wurde verwehrt, an den Obersten Bundesgerichtshof der USA oder irgendeine Institution, die der amerikanischen Militärregierung übergeordnet war, zu appellieren. Das Urteil der Richter, aus denen der Gerichtshof zusammengesetzt war, konnte nicht angefochten werden, nur General Clay hatte das Recht, die Strafen zu mildern.

Die *gesetzliche* Grundlage für diese Gerichtsverhandlungen war das Kontrollratsgesetz Nr. 10, das von den USA, der Sowjetunion, Großbritannien und Frankreich zur *Bestrafung von Personen, die sich Kriegsverbrechen und Verbrechen gegen den Frieden und die*

Menschlichkeit hatten zuschulden kommen lassen, erlassen worden war. Weit davon entfernt, das — wie der Richter Jackson meinte — schöne Kind des Völkerrechtes zu sein, war dieses Gesetz der monströse Wechselbalg der *volksdemokratischen Justiz* der Kommunisten und erfüllt von dem brutalen Wort: *Wehe den Besiegten!* Seine Grundlage war das totalitäre Konzept einer Kollektivschuld und Kollektivbestrafung. Es dekretierte, daß jedermann, der in irgendeiner Eigenschaft, sei es als Soldat oder Zivilist, der deutschen Kriegsführung Beistand oder Vorschub geleistet hatte, des Verbrechens schuldig war, einen Angriffskrieg geführt zu haben. Das Gesetz wurde also in einem Umfang angewendet, daß es seinen Zweck verfehlte. Nach Nürnberg entsandte amerikanische Richter, die Kriegsverbrecher abzuurteilen hatten, wußten nicht, wo hier die Grenzlinie zu ziehen war, ohne daß das gesamte deutsche Volk angeschuldigt und damit ein Präzedenzfall für die Beschuldigung sämtlicher Amerikaner in einem künftigen Krieg geschaffen würde, der von den Kommunisten als *Angriffskrieg* bezeichnet wurde. Nach dem Kontrollratsgesetz Nr. 10 war die Auffassung durchaus stichhaltig, daß jeder Bauer, der produzierte und verkaufte, jeder Fabrikant sowie die von ihm beschäftigten Arbeiter und die Soldaten, die Befehlen gehorchten, allesamt schuldig waren.

Das Kontrollratsgesetz Nr. 10 scheint tatsächlich der *legale* Versuch gewesen zu sein, die gesamte deutsche Nation anzuklagen und damit den Morgenthau-Plan zu rechtfertigen. Das Zögern der meisten amerikanischen Richter, auf totalitäre Art Recht zu sprechen, war jedoch so groß, daß nur die vom Internationalen Militärtribunal verurteilten Spitzen des NS-Staates aufgrund dieses Gesetzes abgeurteilt wurden — trotz der leidenschaftlichen Bemühungen der amerikanischen Anklage, weitere Verurteilungen zu erreichen. Nachdem dies geschrieben wurde, wurde Herr von Weizsäcker wegen der Führung eines Angriffskrieges gegen die Tschechoslowakei verurteilt. Es mutet wie ein ironischer Kommentar zu den Nürnberger Prozessen an, daß ein Gerichtshof der Vereinigten Staaten einen Mann schuldig sprach, dem Lord Halifax und das britische Außenministerium offiziell bestätigten, daß er das Äußerste getan habe, um Hitler daran zu hindern, in den Krieg zu ziehen und der als einer der Anführer der deutschen Opposition nach dem 20. Juli 1944 nur darum dem Tode entkam, weil er Botschafter am Vatikan war. Der Richter Powers aus Iowa war entgegengesetzter Auffassung, doch die Auffassung der Anklage wurde von den beiden anderen Richtern gutgeheißen.

Nach diesem Gesetz machte man sich eines Kriegsverbrechens oder einer Grausamkeit schuldig, *wenn man seine Zustimmung dazu gab* (also Befehlen gehorchte), *wenn man sich an der Planung beteiligte oder Befehle zu deren Ausführung gab, Mitglied irgendeiner Organisation oder Gruppe war, die sich mit der Ausführung eines solchen Verbrechens befaßte, sich in einer hohen zivilen oder militärischen Stellung befand* (einschließlich des Generalstabes) *oder eine hohe Stellung im finanziellen, industriellen oder wirtschaftlichen Leben* Deutschlands, seiner Verbündeten oder Satelliten einnahm. Der letzte Passus deutet auf den Einfluß der Kommunisten bei der Abfassung des Kontrollratsgesetzes Nr. 10 hin, weil er praktisch sämtliche Angehörige der *Kapitalistenklasse* unter Anklage stellte.

Die amerikanischen Richter in Nürnberg bestanden darauf, daß hier ein Trennungsstrich gezogen werden müsse und waren nicht gewillt, das Prinzip der Kollektivschuld in der von der Anklage gewünschten Art und Weise anzuwenden. Sie bestanden meist auf der Beibringung von Beweisen für eine direkte Verantwortung oder einen offenkundig feindseligen Akt und modifizierten auf solche Weise das Gesetz, statt wie sowjetische Richter zu handeln. Trotzdem hatten in vielen Fällen die Nürnberger Urteilssprüche keine Grundlage im Völkerrecht und trugen oft das Siegel der kommunistischen Rechtsauffassung. Dies war vor allem offenkundig, als Alfried Krupp anstelle seines Vaters angeklagt und verurteilt wurde, obwohl dieser jüngere Mann niemals die Kontrolle über die Kruppschen Unternehmungen ausgeübt hatte.

Es war ein seltsames und erschreckendes Erlebnis, den Verhandlungen gegen die Minister in dem gleichen Saal zuzuhören, in dem die Vertreter der Sowjetdiktatur einmal gemeinsam mit Amerikanern, Briten und Franzosen auf den Richterstühlen gesessen hatten und zu hören, wie amerikanische Juristen sich im November 1948 auf die Schuldsprüche des Internationalen Militärtribunals beriefen. Bedachte man, daß General Rudenko, der russische Hauptankläger im Internationalen Militärtribunal, jetzt Kommandant des Konzentrationslagers Sachsenhausen in der Sowjetzone war, begriff man erst, welche Art von *Justiz* von den amerikanischen Richtern in Nürnberg angewendet wurde.

Die Vollmachten der amerikanischen Gerichtshöfe in Nürnberg und die von diesen zu befolgende Prozedur war in der Anordnung Nr. 7 der amerikanischen Militärregierung niedergelegt. Sie ordnete ausdrücklich an, daß die amerikanischen Regeln für die

Beweisführung von den Richtern nicht angewendet durften. Beweise aus zweiter und dritter Hand waren zugelassen und es blieb völlig dem Belieben der Richter überlassen, ob der Verteidigung gestattet wurde, Authentizität oder bedingten Wert der beigebrachten Beweise in Frage zu stellen. Es ist wert, den Paragraphen 7 der Anordnung Nr. 7 zu zitieren, da eine der bittersten Beschwerden der deutschen Verteidiger dahingehend lautete, daß alle rechtsüblichen Regeln für die Beweisführung von den Nürnberger Gerichten über Bord geworfen seien: "Die Gerichtshöfe dürfen durch die technischen Regeln der Beweisführung nicht gebunden werden. Sie sollen in größtmöglichem Ausmaß zweckmäßige und nicht-technische Verfahrensweisen anwenden und alle Beweise zulassen, von denen sie glauben, daß sie Beweiswert haben. Ohne die vorgenannten allgemeinen Regeln zu beschneiden, werden folgende Beweismittel für zulässig erachtet, wenn sie dem Gerichtshof informativen oder Beweiswert in Bezug auf die Anklagepunkte zu enthalten scheinen: schriftliche Eideserklärungen, eidliche Zeugenaussagen, Verhöre und andere Bekundungen, Tagebücher, Briefe, Protokolle, Befunde, Feststellungen und Urteile von Militärgerichten sowie der Revisionsund Bestätigungsinstanzen irgendeiner der Vereinten Nationen, Abschriften eines Dokumentes oder sonstige Beweise zweiter Hand über den Inhalt eines Dokumentes, falls das Original nicht zur Hand ist oder nicht ohne Verzögerung vorgelegt werden kann. Der Gerichtshof soll der Gegenpartei so viel Gelegenheit geben, Authentizität oder Beweiswert dieser Beweismittel anzuzweifeln, wie das nach Meinung des Gerichtshofes das Ziel des Verfahrens erfordert."

Die Richter hatten also das Recht, schon vorher über jeden Beweis informiert zu werden, den die Verteidigung beizubringen beabsichtigte und konnten dessen Zulassung verweigern, falls sie ihn als unwesentlich ansahen. Weil Richter und Ankläger in Nürnberg in einer kleinen abgeschlossenen Gemeinschaft Tür an Tür miteinander lebten, hatte dieser Vorbehalt nach Auffassung der Deutschen nur den Sinn, daß die Anklagebehörde stets im vorhinein von den Beweismitteln der Verteidigung informiert war. Die Annahme, daß Richter und Ankläger gemeinsame Interessen vertraten, erhielt in zumindestens einem Prozeß ihre Bestätigung, als der Ankläger den Richtern die Hände schüttelte und sie zu ihrem Urteilsspruch beglückwünschte.

Die Verteidiger befanden sich auf jeden Fall in einer sehr schwachen Position. Alle Angeklagten hatten lange Zeit im Gefängnis gesessen, bevor sie vor Gericht gestellt wurden; ihre Papiere waren von einem großen amerikanischen Stab beschlagnahmt und geprüft worden. Alles, was von Wert war, fiel der Anklage in die Hände, während die Verteidiger die allergrößten Schwierigkeiten hatten, sich einige Dokumente zu sichern. Lediglich im letzten Prozeß, dem gegen Baron von Weizsäcker und andere Beamte des Auswärtigen Amtes, wurde es der Verteidigung gestattet, sich der beschlagnahmten und im Besitz der Militärregierung befindlichen Dokumente zu bedienen, doch sogar dann noch wurden ihnen dafür nur ein paar Wochen zugestanden, während die Anklage sich jahrelang auf den Fall hatte vorbereiten können.

Im Verfahren gegen Krupp hatten die deutschen Verteidiger niemals Gelegenheit, die Dokumente sorgfältig zu prüfen und wußten noch nicht einmal, ob man ihnen alle zugeleitet hatte.

Die Angeklagten, durch lange Haft und unzureichende Ernährung bereits vor der Verhandlung geschwächt, hatten sich in den meisten Fällen zu ihrer Verteidigung auf ihr Gedächtnis, nicht auf Dokumente zu verlassen.

Die größte Schwierigkeit, unter der die Verteidigung litt, war die, Zeugen zu finden, an diese heranzukommen und sie zu veranlassen, in Nürnberg zu erscheinen. Der Anklagebehörde standen sämtliche Informationen und alle Machtmittel der Militärregierung zur Ausfindigmachung von Zeugen zur Verfügung; sie hatte das Recht, diese einzusperren, sie unausgesetzt zu verhören und sie einem nachhaltigen Druck auszusetzen, um sie dazu zu bringen, so auszusagen wie sie das wünschte.

Die Verteidigung hatte keinen Zugang zu den Informationsquellen der Militärregierung, bei der Aufnahme von Verbindungen und bei Reisen wurde ihr niemals geholfen, und sie hatte auch kein Geld, um Zeugen zu suchen, da das Eigentum aller Angeklagten beschlagnahmt war, bevor sie überhaupt schuldiggesprochen worden waren.

Zur Zeit der Verhandlung des Internationalen Militärtribunals gegen die Hauptkriegsverbrecher saßen fast alle Zeugen im Gefängnis und konnten von der Verteidigung nicht befragt werden, falls die Anklage sie als ihre eigenen Zeugen beanspruchte. 1947 hatte sich die Situation insofern verbessert, als die meisten Zeugen nun frei waren;

einige waren jedoch immer noch in Haft und konnten von der Verteidigung nur in Gegenwart eines Vertreters der Anklagebehörden befragt werden.

Natürlicherweise zögerten Zeugen, deren Befreiung aus der Haft von der Gunst der Militärregierung abhing, Aussagen zu machen, die den Interessen der Anklage zuwiderliefen. Überdies wurden auch die nicht inhaftierten Zeugen durch die nahen Verbindungen zwischen Anklage und Entnazifizierungsbehörden eingeschüchtert.

Im Justizpalast in Nürnberg war eine Spezialabteilung der Militärregierung tätig, die alle während der Verhandlungen vorgelegten Dokumente daraufhin prüfte, ob man in ihnen Hinweise entdecken konnte, die eine Verurteilung der Zeugen durch die Spruchkammern gestattete. So mußten viele Zeugen erleben, daß sie verhaftet wurden, um dann den Spruchkammern aufgrund der von der Spezialabteilung ausfindig gemachten Beweise überantwortet zu werden.

Die Furcht aller Zeugen davor, daß sie sich selbst ins Gefängnis bringen konnten, falls sie in die amerikanische Zone kamen, um vor dem Nürnberger Gerichtshof auszusagen, war so groß, daß im Herbst 1947 die Militärregierung den in der britischen und französischen Zone lebenden Zeugen freies Geleit zusichern mußte.

Die in Nürnberg auftretenden Zeugen wurden niemals den schrecklichen Folterungen unterzogen, die bei den Verhören des Dachauer Militärtribunals angewandt wurden, mit denen ich mich im nächsten Kapitel beschäftigen werde. In Nürnberg wurde auf die Zeugen von der Anklage ein mehr psychischer als physischer Druck ausgeübt. Es war oftmals möglich, von einem Zeugen die erwünschten Aussagen zu bekommen, indem man ihn zwei oder drei Jahre in Haft hielt und so in schwerster Sorge um das Schicksal seiner schutzlosen Familie ließ, oder ihm drohte, daß er als Kriegsverbrecher angeklagt würde, falls er sich weigern sollte, gegen den Angeklagten auszusagen.

In manchen Fällen wurde ein nur allzu bekanntes Mittel der Militärregierung angewendet: die Drohung, einen nicht allzu gefügigen Zeugen den Russen auszuliefern. Diese Praktiken wurden auf dramatische Weise im Prozeß gegen Herrn von Weizsäcker und andere Beamte des Auswärtigen Amtes im Herbst 1948 aufgedeckt.

Herr von Weizsäcker hatte so viele bedeutende Freunde unter den Liberalen anderer Länder, die für seine Unschuld bürgten, daß das Geld für einen amerikanischen Verteidiger aufgebracht werden konnte. Warren Magee aus Washington, D.C., kam nach Nürnberg, und da er ein Amerikaner war, gelang es ihm, Zugang zu den Dokumenten zu erlangen, in die deutsche Verteidiger keine Einsicht nehmen durften. Es gelang ihm, die Abschrift des Protokolles der Verhöre von Friedrich Gaus in die Hände zu bekommen, der zwar die *Graue Eminenz* des Auswärtigen Amtes und *Ribbentrops böser Geist* genannt wurde, trotzdem aber Kronzeuge der Anklage geworden war. Es gab während der Verhandlung eine Sensation, als Magee das Protokoll von Gaus' erster Vernehmung vorlas, das bewies, daß Mr. Kempner, der amerikanische Ankläger, Gaus gedroht hatte, er werde ihn den Russen ausliefern, falls er nicht der Anklage helfen werde.

Die herablassende Art, mit der der amerikanische Gerichtshof in einigen Verhandlungen die Anwälte der Verteidigung behandelte und die Verweigerung des der Verteidigung zustehenden Rechtes, Zeugen zu examinieren oder ins Kreuzverhör zu nehmen, beschwor einen der schlimmsten Skandale im Verlauf der Nürnberger Prozesse herauf und diskreditierte die amerikanische Justiz in deutschen Augen endgültig. Die amerikanischen Richter im Verfahren gegen Krupp waren in jeder Beziehung voreingenommener und unamerikanischer in ihrer Art, diesen Prozeß zu führen, als alle anderen, die bisher in Nürnberg aufgetreten waren. Sie schnitten immer wieder den Verteidigern das Wort ab, erlaubten aber dem Ankläger, Zeugen und deutsche Verteidiger anzubrüllen und sie mit einem Wortschwall zuzudecken. Richter Daly brachte schließlich die Verteidiger so weit, daß sie alle zusammen unter Protest den Gerichtssaal verließen. Er überging zunächst den Einspruch der deutschen Verteidiger dagegen, daß Zeugen außerhalb des Saales von einem Bevollmächtigten vernommen wurden und ordnete dann an, daß diese Vernehmung während der Verhandlung stattfinden sollte, so daß die Verteidiger keine Gelegenheit hatten, dabei zu sein, falls sie nicht verabreden konnten, wer von ihnen im Saal bleiben und wer bei dem Verhör durch den Bevollmächtigten anwesend sein sollte. Als einer der Verteidiger um eine Sitzungspause ersuchte, damit man diese Absprache treffen konnte, hatte er kaum den Mund geöffnet, als Richter Daly, der an diesem Tage den Vorsitz in der Verhandlung führte, zu ihm sagte: "Setzen Sie sich oder ich lasse Sie aus dem Gerichtssaal entfernen." Der deutsche Verteidiger, Dr. Schilf, hatte kaum begonnen, zu sagen: "Ich bitte darum" als Richter Daly ihm erklärte: "Entfernen Sie sich!" Daraufhin folgten die anderen

Verteidiger Dr. Schilf und verließen in spontanem Protest den Saal. Da ihnen nicht erlaubt worden war zu sprechen, ersuchten sie schriftlich darum, ihr Recht, bei der Vernehmung der Zeugen anwesend zu sein, ausüben zu dürfen. Bevor sie das Schriftstück dem Gericht vorlegen konnten, wurden sie alle verhaftet. Sie wurden über das Wochenende in Gewahrsam gehalten und dann ersucht, sich *für die Mißachtung des Gerichtshofes* zu entschuldigen, obwohl dieser sich doch eher bei ihnen hätte entschuldigen müssen. Dr. Kranzbühler, Krupps Hauptverteidiger, ein hervorragender Jurist, war während dieses Vorfalles nicht anwesend, weil er eine Verhandlung in der französischen Zone wahrnehmen mußte. Nach seiner Rückkehr, die mit der Entlassung seiner Kollegen aus dem Gefängnis und der Forderung zusammenfiel, daß diese sich beim Gericht entschuldigen sollten, legte er diesem eine Darlegung vor, aus der ich weiter unten ein Teil zitiere. Weil dieser Nürnberger Gerichtshof mit der Anwendung des falschen Rechtes, das auf dem Kontrollratsgesetz Nr. 10 und der Anordnung Nr. 7 der Militärregierung beruhte, sich einer Verächtlichmachung der amerikanischen Gesetzgebung schuldig gemacht hatte, war Kranzbühler imstande, die amerikanischen Richter zu beschämen. Er bezog sich auf die Frage, ob die deutschen Verteidiger sich einer *Mißachtung des Gerichtes* Schuldig gemacht hatten oder nicht und sagte: "Ich befinde mich in der unglücklichen Lage, nicht zu wissen, auf dem Boden welchen Rechtes diese Entscheidung gefällt wurde. Gestern hat der Gerichtshof sich durch Richter Wilkins ausdrücklich geweigert, amerikanisches Recht anzuwenden. Er hat vielmehr versucht oder dies sogar getan, seine Entscheidung auf die Anordnung Nr. 7 zu gründen, die dem Gerichtshof die Macht gibt, im Falle einer — wie hier behaupteten — *Widerspenstigkeit* ein summarisches Verfahren zu verfügen. Ich möchte dazu Folgendes bemerken: Die Frage, welches Recht angewendet werden soll, ist von grundlegender Wichtigkeit. Ein Anwalt ist in den Gesetzesauffassungen seines Landes aufgewachsen und in ihnen erzogen worden. Wird in einem Fall, den er als deutscher Rechtsanwalt Übernommen hat, das Urteil plötzlich nach dem ihm fremden Recht eines Landes gefällt oder nach einem Recht, das zu überhaupt keinem Land gehört, sondern dessen Auslegung gänzlich dem Gerichtshof überlassen bleibt, dann droht die große Gefahr, daß Entscheidungen getroffen werden, die in seinen Augen ein schweres Unrecht darstellen. Die deutschen Verteidiger müssen mit Erstaunen feststellen, daß ihr Verhalten nach den gleichen Regeln beurteilt wird, die für Prozesse gegen nachweisbare Kriegsverbrecher zulässig sind, Regeln also, die zu einem bestimmten Zweck aufgestellt wurden. Diese Auffassung wurde mir gegenüber ausdrücklich vom Gerichtshof bekräftigt, als ich beantragte, daß Richter Daly wegen Befangenheit von der Führung dieses Verfahrens ausgeschlossen werden solle. Ich werde daher ohne Rücksicht darauf, welches Recht der Gerichtshof schließlich anzuwenden gedenkt, die Grundsätze darstellen, die nach deutschem Recht auf Vorfälle wie diesen hier angewendet werden. Erst dann wird der Gerichtshof imstande sein zu begreifen, warum die deutschen Rechtsanwälte so reagieren mußten. Nach der deutschen Strafprozeßordnung liegt dann vor allem eine Pflichtverletzung durch den Richter vor, wenn dieser einen Antrag der Verteidigung nicht anhört. Eine solche Pflichtverletzung gibt einem deutschen Verteidiger unter anderem das Recht, sich beim Vorgesetzten dieses Richters zu beschweren. Überdies hat ein deutscher Verteidiger, falls er vor einem aus mehreren Richtern bestehenden Gerichtshof auftritt, die Möglichkeit, sich dem Urteilsspruch eines der Richter zu widersetzen und darüber hinaus eine Entscheidung des gesamten Gerichtshofes zu erbitten. Daher hat nach der deutschen Prozeßordnung Dr. Schilf zu Recht so gehandelt. Zudem ist es einem deutschen Richter nicht gestattet, einen sich in Ausübung seines Auftrages im Gerichtssaal aufhaltenden Verteidiger aus dem Raum zu weisen. Nach der deutschen Prozeßordnung sind sehr oft lange und erregte Debatten zwischen dem Gerichtshof und der Verteidigung möglich und kein Richter würde daran denken, einen Verteidiger der Mißachtung des Gerichtshofes zu bezichtigen, nur weil dieser den Feststellungen des Gerichtes widerspricht. Eine solche Auffassung ist im deutschen Recht nicht zu finden. Der Richter übt gegenüber einem Verteidiger keine Disziplinargewalt aus... Wenn ein Gerichtshof glaubt, daß ein Verteidiger seinen Pflichten nicht richtig nachgekommen ist, kann er sich um eine Entscheidung an die Anwaltskammer wenden, der in diesem Falle die Jurisdiktion zusteht. Auf der anderen Seite hat jedoch der Verteidiger das Recht, sich über den Gerichtshof zu beklagen, falls er glaubt, daß dessen Haltung der Grund dafür war, daß er aus dem Gerichtssaal gewiesen wurde."

Mit beißendem Sarkasmus bemerkt Kranzbühler dann: "Dies sind in groben Umrissen die Fundamente des deutschen Rechtes. Euer Ehren werden wahrscheinlich mit mir darin übereinstimmen, daß bei einer Erziehung in solchen Rechtsbegriffen diese Vorfälle anders zu betrachten sind als aus der Sicht eines amerikanischen Richters."

Kranzbühler prangerte hier als in vorsichtiger Form die *amerikanische* Justiz an, wie sie in Nürnberg angewendet wurde und bediente sich gleichzeitig der sich ihm hier bietenden Gelegenheit, gegen die Unehrlichkeit des hier allgemein geübten Verfahrens zu protestieren. Man hörte ihn vom Anfang bis zum Ende an, wohl darum, weil Richter Schick, der amerikanische Präsident aller Gerichtshöfe, den Richtern Daly und Wilkins bedeutet hatte, sie hätten sich selbst in die Nesseln gesetzt und von ihnen verlangt hatte, sie sollten etwas klüger vorgehen.

Kranzbühler hatte erklärt: "Dies ist das dritte Gerichtsverfahren, das ich in Nürnberg mitmache. Ich kann nicht sagen, daß ich in meinen Erwartungen hinsichtlich der Nürnberger Prozesse enttäuscht worden bin, was wohl zum Teil auf die Art der hier allgemein angewandten Prozeduren zurückzuführen ist... Die vielen und schweren Sorgen der Verteidigung haben sich im Verlaufe dieses Verfahrens sehr weitgehend verstärkt."

Kranzbühler protestierte dann dagegen, daß die Richter bestimmte Beweismittel nicht zuließen und schloß seine Ausführungen mit folgenden Worten: "Ich möchte den Gerichtshof bitten zu bedenken, daß diese Angeklagten von allem Anfang an in einer nahezu hoffnungslosen Lage waren und daß ihr Schicksal völlig davon abhängt, ob es uns gelingt, für sie ein faires Verfahren zu erreichen. Ich bin mir bewußt, daß der Gerichtshof wahrscheinlich sagen oder vielleicht denken wird: Es ist unsere Sache als Richter, ein faires Verfahren sicherzustellen. Euer Ehren werden jedoch wahrscheinlich zugeben müssen — ich erinnere mich noch der Worte, die zu Beginn der gestrigen Sitzung gesagt wurden —, daß *dies letztlich ein Gerichtsverfahren der Sieger gegen die Besiegten* sei. Beim Verfahren im Falle Flick wurde dieses Faktum gleich zu Anfang ausdrücklich erwähnt. Der Gerichtshof zog daraus den Schluß, daß es seine Pflicht sei, den Angeklagten alle ihnen zustehenden Rechte und Vorrechte bis in Einzelheiten zu gewährleisten; in all diesen Verfahren hier in Nürnberg hat eine solche Garantie nur Wert, wenn entweder der Gerichtshof selbst alle Vorkehrungen für ein faires Verfahren schafft oder die Verteidigung mit Hilfe ihrer Anträge oder Einwendungen instandgesetzt wird, darauf zu bestehen, daß dieses Verfahren fair geführt wird. Euer Ehren sollten für einen Augenblick bedenken, daß ihnen hier die uneingeschränkte Autorität eines amerikanischen Richters, wie sie diese aus ihrem eigenen Lande kennen, zugestanden ist, daß aber wir nicht die ihnen in ihrem Lande gegebenen Möglichkeiten besitzen, eine falsche oder, in den Augen der Verteidigung, unrechtmäßige Ausnutzung dieser Autoritätsstellung zu verhindern. Diese Angeklagten sind nicht im

Besitz der ihnen nach der Verfassung zustehenden Rechte. Es wurde ihnen wieder und wieder bedeutet, daß die nach der amerikanischen Prozeßordnung gegebenen Garantien auf sie nicht anwendbar sind... Überdies gibt es hierzulande keine mächtige Presse, die in vollkommener Unabhängigkeit darauf sehen kann, daß Macht nicht mißbraucht wird... "

Dr. Kranzbühler verwies auch auf die gewaltige Verantwortung, die in den Nürnberger Prozessen der deutschen Verteidigung dadurch aufgebürdet war, daß es keinen übergeordneten Appellationsgerichtshof gab. Er selbst hatte am 27. Februar 1948 ein Telegramm an Präsident Truman gerichtet, in dem darauf hingewiesen wurde, *daß alle Bemühungen, ein gerechtes Verfahren sicherzustellen, durch die von den amerikanischen Militärbehörden erlassenen Anordnungen vereitelt worden sind* und hatte den Präsidenten der Vereinigten Staaten *um Hilfe und Unterstützung* gebeten. Sein Appell blieb unbeantwortet. Die Beschwerde wurde an die amerikanische Militärregierung zurückverwiesen, weil der *internationale, auf einem Viermächteabkommen beruhende Status der Nürnberger Tribunale jegliche Verantwortlichkeit oder Pflicht einer ausführenden Behörde der Regierung der Vereinigten Staaten ausschließt, auf Petitionen oder Beschwerden solcher Art einzugehen.* Kranzbühler wurde überdies mitgeteilt, daß weitere deutsche Beschwerden dieser Art von Berlin aus nicht mehr weitergeleitet würden.

Unter der heuchlerischen Vorgabe, daß die amerikanischen Gerichtshöfe in Nürnberg *international* seien, weigerten sich also die USA, die Verantwortung für das Benehmen ihrer eigenen Richter zu tragen. Wenn wir vermeinten, mit solchen Methoden den Deutschen Respekt vor Justiz und Demokratie beizubringen, dann gehörten wir zu den Leuten, die die Götter zur Vernichtung ausersehen, indem sie sie zuerst wahnsinnig machen.

Die Nürnberger Prozesse können nur Gegenstand eines Buches sein und nicht auf ein paar Seiten abgehandelt werden. Ich habe hier lediglich versucht, die Grundvoraussetzungen dieser Verfahren zu schildern, damit die amerikanische Öffentlichkeit begreift, wie hier die Gerechtigkeit in ihrem Namen zum Gespött gemacht wurde.

Viele der in Nürnberg Verurteilten hatten sich ohne alle Zweifel scheußlicher Verbrechen schuldig gemacht und ihr Urteil verdient.

Die Tatsache aber, daß diese Urteile sich auf eine Gesetzgebung im Nachhinein gründeten, verletzte das Gerechtigkeitsgefühl so sehr, daß auch gerechtfertigte Verurteilungen bei sehr vielen Leuten Zweifel hinterlassen haben. Wir haben in den Nürnberger Prozessen Verbrecher zu Märtyrern gemacht und durch unsere eigene Übertretung fundamentaler demokratischer Prinzipien der nazistischen Doktrin zu neuem Leben verholfen.

Schließlich haben die Nürnberger Prozesse nicht nur in Deutschland, sondern auch in anderen europäischen Ländern den berechtigten Verdacht erregt, daß das wirkliche Ziel der dafür verantwortlichen Amerikaner es war, *die Sozialstruktur Deutschlands zu nivellieren.* Die Ankläger in Nürnberg schienen den Beweis führen zu wollen, daß die *Kapitalisten und Großgrundbesitzer* die Haupthelfer der Nationalsozialisten waren. Es schien, als wollten sie jede Ähnlichkeit des Dritten Reiches mit dem Rußland Stalins verneinen. Daher ist der Versuch zu erklären, daß man Flick, Krupp und andere deutsche Industrielle als Kriegsverbrecher anklagte, daher die Prozesse gegen deutsche Generäle, von denen einige ja Hitlers wahnwitzigen Plänen Widerstand geleistet und sie nicht unterstützt hatten. Dies gibt auch die Erklärung dafür, daß man, was noch viel ungerechter war, Herrn von Weizsäcker vor Gericht stellte, den Aristokraten und Diplomaten, der unter den Nationalsozialisten im Amt geblieben war. Seine Bemühungen, den Krieg zu verhindern und die Opfer des Naziterrors zu schützen, wurden im Verlauf seines Prozesses von Persönlichkeiten wie Lord Halifax und anderen Engländern auf wichtigen Posten bescheinigt, darüber hinaus von dem früheren französischen Botschafter François-Poncet, von Carl Burckhardt, dem ehemaligen Hohen Kommissar des Völkerbundes in Danzig, von dem Schweizer Präsidenten Steiger, von Bischof Berggrav, dem Führer der norwegischen Widerstandsbewegung unter der deutschen Besatzung, vom Papst, dem amerikanischen katholischen Bischof und jetzigem apostolischen Nuntius in Deutschland, Muench, von dem von den Nazis verfolgten protestantischen Bischof Wurm von Stuttgart und vielen anderen Verwandten der Blutopfer Hitlers, darunter auch Juden.

Es gibt Gründe für den Verdacht, daß Brigadegeneral Telford Taylor, der als Hauptankläger für die Kriegsverbrechen nach Richter Jacksons Weggang die Nürnberger Prozesse dirigierte, Sympathien für die Sowjetunion hegte. Er weigerte sich sogar, die Sowjetregierung auch nur um die Auslieferung von auf Sowjetterritorium lebenden deutschen Zeugen zu bitten — weil dies *die Sowjets in eine unangenehme Lage bringen konnte.* Als Taylor vom Korrespondenten des *London Evening Standard* gefragt wurde, ob aufgrund der Feststellungen des Internationalen Militärgerichtshofes die russischen Feldzüge in Polen, Finnland, Rumänien, Litauen, Lettland und Estland als *Aggressionen* angesehen werden könnten, erwiderte er: "Ob eine bestimmte Episode ein Verbrechen gegen den Frieden darstellt, kann nicht nur durch legale Definitionen bestimmt werden, sondern auch nach Beweisen, die sich auf *Handlung* und *Geistesverfassung* beziehen." Taylor erklärte dann, daß es nicht zu seinen Aufgaben als Hauptankläger gehöre, Kommentare *über Geschehnisse außerhalb seines Kompetenzbereiches* zu geben. Als er vor dem Verlassen Deutschlands am 25. September 1948 gefragt wurde, ob die Verbringung von deutschen Arbeitern zur Zwangsarbeit nach Rußland im Widerspruch zu den in Nürnberg erlassenen Gesetzen stehe, erwiderte Taylor, daß die diesbezüglichen Beweise lediglich *Laienbeweise* seien und daß die Handlungsweise der Russen auf jeden Fall *im Zusammenhang mit der gegebenen Situation* zu betrachten sei.

Diese Bemerkungen liefern nicht den schlüssigen Beweis dafür, auf welcher Seite General Taylors Sympathien lagen und da er Nürnberg verlassen hatte, bevor ich dorthin kam, bot sich mir nicht die Gelegenheit, ihn selbst danach zu fragen. Die einhellige Meinung der den Kommunisten nicht freundlich gesinnten Zeitungskorrespondenten unterstützte jedoch die Auffassung der Deutschen und Schweizer, er sei entweder ein Freund oder ein Opfer der Kommunisten, denen die Travestie amerikanischer Justiz in Nürnberg solch gewaltige Vorteile gebracht hatte.

Trotz der — einschließlich 18 Todesurteilen — insgesamt 115 in Nürnberg ausgesprochenen Verurteilungen, die er in 144 zu Ende geführten Fällen erreicht hatte, war General Taylor mit dem Ergebnis seiner Bemühungen nicht zufrieden. Es gelang ihm nämlich nicht nur nicht, einen einzigen deutschen Kapitalisten der Führung eines Angriffskrieges schuldig sprechen zu lassen, auch seinen Bemühungen, die Briten zu ähnlichen Prozessen zu überreden, war kein Erfolg beschieden. Ihr Sinn für Gerechtigkeit veranlaßte die Briten, Deutsche nur dann anzuklagen, wenn sie die anerkannten Prinzipien des Völkerrechtes verletzt hatten oder aber wegen Grausamkeiten, die nach deutschem oder angelsächsischem Recht strafbar waren.

General Taylors einziger Erfolg bestand darin, die Franzosen zur Bildung eines Gerichtes zu veranlassen, in dem nicht nur ein polnischer Kommunist, sondern auch ein niederländischer und ein französischer Richter saßen, und das einen deutschen Industriellen, Röchling, der Führung eines Angriffskrieges anklagte und schuldig sprach. General Taylor, der an der Verhandlung teilnahm, soll aber enttäuscht darüber gewesen sein, daß Röchling zu sieben Jahren Gefängnis nicht als Kapitalist, sondern als deutscher Beauftragter für die Stahlproduktion verurteilt wurde.

Ob nun die Deutschen oder Neutralen in ihrer Auffassung recht hatten oder nicht, daß das Ziel der amerikanischen Anklage darin bestand, *die Sozialstruktur Deutschlands zu nivellieren*, indem sie bewies, daß *Kapitalisten und Großgrundbesitzer* als Klasse schuldig geworden waren und daß jeder, der in Deutschland ein wichtiges Amt hatte, schon deswegen ein Nazi war — die Prozesse gaben mehr als einen Grund, jenen Verdacht für begründet zu halten.

Die Anklage richtete nicht nur ihre schlimmsten Schmähungen gegen die deutschen Industriellen und die Generäle der Wehrmacht und versuchte am hartnäckigsten, jene der Führung eines Angriffskrieges schuldig befinden zu lassen — die Tatsache, daß Alfried Krupp für die *Verbrechen* seines Vaters angeklagt und verurteilt wurde, zeigt, daß diese Prozesse dazu bestimmt waren, eine Klasse und nicht etwa Einzelwesen zu bestrafen.

Bemerkenswerterweise benutzte die Anklage die berüchtigsten Mörder unter den Nazis als Hauptzeugen gegen die hohen Generäle der Wehrmacht, die sich Hitlers Befehlen zur Liquidation von Polen, Russen und Juden widersetzt und diese in manchen Fällen überhaupt nicht ausgeführt hatten.

Im Prozeß gegen die Generäle waren die Hauptzeugen der Anklage Oswald Pohl, der ehemalige Chef der SS-Hauptverwaltung, der gefesselt vorgeführt wurde, sowie Otto Ohlendorf, ehemaliger SS-Gruppenführer und Chef der Einsatzgruppen, die 1941 zu dem Zweck gebildet wurden, hinter den deutschen Armeen in Rußland einzumarschieren und dort Juden und Kommunistenführer zu vernichten. Ohlendorf, der in seinem eigenen Prozeß zugegeben hatte, daß er 90 000 Menschen hatte töten lassen, war zum Tode verurteilt, aber noch nicht exekutiert worden, weil die Anklage ihn wegen seines bitteren Hasses gegen die Generäle, die ihn und

Menschen seiner Art verachtet hatten, gut gebrauchen konnte. Er wurde als Kronzeuge der Anklage gegen die *Offiziere und Herren*, deren Verurteilung sie wünschte, in sicherem Gewahrsam gehalten.

Diese Benutzung von zum Tode oder zu langen Gefängnisstrafen verurteilten Männern als Zeugen der Anklage war eine der düstersten Seiten der Nürnberger Prozesse. Naturgemäß konnten Menschen dieser Art leicht dazu verleitet werden, falsches Zeugnis abzulegen, weil sie hofften, damit ihr Leben zu retten oder die Freiheit wiederzuerlangen. Der Fall Ohlendorf war besonders abstoßend, da dieser Mann ein fanatischer Nazi war und blieb, der bereit war, alles zu tun, damit die ihm verhaßten Generäle verurteilt wurden.

Las man die Anklageschriften und Urteile der meisten der zwölf Fälle, die im Namen der USA geführt wurden, war man betroffen darüber, daß wir so viel Zeit, Geld und Energie darauf verwendet und Amerikas Ruf für seine unparteiische Rechtsprechung dadurch verdunkelt haben, daß wir Deutsche deswegen verfolgten, weil sie in Rußland Kriegsverbrechen begangen hatten, obwohl die Sowjetregierung selbst sich weigerte, sich an diesen Prozessen zu beteiligen. Die Sowjets selbst waren eifrig damit beschäftigt, die deutschen *Kriegsverbrecher* zur Zusammenarbeit mit ihnen zu verführen. Es geschah recht häufig, daß die amerikanischen Richter in Nürnberg diejenigen verurteilten, die die Befehle ihrer Vorgesetzten ausgeführt hatten, während diese selbst jetzt in der Sowjetzone auf wichtigen Posten saßen.

Es hätte die amerikanischen Ankläger und Richter in Nürnberg zufriedenstellen können, wenn erklärt wurde, ein Verbrechen sei nur ein Verbrechen, wenn es während eines Krieges begangen wurde, daß man aber in Friedenszeiten ungestraft Verbrechen wider die Menschlichkeit begehen durfte. Mich — und ich bin mir sicher, auch die meisten Amerikaner ebenso wie die Engländer — stieß eine solche These ab. Leider hatten die meisten Amerikaner und Engländer aber kaum Kenntnis von den Verbrechen wider die Menschlichkeit, die wir selbst begangen oder die zu begehen wir unseren Alliierten gestattet hatten. Die amerikanische Presse berichtete fast ausschließlich über die Anklagen und Feststellungen der Staatsanwaltschaft Nürnberg, sonst über kaum etwas. Im Informationsbüro der USA im Nürnberger Justizpalast waren zwar Abschriften der Anklageschriften in unbegrenzter Zahl vorhanden, es gelang mir aber nicht, Abschriften der Verteidigungsreden in die Hand zu bekommen. Ich mußte Stunden darauf verwenden, mir von der einzigen im Büro vorhandenen Kopie Abschriften zu machen. Die Beamten des Informationsbüros standen auf dem Standpunkt, es sei eine Frechheit von den Deutschen, überhaupt eine Verteidigung zu wagen. Als ich fragte, wann der Fall Nr. 11 wahrscheinlich abgeschlossen sein werde, erhielt ich zur Antwort: "Wenn diese dreckigen Krauts mit ihren schmutzigen Tricks fertig sind." Als ich den Chef des Informationsbüros, von dem man hätte annehmen sollen, daß er Interviews für Korrespondenten arrangieren werde, ersuchte, mich in Kontakt mit einem der deutschen Verteidiger zu bringen, erklärte er, er wisse nicht, wie man einen solchen Kontakt herstellen könne. Er ließ mich fühlen, daß ich mich eines Bruches der guten Manieren schuldig gemacht hatte, wenn ich nicht überhaupt wegen meines Wunsches, mit den deutschen Rechtsanwälten zu sprechen, ein verdächtiges Subjekt sei.

Betty Knox, eine amerikanische Journalistin, die für die britische Beaverbrook-Presse arbeitete, und drei Jahre in Nürnberg verbracht hatte, berichtete mir, daß während der Sitzungen des Internationalen Militärtribunals zwar Hunderte von Abschriften der Dokumente der Anklage bereits vor den Verhandlungen an die ausländische Presse ausgegeben wurden, daß aber den 35 Anwälten der Verteidigung nur zwei Abschriften in deutscher Sprache überlassen wurden und diese nur nach jeder der täglichen Verhandlungen. Als Betty Knox Richter Jackson fragte, warum den deutschen Verteidigern nicht mehr Abschriften zur Verfügung gestellt würden, erwiderte er, daß es in den USA keinen Austausch von Dokumenten gäbe. Als sie darauf bestand, daß dies bei internationalen Gerichtshöfen üblich sei, wurde Jackson wütend und rief: "Das wäre viel zu gut für diese Bastarde!"

Die einzige Funktion, die die Nürnberger Prozesse erfüllt haben, war die, aus der amerikanischen Justiz eine Sportgeburt zu machen und die Deutschen mit Haß und Verachtung für unsere Scheinheiligkeit zu erfüllen.

VII. Unsere Verbrechen wider die Menschlichkeit

Verglichen mit den Vergewaltigungen, Morden und Plünderungen der russischen Armeen am Ende des Krieges, dem Terror, der Sklaverei, dem Hunger und den Räubereien in der Sowjetzone und dem von den Polen und Tschechen praktizierten Völkermord, erschienen die von den in Nürnberg zum Tode oder zu lebenslänglicher Haft verurteilten Deutschen begangenen Kriegsverbrechen oder Verbrechen gegen die Menschlichkeit unbedeutender im Ausmaß, wenn auch nicht im Grad.

Es war unmöglich, durch die verwüsteten Städte in den westlichen Besatzungszonen zu fahren, ohne es als seltsam und schrecklich zu empfinden, daß wir nun über jene Deutschen zu Gericht sitzen sollten, denen es niemals gelungen war, so viele Zivilisten zu töten wie wir das getan hatten, und die keine schlimmeren Grausamkeiten als wir mit der Vernichtung ganzer Städte durch Bombenangriffe begangen hatten. Waren die Gaskammern der Deutschen wirklich ein schlimmeres Verbrechen wider die Menschlichkeit als unsere Angriffe auf nichtmilitärische Ziele wie etwa Dresden, wo wir in einer einzigen Nacht den schlimmsten nur erdenkbaren Tod über eine Viertelmillion Menschen verhängten, indem wir Phosphorbomben auf dieses unverteidigte Kulturzentrum abwarfen, eine Stadt, die angefüllt war mit Menschen, die vor dem russischen Vormarsch in den Westen flüchteten? Dieses scheußliche Verbrechen gehört zu den schlimmsten, die wir im Kriege begangen haben, weil es bewies, daß unser Ziel der Mord an Zivilisten war. Wir haben sogar die aus der brennenden Stadt ins Land hinaus fliehenden Frauen und Kinder mit Maschinengewehren beschossen. Dresden war aber nicht das einzige Beispiel dafür, daß wir die Bevölkerung von Städten, die weder Industrien noch irgend einen *militärischen Wert* besaßen, einem schrecklichen Tod überantworteten. Die Geschichte von Hiroshima wurde in amerikanischen Zeitschriften und Büchern aufgezeichnet, wer aber hat die Geschichte von Dresden oder die von Köln erzählt, wo der Dom inmitten einer gewaltigen Trümmerwüste stand und vor Augen führte, daß wir wußten, wie man die Zerstörung nichtmilitärischer Ziele vermeiden konnte, wenn wir das wollten?

Ein besorgter amerikanischer Professor, mit dem ich in Heidelberg zusammentraf, gab der Meinung Ausdruck, daß die amerikanischen Militärs, als sie Deutschland betraten und die durch unsere Vernichtungsbomben angerichteten gespenstischen Zerstörungen sahen, fürchteten, die Kenntnis davon werde einen Umschwung in der amerikanischen öffentlichen Meinung bewirken und die Anwendung der von Washington für Deutschland geplanten Politik behindern, weil sie Mitleid mit den Besiegten erwecken und zeigen würden, welche Kriegsverbrechen wir selbst begangen hatten. Dies war seiner Meinung nach der Grund, warum General Eisenhower eine ganze Flotte von Flugzeugen dazu benutzte, um Journalisten, Mitglieder des Kongresses und Geistliche zu den Konzentrationslagern zu bringen; man nahm an, daß der Anblick von Hitlers zu Skeletten abgemagerten Opfern verhindern werde, daß wir uns unserer eigenen Schuld bewußt wurden. Das ist ja auch gelungen. Nicht eine einzige amerikanische Zeitung mit großer Auflage hat zu dieser Zeit die Schrecknisse unserer Bombenangriffe oder die entsetzlichen Bedingungen beschrieben, unter denen die Überlebenden in mit Leichen angefüllten Ruinen leben mußten. Die Zeitungsleser in Amerika bekamen nur Beschreibungen der deutschen Grausamkeiten zu lesen, sonst nichts.

Ob die meisten in Deutschland lebenden Amerikaner eine Art von Schutzmechanismus in ihrem Gehirn entwickelt hatten oder tatsächlich glaubten, daß eine Grausamkeit aufhört eine zu sein, wenn sie für *eine gute Sache* — in diesem Falle die unsere — begangen wurde, das weiß ich nicht. Ich habe aber viele Beamte der Militärregierung getroffen, die es als Zeichen für schlechten Geschmack, wenn nicht gar als Gemeinheit betrachteten, wenn jemand unsere Kriegsverbrechen oder die unserer Verbündeten erwähnte.

In Berlin merkte ich, daß ich in Ungnade gefallen war, nachdem ich während einer Cocktailparty im Harnack-Haus bemerkt hatte, es sei meiner Meinung nach hoch an der Zeit aufzuhören, über die deutsche Schuld zu reden, da es kein von den Nationalsozialisten verübtes Verbrechen gäbe, das wir oder unsere Verbündeten nicht ebenfalls begangen hätten. Ich hatte mich dabei auf unsere Flächen-Bombardierungen, die Massenenteignungen und die aus rassischen Gründen verfügte Austreibung von 12 Millionen Deutschen aus ihrer Heimat, die Aushungerung der Deutschen in den ersten Besatzungsjahren, die Benutzung von Kriegsgefangenen als Zwangsarbeiter, die russischen Konzentrationslager sowie die von den Amerikanern wie von den Russen verübten Plünderungen berufen. Meine Hinweise, die mir als ganz einfache Feststellung von Tatsachen erschienen, hatten zuerst ein empörtes Stillschweigen und dann einen Strom reichlich alberner Bemerkungen zur Folge, wie etwa die eines Hauptmanns vom Nachrichtendienst, der mich fragte: "Meinen Sie damit, Sie wünschten, daß wir den Krieg nicht gewonnen hätten?" Am nächsten Tag bekam ich die Quittung. Eine Dame, welche die Bibliotheken leitete, die die Informationsabteilung der Militärregierung in den Amerika-Häusern verschiedener Städte als Teil des Programmes zur Erziehung der Deutschen zur Demokratie eingerichtet hatte, war über meine Bemerkungen besonders wütend gewesen. Ich war daher gar nicht überrascht, als ich feststellte, daß sie von einem von General Clays Sonderberatern, einem sehr anständigen und intelligenten Mann verlangt hatte, daß ich meinen Vortrag über Rußland im Berliner Amerika-Haus nicht halten dürfe. Am nächsten Tag wurde mir mitgeteilt, daß das Auto, das mir die Militärregierung bei meiner Ankunft in Berlin zur Verfügung gestellt hatte, nun von jemand anderem benötigt werde; außerdem wurde ich gebeten, das Harnack-Haus zu verlassen, wo ich ursprünglich *als Gast General Clays* wohnen sollte. Um es sehr deutlich zu machen, daß ich nicht mehr länger eine wichtige Persönlichkeit war, sondern daß hier von Anfang an ein Fehler begangen worden war, präsentierte man mir eine Rechnung über 2.50 Dollar pro Tag für die Zeit meines Aufenthaltes *als Gast General Clays* im Harnack-Haus.

Ich hatte sicherlich keinen Anspruch, als wichtige Persönlichkeit behandelt zu werden und es war für mich sehr viel vorteilhafter, in den Presse-Club umzuziehen, wo ich von gesellschaftlichen und anderen Verpflichtungen frei war; meine Befürchtung, daß die oben erwähnte Dame, der Hauptmann vom Nachrichtendienst und andere Leute die Verlängerung meines militärischen Passierscheines verhindern würden, erwies sich als unbegründet. General Clay, den ich ein paar Tage später traf und mit dem ich ein langes Gespräch hatte, hieß mich herzlich willkommen und empfahl, den mir zuerst auf nur drei Wochen ausgestellten Passierschein zu verlängern. Entweder wußte General Clay nicht, welch gefährlichen Gedanken ich ausgesprochen hatte oder er teilte die kleinlichen Ansichten untergeordneter Beamter der Militärregierung nicht.

Meine in Berlin gesammelten Erfahrungen gehörten zu den vielen, die mich lehrten, daß Hinweise auf unsere *Verbrechen wider die Menschlichkeit* als unschicklich galten. Es schien mir aber, als ob wir, wenn wir den Deutschen jemals *Demokratie beibringen* wollten, damit beginnen mußten, unsere eigenen Handlungen nach den Normen zu beurteilen, die wir an die ihren anlegten. Im anderen Fall mußten wir als Heuchler erscheinen und das deutsche Volk davon überzeugen, daß Hitlers Überzeugung richtig sei, *Macht schaffe Recht* und die Demokratie sei ein Wahn und ein Trug.

Die schlimmen Wirkungen der unterschiedlichen sittlichen Normen, die Siegern und Besiegten vorgeschrieben waren, sowie der in Nürnberg getroffenen Feststellung, wir hätten das Recht, in Deutschland zu tun, was wir wollten, weil wir Deutschland als *Nichtkriegführende* besetzt hielten, zeigte sich bei den Dachauer Prozessen.

Dies waren die Prozesse vom Armeegerichtshof der Vereinigten Staaten (zu unterscheiden von den zivilen und angeblich internationalen Gerichtshöfen in Nürnberg), die gegen die in den Malmedy-Fall verwickelten Soldaten, Unteroffiziere, Feldwebel und jüngeren Offiziere geführt wurden. Angeklagt waren ferner Zivilisten, bei Bombenangriffen abgeschossene amerikanische Flieger gelyncht zu haben und diejenigen Deutschen, die für die in den Nazi-Konzentrationslagern verübten Grausamkeiten verantwortlich gemacht wurden.

Die in diesen Fällen von den Untersuchern und Anklägern angewandten Methoden waren denen der GPU, der Gestapo und der SS durchaus ebenbürtig. Die Angeklagten waren jeder Form von physischer und psychischer Tortur unterworfen, die sie zwingen sollte, die ihnen diktierten Geständnisse zu unterschreiben. Zeugen wurden gemartert und bestochen und die Prozeduren dieser amerikanischen Gerichte waren sogar noch schlimmer als die der ungarischen und bulgarischen, die zur gleichen Zeit katholische und protestantische Geistliche verurteilten, die dem kommunistischen Terror Widerstand geleistet hatten.

Auf der anderen Seite ist dem Umstand, daß Amerika noch immer eine Demokratie ist, zu verdanken, daß die von Vertretern der US-Armee angewandten scheußlichen Methoden aufgedeckt wurden, mit denen die *Geständnisse* Hunderter von Männern erlangt werden sollten, die in *Landsberg* bereits hingerichtet worden waren oder in nächster Zeit hingerichtet werden sollten.

Oberstleutnant Willis N. Everett, ein amerikanischer Rechtsanwalt, der die 74 im Malmedy-Prozeß angeklagten Deutschen verteidigte, überreichte dem Obersten Gerichtshof der USA eine Petition, in der er die Anklage erhob, daß den Deutschen kein rechtlich einwandfreier Prozeß gemacht worden sei. Der Oberste Gerichtshof wies die Petition mit der Erklärung zurück, daß er keine Jurisdiktion über die von der Armee der USA in Deutschland begangenen Handlungen ausübe; diese Feststellung bedeutete, daß die amerikanische Militärregierung über dem Gesetz stand und die von uns beanspruchte *Souveränität* über Deutschland die eines gesetzlosen Despoten war.

Oberstleutnant Everetts Vorgehen zwang die Armee jedoch, davon Notiz zu nehmen und Minister Royall setzte eine Kommission ein, die Everetts Anschuldigungen prüfen sollte. Diese 1948 nach Deutschland entsandte Kommission bestand aus den Richtern Leroy van Roden und Gordon Simpson. Der Bericht, den die beiden Richter aufgrund ihrer Untersuchungen abfaßten, ist — wie viele andere Berichte über deutsche Angelegenheiten — der amerikanischen Öffentlichkeit vorenthalten worden. Richter van Roden hielt jedoch nach seiner Rückkehr in die USA eine Reihe von Vorträgen, in denen er feststellte, daß folgende Methoden dritten Grades angewandt worden waren, um die Geständnisse der zum Tode verurteilten Deutschen, von denen viele bereits hingerichtet worden waren, zu erzwingen: Schläge und brutale Stöße, Ausschlagen von Zähnen und Zerbrechen der Kinnladen, Scheinverhandlungen, Einzelhaft, Torturen mit brennenden Holzspänen, Verwendung von Untersuchern, die vorgaben, Priester zu sein, Hunger und das Versprechen, freigesprochen zu werden. Richter van Roden berichtete am 14. Dezember 1948 vor dem Chester Pike Rotary-Klub: "Alle außer zwei Deutschen der 139 von uns untersuchten Fälle hatten Schläge auf die Hoden erhalten, deren Folgen unheilbar waren. Dies war eine von unseren amerikanischen Untersuchern ständig angewandte Prozedur."

Er berichtete, daß die amerikanischen Untersucher einem Deutschen brennende Streichhölzer unter die Fingernägel getrieben hatten, um ein Geständnis zu erpressen; dieser Mann erschien zu seinem Prozeß mit immer noch bandagierten Fingern.

Ein anderer von diesem amerikanischen Richter erwähnter Fall betraf den eines 18 Jahre alten Jugendlichen, der, nachdem er ein paarmal verprügelt worden war, einwilligte, eine ihm von dem amerikanischen

Untersuchungsbeamten diktierte Aussage zu unterschreiben. Nachdem 16 Seiten davon fertig waren, wurde der junge Mann für die Nacht eingesperrt. Während dieser Nacht hörten ihn die in den benachbarten Zellen liegenden Gefangenen ausrufen: *Ich werde keine Lüge mehr unterzeichnen*; als seine Gefängniswärter am nächsten Morgen kamen, hatte er sich am Gitter seines Zellenfensters erhängt. Trotzdem wurde sein unvollständiges und nicht unterzeichnetes Geständnis als Beweismittel im Prozeß gegen einen anderen Angeklagten angeboten.

Van Roden berichtete weiter: "Manchmal wurde ein Gefangener, der sich geweigert hatte, eine Aussage zu unterschreiben in einen schwach beleuchteten Raum geführt, wo eine Gruppe von in Uniformen gekleideter amerikanischer ziviler Untersuchungsbeamter rund um einen schwarz verhängten Tisch saß, auf dem ein Kruzifix zwischen zwei brennenden Kerzen stand. Dem Angeklagten wurde erklärt: ›Sie werden jetzt Ihren amerikanischen Prozeß haben.‹ Der Scheingerichtshof sprach ein Scheintodesurteil aus, dann wurde dem Angeklagten gesagt: ›Sie werden in ein paar Tagen, wenn der General das Urteil gebilligt hat, gehängt werden. Wenn sie in der Zwischenzeit dieses Geständnis unterzeichnen, werden wir erreichen, daß man sie freispricht.‹ Einige Angeklagte haben trotzdem nicht unterzeichnet. Wir waren entsetzt darüber, daß das Kruzifix für einen solchen schandbaren Zweck benutzt wurde. In einem anderen Falle betrat ein als katholischer Priester verkleideter Untersuchungsbeamter die Zelle eines der Angeklagten, hörte dessen Beichte an, erteilte ihm die Absolution und gab ihm dann einen freundlich gemeinten Rat: ›Unterzeichnen sie alles; was die Leute sie zu unterzeichnen ersuchen. Das wird ihnen die Freiheit bringen. Auch wenn es falsch sein sollte, kann ich ihnen im voraus Absolution für eine Lüge geben, die sie erst erzählen werden.‹ In manchen Fällen genügte schon Einzelhaft oder die Drohung mit Repressalien gegen die Familie des Gefangenen oder Zeugen, um diesen dazu zu bringen, eine vorbereitete Aussage zu unterschreiben, die andere belastete. In anderen Fällen zogen die Untersuchungsbeamten dem Angeklagten eine schwarze Kapuze über den Kopf und hieben ihm dann mit Schlagringen ins Gesicht oder droschen mit Gummiknüppeln auf ihn ein."

Richter van Roden berichtete auch, daß Oberstleutnant Ellis und Leutnant Perl von der amerikanischen Anklagebehörde als Beschönigung für die ihnen zur Last gelegten Grausamkeiten angegeben hatten, daß auf andere Art Beweise nicht zu erhalten gewesen seien. Perl erklärte: "Wir hatten harte Nüsse zu knacken und mußten uns dazu *überzeugender Methoden* bedienen"; Perl gab auch zu, daß zu diesen *überzeugenden Methoden* Gewaltanwendung und Scheingerichtsverfahren gehörten und daß die Malmedy-Fälle aufgrund von Geständnissen behandelt wurden, die mit Hilfe derartiger Methoden beschafft worden waren.

Van Roden zog folgende Schlüsse: "Es gab keine Geschworenen. Der Gerichtshof bestand aus zehn Offizieren, die gleichzeitig als Richter und Geschworene fungierten und einem einzigen rechtskundigen Richter, dessen Entscheidung über die Zulässigkeit von Beweismaterial bindend war. Die als Beweismittel zugelassenen Aussagen waren von Männern gekommen, die zuerst drei, vier und fünf Monate in Einzelhaft gehalten worden waren, eingesperrt hinter vier Mauern ohne Fenster und ohne Möglichkeit, sich Bewegung zu machen. Durch einen Schlitz in der Türe wurde ihnen zweimal am Tag eine Mahlzeit hineingeschoben. Es war den Gefangenen nicht erlaubt, miteinander zu sprechen. Während dieser ganzen Zeit hatten sie keinerlei Verbindung mit ihren Familien oder einem Geistlichen."

"Es ist eine Tragödie", sagte van Roden, "daß so viele Amerikaner, die im Krieg unter solch unsäglichen Mühen gekämpft, so viel Blut vergossen und schließlich den Feind besiegt haben, jetzt sagen: *Alle Deutschen gehören aufgehängt!* Wir haben den Krieg gewonnen, aber einige unserer Landsleute wollen weiter töten. Das hat mit Kämpfen nichts mehr zu tun, das ist unsittlich... Die Tatsache, daß während des Krieges Grausamkeiten von Deutschen gegen Amerikaner und von Amerikanern gegen Deutsche begangen wurden, können auf keinen Fall die Schande mindern, die unserem Vaterland angetan würde, wenn solche Grausamkeiten in Friedenszeiten ungesühnt blieben... Sie würden auf ewige Zeiten ein dunkler Fleck auf dem Gewissen der amerikanischen Nation bleiben."

Leider bereiteten die Untersuchungen der Richter van Roden und Simpson und deren Enthüllungen über diese beschämenden Vorfälle den Hinrichtungen derjenigen Deutschen kein Ende, die aufgrund unter Folterungen erpreßter *Beweise* zum Tode verurteilt worden waren. General Clay hatte zwar bereits die über einige der Verurteilten verhängten Strafen gemildert, es hatte aber den Anschein, als habe ihn das Geschrei der amerikanischen Presse gezwungen, die Hinrichtungen weitergehen zu lassen, statt eine

Kostspielige Rache

Prüfung aller Verurteilten anzuordnen.

Im November 1948 wurden am Freitag jeder Woche jeweils 15 Männer, statt 7 wie in den vorhergegangenen Wochen, gehängt; vermutlich war man der Ansicht, daß, je mehr Opfer dieser fehlerhaften Justiz von der Bildfläche verschwanden, desto weniger Beweise für das begangene Unrecht übrigbleiben würden. Unter der ersten Gruppe derer, die nach den Untersuchungen van Rodens und Simpsons hingerichtet wurden, befanden sich 5 Männer, die nach den Feststellungen beider Richter aufgrund fragwürdiger Beweise verurteilt worden waren.

Betty Knox, die ich bereits erwähnte, und *Jose* von der United Press hatten, kurz nachdem ich in Nürnberg mit ihnen zusammengetroffen war, die Hinrichtungen der vorausgegangenen Woche miterlebt. Beide werden dieses entsetzliche Erlebnis wohl nie mehr vergessen. Sowohl der protestantische wie der katholische Geistliche des Landsberger Zuchthauses, in dem die Hinrichtungen stattfanden, waren davon überzeugt, daß einige der hingerichteten Männer unschuldig waren. Sie waren verzweifelt darüber, daß sie nicht die Macht besaßen, irgend etwas zu tun, daß diesem Verbrechen Einhalt geboten wurde; einige dieser Männer hatten sie von ihrer Unschuld überzeugt, alle diese Männer waren mit Hilfe von unter Folterungen erpreßten Geständnissen oder der Aussagen von Zeugen verurteilt worden, die man des Meineides überführt hatte.

Einem der Männer, die Betty Knox sah, hatte man am vorangegangenen Dienstag mitgeteilt, daß seine Hinrichtung aufgeschoben sei, weil sein Fall erneut verhandelt werde; am Freitag hatte man ihn dann aus seiner Zelle zur Hinrichtung gezerrt. Einem anderen hatte man versprochen, daß er vor seinem Tode noch einmal seine Frau sehen durfte, die zu sehen man ihm drei Jahre lang verboten hatte. Als sie zur festgesetzten Zeit im Zuchthaus erschien, hatte man ihr mitgeteilt: "Es tut uns leid, er ist bereits tot, er wurde infolge eines Irrtums als erster statt als letzter gehängt."

In den Malmedy-Prozessen scheint es das Ziel der Untersuchungsbehörde gewesen zu sein, die jungen deutschen Kriegsgefangenen zu zwingen, ihre Kommandeure zu belasten. Falls sie sich weigerten, sollten sie selbst gehängt werden. Die Konzentrationslager-Prozesse waren noch schlimmer, weil hier die amerikanische Anklage nach dem Prinzip der Nazis und

Kommunisten handelte, eine hinreichend große Zahl von Leuten an den Galgen zu bringen, jedoch die wirklichen Verbrecher nicht zur Verantwortung zu ziehen. Die Hauptzeugen der Anklage waren die ehemaligen Kriminellen und Kommunisten aus den Konzentrationslagern, die von der Gestapo als Kapos angestellt worden waren, nachdem die meisten SS-Soldaten aus der Bewachung der Lager herausgezogen und an die Front geworfen worden waren. So boten die Dachauer Prozesse gegen die wegen Grausamkeiten in Nazi-Konzentrationslagern Angeklagten das widerliche Schauspiel, daß ehemalige politische Gefangene aufgrund der Aussagen der Kriminellen, die jene haßten, oder der Kommunisten, denen Gelegenheit gegeben wurde, ihre politischen Gegner an den Galgen zu bringen, angeklagt und verurteilt wurden.

Man kam um die Feststellung nicht herum, daß einige der in diesen Prozessen zum Tode oder zu lebenslänglicher Haft verurteilten Männer sich keines Verbrechens oder keiner Grausamkeit schuldig gemacht hatten. Sie wurden verurteilt, weil sie als Insassen von Hitlers Gefängnissen sich dort die Feindschaft der Kriminellen oder der Kommunisten zugezogen hatten. Die Unschuldigen hatten wenig Hoffnung, freigesprochen zu werden, weil die amerikanischen Untersucher den Hauptschuldigen Straflosigkeit versprachen, falls sie andere zu belasten bereit waren; Zeugen wurde gedroht, daß ihre Familien Repressalien ausgesetzt sein würden, falls sie sich weigerten, die ihnen diktierten Aussagen zu unterzeichnen. Der Teufelskreis des Schreckens und der Ungerechtigkeit, den die Nationalsozialisten zu ziehen begonnen hatten, wurde geschlossen, als ihre Opfer von den Amerikanern gezwungen wurden, selbst meineidig zu werden, um dem Tode zu entrinnen oder aufgrund von Aussagen verurteilt zu werden, die gefolterte Zeugen geliefert hatten.

Die Anwendung von Zwang zur Erlangung von Beweisen wurde von den Beauftragten der amerikanischen Armee ausdrücklich zugelassen. Oberst A. H. Rosenfeld wurde, als er 1948 seinen Posten als Chef der Abteilung Dachau für Kriegsverbrecher verließ, in einer Pressekonferenz gefragt, ob etwas Wahres an den Gerüchten über Scheinprozesse in Dachau sei. Er antwortete:

"Ja, selbstverständlich. Auf andere Weise hätten wir diese Vögel ja nicht zum Singen gebracht." Oberst Rosenfeld betrachtete solche Methoden nicht als Zwang; denn schließlich waren die Opfer ja

Deutsche. Er war sichtlich stolz auf seine Gewitztheit und meinte: "Das war ein Trick, der wirkte wie ein Zauber."

Folterungen, Scheinprozesse, Erpressungen, falsche Beweise und alles andere dürften allerdings *wie ein Zauber gewirkt* haben, doch der üble Geruch, den sie der amerikanischen *Rechtsprechung* in Deutschland verliehen, war alles andere als zauberhaft. Die Folge war, daß die meisten Deutschen davon überzeugt waren, es gebe zwischen *demokratischer* und nationalsozialistischer oder kommunistischer *Justiz* kaum einen Unterschied.

Die Mehrzahl der in den Dachauer Prozessen Angeklagten wurden gefoltert; als sie schließlich, durch Prügel und Hunger geschwächt, in den Verhandlungssaal gebracht wurden, verweigerte man ihnen für gewöhnlich jede Möglichkeit zur Verteidigung. Sie wurden erst ein paar Stunden oder — im günstigsten Falle — ein paar Tage vor Beginn ihres Prozesses über die gegen sie erhobenen Anklagen ins Bild gesetzt und hatten nicht die Möglichkeit, Zeugen zu ihrer Verteidigung zu stellen. Mit seltenen Ausnahmen hatten sie keinen deutschen Verteidiger, entweder weil sie ihn nicht bezahlen konnten oder weil die amerikanischen Behörden ihnen einen solchen verweigerten. Wenn ein deutscher Verteidiger zugelassen war, mußte er sich nach den Anordnungen des für die Verteidigung eingeteilten amerikanischen Offiziers richten; es wurde ihm nicht gestattet, sich mit seinem Klienten abzusprechen, es sei denn in den kurzen Verhandlungspausen.

Im Fall des KZ-Prozesses vermochte die Anklage es nicht einmal, das spezielle Verbrechen zu beschreiben, dessen der betreffende Angeklagte beschuldigt wurde, noch Zeit und Ort anzugeben, wo es begangen wurde. In einem von ihm am 30. Juli 1948 an General Clay gerichteten Appell erklärte der deutsche Verteidiger Dr. Georg Fröschmann: "In der überwiegenden Zahl der KZ-Prozesse begnügte sich die Anklagebehörde damit, in einem einzigen Satz mit 24 Schreibmaschinenzeilen die Kriegsverbrechen und Verbrechen gegen die Menschlichkeit generell aufzuzählen, als da waren *Tötungen*, *Prügel*, *Folterungen*, *Hunger*, *Gewalttätigkeiten*, *Demütigungen*, deren sich die Angeklagten gegen Angehörige von 15 verschiedenen Nationen als Täter, Mittäter, Anstifter, Helfershelfer oder anderswie Beteiligte schuldig gemacht haben sollten."

Die Angaben über den Zeitpunkt, an dem diese Verbrechen begangen wurden, wurden ähnlich vage mit *zwischen Januar 1942 und 5. Mai 1945* angegeben.

Die amerikanischen Offiziere, die als Verteidiger eingeteilt waren, hatten für gewöhnlich keine juristische Ausbildung genossen, konnten nicht Deutsch und machten sich auch keineswegs die Arbeit, den betreffenden Fall mit den Angeklagten durchzusprechen. Diese waren nicht imstande, die gegen sie aufgebotenen Zeugen zu befragen, da die Verhandlungen in einer Sprache geführt wurden, die sie nicht verstanden und weil fähige Übersetzer nicht vorhanden waren.

Alle diese Verhandlungen glichen den bekannten Moskauer Schauprozessen.

Nach Dr. Fröschmann "konnten sich viele Angeklagte nicht des Eindruckes erwehren, als ob der ihnen von ihrem Verteidiger gegebene Rat dem Wunsch entsprang, dem Streben des Gerichtshofes nach einer beschleunigten Abwicklung dieser Prozesse nachzukommen. Viele amerikanische Verteidiger standen in engem Kontakt mit der Anklage und ließen sich auf seltsame Kompromisse mit dieser ein. Sie versäumten es, rechtzeitig Anträge auf Vertagung eines Prozesses zu stellen, um der Verteidigung Gelegenheit zur Vorbereitung zu geben... Ihre Anträge schienen in Übereinstimmung mit der Anklage gestellt zu sein und in manchen Fällen schienen sie selbst die Ankläger zu sein".

Die Anklagebehörde hatte reichlich Zeit und Gelegenheit, Zeugen aus ganz Europa zu laden und deutsche Zeugen so lange zu foltern, bis diese die gewünschten Aussagen machten; die Angeklagten, in Dunkelzellen eingekerkert und jedes Kontaktes mit der Außenwelt beraubt, waren selbstverständlich nicht imstande, irgend jemanden zu ihrer Verteidigung herbeizurufen. Überdies hatte die *Vereinigung der Verfolgten des Naziregimes* über Presse und Radio allen ehemaligen KZ-Häftlingen verboten, als Zeugen für die Verteidigung aufzutreten.

Obwohl die Anklage den ehemaligen politischen Häftlingen freie Fahrt, gute Ernährung, beträchtliche Tagesgelder und eine ansehnliche Menge von Zigaretten für den Verkauf auf dem Schwarzmarkt versprach, kamen nur wenige von ihnen nach Dachau, um gegen die Angeklagten auszusagen. Die Tatsache, daß die Anklage sich vor allem auf Leute stützen mußte, die wegen krimineller Vergehen in die Konzentrationslager gebracht worden waren, ließ bereits die Vermutung zu, daß einige der in Dachau zum Tode Verurteilten unschuldig waren. Die Heranziehung von *professionellen* Zeugen, die zu Dutzenden in den Prozessen auftraten und deren von anderen Beweisen nicht untermauerte Aussagen bereits für ein Todesurteil ausreichten, mußte jeden abstoßen, der sich sein elementares Rechtsempfinden bewahrt hatte.

Es fällt schwer, sich der Folgerung zu entziehen, daß die Anklage nicht im mindesten daran interessiert war, diejenigen verurteilt zu sehen, die sich tatsächlich Grausamkeiten hatten zuschulden kommen lassen, sondern daß sie einzig und allein darauf ausging, eine Höchstzahl von Verurteilten zu erreichen, um die Kollektivschuld des deutschen Volkes zu beweisen. Die natürliche Folge war, daß viele Deutsche, die wußten, wie diese Prozesse geführt wurden, nun sagten, daß es überhaupt keine solchen Grausamkeiten gegeben habe und daß alle Geschichten über die Konzentrationslager amerikanische Erfindungen seien. So führte die Anwendung von Nazi-Methoden zum Zwecke, die Schuld der Nazis zu beweisen, dazu, daß die Realität der Nazi-Verbrechen verdunkelt wurde.

Dies galt besonders für den Fall der Ilse Koch. Die Deutschen wußten, daß die amerikanische Anklage keinerlei Beweise für ihre Behauptung hatte beibringen können, daß die in Amerika gern geglaubte Geschichte von den *Lampenschirmen aus Menschenhaut* in Ilse Kochs Wohnung wahr sei. Ilse Koch war genau das, als was sie General Clay in seiner Abwandlung des gegen sie gefällten Todesurteiles bezeichnete: eine Hure und eine Perverse verworfenster Art, aber keine Kriegsverbrecherin. Die von den Nazis begangenen Grausamkeiten waren zu schlimm, als daß es noch notwendig gewesen wäre, Märchen über Lampenschirme aus Menschenhaut zu erfinden. Als wir den Versuch unternahmen, Lügen als Wahrheit hinzustellen, verschleierten wir die Wirklichkeit der Gaskammern; es schien möglich, daß in wenigen Jahren die Wahrheit als ein Greuelmärchen abgetan würde, das die Sieger verbreitet hatten, um die unmenschliche Behandlung der Besiegten zu rechtfertigen.

Der Schaden, der hier angerichtet wurde, war nicht mehr zu reparieren, doch das Ansehen der Vereinigten Staaten konnte wiederhergestellt werden, wenn die Exekutionen ausgesetzt, eine richtiggehende und unabhängige Untersuchung angeordnet und die der Folterung von Gefangenen und des Rechtsbruches schuldigen Amerikaner in Deutschland unter der Anklage, *Verbrechen gegen die Menschlichkeit* begangen zu haben, vor Gericht gestellt wurden. Obwohl der Oberste Gerichtshof der Vereinigten Staaten erklärte, an der Verfolgung von Verbrechen, die amerikanische Staatsbürger in Deutschland begangen hatten, nicht interessiert zu sein, bekundete der Senat im März 1949 seine Besorgnis, indem er für eine Untersuchung stimmte.

Es dürfte leichter fallen, die bösen Erinnerungen an die Dachauer Prozesse auszulöschen, als das deutsche Volk die brutale und ungerechte Behandlung vergessen zu lassen, der es in den ersten Jahren der Besetzung ausgesetzt war. Junge Männer und Frauen, die Hitler aus einer irrigen, aber ehrlichen Überzeugung, daß kein vaterlandsliebender Deutscher sich weigern dürfe, seiner Führung zu folgen, Gehorsam geleistet hatten; Arbeiter, die sich der NSDAP angeschlossen hatten, weil sie glaubten, daß diese ihnen *Arbeit und Brot* geben werde; die besiegten Soldaten der deutschen Armee, die für die von der SS und der Gestapo begangenen Grausamkeiten nicht verantwortlich waren, die aber tapfer bis zum letzten Tag gefochten hatten, um ihr Land vor dem kommunistischen Terror zu retten — ja sogar die aus ihren Verstecken aufgetauchten oder aus den Konzentrationslagern entlassenen Opfer der Nationalsozialisten: sie alle wurden von den siegreichen Demokraten bestraft. Einige von ihnen wurden jahrelang eingekerkert, ohne daß ihnen der Prozeß gemacht wurde; einigen wurde ihr gesamtes Eigentum oder das ihrer Familie weggenommen; anderen wieder wurden die ihnen als Kriegsgefangenen zustehenden Rechte verweigert und sie mußten Zwangsarbeit leisten. Vier Jahre nach Kriegsende noch war das Kontrollratsgesetz Nr. 3 in Kraft, nach dem *jeder* Deutsche zur Zwangsarbeit herangezogen werden konnte — eine offenkundige Verletzung der amerikanischen Verfassung, die Zwangsarbeit in *allen* der Jurisdiktion der Vereinigten Staaten unterstehenden Gebieten untersagt.

Die Kriegsgefangenen und Zivilisten, denen man in Dachau den Prozeß machte, waren keineswegs die einzigen Deutschen, die physischen Folterungen unterworfen wurden. Nach Kriegsende verhafteten wir Generäle, SS-Männer, Regierungsbeamte und Nazi-Führer in großer Zahl und setzten sie Mißhandlungen unterschiedlicher Art aus, ohne abzuwarten, wer von ihnen als schuldig oder als unschuldig zu gelten hatte.

Ein Deutscher aus meinem Bekanntenkreis, der früher dem Auswärtigen Amt angehörte, erzählte mir, daß er in einen Güterwagen hineingestoßen wurde, der so vollgepfercht war, daß sich niemand setzen konnte und der darin ohne Nahrung und Wasser 36 Stunden ausharren mußte. Einer der Männer in dem Waggon war ein 82jähriger General, der lange vor dem Krieg in den Ruhestand getreten war, aber wegen seines Ranges verhaftet worden war. Die Insassen des Waggons, Offiziere und Zivilisten, die von den Amerikanern nach den Methoden behandelt wurden, mit denen die Sowjetunion ihre Feinde ausmerzt, hatten es fertiggebracht, sich noch mehr zusammenzudrängen, damit sich der alte Mann setzen konnte. Viele der Gefangenen waren krank, einige waren verwundet, aber es wurde ihnen während der ganzen Fahrt nicht gestattet, den Wagen zu verlassen. Im Gefängnis wurden die deutschen Generäle später gezwungen, die Stiefel ihrer Wachtposten zu putzen und mit bloßen Händen die Latrinen zu reinigen; man behandelte sie durch die Bank so, wie die Häftlinge in den nationalsozialistischen oder kommunistischen Konzentrationslagern behandelt wurden.

Überall, wohin man in Deutschland kam, wurden einem Geschichten dieser Art erzählt. Zweifellos waren einige übertrieben, aber es ist kaum ein Zweifel erlaubt, daß man ein perverses Vergnügen darin fand, die Offiziere der besiegten feindlichen Armee jeder nur erdenkbaren Erniedrigung auszusetzen. In jeder Armee gibt es einige Sadisten oder Rohlinge. Das Entsetzliche in diesem Falle war aber, daß die der amerikanischen Armee in der ersten Zeit der Besatzung erteilten Befehle die brutale und unritterliche Minderheit ermutigten und die Anwendung von Nazi-Methoden bei der Behandlung der Besiegten vorschrieben. Der Schock, den die Deutschen dadurch erlitten, war umso größer, als sie zwar von den Russen Gesetzlosigkeiten und Brutalitäten erwartet, jedoch geglaubt hatten, daß die Amerikaner sie anständig behandeln würden. Viele hatten das Ende des Krieges begrüßt, weil sie glaubten — welche Art von Strafen es auch über sie bringen möge —, daß es die Gesetzlosigkeit und Tyrannei der Nazis auslöschen und eine Herrschaft des Gesetzes aufrichten werde. Jetzt aber war der Glaube an eine demokratische Gerechtigkeit beinahe gestorben.

Die schlimmsten Taten, deren wir selbst uns in Deutschland schuldig gemacht haben, werden nicht die einzigen bleiben, für die die Nachwelt uns die Verantwortung aufbürden wird.

Präsident Roosevelt in Jalta und Präsident Truman in Potsdam haben im Namen des amerikanischen Volkes einem der barbarischsten Akte in der langen Geschichte der Unmenschlichkeiten, die Menschen gegen Menschen begingen, zugestimmt. Aufgrund dieser Übereinkünfte wurden zwölf Millionen Menschen ihrer Habe beraubt und aus ihren Häusern getrieben, einzig und allein, weil sie das Verbrechen begangen hatten, Deutsche zu sein.

Wenn in vergangenen Zeiten der Sieger einen Landstrich annektierte, wurden keineswegs alle, die dort lebten, ausgeplündert, und es wurde ihnen gestattet, in den Häusern ihrer Vorfahren weiterzuleben. Amerika und England jedoch waren nicht nur einverstanden, daß Deutschland ein Gebiet entrissen wurde, in dem die Deutschen seit Hunderten von Jahren lebten, sie gaben den Russen, Polen, Tschechen, Jugoslawen und anderen Völkern auch das Recht, alle Menschen deutscher Abstammung zu enteignen und sie aus dem Lande zu treiben. Der Vorbehalt, daß diese Austreibungen auf humane Art und Weise vonstatten gehen sollten, umgab dieses Verbrechen wider die Menschlichkeit zudem mit einer abstoßenden Aura von Heuchelei.

Die Polen, denen das Gebiet *östlich der Oder-Neiße-Linie* überantwortet wurde, vertrieben dessen Bewohner mit äußerster Brutalität. Wenige Stunden nach der Ankündigung bereits wurden Frauen und Kinder, Alte und Kranke aus ihren Häusern geworfen und selbst diejenigen, die in Krankenhäusern oder Waisenhäusern lebten, blieben nicht verschont. Die Tschechen trieben, nicht weniger brutal, die Deutschen in Fußmärschen über das Gebirge und nahmen ihnen an der Grenze die letzte spärliche Habe weg, die sie noch hatten tragen können. Die Tschechen waren auf die Befriedigung ihrer Racheebenso wie auf die ihrer Profitgelüste bedacht und behielten Tausende von deutschen Männern als Sklavenarbeiter zurück, während sie deren Frauen und Kinder aus dem Land trieben. Viele der Alten, Jungen und Kranken gingen auf den langen Märschen in den Rest Deutschlands an Hunger, Kälte oder Erschöpfung zugrunde oder starben, verdurstet, verhungert oder Krankheiten erlegen, in den überfüllten Viehwaggons, in denen ein Teil von ihnen weggebracht wurde. Diejenigen, die diese Reisen überlebten, konnten von nichts anderem leben, als von dem wenigen, was im besetzten Deutschland für sie noch übrigblieb. Nicht einem einzigen Menschen deutscher Abstammung wurde die Hilfe der Vereinten Nationen zuteil. Die DP-Lager waren ihnen verschlossen, der UNRRA (*U*nited *N*ations *R*elief and *R*ehabilitation *A*dministration) und dann auch der IRO (*I*nternational *R*efugee *O*rganisation) war es untersagt, ihnen beizustehen. Diese Parias neuer Art wurden nach Deutschland gejagt, um dort zu sterben oder als Bettler in den elenden Unterkünften zu vegetieren, die die ausgebombten deutschen Städte diesen Menschen geben konnten, die noch schlimmer daran waren als diejenigen, welche dort seit jeher gelebt hatten.

Wieviele Menschen während der Austreibung ermordet wurden oder starben, wird niemals bekannt werden. Von den zehn oder zwölf Millionen Menschen, die das Verbrechen begangen hatten, Deutsche zu sein, bleiben vier oder fünf Millionen verschollen. Niemand weiß aber, wieviele davon tot und wieviele Zwangsarbeiter sind. Nur eines ist wahr: Hitlers barbarische Ausrottung der Juden wurde von der Liquidation der Deutschen durch die *demokratischen, friedliebenden* Mächte der Vereinten Nationen in den Schatten gestellt. Der walisische Geistliche Dr. Elfan Rees hat in einer Predigt an der Genfer Universität am 13. März 1949 völlig zu Recht gesagt: "Der Frieden, den die Alliierten brachten, hat mehr Menschen heimatlos gemacht als der Krieg der Nationalsozialisten."

Die Zahl der in Rumpfdeutschland lebenden Flüchtlinge wurde 1948 auf acht bis neun Millionen geschätzt. Die IRO kümmerte sich nicht um sie; ein Erlaß des Kongresses verbat es ihr ausdrücklich, ihnen irgendwelche Hilfe zu leisten. Es war dem übervölkerten Westdeutschland offensichtlich unmöglich, sich ihrer anzunehmen. Ein paar wenige arbeiteten in der Industrie oder auf Bauernhöfen, doch die meisten lebten unter unmenschlichen Bedingungen, ohne Hoffnung, jemals Arbeit und Unterkunft zu bekommen.

In Bayern, wo die Besatzer Tausende von Hotels, Schlössern, Kasernen und Privathäusern ausschließlich für sich beschlagnahmt hatten und die immer geringer werdende Zahl der von der IRO betreuten DPs in komfortablen Wohnungen lebte, waren die deutschen DPs in zugigen Verschlägen zusammengepfercht und erhielten von den internationalen Organisationen weder Lebensmittel noch Bekleidung. Die Vereinigten Staaten hatten zugelassen, daß sie enteignet und ausgetrieben wurden und waren jetzt an ihrem Schicksal uninteressiert. Die Militärregierung bedeutete den deutschen Länderverwaltungen, daß die deutschen Flüchtlinge eine *ausschließlich deutsche Angelegenheit* seien.

Wir erklärten den Deutschen, daß jedes Opfer der Naziverbrecher zu unterstützen war, daß aber diejenigen, deren Leiden wir selbst auf dem Gewissen hatten, ruhig verderben und sterben konnten. Wir unterschieden auch sehr genau zwischen den verschiedenen Kategorien der von den Kommunisten Verfolgten. Ein Tscheche, der dem kommunistischen Terror entkam, erhielt das Recht, in ein DP-Lager zu ziehen und amerikanische Lebensmittel zu erhalten. Ein Russe, Rumäne, Ungar oder Jugoslawe, dem es gelungen war, über die Grenze nach Bayern zu entkommen, fiel jedoch der deutschen Wirtschaft zur Last. Mitglieder dieser Nationen durften nur dann in den DP-Lagern wohnen, wenn sie vor Kriegsende in Deutschland gewesen waren. Wie die Dinge lagen, hatten also — mit Ausnahme der Tschechen — nur Opfer der Nationalsozialisten ein Anrecht auf Hilfe, aber nicht die Opfer der Kommunisten. Deutschland hatte sich also nicht nur der ehemaligen Opfer Hitlers anzunehmen, seine Wirtschaft war auch gezwungen, Hunderttausenden der Opfer Stalins beizustehen. Das war noch nicht alles. Deutschland spielte die Rolle eines Aufnahmezentrums und Durchgangslagers für viele Tausende von Juden, die Polen, Rumänien, Ungarn und die Tschechoslowakei verlassen hatten, *nachdem* dort die Kommunisten die Macht übernommen hatten. In einem jüdischen DP-Lager in der Nähe Münchens war jeder Mensch, mit dem ich sprach, nach 1945 nach Deutschland gekommen, in der Hoffnung, von dort nach Palästina zu gelangen.

Obwohl die Zahl der in Deutschland lebenden DPs immer weiter zurückging und viele der Lager halb leer standen, wurde den Deutschen nicht erlaubt, die vielen Häuser, Kasernen und andere von den DPs bewohnten Gebäude zurückzunehmen oder ihre eigenen Flüchtlinge dort unterzubringen. Genaue Informationen waren nicht zu erlangen, weil es den deutschen Behörden untersagt war, die DP-Lager zu betreten; der bayerische Vertriebenenminister schätzte jedoch, daß zwischen 24 000 und 28 000 Betten nicht belegt waren. Während also mit diesen Unterkünften verschwenderisch umgegangen wurde, blieben die deutschen Flüchtlinge in ungesunden Hütten und anderen Behausungen ohne alle Bequemlichkeiten und ohne die primitivsten sanitären Einrichtungen zusammengepfercht; häufig mußten die Menschen dort auf dem Fußboden schlafen.

Bevor ich nach Nürnberg fuhr, besuchte ich verschiedene bayrische Flüchtlingslager. Der Kontrast zwischen den Lebensbedingungen dort und denen in der Mehrzahl der Lager für nichtdeutsche DPs bewies, wie glücklich die früheren Opfer der Nationalsozialisten im Vergleich zu jenen waren, die die Folgen der von den *siegreichen Demokratien* begangenen Verbrechen wider die Menschlichkeit auszukosten hatten.

Es konnte nicht überraschen, daß die Kommunisten in dem riesigen Lager Dachau, wo die Menschen unter den niederziehendsten Bedingungen leben mußten, einen beträchtlichen Einfluß ausübten. Der inoffizielle Führer der Flüchtlinge war ein Kommunist, der Hungerstreiks und Massenversammlungen organisiert und damit die bayrische Verwaltung gezwungen hatte, die Lebensbedingungen in diesem Lager zu verbessern, indem sie die hölzernen Baracken winterfest machte und etwas mehr Nahrung herbeischaffte. Die bayrischen Behörden, die man für die unzureichenden Unterkünfte und die unzulängliche Ernährung in diesen Lagern verantwortlich machte, waren aber nicht die eigentlichen Schuldigen. Bayern war gezwungen worden, weit mehr deutsche Flüchtlinge als alle anderen westdeutschen Länder aufzunehmen, und da so viele Häuser für die DPs und die Besatzungsarmee beschlagnahmt worden waren, war dieses Problem unlösbar.

Aufgrund der Schätzungen der Militärregierung waren 1948 ein Viertel der über neun Millionen Bewohner Bayerns keine Bayern. Es gab dort über eine Million Vertriebene aus der Tschechoslowakei, 606 000 aus den Gebieten östlich der Oder und Neiße, 51 500 aus Ungarn und 170 000 aus anderen Gebieten. Überdies lebten in Bayern an die 300 000 Deutsche aus den anderen Besatzungszonen oder den anderen Staaten Westeuropas sowie 164 000 Ausländer. Diesen Zahlen waren Tausende von unregistrierten Personen zuzurechnen, die illegal nach Bayern eingewandert waren. In dieser Hinsicht stand Bayern, verglichen mit den anderen Ländern Westdeutschlands, vor dem schwersten Problem: es hatte eine sehr lange Grenze, die im Schutz der Nacht von unzähligen Menschen überschritten wurde, die aus der Tschechoslowakei, aus Rumänien, Ungarn und Jugoslawien wie aus der deutschen Sowjetzone kamen. Was man auch anstellen konnte, um den Flüchtlingen Arbeit und angemessene Unterkünfte zu verschaffen, es kamen immer wieder so viel neue ins Land, daß Bayern dem Sisyphus glich, welcher einen Stein den Berg hinaufstieß, der dann immer wieder talwärts rollte.

Lediglich die Hälfte des gesamten Bevölkerungszuwachses in Bayern bestand aus Flüchtlingen, die *legal* aufgrund des Potsdamer Abkommens ins Land gekommen waren. Am 1. Januar 1948 war die Bevölkerung Bayerns, wo 1939 etwa sieben Millionen Menschen gezählt wurden, auf neuneinviertel Millionen angewachsen; 1,8 Millionen davon waren Flüchtlinge, 292 000 Evakuierte aus anderen Teilen Deutschlands. In Jahren 1945 bis 1946 kamen 70 000 Ausländer, um die sich die UNRRA nicht kümmerte, nach Bayern. 1947 wurden in den bayrischen Lagern für Deutsche weitere 75 000 Menschen registriert, die illegal die Grenze überschritten hatten. Die Währungsreform von 1948, bei der jedermann 40 neue D-Mark erhielt, führte in Bayern zur Entdeckung zusätzlicher 100 000 illegaler Einwanderer, die niemals registriert worden waren, niemals Lebensmittelkarten erhalten und wahrscheinlich vom Schwarzen Markt gelebt hatten.

Eine Zunahme der bayrischen Bevölkerung um zweieinviertel Millionen Menschen machte es der deutschen Verwaltung ganz einfach unmöglich, angemessene Unterkünfte zu beschaffen; es gab da ja noch 330 000 Menschen, die entweder durch die Bombenangriffe oder die Beschlagnahmungen der Militärregierung wohnungslos geworden waren. Eine Million Wohnräume waren ganz, weitere 1,7 Millionen teilweise bei den Bombenangriffen während des Krieges zerstört worden. Die amerikanische Militärregierung hatte weitere 115 000 Räume beschlagnahmt. Zog man den vergleichsweise beträchtlichen Wohnraum für DPs und den mehr als hinreichenden Wohnraum ab, der von der Militärregierung für die Unterbringung und Erholung der Amerikaner und ihrer Gäste beschlagnahmt worden war, dann war Bayern in diesen Tagen so übervölkert, daß im Durchschnitt ein Raum für zwei Personen zur Verfügung stand. In Nürnberg, Regensburg und anderen schwer zerstörten Städten waren es sogar zweieinhalb Menschen pro Raum.

Zu diesen Unterkünften gehörten Baracken, hölzerne Sommerhäuser, die im Winter unbewohnbar waren, die kerkerähnlichen Bunker mit ihren feuchten Betonwänden, in denen Tausende lebten sowie Ställe und andere als Wohnungen für Menschen nicht geeignete Bauten.

Die Mehrzahl der deutschen Flüchtlinge bestand aus Frauen und Kindern, doch war es noch nicht einmal möglich, Arbeit für die Männer und die anderen zu finden, die arbeitsfähig waren. Von den 1,9 Millionen deutschen Flüchtlingen in Bayern lebten 1,2 Millionen in Landgemeinden mit weniger als 4000 Einwohnern, in denen nur in sehr begrenztem Ausmaß Arbeit für die Flüchtlinge zu finden war.

Die Kosten, die dem bayrischen Staat für die Ernährung der Flüchtlinge und deren Ausstattung mit Betten, Decken, Kleidung und Haushaltungsgegenständen entstanden, überstiegen bei weitem die ihm zur Verfügung stehenden Geldquellen. 1948 brachte er jeden Monat dreieinhalb Millionen D-Mark für die Unterhaltung der Lager auf; die zu Beginn gelieferten Kleidungsstücke und Betten sind dabei nicht eingerechnet.

Im Jahre 1948 bat der bayrische Vertriebenenminister Jänicke, selbst ein Flüchtling aus Schlesien, die Vereinten Nationen um Hilfe und erklärte, es sei Deutschland unmöglich, die deutschen und diejenigen nichtdeutschen Flüchtlinge unterzubringen und zu ernähren, denen die IRO jede Hilfe verweigerte. Er ersuchte um die Freigabe der von der IRO nicht mehr benötigten Wohnungen, um eine beschleunigte Repatriierung oder Auswanderung der DPs und die Ausweitung der IRO-Fürsorge auf die große Zahl ausländischer Flüchtlinge, die jetzt aus dem sowjetischen Bereich nach Deutschland entkamen und für die die deutsche Wirtschaft aufkommen mußte. Außerdem stellte er Überlegungen an über die Notwendigkeit, Arbeitsmöglichkeiten für deutsche und andere europäische Flüchtlinge durch die Zuteilung von Marshall-Plan-Geldern zu schaffen.

Bayern war das Land der Zuflucht für alle die, denen es gelang, aus den von den Kommunisten beherrschten Ländern zu entkommen. Wenn aber die Deutschen um Hilfe baten, um diesen gewaltigen Zustrom von Flüchtlingen vor dem kommunistischen Terror zu bewältigen, wurde ihnen erklärt, diese Sache gehe die Militärregierung nichts an und sei einzig und allein ihre eigene Angelegenheit. Es war nicht komisch, sondern ganz einfach lächerlich, daß die Militärregierung zwar darauf bestand, daß Vertriebene und Flüchtlinge unter deutsche Verantwortlichkeit fielen, daß sie aber anordnete, angemessene Aufnahme- und Weiterleitungseinrichtungen müßten bereitgestellt werden. Sie wußte ja schließlich ebensogut wie die Deutschen, daß das unmöglich war.

Freda Utley

VIII. Unsere unamerikanische Handlungsweise in Deutschland

Wäre die Regierung der USA von Kommunisten beherrscht worden, sie hätte kaum besser den Weg für den Sieg des Kommunismus in Deutschland vorbereiten können, als dies die Militärregierung während der ersten beiden Besatzungsjahre tat. Die Entnazifizierungsgesetze wurden dazu benutzt, die Kapitalisten zu enteignen, den Mittelstand an den Bettelstab zu bringen und die demokratische Justiz in Verruf zu bringen. Kommunisten erhielten leitende Posten in der Verwaltung und kontrollierten Zeitungen und Rundfunkstationen; Deutschland wurde in eine wirtschaftliche Zwangsjacke gesteckt, die das Wiederaufleben des freien Unternehmertums von vornherein ausschloß. Chaos, Elend und Verzweiflung drohten. Alles schien darauf angelegt zu sein, die Deutschen ins Lager der Kommunisten zu treiben.

Die Prozesse von Nürnberg und Dachau berührten direkt nur eine kleine Zahl von Personen, doch die dort verkündeten Grundsätze im Verein mit der der Militärregierung von Washington erteilten Weisung JCS 1067/6 nahmen der Mehrzahl der Deutschen in der amerikanischen Besatzungszone Freiheit, Eigentum und andere Bürgerrechte. Die Weisung JCS 1067/6 hob die *Habeaskorpusakte* für unbestimmte Zeit auf und gestattete der Militärregierung, jeden zu verhaften, und ohne Gerichtsverfahren gefangen zu halten, der möglicherweise die Pläne der Alliierten — selbstverständlich einschließlich der der Sowjetunion — gefährden konnte. (Die 1679 erlassene *Habeaskorpusakte* befahl, daß niemand ohne Anordnung eines Richters verhaftet werden durfte. Anmerkung des Übersetzers.) Die Militärregierung hatte auch die Anweisung erhalten, nicht nur Nationalsozialisten, sondern *alle anderen, den Plänen der Alliierten feindlich gesinnten Personen* aus öffentlichen Ämtern wie aus wichtigen Stellungen in der Privatwirtschaft zu entfernen. Hätte man diese Anordnung in ihrer ganzen Schärfe ausgeführt, so hätte kein Deutscher — es sei denn, er war Kommunist — in der Verwaltung oder in leitender Stellung tätig sein können. Zu dieser Zeit konnte man ja von nur wenigen Deutschen erwarten, daß sie nicht Gegner der Politik der Alliierten waren.

Kostspielige Rache

Das *Gesetz zur Befreiung vom Nationalsozialismus*, wie man das Entnazifizierungsgesetz spaßeshalberoder zynischerweise — nannte, betraf an die 12 Millionen Menschen von insgesamt 17 Millionen in der amerikanischen Zone. Es bestrafte ja nicht nur alle Mitglieder der NSDAP, sondern auch deren Familien und die Mitglieder der der NSDAP angeschlossenen Organisationen. Seine Grundlage war das Dokument JCS 1067/6, das der Militärregierung befahl, unter anderem alle jene Personen zu verhaften, die *wichtige Posten in der Reichs-, Landes-, Kommunal und Wirtschaftsverwaltung bis hinunter zu den Dorfbürgermeistern, sowie in Industrie, Handel, Landwirtschaft und Finanzwesen* innegehabt hatten. In dieser Anweisung aus Washington hieß es: "Es kann im allgemeinen angenommen werden, daß, soweit nicht der Beweis für das Gegenteil beigebracht werden kann, jede Person, die eine solche Position innehatte, ein Mitglied der NSDAP war oder mit dieser sympathisierte."

Die USA machten sich also praktisch die kommunistische Theorie zu eigen, daß alle Kapitalisten von vornherein bereits Nationalsozialisten waren; noch im Herbst 1947 hielt die Militärregierung Männer ohne geordnetes Verfahren gefangen, deren einziges Verbrechen darin bestand, daß sie Eigentümer industrieller Unternehmungen oder Leiter großer wirtschaftlicher Verbände waren.

So bedeutend war damals der Einfluß der Kommunisten in Washington und so genau folgten die Vereinigten Staaten den von Moskau erteilten Anweisungen für den Klassenkampf, daß der amerikanische Oberbefehlshaber in Deutschland den Befehl erhielt, alle Immobilien oder jedes persönliche Eigentum zu beschlagnahmen, das Personen gehörte oder von diesen kontrolliert wurde, die unter den Arrestbefehl fielen.

Da einige Jahre vergehen mußten, bevor man der riesigen Zahl der vom Entnazifizierungsgesetz betroffenen Personen den Prozeß machen konnte, bedeutete dies, daß das Eigentum der Angeklagten und ihrer Familien auf unbestimmte Zeit konfisziert war, ob sie nun schuldig waren oder nicht.

In Bayern ging die amerikanische Militärregierung so weit, einen bekannten Kommunisten zum Entnazifizierungsminister zu machen.

Viele Spruchkammern wurden von den Kommunisten beherrscht, die ihre Stellung dazu benutzten, sich ihrer politischen Gegner zu entledigen. Das Schlimme an der Entnazifizierung in der amerikanischen Zone war, daß ein als Nazi Denunzierter Stellung und Vermögen verlor, bis man seine Unschuld beweisen konnte. Viele Leute mußten jahrelang im Kerker oder, falls sie *frei* waren, ohne Verdienstmöglichkeit warten, bis sie Gelegenheit erhielten, ihre Schuldlosigkeit darzutun.

Da die Worte Antikommunist und Nationalsozialist im kommunistischen Wörterbuch die gleiche Bedeutung hatten, verloren viele Nicht-Nationalsozialisten und sogar Gegner der Nationalsozialisten ihre Stellungen oder wurden auf andere Weise von den kommunistisch beherrschten Spruchkammern bestraft. Die Studenten der Münchner Universität berichteten mir, daß Professor Adolf Weber, einer der bekanntesten deutschen Nationalökonomen, der niemals Nationalsozialist gewesen war, verfolgt und für lange Zeit an der Ausübung seines Lehramtes von den Spruchkammerbehörden gehindert wurde, weil er ein Gegner der Kommunisten war.

Selbstverständlich zogen nicht nur die Kommunisten Vorteile aus dem von den USA gegebenen uneingeschränkten Recht, unschuldige Menschen zu ruinieren, indem man sie ohne den Schatten eines Beweises denunzierte. Jeder, der gegen irgendjemanden einen persönlich oder politisch begründeten Groll hegte, konnte seinem Gegner Schlimmes antun, indem er irgend etwas gegen diesen vorbrachte, wobei er diese Beschuldigung aber nicht beweisen mußte. Selbst wenn das Opfer dieser Denunziation möglicherweise seine Unschuld dartun konnte, hatte es doch seine Stellung verloren, sein Vermögen war beschlagnahmt und er selbst stand für lange Zeit unter dem Druck schwerster seelischer Belastungen. Dies war die unvermeidliche Folge davon, daß die Amerikaner die Fundamente der demokratischen Gesetzgebung dadurch zerstört hatten, daß auf ihre Weisung in Deutschland die Unschuld, nicht die Schuld eines Mannes bewiesen werden mußte.

Ein anderer bemerkenswerter Fall, auf den mich die Münchner Studenten hinwiesen, betraf Professor Vorhölzer, einen sehr bekannten Architekten, der 1933 von den Nationalsozialisten zur Auswanderung in die Türkei gezwungen worden war. Als er 1946 Rektor der Münchner Technischen Hochschule und Vorsitzender der

Wiederaufbaukommission war, beschuldigte ihn ein etwas zwielichtiger Architekt, während des Krieges für die Türkei Spionage getrieben zu haben. Vorhölzer verlor seinen Posten und war ein ganzes Jahr lang allen möglichen Zurücksetzungen und Erniedrigungen ausgesetzt. Während dieser Zeit kam der Wiederaufbau Münchens zum Erliegen.

Nationalsozialisten wie Kommunisten konnten das Entnazifizierungsgesetz dazu benutzen, sich ihrer Gegner zu entledigen. Tatsächlich hatten beide ein gemeinsames Interesse daran, mit Hilfe dieses Gesetzes jeden liberal oder konservativ gesinnten Menschen zu bestrafen. Als man in der Sowjetzone die Entnazifizierung einstellte und statt dessen die Nationalsozialisten hofierte und sie ermutigte, der Kommunistischen Partei beizutreten, zogen sich die Kommunisten in den westlichen Besatzungszonen aus den Spruchkammern zurück und hielten große Versammlungen für die *kleinen Nazis*, um diesen darzutun, wie schmählich sie von den amerikanischen Behörden behandelt würden. Nach dieser Kehrtwendung der Kommunisten waren nur noch wenige Deutsche daran interessiert, das Entnazifizierungsgesetz in vollem Umfang zur Geltung zu bringen; es hatte nicht nur den Nationalsozialismus mit der Feindschaft gegen den Kommunismus gleichgesetzt, sondern auch Unehrenhaftigkeit belohnt. Die meisten Deutschen betrachteten es lediglich als Methode, Deutschlands Bildungsschicht, die *Kapitalisten* sowie qualifizierte Verwaltungsbeamte und Techniker auszuschalten.

Inzwischen war die amerikanische Militärregierung gezwungen worden zuzugeben, daß sie mehr geschluckt hatte, als sie verdauen konnte, indem sie versucht hatte, etwa 12 Millionen Menschen den Prozeß zu machen. Es begann ihr auch langsam zu dämmern, daß mit Hilfe der ursprünglich gegebenen Anordnungen ein demokratisches Deutschland niemals geschaffen werden konnte und daß auch eine lebensfähige Wirtschaft in Deutschland niemals wieder entstehen konnte, wenn man jedem, der einmal ein Nazi gewesen war, nur gestattete, als einfacher Handarbeiter sein Leben zu fristen. Die Tatsache, daß das Nazi-Regime darauf bestanden hatte, daß Verwaltungsbeamte, Techniker in wichtigen Stellungen und Leiter von industriellen oder Handelsfirmen der NSDAP beitraten, um ihre Stellungen behalten zu können, machte ein Funktionieren der deutschen Wirtschaft so lange unmöglich, wie allen ehemaligen Nationalsozialisten das Recht auf Arbeit verweigert wurde, es sei denn als *Holzfäller oder Wasserträger*.

Unfähig oder nicht willens, die Absurdität und Nutzlosigkeit des ursprünglichen Entnazifizierungsgesetzes einzugestehen, versuchte sich die amerikanische Militärregierung dieser mißlichen Lage zu entziehen, indem sie eine ganze Reihe von Amnestien proklamierte. Als erstes kam eine Amnestie für *Junge und Arme*, es folgte eine Schwerbeschädigtenamnestie für Kriegs- und Zivilverletzte, die zu 50 und mehr Prozent erwerbsunfähig waren. Des weiteren wurde ein Unterschied gemacht zwischen jenen, die der NSDAP im Jahre 1933 oder zuvor beigetreten waren, als deren wahres Wesen noch nicht erkannt wurde — alle diese Menschen wurden für schuldig befunden — und denen, die ihr später beigetreten waren. Diese Menschen wurden für weniger schuldig befunden. Als trotz all ihrer Bemühungen, der peinlichen Situation zu entrinnen, in die sie ihre ersten Anordnungen gebracht hatten, die Militärregierung immer noch mit 3,7 Millionen *Naziverbrechern*, denen noch kein Prozeß gemacht worden war, zu tun hatte, schrieb sie kurzerhand 1,5 Millionen davon als *nominelle* Nazis ab. Sie entließ auch die meisten der Männer und Frauen, die jahrelang ohne Prozeß gefangengehalten worden waren und gestattete vielen anderen, die verurteilt worden waren, aber Berufung eingelegt hatten, nach Hause zu gehen. Als schließlich die Militärregierung sich dieser mißlichen Situation vollends entledigen wollte, wurde erklärt, daß die Entnazifizierung nun Angelegenheit der Deutschen sei. Man übte allerdings wieder einen versteckten Druck aus, um sicherzugehen, daß die Entnazifizierungsgesetze gegen die angewendet wurden, die in Nürnberg trotz aller Bemühungen der Anklage freigesprochen worden waren und gegen jene Zeugen, die nicht so hatten aussagen wollen, wie die Anklage dies gewünscht hatte.

Die Militärregierung war ursprünglich der Meinung gewesen, daß die *kleinen Leute* zuerst entnazifiziert werden sollten; das Endresultat der amerikanischen Versuche, beinahe die Hälfte der Bevölkerung vor Gericht zu ziehen und die spätere Aufgabe dieses Vorhabens hatte zur Folge, daß die weniger Schuldigen, die in den ersten Besatzungsjahren vor Gericht gestellt wurden, sehr harte Strafen hinnehmen mußten. Im Gegensatz dazu kamen weit schwerer Belastete mit leichten Strafen oder sogar Freisprüchen davon, weil ihre Fälle erst viel später von deutschen lokalen Spruchkammern verhandelt wurden. Die Leute, die am wenigsten für Hitlers Verbrechen verantwortlich waren, verloren alles, während die Hauptschuldigen und diejenigen, die zuletzt vor Gericht kamen, nach Zahlung einer kleinen Buße *entnazifiziert* wurden. Es war Glückssache, wie ein früherer Nationalsozialist eingestuft wurde und welche Strafen verhängt wurden. Wenn Leute, die glaubten, daß der deutsche Name durch die Verhängung harter Strafen gereinigt werden könne, die Spruchkammer leiteten, dann wurden frühere Nazis ganz gehörig verdonnert. Anderswo kamen sie mit einer kleinen Geldbuße billig weg oder wurden gar freigesprochen. Das Schicksal eines Mannes hing weitgehend von dem Einfluß ab, den er auszuüben vermochte oder der Örtlichkeit, wo seine Verhandlung anstand.

Zwar waren viele frühere Gauleiter, Gestapochefs und andere führende Nationalsozialisten entlastet oder als Minderbelastete eingestuft worden, doch fand ich, als ich im November 1948 das Gefängnis Langwasser bei Nürnberg besuchte, dort ein bedauernswertes Häuflein von Industriearbeitern, Handwerkern, Bauern und untergeordneten Parteifunktionären. Hier saßen die letzten in Bayern übriggebliebenen Nazis immer noch im Gefängnis und warteten auf ihren Prozeß; manche, die verurteilt waren, aber nicht wie andere hatten heimgehen dürfen, warteten auf das Ergebnis ihrer Berufung.

Von den 240 in Langwasser Internierten waren 70 Handarbeiter, 15 Bauern oder Landarbeiter, 40 einfache Behördenangestellte und 35 Angehörige freier Berufe. Zu diesen Häftlingen gehörten 41 Männer, die niemals der NSDAP angehört hatten und sogar drei frühere Insassen nationalsozialistischer Konzentrationslager. Die Mehrzahl von ihnen saß seit Jahren im Gefängnis, ohne daß ihnen der Prozeß gemacht wurde; viele dieser Männer waren alt oder krank. Sie waren in ihrer Mehrzahl bedauernswerte, vergessene Männer, die kein Geld und keinerlei Einfluß besaßen und alle Hoffnung verloren hatten. Die Ausnahme bildeten Männer, die einmal sehr viel zu sagen gehabt hatten, wie etwa Herr von Papen, der nach seinem Freispruch in Nürnberg von den bayrischen Entnazifizierungsbehörden ins Gefängnis gesteckt wurde, obwohl er gar kein Bayer war, oder Fritzsche aus dem Propagandaministerium, der zwar vom Internationalen Militärtribunal freigesprochen, von einer Spruchkammer aber zu neun Jahren Gefängnis verurteilt worden war.

Die Entnazifizierung hat eine lang anhaltende Verbitterung und ein Mißtrauen in jegliche demokratische Rechtsprechung hinterlassen. Menschen für ihre Meinung oder ihre politische Einstellung und nicht für tatsächlich begangene Verbrechen zu bestrafen, war schon schlimm genug. Noch schlimmer aber war, daß die großen Herren und Säulen des Dritten Reiches straflos ausgingen weil sie Einfluß besaßen, der Militärregierung von Nutzen waren oder weil sie vorgaben, niemals Nazis gewesen zu sein, dafür aber Tausende kleinerer Leute bestraft wurden, weil ihnen zu früh der Prozeß gemacht wurde, weil sie zu ehrlich waren, ihre frühere Einstellung zu verleugnen, weil sie sich weigerten, sich den Eroberern zu unterwerfen oder weil sie nicht die Macht hatten, ihre Richter zu beeinflussen.

Fritz Hentzler, der sozialdemokratische Bürgermeister von Dortmund, der sein Leben lang ein Gegner der Nazis gewesen war, erklärte, daß die Entnazifizierung ein fundamentales Unrecht sei und eine der *schrecklichsten Sachen, die jemals passiert seien*. Er erklärte mir, daß eine der Grundfesten des demokratischen Staates die Unabhängigkeit, Unparteilichkeit und juristische Erfahrung derjenigen sei, die das Recht anwenden. Dem *Mann von der Straße* gehe die Fähigkeit ab, als Richter tätig zu sein, und ihn in dieser Eigenschaft in einer Spruchkammer zu beschäftigen, sei eine Nachahmung der *volksdemokratischen Rechtsprechung* der Kommunisten.

Nach Fritz Hentzler war das britische Entnazifizierungsverfahren schlimmer als das amerikanische. Jeder, der den Briten von Nutzen war, wurde, seinem Bericht zufolge, toleriert; Verrätereien wurden belohnt wie etwa im Fall Diehls, des ersten Chefs von Görings preußischer Gestapo, der als Entlasteter eingestuft wurde, weil er am Schluß die Nazis betrogen hatte, wie er zuvor den preußischen Innenminister in der Weimarer Republik betrogen hatte, dem er vor Hitlers Machtergreifung gedient hatte. In der britischen Zone wurde zu den Vernehmungen der Spruchkammern die Öffentlichkeit nicht zugelassen und die Angeklagten wurden nicht einmal gehört. Ehemalige Nazis, die über gute Verbindungen verfügten oder in der Lage waren, Schwarzmarktwaren zu liefern, konnten sich *Entlastungsdokumente* verschaffen, die sie den Spruchkammern vorlegen durften. Zu Beginn gab es keinen Öffentlichen Ankläger, der Zeugen laden und die Verurteilung der Schuldigen sicherstellen konnte; auch eine Berufungskammer für die Personen, die wegen ihres Mangels an Einfluß verurteilt worden waren, fehlte.

Nach Meinung anderer Leute war das britische Entnazifizierungsverfahren wesentlich gerechter als das amerikanische. Die Briten holten nur solche Nazis vor die Schranken des Gerichtes, die nach der Rechtsprechung der Zeit vor Hitler oder nach dem angelsächsischen Recht als Verbrecher galten. Mit anderen Worten: sie machten den Leuten den Prozeß nur für die von diesen begangenen Verbrechen, nicht für ihre politische Meinung oder ihre Mitgliedschaft in der NSDAP. Sie setzten nur 25 000 Menschen unter Verfolgung und ließen viele davon wieder frei. Fritz Hentzler hatte aber wohl recht, wenn er annahm, daß einige prominente Nazis nur deswegen freigelassen wurden, weil sie den Briten von Nutzen waren.

Die Franzosen betrachteten — wie die Russen — die ehemaligen Nazis als ihre verläßlichsten Helfer, weil diese auf Gnade und Ungnade von ihnen abhängig waren; in weit geringerem Maße dürfte dies auch für die Briten zugetroffen haben. Der Punkt, auf den es ankam, war aber wohl, daß das gesamte Entnazifizierungsverfahren Unehrenhaftigkeit, Unterwürfigkeit und Verrat belohnte, ehrenwerte Männer verdammte, die Leute jedoch, die auf beiden Schultern Wasser trugen, die Feiglinge und die Gewitzten ungeschoren ließ, jene Leute, die jetzt ihre wahren Gefühle verbargen und sich auf den Tag vorbereiteten, da sie sich an ihren Besiegern, denen sie nun Knechtsdienste leisteten, rächen konnten.

Damals sagte man in Westdeutschland: "In der britischen Zone entnazifizieren die Nazis und in der amerikanischen Zone die Kommunisten."

Der kommunistische Entnazifizierungsminister in der amerikanischen Zone wurde *wegen mangelnder Eignung*, neun Monate nachdem er den Posten übernommen hatte, davongejagt. Dies änderte aber nichts an der Tatsache, daß das totalitäre Konzept der Kommunisten die Grundlage für das amerikanische Entnazifizierungsverfahren abgab. Dieses Entnazifizierungsgesetz gründete sich, wie deutsche Juristen deutlich gemacht haben, auf die gleichen Grundsätze wie das Recht der Nazis und Kommunisten. Es bestrafte Menschen für ihre politischen Ansichten und verlangte keine Beweise für eine schuldhafte Handlung; es bestrafte Familien der Angeklagten und verletzte den Grundsatz der richterlichen Unabhängigkeit, indem es dem Entnazifizierungsministerium gestattete, jeden Urteilsspruch zu prüfen und aufzuheben. Es hielt Männer jahrelang im Gefängnis, ohne daß ihnen der Prozeß gemacht wurde und bestrafte sie auch dann noch, wenn sie bereits abgeurteilt und *entnazifiziert* waren.

Die von der amerikanischen Militärregierung verkündeten Amnestien waren weit davon entfernt, den Mißbrauch abzustellen, der mit dem Entnazifizierungsgesetz getrieben wurde, sondern zeigten vielmehr dessen Willkürcharakter und dessen Ungesetzlichkeit. Bei der Amnestierung von Menschen wegen ihres Alters oder ihres Einkommens kam der Gleichheitsgrundsatz nicht zur Anwendung. Was die Jugendamnestie betraf, so war es absurd, einen Mann schuldig zu sprechen, der als Achtzehnjähriger mit völlig unausgereiften politischen Ansichten 1933 Parteimitglied wurde, einen jüngeren Mann aber, der 1942 in die Partei eintrat, als unschuldig zu bezeichnen. Auch bei der Amnestie wegen erwiesener Armut wurde das Gleichheitsprinzip nicht angewandt, es sei denn, man machte sich die kommunistische Auffassung zu eigen, daß ein Kapitalist oder ein Mann mit Eigentum und ein Nazi ein und dasselbe seien.

Eine Amnestie vom Alter eines Menschen oder dessen Vermögen abhängig zu machen, hieß das Prinzip der Gleichheit vor dem Gesetz leugnen, das die Grundlage jeglicher demokratischer Rechtsprechung ist. Sowohl in seiner Anwendung als auch in den davon gemachten Ausnahmen verleugnete also das *Gesetz zur Befreiung vom Nationalsozialismus* die erste Grundlage jeglicher Freiheit und brachte die gesamte demokratische Rechtsprechung in Verruf. Politisch wie moralisch gesehen hatte dieses Gesetz verheerende Folgen: wer mochte schon seine wahre Meinung frei dartun, wenn er morgen bereits wieder für seine politischen Ansichten verfolgt wurde — entweder von den Kommunisten oder den Demokratien des Westens?

Dr. Ludwig Hagenauer, der sozialdemokratische Entnazifizierungsminister in Bayern, der den Kommunisten Schmidt ablöste, verwies 1947 auf die schädlichen Folgen des Entnazifizierungsgesetzes, indem er erklärte, daß die Inkriminierung Hunderttausender aus formellen Gründen viele Leute, die zuvor den Nationalsozialismus abgelehnt hatten, in eine *gleichgestimmte Gemeinschaft mit den echten Nationalsozialisten brachte, weil ja beide völlig gleich behandelt wurden*.

Damals lief ein böses Wort von Mund zu Mund: "Seitdem die demokratische Sonne uns bescheint, werden wir jeden Tag brauner." Bevor jemand braun wird, wird er rot. Es besteht kaum ein Zweifel daran, daß der Einfluß der Kommunisten und der Amerikaner, die bewußt oder aus Dummheit sich deren Theorien zu eigen machten, zur Verleugnung der amerikanischen Grundauffassungen über Politik und Recht in Deutschland führte. Amerikaner saßen nicht nur gemeinsam mit den Vertretern der Sowjettyrannei im Internationalen Militärgerichtshof in Nürnberg und brachten damit das gesamte Verfahren in Verruf, die amerikanische Militärregierung brachte auch Kommunisten und *totalitäre Liberale* in Stellungen, in denen sie die Demokratie diskreditieren und den Weg für die Eroberung Deutschlands durch die Kommunisten von innen her freimachen konnten.

Die 1945 erfolgte Bestallung eines Kommunisten zum bayrischen Entnazifizierungsminister ist nur eines von vielen Beispielen für die freundliche Einstellung der Militärregierung zum Kommunismus und dafür, daß sie sich in den ersten Jahren der Besatzung dessen Definition der Demokratie zu eigen machte. Der damals allgemein übliche Brauch, Kommunisten den Deutschen *Demokratie beibringen zu lassen*, war der einwandfreie Beweis für ein unamerikanisches Verhalten sondergleichen, das half, die Demokratie in den Augen der Deutschen zu diskreditieren und jeden Unterschied zwischen ihr und der totalitären Herrschaft der Nazis zu verwischen.

Der ehemalige politische Nachrichtenoffizier der amerikanischen Militärregierung in Bayern für deren Verbindung mit den Deutschen war ein gewisser Martin, ein früherer DP österreichischer Abstammung und Mitglied der Kommunistischen Partei, dem ein Visum für die Einreise in die USA verweigert wurde. Trotzdem blieb er weiter auf seinem Posten als Vertreter der Militärregierung und lieferte den deutschen Nachrichtenagenturen Material. Martin wurde von der Militärregierung auch auf eine Vortragsreise geschickt, bei der er den Dokumentarfilm *Volksgerichtshof* zeigte, der von der Hinrichtung der deutschen Widerstandskämpfer berichtete, die im Juli 1944 Hitler zu ermorden versucht hatten. General Telford Taylor, der Martin auf diese Reise schickte, war offensichtlich der Auffassung, daß dieser Film den Deutschen zeigen werde, wie anständig die Nürnberger Prozesse im Vergleich zu der entsetzlichen Behandlung waren, die den Verschwörern gegen Hitler zuteil wurde. Taylor war, wie es schien, zu beschränkt, um zu begreifen, welche Wirkung es haben mußte, wenn ein Kommunist in Deutschland diesen Film zeigte und Kommentare dazu gab. Selbstverständlich reagierten die Deutschen auf diesen Film, indem sie sagten: "Diese deutschen Aristokraten waren doch tapfere Kerle; wie schrecklich ist es, daß wir von Leuten, die mit den Kommunisten sympathisieren, unter dem Schutz der amerikanischen Flagge regiert werden."

Der gleiche Martin war dafür verantwortlich, daß nach dem kommunistischen Staatsstreich in der Tschechoslowakei die tschechische Kurzwellen-Rundfunkstation in Schloß Stein bei Nürnberg, dem ehemaligen Presse-Lager, weiterarbeiten durfte. Während Tausende von Tschechen dem kommunistischen Terror zu entrinnen versuchten, war es einer Radiostation in der amerikanisch besetzten Zone also gestattet, weiter tschechisch-kommunistische Propaganda zu treiben! Der Kommunist Martin, in amerikanischer Uniform, mit amerikanischen Transportmitteln und Nachrichtenwegen zu seiner Verfügung, vermochte also unter dem Schutz General Telford Taylors Stalin Hilfsdienste zu leisten und wurde gleichzeitig von dem General dazu verwendet, die deutsche Presse über das zu instruieren, was sie sagen durfte und was nicht.

Ein ehemaliger politischer Nachrichtenoffizier der US-Armee in Deutschland, Blake, bewies in einem im Sommer 1948 in der Zeitschrift *Politics* erschienenen Artikel, daß nicht die Haltung der Armee, sondern die *liberalistische Geisteshaltung* die amerikanische Zone Deutschlands *reif für den Stalinismus* gemacht hat. Dieser Artikel Blakes zeigte bis ins Detail, welch seltsame Kollektion amerikanischer *Liberaler*, Stalinanhänger und *Rußlandzuerst*-Leute in der Information Control und der Political Affairs Division der Militärregierung versammelt war, *um der US-Armee bei der Umerziehung der Deutschen zu helfen*. In der Information Control Division (ICD) fand man bekannte Kommunistenfreunde und Verteidiger der Sowjets und eine prächtige Auswahl ehemaliger Angehöriger des amerikanischen Abwehrdienstes aus dem Kriege, die ähnliche politische Ansichten hatten. Einer von ihnen, Cedric Belfrage, machte deutsche Kommunisten zu Lizenzträgern der damals bedeutendsten deutschen Zeitung in der amerikanischen Zone, der *Frankfurter Rundschau*. Einige Zeit später wurde einer der von Belfrage Ernannten, Emil Carlebach, der im KZ Buchenwald gewesen war, als Helfershelfer der SS bei der Ermordung von Insassen dieses Lagers entlarvt. Ein anderer der von Belfrage auserwählten Männer, die den Deutschen als Herausgeber der *Frankfurter Rundschau* Demokratie beibringen sollten, war Wilhelm Gerst, der später sehr aktiv am Aufbau der SED beteiligt war. Der ICD wies die Dienste erprobter antitotalitärer deutscher Liberaler wie der früheren Redakteure der *Frankfurter Zeitung* zurück und sprang mit diesen so übel um, daß einige von ihnen in die französische Zone gingen und dort die *Gegenwart* gründeten, die sich zu einer der besten europäischen Zeitschriften entwickelte.

Dr. Joseph Dunner, der früher Nachrichtenchef der amerikanischen Abwehr in Europa, aber trotzdem weder ein Kommunistenfreund noch ein naiver Mann war, berichtete im *New Leader* vom 8. Juni 1946, daß er als Abwehrbeamter in Deutschland von deutschen Kommunisten aufgesucht wurde, die offensichtlich von ihm erwarteten, er werde gleich seinem Kollegen Belfrage seine Pflicht gegenüber Stalin erfüllen. In einer anderen Ausgabe des *New Leader* (25. Mai 1946) berichtete Dr. Dunner, wie die deutsch-amerikanische Nachrichtenagentur DENA unter die Kontrolle der Kommunisten gebracht wurde: "Nachdem die Kommunisten und ihre Mitläufer sich im Juni 1945 in der hessischen Abteilung der Information Control Division festgesetzt hatten, beorderte Brigadegeneral Robert McClure, der Leiter des ICD, sieben Zivilbeamte der Abwehr sowie zwei Leutnants und vier Mann nach Bad Nauheim... wo sie die DENA aufbauen sollten... Leiter der Gruppe war ein Leutnant Edel, ein ehemaliger Korrespondent von PM. Blake berichtete in *Politics* auch, daß der ICD sich den Beistand eines gewissen Dr. Hans Meyer, eines Deutsch-Schweizers sicherte, der den zum Kommunismus tendierenden *Schutzverband deutscher Schriftsteller* leitete und Blake erklärt hatte, daß er *Gott für die Existenz der Sowjetunion danke*. Wie nicht anders zu erwarten, erwies sich auch, daß der Hauptlizenzträger der DENA, Dr. Rudolf Agricola, Mitglied der KP seit 1933 war. Der Stalinist Dr. Hans Meyer wurde später Leiter der politischen Redaktion von Radio Frankfurt, doch nach Blake "fand sogar der ICD, daß Meyers Beschuldigungen gegen Churchill und andere Leute, sie seien *Kriegstreiber*, schwerlich hinzunehmen" seien. Sogar die Militärregierung begriff langsam, daß ein kommunistischer politischer Kommentator, der dreimal in der Woche über einen der wichtigsten westdeutschen Sender sprechen konnte, nicht eben der beste Propagandist demokratischen Wesens war, den sich die USA wählen konnten. Aus diesem Grund erhielt Dr. Meyer in den ersten Monaten des Jahres 1948 die *Erlaubnis zum Rücktritt*. Auch der Sender München wurde der Leitung eines Kommunisten unterstellt: der von Herrn Bentschen.

Heute, ein offizielles amerikanisches Nachrichtenmagazin in deutscher Sprache, wurde einem Captain Heinz Norden anvertraut, der ein fanatischer Deutschenhasser und Mitglied kommunistenfreundlicher Organisationen wie etwa der *Amerikanischen Liga gegen Krieg und Faschismus* und des *Amerikanischen Jugendkongresses* war. Norden räumte selbstverständlich den Artikeln Ilja Ehrenburgs und phantasievollen Berichten über das glückliche Leben der Deutschen und Polen in der Sowjetzone in *Heute* einen breiten Raum ein.

Immerhin hat sich in den darauffolgenden Jahren hier vieles und ganz beträchtlich geändert; die Kommunisten verloren bald den Einfluß, den sie bis dahin im ICD und anderen Abteilungen der Militärregierung ausgeübt hatten. Das Unheil, das sie angerichtet haben, hat sie aber bedauerlicherweise überlebt. Viele Deutsche glaubten nicht mehr so recht an die amerikanische Demokratie, nachdem die amerikanische Militärregierung sie gezwungen hatte, so lange die Propaganda der Kommunisten zu schlucken. Die Deutschen konnten nicht vergessen, daß während der ersten Besatzungsjahre der ICD jede Kritik an der Sowjetunion oder ihren Satelliten in den amerikanisch lizensierten Zeitungen, Zeitschriften und Sendern verboten hatte. Der Bann, den die Amerikaner über die für die Sowjetunion und ihre Satelliten nachteiligen Berichte verhängt hatten, erstreckte sich auch auf Themen wie das der grausamen Austreibung von Frauen und Kindern aus Schlesien, die Rüstungsproduktion der Sowjetrussen in der Sowjetzone und die Zusammenarbeit früherer Nazis und Generalstabsoffiziere mit der Roten Armee. Die Anweisungen der Militärregierung schützten nicht nur die Sowjetunion vor einer ihr schädlichen Kritik, sie verhinderten auch, daß über ihre gegen den Westen gerichtete Politik in den deutschen Zeitungen berichtet wurde. Mit dem, was sie taten, wie mit dem, was sie nicht taten, haben die Vertreter des amerikanischen Volkes in Deutschland sowohl die Demokratie des Westens diskreditiert als auch den Glauben in unsere Integrität zerstört.

Die Militärregierung beschränkte sich in ihrer unamerikanischen Haltung nicht darauf, die Kommunisten unbeschränkt Propaganda treiben zu lassen, sie bestand auch darauf, daß deutsche Kommunisten in Staats- und Stadtverwaltungen aufgenommen wurden. In ihrem Eifer, eine *Volksdemokratie* ins Leben zu rufen, forderte sie *Koalitionsregierungen* und zwang die Deutschen, Kommunisten in die Verwaltung der Länder Bayern und Hessen hineinzunehmen. In München war zum Beispiel noch im April 1948 eine Kommunistin Leiterin des Wirtschaftsamtes, die selbstverständlich die Produktion sabotierte, statt sie zu erhöhen und damit die Lebensbedingungen zu verbessern. Erst 1947 wurde den Deutschen gestattet, sich dieser Kommunisten zu entledigen, doch noch im Sommer 1948 waren Kommunisten in Arbeits-, Ernährungs- und Gesundheitsämtern der Berliner Bezirke Zehlendorf,

Steglitz, Schöneberg, Tempelhof und Neukölln — also in den Westsektoren der Stadt — beschäftigt.

In München befragte ich Hermann Jordan, einen intelligenten und gutunterrichteten jungen Mathematik-Dozenten an der Universität nach dem Ausmaß des Einflusses der Kommunisten in Bayern. Jordans Antwort war ein recht aufschlußreicher Kommentar zu der früher bekundeten unamerikanischen Handlungsweise der Militärregierung. Er sagte: "In den ersten Tagen der Besatzung übten die Kommunisten einen sehr großen Einfluß aus, weil sie in den westlichen Zonen in den Schlüsselpositionen saßen, weil sie hervorragend organisiert und zuvor in der Sowjetunion sehr gründlich ausgebildet worden waren, bevor sie von der Militärregierung in ihre Ämter gebracht wurden. Jetzt ist das anders geworden. Seitdem Amerika die Kommunistische Partei nicht mehr unterstützt, ist diese in den westlichen Besatzungszonen kein politischer Faktor mehr." Jordan war Halbjude und entging deswegen dem Militärdienst; er war zum Leiter der Organisation gewählt worden, die den Studenten der Universität, die sich fast alle während des Studiums ihren Unterhalt selbst verdienen mußten und von denen die meisten Kriegsversehrte waren, Arbeit verschaffen sollte. Auf Veranlassung Jordans wurde ich zu einer großen Studentenversammlung eingeladen, in der der bayrische Ministerpräsident Dr. Hans Ehard sprach. Er bemühte sich, die Studenten davon zu überzeugen, daß sie jetzt, da man hoffen konnte, daß ein westdeutscher Staat gebildet wurde, nicht an der Demokratie verzweifeln durften. Den stärksten Beifall erhielt er aber, als er erklärte: "Wenn man jetzt die Worte *Demokratie* oder *demokratisch* erwähnt, vor allem vor jugendlichen Zuhörern, dann schlägt einem im Deutschland dieser Tage eine Welle des Mißtrauens entgegen." Ehard erklärte weiter, dies bedeute keineswegs, daß die demokratische Idee schon im Ansatz als schlecht erachtet werde oder daß die Jahre der Diktatur die Deutschen der Freiheit so entwöhnt hätten, daß sie sich den Prinzipien der Demokratie verschlössen. Ehard meinte: "Die Erklärung dafür liegt auf einem anderen Gebiet. Unsere Zweifel entstammen dem Widerspruch zwischen den demokratischen Illusionen und den tatsächlichen Machtverhältnissen in der Welt unserer Tage."

Als ich die Fragen vernahm, die die Studenten Dr. Ehard stellten, und als ich später mit einigen von ihnen sprach, begann ich langsam die Haltung dieser deutschen Jugend zu begreifen. Die meisten dieser jungen Leute hielten sich von der Politik fern und hatten weder

Respekt noch Zutrauen in eine der Parteien. Veteranen der Schlachtfelder ganz Europas, in der Gedankenwelt der Nationalsozialisten erzogen, die Deutschland in eine zerschmetternde Niederlage geführt hatte und jetzt auch ohne alle Illusionen über die Demokratie, glaubten sie aber auch nicht an den Kommunismus. Einige berichteten mir allerdings, daß sie 1945 Neigung für den Kommunismus bekundet oder zumindest geglaubt hätten, daß eine Zusammenarbeit mit ihm möglich oder wünschenswert sei. Sie hatten ein oder zwei Jahre gebraucht, um den Unterschied zwischen kommunistischer Theorie und Praxis zu verstehen, wie sie anfangs auch die Kluft nicht sahen, die zwischen den Lippenbekenntnissen der Westmächte und deren Taten lag. Überdies fiel zu Beginn der Besatzungszeit die Unterscheidung zwischen Demokratie und Kommunismus schwer, weil die Amerikaner beide Begriffe gleichgesetzt und in ihrer Zone vielen Kommunisten Gewalt über die Deutschen gegeben hatten.

Als ich fragte, ob ihrer Meinung nach noch viele junge Deutsche im Grunde ihres Herzens Nationalsozialisten seien, erwiderte Jordan: "Die Rückkehr zu den Ideen der Nationalsozialisten ist vor allem die Folge der Entnazifizierung." Wie konnte das auch anders sein, wenn der einzige Unterschied zwischen *demokratischer* und totalitärer Justiz der war, der zwischen den für eine Kollektivbestrafung ausersehenen Bevölkerungsgruppen gemacht wurde? Die amerikanische Auffassung, daß die Mitläufer der NSDAP harmlose Leute seien, daß deren frühere überzeugte Anhänger aber für den Rest ihres Lebens bestraft werden müßten, erwies sich als ebenso unrealistisch wie schädlich für die Sache der Demokratie in Deutschland. Charaktervolle und intelligente Männer konnte man davon überzeugen, daß sie einem Irrglauben gehuldigt hatten und man konnte sie zu unserer Denkart bekehren, die Masse aber, die stets dem Erfolg nachläuft, war auch imstande, heute den Kommunisten nachzurennen, wie sie gestern Hitler nachgerannt war.

Nach Deutschlands Niederlage haben sich tatsächlich viele *kleine Nazis* der Kommunistischen Partei angeschlossen. Alles, was dazu vonnöten war, so erzählte mir ein ehemaliger Nazi in Berlin, war, *das Hakenkreuz aus der Roten Fahne herauszunehmen*. Auf der anderen Seite waren die Nationalsozialisten, die Hitlers Politik kritisierten und sich ihr unter Gefahr für ihr Leben widersetzten, genau der Typ, der sich weigerte, vor der Macht der Militärregierung zu Kreuz zu kriechen und sich damit zu entschuldigen, niemals *ein echter Nazi* gewesen zu sein. Ihre früheren Zweifel an Hitlers Politik führten sie nicht etwa ins Lager der Demokratie, sondern überzeugten sie davon, daß Hitler letztlich doch recht gehabt hatte, da ja auch die Demokratien glaubten, daß das Recht lediglich nach dem Willen der Starken gesprochen werde und daß für Schwächlinge nichts zu erhoffen sei.

Viele Nationalsozialisten, die niemals irgendwelche Verbrechen begangen hatten, die aber zu stolz waren, ihre frühere Überzeugung zu verleugnen und die glaubten, daß sie nur als deutsche Patrioten ihre Pflicht getan hatten, wurden in diesen Jahren wie Parias behandelt; diejenigen aber, die Wasser auf zwei Schultern trugen, die Lügner, die Egoisten und Menschen ohne Prinzipien, die der NSDAP wegen materieller Vorteile oder einer rascheren Karriere beigetreten waren, wurden entlastet und erhielten von der Militärregierung die Erlaubnis, Ämter zu bekleiden oder ihren früheren Berufen nachzugehen.

Ebenso falsch haben wir die ehemaligen deutschen Offiziere behandelt. Kein früherer Wehrmachtsoffizier über dem Rang eines Hauptmannes erhielt die Erlaubnis, einen Posten in einer Staats- oder Kommunalverwaltung zu übernehmen und an Universitäten und in freien Berufen tätig zu sein. Allen Offizieren wurde die Zahlung ihrer Pension verweigert, auch wenn sie so alt waren, daß sie in keinem der beiden Weltkriege mehr mitgekämpft hatten. Auf Weisung der amerikanischen Militärregierung wurde den Witwen und Waisen derjenigen Offiziere, die im Kampf für ihr Land gefallen waren, die Pension entzogen. Kein Sieger hat jemals seinen besiegten Feind weniger ritterlich und unmenschlicher behandelt als die Vereinigten Staaten die Offiziere der besiegten deutschen Armee.

Als Feldmarschall von Leeb an General Clay schrieb und diesen bat, daß den deutschen Ländern gestattet werden möge, den Witwen und Waisen der im Kampf gefallenen deutschen Offiziere eine kleine Pension zu zahlen, würdigte General Clay den alten Marschall, der nicht für sich, sondern für die Hinterbliebenen der Gefallenen gebeten hatte, keiner Antwort. Stattdessen ging am 18. März 1947 ein von einem amerikanischen Oberstleutnant unterzeichneter kurzer Brief an ihn ab, in dem stand:

"Im August 1946 hat der Alliierte Kontrollrat das Gesetz Nr. 34 erlassen, das sämtliche Gesetze und Verordnungen aufhob, die früheren Militärpersonen oder deren Hinterbliebenen Sonderrechte und besondere Vergünstigungen einräumten. Das Ziel der obenerwähnten Anordnung war, den Militarismus sowie das Prestige und die Sonderstellung der deutschen Militärkaste zu bekämpfen." So wie einst Stalin die Kinder der Kulaken und anderer Kapitalisten zum Hungertod verurteilt hatte, so verurteilte nun die amerikanische Militärregierung die Kinder der erschlagenen Feinde dazu, Bettler zu werden. Das Seltsame daran war, daß die Militärregierung tatsächlich gedacht zu haben scheint, sie könnte den Militarismus in Deutschland dadurch ausrotten, daß sie die Familien derjenigen, die im Kampf für ihr Land fielen, zu Märtyrern machte.

Einige der Frauen und Kinder Gefallener vermochten sich mit Hilfe ihrer Ersparnisse bis zur Währungsreform über Wasser zu halten, doch diese nahm ihnen dann den letzten Rückhalt und überantwortete sie mit den Offizieren, die zwar den Krieg überlebt hatten, denen aber verboten worden war, sich ihren Lebensunterhalt zu erarbeiten, dem Elend.

Als die ehemaligen Wehrmachtsoffiziere in Hessen im Herbst 1948 eine *Wirtschaftsvereinigung früherer Wehrmachtsangehöriger* zur Sicherung ihrer Pensionen und bürgerlichen Rechte gründen wollten, wurde dies von der amerikanischen Militärregierung verboten. Zur gleichen Zeit aber boten die Russen jedem ehemaligen Wehrmachtsoffizier, der bereit war, sich ihnen im Kampf gegen uns anzuschließen, gute Bezahlung und Sonderrechte.

So groß ihre Feindschaft gegen den Kommunismus und früher gegen den Nationalsozialismus auch war, diese deutschen Offiziere erinnerten sich jetzt daran, daß Preußen nach seiner Niederlage und seiner Demütigung durch Napoleon durch ein Bündnis mit Rußland die Freiheit zurückgegeben wurde, ein Bündnis, das Frankreichs Macht zerbrach. Deutschlands jetzige Situation war dieser so ähnlich, daß die Propaganda der Russen einen Widerhall finden konnte — trotz der Furcht der Deutschen vor dem Kommunismus und der schrecklichen Lage der von den Russen in der Sowjetzone geknechteten Deutschen. Der Umstand, daß ehemalige deutsche Offiziere ebenso wie frühere hochgestellte Nazis von der Sowjetregierung wesentlich besser behandelt wurden als *einfache* Deutsche, war aber nicht imstande, die Abneigung der ehemaligen Offiziere gegen den Kommunismus zu überwinden.

Die Weigerung der Westmächte, den Deutschen das Recht zur

eigenen Verteidigung zuzugestehen, gepaart mit unserer Weigerung, selbst diese Verteidigung zu garantieren, und die Tatsache, daß einzig und allein Rußland Deutschland dessen verlorene Provinzen zurückgeben konnte, spielten den Russen in die Hände.

IX. Wie man Demokratie nicht lehren darf

Das Muster, nach dem sich die amerikanischen Soldaten und Zivilisten in Deutschland benehmen sollten, war vielleicht nicht weniger ausschlaggebend als unsere damals geübte Wirtschaftspolitik und unsere Weigerung, die demokratischen Grundrechte zu gewähren, falls wir das deutsche Volk im Ernst davon überzeugen wollten, daß die amerikanische Militärregierung und der Nationalsozialismus viel miteinander gemeinsam hatten.

Ich habe bereits von dem Benehmen der Angehörigen der Westmächte gegenüber den *Eingeborenen* in Berlin berichtet, doch am groteskesten zeigte sich der Kontrast zwischen unseren Handlungen und unseren so laut gerühmten demokratischen Grundsätzen in den westlichen Besatzungszonen. Es schien so, als ob, je weiter die Russen weg waren, desto größer die Verachtung würde, die der Demokratie von der amerikanischen und britischen Besatzungsmacht entgegengebracht wurde.

Es paßte sehr gut ins Bild, mochte es auch niederdrückend sein, wenn man sah, daß ausgerechnet in Nürnberg, wo Hitler zuerst seine Rassengesetze verkündet hatte, unsere eigene beklagenswerte Einstellung gegenüber anderen Rassen besonders deutlich zutage trat. Um zu vermeiden, daß ein Mensch minderer Rasse die Pforten des Grand Hotels durchschritt, das wir für uns allein beschlagnahmt hatten, waren vor dem Eingang Schilder angebracht, die Deutschen, DPs und Hunden den Eintritt verboten. Auf ihnen stand zu lesen: "Jeder, der diese Anordnungen verletzt, wird von der Militärpolizei notiert und streng bestraft." Später wurde am Fuß der Schilder in kleinen roten Buchstaben ein Satz zugefügt, der besagte, daß Gastkarten für Deutsche und DPs auf Ansuchen vom diensthabenden Offizier in dem ein paar Häuser entfernten Quartieramt ausgestellt werden konnten. Jeder Deutsche aber, der aufgrund dieser Sondergenehmigung das Hotel betreten konnte, wurde ständig daran erinnert, daß er ein Mensch zweiter Klasse war. Auf der in der Bar ausliegenden Weinkarte waren Instruktionen abgedruckt, die sich auf das korrekte Verhalten der Amerikaner gegenüber denjenigen bezog, die Kipling *minderwertigere Rassen ohne Recht* genannt hatte. In den Offiziersklubs und Bars des Standortes Nürnberg und

Fürth konnte man folgende Aufforderungen lesen: "1. Wir bringen auf keinen Fall Deutsche oder DPs als unsere Gäste mit. — 2. Wir geben der Bedienung auf keinen Fall Trinkgelder oder werden familiär mit ihr." Die Paragraphen 3 bis 8 dieses Leitfadens für das richtige Verhalten amerikanischer Offiziere enthielten die Empfehlung, daß diese nicht dem Glücksspiel huldigen, keine Flaschen mitbringen, nicht zu unbekannten Personen aufdringlich werden, nicht allzu ungestüm tanzen oder allzuviele Getränke konsumieren sollten. Auch Instruktionen positiver Art wurden erteilt, so etwa: "Wir tragen unsere beste Uniform oder entsprechendes Zivil *(Abendanzug)* und wir glauben daran, daß ein Mann trinken und sich vergnügen, dabei aber doch ein Gentleman bleiben kann." Kipling hätte es in den Tagen, da die Briten *des weißen Mannes Bürde trugen*, kaum besser als die Militärbehörden in Nürnberg machen können, die sich bemühten, den amerikanischen Offizieren beizubringen, wie sich Offiziere und Gentlemen in einem Kolonialland korrekt benahmen.

Vor dem Grand Hotel erhoben sich die Ruinen der herrlichen mittelalterlichen Stadt, die unsere Bomben völlig zerstört hatten. Viele Jahrhunderte waren vergangen, seitdem hier Hans Sachs gesungen hatte und die Erinnerung an die Meistersinger wurde nur noch in einem Restaurant im modernen Teil der Stadt aufbewahrt, die unsere Bomben zum Teil verschont hatte. Wagner lebte aber zu einer Zeit, da die Amerikaner an Freiheit, Gleichheit und Brüderlichkeit glaubten und über die Schilder vor dem Grand Hotel entsetzt gewesen wären. Konnte sich ein Satiriker einen stärkeren Kontrast ausdenken zwischen der Freiheitsstatue und ihrem Willkommensgruß an die Armen, Hungrigen und Unterdrückten und den jetzt den Amerikanern erteilten Befehlen, die Berührung mit den Unglücklichen dieser Erde zu meiden?

In der britischen Besatzungszone habe ich solche Schilder vor den Hotels und Klubs nicht gesehen. Wahrscheinlich rührte dies daher, daß man den Briten mit ihrer jahrhundertealten Erfahrung in der Beherrschung unterworfener Völker nicht erst zu sagen brauchte, wie man sich in einem besiegten Lande benahm. Amerikaner benehmen sich in Kolonialgebieten — wie Deutschland jetzt eines geworden war — wesentlich ungeschickter. Sie bestanden zwar auf den einer Herrenrasse zustehenden Privilegien, hatten aber die Schranken, die ihren Beziehungen zu den *Eingeborenen* im Wege standen, an vielen Orten niedergelegt.

In den PX-Restaurants, in den Presseklubs und in den für Geschäftsleute, Kongreßabgeordnete und andere Personen reservierten Hotels waren Deutsche als Gäste zugelassen, es war ihnen aber nicht gestattet, dort zu übernachten. Die Briten jedoch schlossen sogar in Berlin und Frankfurt noch immer alle Deutschen aus den von ihnen beschlagnahmten Klubs, Hotels, Bars und Restaurants aus. Britische Journalisten, die Deutsche einladen wollten, mußten sich dazu der amerikanischen Presseklubs bedienen, wo es nur eine einzige Einschränkung gab: man mußte Essen und Trinken mit Dollars bezahlen. Die Briten gingen in ihren Anordnungen für die Benutzung der Toiletten sogar noch weiter als die Amerikaner. Als ich das Hauptquartier der bizonalen Kohlenkommission in der Villa Krupp in Essen aufsuchte, war ich mir nicht sicher, ob ich die dortige Toilette betreten durfte, denn an der Tür stand: "Ausschließlich für englische Damen."

Deutsche, die für die Militärregierung arbeiteten, hatten selbstverständlich eigene Eßräume zu benutzen, wo ihnen wesentlich schlechtere Mahlzeiten vorgesetzt wurden als dem amerikanischen Personal. Wir waren dazu wahrscheinlich aus wirtschaftlichen Überlegungen berechtigt. Das Unschöne an der Art, wie wir die für uns arbeitenden Deutschen behandelten, war jedoch die Art und Weise, wie ihnen die Mahlzeiten serviert wurden. Selbst hochqualifizierte deutsche Angestellte oder Berater der Militärregierung bekamen ihr Essen vor die Nase gesetzt, als seien sie Häftlinge.

Wenn die von uns gegen die Deutschen verhängten Diskriminierungen allein auf unseren Glauben zurückzuführen waren, daß wir als die Eroberer das Recht hatten, uns allen materiellen Komforts zu erfreuen, den das Leben bot, während sie selbst zu zweien oder dreien in einem Raum zusammengepfercht waren ohne alle Notwendigkeiten oder Annehmlichkeiten des Lebens, dann hätten die Deutschen dies als nur zu natürlich, wenn auch kaum als demokratisch hingenommen. Wir fügten aber mit unseren Anordnungen über die Trennung der Rassen zur Ungerechtigkeit die Beleidigung.

Viele Kinos, Klubs und Hotels waren ausschließlich für das alliierte Personal reserviert. In Frankfurt gab es drei Arten von Straßenbahnwagen: solche für die Alliierten, solche für *Eingeborene*, die für uns arbeiteten und die dritte für die Masse der deutschen

Bevölkerung. Alle Wagen I. Klasse sowie die meisten II. Klasse der Eisenbahnzüge waren den Angehörigen der Herrenrasse vorbehalten; sie waren für gewöhnlich halb leer, während die Deutschen in den überfüllten Wagen III. Klasse reisen mußten. Wenn wir, was selten vorkam, einem Deutschen erlaubten, ein Flugzeug zu benutzen, erhielt er dort nichts zu essen. Auch alle Restaurants in den Flughäfen waren den Deutschen verschlossen.

Gegner der Nationalsozialisten, die aus dem Exil im Ausland zurückkehrten, wurden ebenso behandelt wie alle anderen. Ein ehemaliger Rhodes-Stipendiat, der als Emigrant viele Jahre in den USA gelebt hatte, berichtete mir, daß man ihn, als er im Sommer 1948 Deutschland besuchte, mitsamt seinem Gepäck auf die Straße gesetzt hatte, als er — vom Flughafen kommend — in Frankfurt angelangt war; nur darum, weil er Deutscher war, gelang es ihm nicht, ein Hotelzimmer zu erhalten, obwohl er Dollars besaß, um es bezahlen zu können. Er erzählte mir auch, wie sehr es ihn in Wiesbaden geärgert hatte, daß man ihn vom Schwimmbad, den Tennisplätzen und seinem Lieblingscafé ausgeschlossen hatte. Er mußte auch entdecken, daß der Tanzplatz im Freien, den er in früheren Jahren häufig aufgesucht hatte, in einen Parkplatz für Militärfahrzeuge verwandelt worden war.

Der deutschen Jugend wurden in diesen Tagen die simpelsten Freuden und einfachsten Erholungsmöglichkeiten verweigert, weil wir soviele Sportplätze, Kinos, Cafés und Tanzhallen beschlagnahmt hatten. Statt den Deutschen mehr Unterkünfte zurückzugeben, nachdem unsere Besatzungstruppen vermindert worden waren, hatten wir allem Anschein nach immer mehr Unterhaltungsstätten beschlagnahmt, die die Luftangriffe überlebt hatten. In München etwa hatten wir im ersten Jahr der Besatzung die Deutschen aus nur zwei der am Rande des Englischen Gartens liegenden vier beliebten Gaststätten ausgeschlossen. Im zweiten Jahr nahmen wir ihnen eine weitere weg und 1948 beschlagnahmten wir auch die letzte.

Falls wir jemals die ernste Absicht hatten, die Deutschen Demokratie zu lehren und ihnen zu zeigen, wie falsch die Vorurteile der Nazis gewesen waren, dann haben wir das auf seltsame Weise getan. Zweifellos hatten wir ein paar vage Ideen darüber, wie wir den Deutschen beibringen sollten, was sie zu tun hatten. In der Praxis haben wir ihnen lediglich vor Augen gestellt, daß der Unterschied zwischen der anglo-amerikanischen Militärregierung und der NS-

Regierung verschwindend gering war. Die deutsche Wehrmacht hatte sich allem Vernehmen nach in Frankreich, den Niederlanden und Belgien in vielerlei Hinsicht besser benommen als wir das taten.

Ein junger Deutscher, der während des Krieges im besetzten Frankreich stand, erzählte mir: "Als ich in Frankreich Soldat war, hatte ich niemals Gelegenheit, ein angenehmes Leben zu führen und andere Leute herumzustoßen, so wie ihr das tut. Wir hatten strikteste Disziplin zu wahren und es wurde uns befohlen, die Franzosen freundlich und rücksichtsvoll zu behandeln. Wir lebten mit ihnen zusammen in ihren Häusern und warfen sie nicht in die Gosse, wie ihr das mit uns tut. Wir haben unsere Lektion gelernt; für das nächstemal habt ihr uns Deutschen gezeigt, was einem Eroberer erlaubt ist." Andere, weniger zynisch und bitter denkende Deutsche waren stolz darauf, daß sie noch immer mit den französischen Familien im Briefwechsel standen, bei denen sie während der Besatzungszeit gelebt hatten; ihrer Meinung nach war es töricht von uns, ganz unnötigerweise Ressentiments und Haß zu wecken.

In den letzten beiden Jahren haben wir nach und nach die Idee aufgegeben, daß man den Deutschen Demokratie beibringen könne, indem man sie für die Sünden der Nationalsozialisten dadurch bestrafte, daß wir uns selbst ebenso rücksichtslos, unritterlich und mit ebensowenig Rücksichtnahme auf demokratische und christliche Grundsätze benehmen wie die Gewaltprotzen Hitlers. Trotzdem färbte das alte: *Haßt die Deutschen und schlagt ihnen die Zähne ein!* noch immer auf unsere Gedanken und Handlungen ab.

Die einfachen amerikanischen Soldaten fanden stets Mittel und Wege, um mit deutschen Familien freundschaftlich zu verkehren und die Töchter des Landes kennenzulernen. Den amerikanischen Offizieren und Zivilisten jedoch boten sich nur wenige Möglichkeiten zum gesellschaftlichen Umgang mit den Besiegten. Viele von ihnen waren durchaus damit zufrieden, so zu leben wie die Briten in Indien, als diese dort noch herrschten. Beamte der Militärregierung, die ihre Familien mit herüberbrachten, konnten sich des häuslichen Lebens erfreuen und sich mit dem nicht sehr ausgedehnten gesellschaftlichen Umgang mit Landsleuten, Briten und Franzosen begnügen. Die Piloten der Luftbrücke und viele junge amerikanische Offiziere aber wären sehr viel glücklicher gewesen, wenn sie bei deutschen Familien hätten wohnen und dort mit anständigen Deutschen hätten verkehren können, statt sich in heimliche Affären mit Mädchen einlassen zu müssen, die sie auf der Straße aufgelesen hatten. Ich begriff das sehr gut, nachdem ich mit dem Luftbrücken-Piloten gesprochen hatte, in dessen Maschine ich nach Berlin geflogen war. Er stammte aus Chicago und redete sehr viel, denn für ihn und seine in Deutschland lebenden Kameraden war das Härteste die Einsamkeit, in der sie leben mußten. Ihr Leben bestand aus nichts als Fliegen, Schlafen und Essen. "Ich habe Frau und Kinder drüben", erzählte er mir, "und hoffe, daß ich bald zu ihnen zurückkehren kann. Ich möchte keine Liebesaffäre mit einem deutschen Mädchen haben, kann es mir aber nicht leisten, in meinen freien Stunden mit einer Amerikanerin auszugehen, weil die amerikanischen Frauen verlangen, daß man sehr viel Geld für sie ausgibt." Dann erzählte er mir, daß er ein paar Tage zuvor das Glück gehabt hatte, die Bekanntschaft eines hübschen deutschen Mädchens zu machen, das ihn in sein Haus mitgenommen hatte. Er hatte vorgeschlagen, daß sie mit ihm ins Restaurant und in ein Kino gehen solle, sie aber hatte gesehen, daß er sehr müde war und hatte ihn auf das Familiensofa gebettet, wo er sich zu leiser Radiomusik ausruhen sollte. Er war eingeschlafen und als er wieder erwachte, fand er sich in eine Decke gehüllt, die Lampe war abgeblendet. Er war tief gerührt und dankbar; sein einziger Wunsch war, man möge ihm gestatten, bei einer deutschen Familie zu leben, statt abgesondert in einer nur Amerikanern vorbehaltenen Unterkunft.

Es war in der Tat seltsam, daß die amerikanischen Vorschriften die Prostitution geradezu förderten und einen normalen, den Gesetzen des Anstandes entsprechenden gesellschaftlichen Umgang mit den Deutschen den Angehörigen der Besatzungsmacht völlig unmöglich machten. Nach dem Ersten Weltkrieg hatten die USA und Großbritannien die Weisungen des Völkerrechtes beachtet und ihre Offiziere und Soldaten bei deutschen Familien in den Städten des von ihnen besetzten Rheinlandes untergebracht. Diesmal aber wünschten wir, das gesamte deutsche Volk zu bestrafen und unsere Soldaten vor einer Vergiftung durch Kontakte mit dem der Verdammnis anheimgefallenen Volk zu bewahren; wir warfen daher die deutschen Familien aus ihren von uns beschlagnahmten Häusern, statt ihnen einen Teil ihrer Heimstätten zu lassen. Diese geraume Zeit geübten Praktiken waren nicht nur besonders brutal, wenn man daran dachte, daß unsere Bomben so viele Wohnstätten in nahezu jeder deutschen Stadt zerstört hatten, sie trafen auch unsere eigenen Soldaten hart. Offiziere und Zivilbeamte, die ständig in Deutschland Dienst taten, lebten in leerstehenden deutschen Häusern, hatten deutsche Dienstboten, die alle ihre Wünsche zu erfüllen hatten, pflogen gesellschaftlichen Verkehr miteinander und waren so viel besser daran als zu Hause. Die einfachen Soldaten und die Piloten der Luftbrücke konnten sich solcher an die Heimat gemahnender Bequemlichkeiten nicht erfreuen. Es wurde ihnen gestattet, Mädchen auf der Straße aufzulesen, jeder Umgang mit ehrenwerten deutschen Familien war ihnen aber ausdrücklich untersagt. Einige von ihnen hielten sich nicht an diese Weisungen, und viele der Mädchen, die sie kennenlernten, waren nicht schlechter als die in ihren heimatlichen Städten. Die Tatsache, daß aus vielen dieser Zufallsbekanntschaften mit deutschen Mädchen echte Liebe und Zuneigung der amerikanischen Soldaten erwuchsen und sehr oft Ehen die Folge waren, war ein Tribut an die Qualitäten der deutschen Frauen und gereichte den amerikanischen Soldaten keineswegs zur Unehre.

Viele dieser Männer haben sich der besten amerikanischen Überlieferung würdig erwiesen, indem sie den Kindern halfen, den Alten und Schwachen zu essen gaben und ohne Rücksicht auf eigene Vorteile ganzen Familien beistanden, den Kampf ums Dasein zu bestehen. Andere nutzten leider ihre Position als Sieger dazu aus, alles zu nehmen und nichts dafür zu geben und kleine Vermögen dadurch anzusammeln, daß sie das dringende Verlangen nach Seife, Zigaretten, Süßigkeiten und anderen Luxusartikeln, die nur gegen harte Dollars in den PX-Läden zu haben waren und mit Riesenprofiten auf dem Schwarzen Markt abgesetzt werden konnten, für sich ausnutzten.

Vom Jahre 1948 ab fiel es den amerikanischen Soldaten und Zivilisten nicht mehr so leicht, durch das Einschmuggeln von Zigaretten und Kaffee und deren Tausch gegen Silber, wertvolles Porzellan, Pelze, Familienerbstücke, Kameras und andere Dinge, die den Deutschen für den Tauschhandel geblieben waren, Vermögen zu verdienen. Den Gewitzteren und Skrupelloseren unter ihnen fiel es aber noch immer leicht, auf dem Schwarzen Markt Handel zu treiben. Es war durchaus nichts Ungewöhnliches, daß im Frankfurter Presse-Zentrum riesige Kaffeepakete für Korrespondenten eintrafen, die dann die Ware, die sie eine Mark pro Pfund gekostet hatte, zum offiziellen Preis von 15 Mark pro Pfund losschlugen. Mit diesem Geld bezahlten sie ihre deutschen Dienstboten, aßen in deutschen Restaurants oder kauften deutsche Luxuswaren, die seit der Währungsreform wieder in deutschen Läden aufgetaucht waren. Auch wenn sie nicht zu den großen Gangstern gehörten, die über die französische Zone große Mengen der in Deutschland dringend benötigten Waren ins Ausland schmuggelten, taten viele Amerikaner doch das Ihre, den Wert der neuen Währung zu unterminieren, die Gefahr einer Inflation heraufzubeschwören und den deutschen Arbeitern die wichtigsten Konsumgüter wegzunehmen.

Seitdem in Deutschland niemand mehr zu hungern brauchte, konnte man zwar nicht mehr deutsche Hausangestellte mit einer Stange Zigaretten oder ein paar Lebensmitteln bezahlen, doch Arbeit blieb immer noch die billigste Ware.

Bevor Hitler zur Macht kam, war der Antisemitismus in Deutschland nicht schlimmer als heutzutage in Amerika. Den Nationalsozialisten war es nur gelungen, ihn in eine alles zerstörende, grausame Leidenschaft zu verwandeln und ihre Programme auszuführen, indem sie die Juden als Sündenböcke für Deutschlands wirtschaftliches Elend hinstellten.

Unglückseligerweise hat die Rachsucht einiger jüdischer Beamter der Militärregierung, der Umstand, daß Morgenthau seinen Namen für die von Präsident Roosevelt zu verantwortende Politik des Völkermordes hergab und der Mißbrauch, den viele nichtdeutsche Juden mit ihrer privilegierten Stellung als DPs trieben, mehr Deutsche in Antisemiten verwandelt, als dies Hitlers Rassegesetzen und seiner Propaganda gelungen war. Während der Nazi-Herrschaft empfanden viele, wenn nicht die meisten Deutschen Sympathien für die Juden und waren entsetzt über die von den Nazis an den Juden begangenen Verbrechen. Deutsche Juden hatten mir berichtet, daß seit der Niederlage Deutschlands und der Besetzung durch die Alliierten mehr und mehr Deutsche, die vorher niemals Judengegner gewesen waren, erklärten, Hitler habe doch recht gehabt und die Juden seien schuld an Deutschlands Elend und an der ungerechten Behandlung der Deutschen durch die siegreichen Demokratien.

Ich selbst war stets der Auffassung gewesen, daß die Kommunisten und ihre Mitläufer am meisten dazu getan hatten, daß wir die Deutschen während der ersten Besatzungsjahre so unmenschlich behandelt hatten. Daß aber viele dieser Kommunisten und ihrer Nachläufer, die leitende Posten in der Militärregierung einnahmen und als Untersucher und Ankläger in den Nürnberger und Dachauer Prozessen tätig waren, Juden waren, hat Öl in das Feuer antisemitischer Gefühle gegossen. Haß gegen das gesamte deutsche Volk, der alles Mitleid und jeden Sinn für Gerechtigkeit ausmerzte, fand man meist nur unter den Juden, die in den dreißiger Jahren aus Deutschland entkommen oder niemals in Deutschland gelebt hatten. Die deutschen Juden, die in ihrem Land geblieben waren und unter Hitlers Terror gelitten hatten, deren Verwandte und Freunde ermordet worden waren und die selbst die Schrecknisse der Konzentrationslager erlebt hatten, empfanden meist keinen Haß gegen das deutsche *Volk* und betrachteten sich immer noch als Deutsche. Es waren die amerikanischen Juden (oft polnischer oder russischer Herkunft) und die zurückgekehrten Emigranten, die entschlossen schienen, den Todeskampf des jüdischen Volkes in Hitlers Reich dadurch zu rächen, daß sie das gesamte deutsche Volk bestraften. Die Erklärung dafür lag meiner Ansicht nach in der Tatsache, daß die Juden, die in Deutschland geblieben waren, aus eigener Erfahrung wußten, daß das deutsche Volk in seiner Gesamtheit nicht für die Verbrechen der Nationalsozialisten verantwortlich zu machen war. Manche verdankten ihr Leben dem Umstand, daß ganz einfache Deutsche sich in höchste Gefahr begaben, als sie sie verbargen oder mit Nahrung versorgten. Die Juden, die lebend den Konzentrationslagern entkommen waren, wußten, daß viele Deutsche denselben Hunger und dieselben Qualen gelitten hatten wie sie, weil sie sich der Tyrannei der Nazis widersetzt und sich offen gegen die Judenverfolgungen gewendet hatten. Die ausländischen Juden jedoch und die nach der Machtergreifung durch die NSDAP aus Deutschland entkommenen wußten lediglich von den Konzentrationslagern, den Folterungen und den Gaskammern, und da ihnen die Tatsachen des deutschen Widerstandes gegen Hitler nicht vertraut waren, sahen sie vor lauter Bäumen den Wald nicht.

Hans Rothfels verweist in seinem Buch *Die deutsche Opposition gegen Hitler* darauf, daß man wenig von den zahlreichen deutschen Opfern der Nazi-Bestialitäten hörte, als nach Kriegsende die Schrecknisse der Konzentrationslager bekannt wurden. Rothfels schreibt: "In keinem offiziellen Bericht wurde der amerikanischen Öffentlichkeit mitgeteilt, daß es bis zum Sommer 1943 in Buchenwald praktisch keine Ausländer gegeben hat und daß unter den 20 000 Überlebenden (51 000 Menschen waren getötet worden) immer noch 2000 Reichsdeutsche waren. Offensichtlich war die Gestapo nicht der Meinung, daß alle Deutschen Nazis waren, oder — im Kriege — fest hinter dem Regime standen." Nach einer von der VII. US-Armee herausgegebenen Broschüre bestand die Mehrzahl der Häftlinge in Dachau ebenfalls aus Deutschen. Man hat geschätzt, daß vor dem Krieg eine halbe Million Deutsche wegen Widerstandes gegen die Nationalsozialisten in den

Konzentrationslagern saß oder gesessen hat.

In der Frühzeit der Naziherrschaft kümmerte sich niemand um die in den Konzentrationslagern begangenen Greueltaten, weil die Opfer in der Mehrzahl Deutsche waren, während und nach dem Krieg scheint man aber alle Nachrichten über den deutschen Widerstand gegen Hitler absichtlich der amerikanischen Öffentlichkeit vorenthalten zu haben. Vermutlich fühlte man, daß ein Bekanntwerden der Zahl jener Deutschen, die im Kampf gegen das Nazi-Regime ihr Leben oder ihre Freiheit verloren hatten, den Haß gegen das deutsche Volk vermindern mußte, den die Regierung und der Großteil der Presse wecken wollten. Washington war so sehr bestrebt, diese Tatsachen zu vertuschen, daß das Office of War Information soweit ging, Hitlers Version des Mordanschlages vom 20. Juli sich zu eigen zu machen. Es wiederholte Hitlers Lüge, daß nur eine kleine *Clique ehrgeiziger Offiziere* in die Verschwörung verwickelt sei. Auch noch nach dem Kriege war alles, was den deutschen Widerstand betraf, für die amerikanische Presse tabu; alle Nachrichten darüber unterlagen in Deutschland der Zensur der Militärregierung.

Nach Prof. Rothfels war es amerikanischen Zeitungsberichterstattern untersagt, Berichte über den Widerstand gegen Hitler zu veröffentlichen; einem Amerikaner wurde das Buch Schlabrendorffs über den Widerstand von der Militärregierung weggenommen, weil es innerhalb Deutschlands als verbotene Literatur galt. Rothfels zitiert einige Deutsche, die erklärten, daß es nach Ansicht einiger Beamter der alliierten Militärregierung besser war, ein Nationalsozialist als ein Überlebender der Verschwörung vom 20. Juli zu sein, weil die Verschwörer angeblich den Versuch unternommen hätten, *uns um unseren Sieg zu betrügen.*

Nicht nur totalitäre Regierungen vergiften den Geist ihrer Staatsangehörigen mit lügnerischer Propaganda. Mit Hilfe subtilerer und geschickterer Methoden wurden die Bürger der westlichen Demokratien allzu oft daran gehindert, die Wahrheit zu erkennen und dazu veranlaßt, Lügen Glauben zu schenken.

Ich war entsetzt über den Unterschied in der Haltung Mr. Fischbeins, eines Amerikaners, der das amerikanische Joint Distribution Committee in Berlin vertrat und der Jeanette Wolffs und ihrer Tochter, deutscher Jüdinnen, die sechs Jahre in Hitlers Konzentrationslagern zugebracht hatten. Fischbein haßte die

Deutschen so sehr, daß er nicht einmal zugeben wollte, daß die Berliner bei der Verteidigung der Demokratie bemerkenswerten Mut bewiesen; er erklärte verächtlich, daß sie sich lediglich auf unsere Seite geschlagen hätten, weil wir stärker seien. Jeanette Wolff berichtete mir, daß die Jewish Relief Agency sich geweigert hatte, *deutschen* Juden in Berlin beizustehen und sie hungern und in zerfetzten Kleidern herumlaufen ließ und lediglich polnischen und anderen osteuropäischen Juden geholfen hatte. Ich war nicht in der Lage zu beurteilen, ob diese Anschuldigungen begründet waren oder ob es, wie sie berichtete, ebenfalls wahr war, daß die jüdischen DP-Lager in Berlin das Zentrum umfassender Schwarzmarkt-Operationen waren und daß manche Hilfssendungen aus den USA illegal verkauft statt ordnungsgemäß verteilt wurden. Es war aber nur zu bekannt, daß nach der Evakuierung der jüdischen DPs aus Berlin im Sommer 1948 riesige Lager von Schuhen und Bekleidung sowie sehr viel Geld von den Militärbehörden im Lager gefunden wurden.

Der Handel auf dem Schwarzmarkt war auf jeden Fall die Hauptbeschäftigung vieler DPs aller Nationen, denn die ihnen eingeräumte Sonderstellung machten es der deutschen Polizei unmöglich, sie wegen gesetzwidriger Handlungen zu verfolgen. Die Klage der Deutschen, daß sie rechtlos seien, wurde nur allzu sehr gerechtfertigt durch die für Angehörige der alliierten Nationen und DPs geltenden Verordnungen. Die deutsche Polizei hatte nicht das Recht, sich in Angelegenheiten von Angehörigen der siegreichen Nationen einzumengen. Ihr war noch nicht einmal gestattet, die DP-Lager zu betreten, um die Schwarzmarkt-Operationen zu stoppen, deren Zentrum diese *exterritorialen* Niederlassungen waren, die der deutschen Rechtsprechung nicht unterstanden. Die Anweisungen der *Herrenrasse* gingen so weit, daß einem deutschen Polizeibeamten nicht erlaubt war, Deutsche gegen Gewalttaten der Sieger oder DPs zu schützen. Als ich einen Beamten der Militärregierung in Berlin, der sich mit juristischen Fragen befaßte, fragte, ob ein deutscher Polizeibeamter einen Amerikaner verhaften könnte, wenn er sah, daß dieser im Begriff war, jemanden zu ermorden, erhielt ich zur Antwort: "Nein, da muß er sich zuerst einen Militärpolizisten suchen."

Besonders schlimme Folgen hatten unsere für die Deutschen erlassenen Gesetze, wenn Kinder für leichtere Straftaten zur Rechenschaft gezogen wurden. Bei meinem Besuch im Jugendhof in Berlin sah ich einige Hundert in Fetzen gekleideter, hungriger Kinder, viele von ihnen nur zehn oder zwölf Jahre alt, die in einem früheren

Konzentrationslager gefangengehalten wurden. Einige warteten auf ihren Prozeß, andere waren zu sechs Monaten oder einem Jahr Gefängnis wegen Taschendiebstahls, Bettelns vor amerikanischen PX-Läden und Schwarzhandels verurteilt worden. Zwei dieser Jungens mußten sechs Monate sitzen, weil man sie erwischt hatte, als sie mit einem Paar alter Boxhandschuhe spielten — diese waren amerikanisches Eigentum, daher war dies ein schweres Verbrechen.

Die Haltung der amerikanischen Militärpolizei war je nach dem Ort sehr unterschiedlich. In Berlin und Frankfurt arbeitete sie mit der deutschen Polizei zusammen, um Recht und Ordnung aufrechtzuerhalten, in München aber erzählten mir Deutsche, daß sie keinen Schutz gegen ungesetzliche Handlungen oder deren Wiedergutmachung verlangen konnten, die Angehörige der Besatzungsmächte gegen sie begangen hatten. Ich habe mich noch lange an meinen alten Taxifahrer in München erinnert, der mir berichtete, daß ihn amerikanische Soldaten sehr oft um den Fahrpreis betrogen hätten und daß es völlig nutzlos gewesen sei, sich an die Militärpolizei zu wenden. Diese habe die Leute, die zu ihr gekommen seien, geschlagen und beschimpft. Zweifellos hing viel von der Haltung des in dem betreffenden Gebiet kommandierenden Generals ab. Wenn dieser ein Deutschenhasser war, der glaubte, das Prestige Amerikas werde gehoben, wenn man die *Eingeborenen* so behandelte wie das die schlimmsten Südstaatler mit den Negern taten, dann benahmen sich selbstverständlich einige der unter seinem Befehl stehenden Soldaten hochmütig und brutal gegen die völlig schutzlosen Deutschen. Die höheren Befehlsstellen der Armee haben sich jedoch in späteren Jahren bemüht, den Besatzungstruppen beizubringen, wie man sich als Demokrat benimmt. Mein Luftbrückenpilot berichtete mir von den ausgezeichneten Einführungskursen, die die Neuankömmlinge in Marburg besuchen mußten. Der Leiter der Kurse, ein Major der US-Armee, erklärte den jungen amerikanischen Soldaten, daß sie um so eher wieder nach Hause zurückkehren könnten, je schneller Deutschland wiederaufgebaut sei. Diese Aufklärungskurse neuen Stiles haben zweifellos viel dazu beigetragen, das Benehmen der amerikanischen Besatzungstruppen zu ändern, doch die am Beginn der Besatzungszeit erlassenen Richtlinien für deren Verhalten hatten ein zähes Leben. Zudem wurden viele Amerikaner durch die Ausnahmestellung demoralisiert, die sie in Deutschland einnahmen. Man kann die meisten jungen Männer nicht in eine Situation bringen, die es ihnen gestattet, Recht, Gewissen und Erziehung zu verachten, ohne sie zu verderben. Es war dem Geist Amerikas zu verdanken, daß die in Washington erteilten Anweisungen nicht zur Nazifizierung der amerikanischen Armee führten, doch sind leider viele Soldaten und Offiziere dem Beispiel der *totalitären Liberalen* unter den Zivilbeamten der Militärregierung gefolgt, die im Umgang mit den Besiegten alle demokratischen Grundsätze mißachteten. Daß sich das Benehmen der Besatzungstruppen in den späteren Jahren weitgehend verbessert hat, kann aber die Erinnerung an die Brutalitäten und Willkürakte der ersten Besatzungsjahre nicht auslöschen. Die Enttäuschung der Deutschen über die Amerikaner war um so größer, weil sie von diesen sehr viel erwartet hatten. Immer und immer wieder wurde mir gesagt: "Wir haben erwartet, daß die Russen sich nicht an die Gesetze halten würden und wir wußten, was wir von den Briten zu erwarten hatten, deren Ziel es war, Deutschland als Konkurrenten auszuschalten, aber wir haben einmal daran geglaubt, daß die Amerikaner anders sein würden."

Viele Deutsche hatten während des Krieges den amerikanischen Rundfunksendungen gelauscht, die ihnen versicherten, daß Deutschland nicht zerstört würde. Die Härten unserer Besatzungspolitik: die Demontagen, die ganze Gemeinwesen fürchten ließen, daß sie ihnen ihre Existenzgrundlage rauben würden; die Ausplünderung deutscher Wohnungen durch amerikanische Offiziere, die daraus Gemälde, Silber und Möbel wegschleppten sowie die Weigerung, die Deutschen zu entschädigen, deren Wohnungen verwüstet oder ausgeplündert worden waren sowie andere Gesetzlosigkeiten ließen viele Leute sagen: "Unter den Russen hätte es nicht schlimmer zugehen können." Ein Deutscher erklärte mir: "Die Tragödie liegt darin, daß die Amerikaner uns zwar geholfen haben, daß aber das Benehmen ihrer Besatzungstruppen die Wirkung dieser Hilfe wieder verdorben hat. Sogar eure Lebensmittelhilfen verlieren ihren Wert durch die Art, in denen sie gegeben werden. Immer, wenn wir uns über eine Ungerechtigkeit beklagen, sagt ihr zu uns: *Was, ihr wagt es, euch über unsere Taten zu beklagen! Ihr solltet dafür dankbar sein, daß wir euch nicht verhungern lassen!*' Es war nur zu natürlich, daß ein Deutscher, der seine Wohnung zurückbekam, nachdem Amerikaner jahrelang darin gewohnt hatten und dann feststellen mußte, daß Möbel, Wäsche, Haushaltungsgegenstände und Bücher gestohlen worden waren, nicht damit zufrieden war, wenn man ihm sagte, er solle für seine Lebensmittelration dankbar sein und den Mund halten. Es war auch zuviel verlangt, daß eine Familie die Demokratie lieben sollte, die dazu verdammt war, auf unbestimmte Zeit in einem Keller zu leben, während Amerikaner ihre Wohnung mit Beschlag belegt hatten und nicht benutzten, sich aber weigerten, sie zurückzugeben.

Die Amerikaner haben sicherlich den besiegten Deutschen mehr gegeben, als sie ihnen genommen haben, doch die Taten mancher Mitglieder der Besatzungsmacht haben oft jedes Gefühl der Dankbarkeit ausgelöscht. Man kann auch nicht alles nach Wirtschaftlichen Begriffen messen. Die *Herrenrassen*-Haltung, die die Militärregierung in den ersten Jahren den Besatzungstruppen vorschrieb, hat Ressentiments geweckt, die verhinderten, daß man Dankbarkeit für die amerikanische Großzügigkeit aufbrachte.

Viele Süddeutsche erkannten zwar an, daß Frankreich Deutschland weit schlimmer ausgeplündert hat als die anderen Westmächte, sie empfanden aber den Franzosen gegenüber weniger Feindschaft als gegen Amerikaner und Briten, weil die Franzosen in ihren persönlichen Beziehungen zu den Deutschen höflicher und freundlicher waren. Die Haltung Amerikas als Nation war die beste, die Politik Frankreichs die feindseligste, der einzelne Franzose benahm sich aber oft sehr viel besser als der einzelne Amerikaner.

Die Besatzer wurden in Deutschland nicht nur durch die Gelegenheit demoralisiert, sich ungesetzlich zu benehmen und Schutzlose zu beleidigen und zu tyrannisieren. Es fiel ihnen auch keineswegs schwer, sich edelmütig vorzukommen. Man brauchte jemandem ja nur ein Päckchen Zigaretten oder eine Tafel Schokolade zu schenken, und schon ein freundliches Wort oder das übliche höfliche Benehmen gegenüber den Besiegten gaben einem das Gefühl, ein sehr tugendsamer Mensch zu sein. Es war nicht schwer, in Deutschland ein guter Mensch zu sein. Edelmut ist aber kein Edelmut, wenn er einen nichts kostet; man war ständig in Gefahr, sich als sehr tugendsamen Menschen einzuschätzen, wenn man auch nur davon Abstand nahm, sich brutal zu benehmen. Ich war in Deutschland oft beschämt von dem warmen Dank und der Sympathie, die beileibe nicht nur eine kleine Gabe weckte, sondern schon die kleinste Bekundung menschlichen Mitgefühls.

Wohl am schwersten fiel es den Deutschen zu ertragen, daß man ihnen das Recht genommen hatte, ihre Sache selbst zu vertreten und die zahlreichen Lügen zurückzuweisen, die über sie in der amerikanischen Presse verbreitet wurden. Sie hatten nicht nur keine Regierung, die für sie eintreten konnte, sondern auch keine diplomatischen oder anderen Vertreter im Ausland. Die Mehrzahl der amerikanischen Zeitungsberichterstatter in Deutschland waren der Landessprache nicht mächtig, wußten in der europäischen Geschichte überhaupt nicht Bescheid und nahmen daher alle Behauptungen über die Bosheit der Deutschen widerspruchslos hin. Ihre Berichte waren im besten Fall oberflächlich, im schlimmsten völlig voreingenommen. Zudem litten einige von ihnen noch an dem Katzenjammer, der auf die Orgien prosowjetischer und prokommunistischer Propaganda zurückzuführen war, in denen sich die amerikanische Presse während und unmittelbar nach dem Krieg ergangen hatte. Einer der ehrlichsten und über die Sowjets am meisten enttäuschten Korrespondenten in Berlin erklärte mir, daß sein Verstand zwar die Notwendigkeit anerkenne, die Deutschen als unsere Verbündeten im Kalten Krieg zu behandeln, daß sein Herz aber diese These zurückweise, weil er die Deutschen hasse und für die Russen große Zuneigung empfinde.

Die meisten Zeitungen und Nachrichtenagenturen behandelten Deutschland noch immer so, als ob dieses Land Kriegsschauplatz sei, auf dem man sich seine Nachrichten von den Militärbehörden holen mußte und für den die Kenntnis der Sprache oder der Bevölkerung nicht erforderlich war. Es gab kaum einen Zeitungsberichterstatter in Deutschland, der dort bereits vor dem Krieg gelebt hatte; die meisten wußten über die geschichtlichen Hintergründe so wenig Bescheid, daß sie allen Ernstes glaubten, die Deutschen wüßten nur das über die Demokratie, was wir ihnen beigebracht hatten.

Während meines ersten Besuches in Berlin beobachtete ich eine große Demonstration vor dem Reichstag im Beisein der Korrespondenten der zwei führenden amerikanischen Nachrichtenagenturen. Keiner von beiden sprach ein Wort Deutsch, einen Übersetzer hatten sie nicht bei sich. Sie waren nicht nur nicht imstande, die Reden oder die Zwischenrufe der Menge zu verstehen, der eine von ihnen fragte mich auch während der Rede von Bürgermeister Reuter: "Wer ist denn dieser Kerl da?". Da ja nur die größten amerikanischen Tageszeitungen eigene Berichterstatter in Deutschland hatten, wurde die Mehrzahl der Amerikaner über Deutschland von jungen Leuten dieses Schlages unterrichtet.

Die schlimmste Folge der Kriegspropaganda ist, daß das Gift nachwirkt. Die meisten Amerikaner glaubten damals allen Ernstes, daß Deutschland die Demokratie und die Herrschaft des Rechtes niemals gekannt habe und die angriffslustigste aller europäischen

Nationen sei. Es war daher nur zu natürlich, daß die meisten amerikanischen Zeitungsberichterstatter psychologisch wie auch rein handwerklich nicht imstande waren, Nachrichten über Deutschland zu bringen, die Hand und Fuß hatten. Die paar Korrespondenten ohne Rassenvorurteile, die nicht mehr an die Kriegspropaganda glaubten, nach der die Deutschen allzumal Teufel und an allen Angriffskriegen schuld seien, fanden es jetzt schwierig, sich aus dem engen Umkreis zu lösen, in dem die Angehörigen der Besatzungsmächte lebten. Hätten sie mit deutschen Familien oder in deutschen Hotels leben müssen, hätten sie sich selbst um ihre Wohnung, ihre Ernährung und ihre Fahrgelegenheiten kümmern müssen, hätten sie ihre Dollars zum offiziellen Wechselkurs gegen Mark tauschen müssen — wären sie also kurz gesagt aus ihrem Dasein in ruhigen Altwässern in den brausenden Strom des Lebens in Deutschland hinausgeschleudert worden, so hätten sie auch wirkliche Nachrichten bringen können. So wie die Dinge lagen, lebten die meisten amerikanischen Korrespondenten so weit entfernt von der Masse der Bevölkerung wie die Amerikaner und Briten in Schanghai und Hongkong. Einige von ihnen kannten ein paar Deutsche, so wie in China einige Korrespondenten Freundschaft mit ein paar Chinesen geschlossen hatten. Sie lebten aber meist in der mit allen möglichen Privilegien bedachten, geschützten und isolierten Welt der Sieger und gaben daher mit seltenen Ausnahmen die Ansichten der Militärregierung wieder. Sie empfanden wenig Sympathie für das deutsche Volk und waren kaum geneigt, über dessen Nöte zu berichten. Nur wenige von ihnen schienen besser als die Militärregierung begriffen zu haben, daß man Demokratie nicht lehren kann, wenn man sie nicht in die Praxis umsetzt und daß kein Volk sich der Demokratie in die Arme werfen wird, wenn sie lediglich Unterwerfung unter die stärkere Macht eines Eroberers bedeutet. Stattdessen bestanden sie hartnäckig darauf, daß unser Versagen in Deutschland auf den Charakter und die Denkweise der Deutschen zurückzuführen sei.

Es war sehr betrüblich, daß ausgerechnet die Leute, die sich selbst als *Liberale* bezeichneten, in Gedanken und Taten am meisten jeglichem Liberalismus zuwiderhandelten. Dieselben Leute, die daheim in den Staaten behaupteten, daß Vergehen Jugendlicher und Verbrechen Erwachsener auf Hintansetzungen im Leben oder auf eine unglückliche Kindheit zurückzuführen seien und daß Verbrecher von Psychoanalytikern behandelt werden müßten, aber nicht dem Hunger ausgesetzt, geschmäht oder eingekerkert werden sollten, wünschten, daß man nicht davon abließ, das gesamte deutsche Volk für seine Vergangenheit zu bestrafen.

Später sind die meisten dieser totalitär eingestellten Liberalen in der Militärregierung durch Amerikaner ersetzt worden, die es vorzogen, das in die Praxis umzusetzen, was wir predigten. Sie haben viel dazu getan, daß die Wirkung unseres Verhaltens gegenüber den Deutschen während der ersten Besatzungsjahre gemildert wurde. Wie gut ihre Absichten aber auch sein mochten, die Beamten der Militärregierung vermochten niemals dem Widerspruch zu entgehen, der zwischen einer autoritären Herrschaft über ein besiegtes Volk und der Aufrichtung einer demokratischen Ordnung bestand. Regierung der Demokraten bedeutet Regierung unter Zustimmung des Volkes. Eine solche Zustimmung kann es in einem Land nicht geben, das von einer fremden Macht beherrscht wird, die absolute Autorität und das Recht fordert, sich in alle Angelegenheiten der inneren Verwaltung einzumischen, die die Wirtschaft, die Gesetzgebung und das politische Leben kontrolliert.

Im Jahre 1948 kontrollierte die Militärregierung noch immer die Währung, das Bankund Kreditwesen, den Außenund den Binnenhandel, die Industriestruktur, die Wirtschaftsund Sozialpolitik, von den Reparationen und Requisitionen ganz zu schweigen. Den deutschen Bundesstaaten wurde nicht einmal gestattet, sich selbst eine Verfassung zu geben. In General Clays eigenen, im Oktober 1946 an die Bayern gerichteten und im August 1948 von Militärgouverneur von Wagoner zitierten Worten gesagt: "Die Zustimmung, die die Militärregierung zu dieser Verfassung gibt, unterliegt selbstverständlich den internationalen Vereinbarungen, deren Teilhaber die Regierung der Vereinigten Staaten ist, und die sich auf die Gesetzgebung der vier Besatzungsmächte beziehen sowie den Vollmachten, die die Militärregierung sich reservieren muß, um die grundlegende Politik der Besatzungsmächte in die Wirklichkeit umzusetzen."

Die Verfassungen der deutschen Bundesstaaten mußten also nicht nur amerikanischen Gedankengängen entsprechen, sie bedurften auch der Zustimmung der Sowjetunion. Auch dann noch, als es keinen Viermächte-Kontrollrat mehr gab, weil die Russen ihn verlassen hatten, konnte Frankreich immer noch zugunsten der Sowjetunion intervenieren, indem es die Bildung eines lebensfähigen westdeutschen Staates zu verhindern suchte. Nachdem sie monatelang in Bonn beraten hatten und auf der Basis der britisch-amerikanischen Direktiven eine demokratische Verfassung ausgearbeitet hatten, wurde den Führern der deutschen demokratischen Parteien in den ersten Tagen des Jahres 1949 dem Sinn nach mitgeteilt, daß sie wegen der französischen Einwendungen vergeblich gearbeitet hätten. Es hätte der Sache der Demokratie weit weniger geschadet, wenn man den Deutschen bedeutet hätte, sie seien auf unbestimmte Zeit einer Militärdiktatur unterworfen, als vorzugeben, wir gingen darauf aus, eine demokratische Regierung zu bilden.

Wie die Dinge lagen, machten wir die Demokratie zum Gespött und diskreditierten die demokratischen Führer Deutschlands, indem wir ihnen zwar Verantwortung gaben, aber keine Macht.

Die deutschen Demokraten befanden sich nicht nur in der wenig beneidenswerten Lage, die Sündenböcke für die Politik der Alliierten abgeben zu müssen. Sie wurden immer wieder unwürdig behandelt und von den Alliierten ständig zurückgesetzt und beschimpft. Ihre Autorität wurde untergraben und es schien, als seien sie lediglich die Puppen der Besatzer. Ihre Empfehlungen werden ignoriert, es sei denn, sie entsprachen den Wünschen der Militärregierung. Wenn aber das Unheil sich einstellte, wurden sie allein dafür verantwortlich gemacht. Dies war vor allem der Fall in dem schrecklichen Winter und Frühling 1947/48, als die Bevölkerung des Ruhrgebietes auf eine Hungerration von 800 Kalorien gesetzt wurde.

Kurz bevor ich Deutschland verließ, erklärte mir ein Vertreter des amerikanischen Außenministeriums: "Wenn wir in Deutschland Erfolg haben, dann trotz, nicht wegen dem, was wir getan haben und dem, wie wir uns verhalten haben." Es gab leider nur wenige Amerikaner, die sich herabließen, mit den Deutschen zusammenzuarbeiten. Es war ja sehr viel leichter, Verordnungen zu erlassen oder anonyme Anweisungen zu geben, die den deutschen Behörden sagten, was sie zu tun und zu lassen hatten, statt ihnen dabei zu helfen, diese in der schwierigen Situation auszuführen, in der sie sich befanden.

Man konnte schwerlich behaupten, daß wir den Deutschen Demokratie beibringen wollten, wenn wir den von ihnen erwählten Vertretern befahlen, binnen weniger Wochen ein Gesetz zu verabschieden, dessen Abfassung in einem demokratisch regierten Staat erst nach monatelangen Debatten möglich gewesen wäre. Das war aber genau das, was die Militärregierung tat. Statt daß man sich mit den Deutschen an einen Tisch setzte, um gemeinsam Lösungen für die vielen und schwierigen Probleme zu finden, denen sie und die Militärregierung gegenüberstanden, wurde aus weiter Entfernung kritisiert und beschuldigt, gab es Vorwürfe und Gegenvorwürfe. Weit davon entfernt, den erwählten Vertretern des deutschen Volkes im eigenen Lande Respekt zu verschaffen, ging die Militärregierung darauf aus, sie zu ignorieren oder zu erniedrigen, indem sie sie wie ihre Puppen behandelte, die dank ihren Gunstbeweisen und nicht dank dem Beistand des eigenen Volkes im Amte bleiben durften.

Nicht nur im politischen Bereich hat die amerikanische Militärregierung die Demokratie in Verruf gebracht. Ihre Politik war nicht weniger schädlich für die Wiedererweckung des freien Unternehmertums als für die Schaffung von Bedingungen, unter denen Ehrlichkeit und Wagemut belohnt, Unehrlichkeit und Ungehorsam vor dem Gesetz bestraft wurden. Es ist kaum eine Übertreibung, wenn man sagt, daß in Deutschland die schlimmsten Seiten einer kapitalistischen und einer reglementierten Wirtschaft kombiniert worden sind. Bis zur Währungsreform vom Juni 1948 behielt die Militärregierung die von den Nationalsozialisten ererbte, reglementierte Wirtschaft bei, ohne den deutschen Behörden die Macht zu geben, diese auch zum Funktionieren zu bringen. Das Resultat war naturnotwendig eine Zeit der Gesetzlosigkeit, während der nur die Schwarzmarkthändler Profite machen konnten. Industrielle und gesetzestreue Kaufleute konnten ihre Waren nur zu kontrollierten Festpreisen verkaufen, die nicht einmal die Produktions- oder Einkaufskosten deckten. Anders die Schwarzmarkthändler; sie waren eine seltsame Mischung: ehemalige Nationalsozialisten, denen die Entnazifizierungsgesetze es unmöglich gemacht hatten, auf anständige Weise ihr Brot zu verdienen, von der Militärregierung geschützte DPs, deren Lager die deutsche Polizei nicht betreten durfte sowie deklassierte Elemente, deren Behandlung durch die Nationalsozialisten oder die siegreichen Demokratien ihnen beigebracht hatte, die Gesetze zu verachten und auf nichts anderes als die eigene Selbsterhaltung bedacht zu sein.

Die akute Knappheit an Lebensmitteln, Bekleidung, Wohnungen und anderen Lebensnotwendigkeiten, die teilweise eine Folge der deutschen Niederlage, teilweise eine der alliierten Anweisungen war, nichts zu tun, um die deutsche Wirtschaft wieder arbeitsfähig zu machen, führte unvermeidlich dazu, daß die Gesetze und Bestimmungen der nationalsozialistischen Kriegswirtschaft beibehalten werden mußten. Es war aber die Höhe der Torheit oder rücksichtslose Mißachtung der Lebensbedürfnisse des deutschen Volkes, den Deutschen die Macht zur Durchführung jener Kontrollmaßnahmen zu nehmen, die zumindest die gerechte Verteilung der noch vorhandenen Lebensmittelvorräte und anderer lebenswichtiger Waren gesichert hätte.

Zudem reichte das Einkommen des Durchschnittsarbeiters nicht aus, die rationierten Lebensmittel zu bezahlen. Lediglich Industrielle, die ihren Arbeitern Sonderrationen zukommen lassen konnten oder die Waren produzierten, die sie ihnen zum Verkauf auf dem Schwarzen Markt geben konnten, waren imstande, ihre Fabriken mit Erfolg weiterarbeiten zu lassen.

Die Währungsinflation, mit der die Nationalsozialisten begonnen hatten, die aber gewaltig zugenommen hatte, als die Militärregierung am Beginn der Besatzungszeit den Russen die Platten aushändigte, mit denen sie unbegrenzte Mengen von Reichsmark drucken konnten, erhöhte das wirtschaftliche Chaos in Deutschland noch weiter. Die Währungsreform wurde jahrelang hinausgezögert, weil man hoffte, mit den Russen eine Vereinbarung erreichen zu können. Als sie schließlich im Juni 1948 von den Westmächten verordnet wurde, wurde sie auf eine Art und Weise durchgeführt, die so ungerecht als nur möglich war. Sämtliche Ersparnisse wurden bis auf zehn Prozent ihres Betrages zusammengestrichen, es wurde keinerlei Vorsorge für die Witwen, Waisen, die alten Menschen sowie die arbeitsunfähigen Kriegsversehrten getroffen, die über keine anderen Unterhaltsmittel verfügten. Viele kleine Industriebetriebe wurden ruiniert; die Verwaltungen der Städte und Länder konnten nicht mehr über die Fonds verfügen, aus denen sie die Arbeitslosen und die Millionen von Vertriebenen unterstützt hatten. Die karitativen Organisationen verloren praktisch all ihr Geld, sämtliche Guthaben auf Postscheckkonten und Postsparkassen wurden gelöscht.

Die Währungsreform glich der Radikaloperation eines Arztes, dessen Patient entweder sterben oder sich so erholen mußte, daß er aufhörte, Wohlfahrtsempfänger der Westmächte zu bleiben. Eine Zeitlang schien es, als habe die Operation Erfolg gehabt. Die Kranken und Krüppel, die Arbeitslosen und die nicht mehr Arbeitsfähigen hatten nichts mehr, von dem sie leben konnten, doch der Anreiz zur Arbeit war für eine Zeitlang wiedererweckt worden. Fabrikanten und Kaufleute, die ihre Waren so lange dem Markt ferngehalten hatten, wie sie keinen Gewinn aus ihrem Verkauf erzielen konnten, brachten sie nun auf den Markt, da man jetzt Geld für sie erhielt, das einen wirklichen Wert besaß. Die Bauern, die ihre Erzeugnisse versteckt oder selbst verbraucht hatten, solange sie diese nicht gegen die von ihnen benötigten Gebrauchsartikel eintauschen konnten, erschienen nach der Währungsreform ebenfalls mit ihnen auf den Märkten.

Diese wohltuende Entwicklung war aber nur von kurzer Dauer. Die Flaute kam schon bald. Da es der Militärregierung nicht gelang, soviel Rohmaterialien einzuführen, daß der Weitergang der deutschen Industrieproduktion gesichert war, begann schon wenige Monate nach der Währungsreform das Horten von neuem, die Preise stiegen und die Arbeiter sahen, daß sie jetzt noch schlechter daran waren als vor der Währungsreform. Die vor der Währungsreform nur langsam vorangetriebenen Demontagen nahmen nur katastrophale Ausmaße an, sodaß die Möglichkeit, daß Westdeutschland die Waren produzieren und exportieren konnte, mit denen man die importierten Rohstoffe bezahlen konnte, in immer weitere Ferne entschwand. Das Mißtrauen, das die Deutschen gegenüber der ehrlichen Absicht der Amerikaner hegten, die Privatinitiative wiederzubeleben und damit die Möglichkeit zu geben, sich aus eigener Kraft am Leben zu erhalten, wurde durch die Gerüchte verstärkt, daß die deutschen Exporte zur Deckung der von der US-Armee zu Beginn der Besatzungszeit eingegangenen Schulden verwendet würden. Wir hatten damals ja nicht nur den Russen gestattet, unbegrenzte Mengen von Reichsbanknoten zu drucken, sondern den amerikanischen Soldaten auch erlaubt, diese Scheine, die sie beim Verkauf von Uhren, Zigaretten, Schokolade und andere Waren an die Russen erhalten hatten, gegen amerikanische Dollars einzutauschen.

Mr. Logan, der 1948 zum neuen Leiter der JEIA ernannt wurde, hat bis zu einem gewissen Grad Amerikas Ansehen als ehrlicher Makler der deutschen Vermögenswerte wiederhergestellt. Man sagte, er habe darauf bestanden, daß über alle Gelder der JEIA Rechenschaft abgelegt werde und sich geweigert, sie zur Tilgung der Schulden der US-Armee zu verwenden; er soll auch verlangt haben, daß wir unser Versprechen erfüllten, die Gewinne aus den deutschen Exporten zur Einfuhr von Lebensmitteln und Rohmaterialien für den Wiederaufbau Westdeutschlands zu verwenden. Da Logan aber seine Machtbefugnisse mit den Briten teilen mußte, konnte er nicht verhindern, daß die Kontrolle über den deutschen Außenhandel dazu benutzt wurde, eine deutsche Konkurrenz mit Großbritannien auf dem Weltmarkt zu verhindern.

Die Deutschen betrachteten die JEIA als riesiges britisch-amerikanisches Handelsmonopol, das ihr Land daran hinderte, mit seinen naturgegebenen Märkten, seinen Lieferanten und Abnehmern Handel zu treiben und es zwang, im Britischen Empire und den Vereinigten Staaten zu kaufen und zu verkaufen. Die deutschen Exporteure und Importeure waren unter diesem von den Briten und Amerikanern begründeten Außenhandelsmonopol lediglich Agenten des von den Briten und Amerikanern monopolisierten deutschen Handels. Die Deutschen waren der Ansicht, daß diese von den Briten und Amerikanern über ihren Außenhandel geübte Kontrolle von vornherein jede Möglichkeit ausschloß, daß sie sie selbst am Leben erhalten konnten; sie behaupteten, daß immer dann, wenn sie Waren zu niedrigeren Preisen anboten als die Briten, ihnen dafür die Exportlizenzen verweigert wurden. Sie beklagten sich auch darüber, daß sie nicht imstande seien, alle Exportmöglichkeiten dort zu nutzen, wo Deutsche mit ihren Besiegern in Konkurrenz traten, weil man ihnen nicht erlaubte, eigene Handelsvertreter ins Ausland zu schicken.

Die deutschen Exporte bestanden in früheren Zeiten aus einer unendlichen Vielzahl von Artikeln, die für jeden speziellen Bedarf zugeschnitten waren, und erforderten daher eine bis in die Details gehende Marktkenntnis. Eine riesige, britisch-amerikanische bürokratische Organisation wie die JEIA war kaum in der Lage, neue Exportmöglichkeiten ausfindig zu machen, auch dann nicht, wenn sie auf dem Weltmarkt nicht von deutschen Konkurrenten überwacht wurde. Wären die Amerikaner ebenso auf ihre nationalen Interessen bedacht gewesen wie die Briten, hätte die JEIA den deutschen Ausfuhrhandel verstärken müssen, auch wenn dieser den Briten Konkurrenz machte. Wie die Dinge aber lagen, hatten die Briten die Hand am Zügel und konnten anordnen, was die Deutschen exportieren durften und was nicht. Am 3. April 1949 brachte die *New York Times* einen Bericht aus Berlin, nach dem die britischen und französischen Vertreter in London den *Delegierten der USA das zögernd gegebene Zugeständnis abgerungen hatten*, die deutschen Fabriken zur Herstellung von synthetischem Kautschuk und synthetischen Treibstoffen zu zerstören, weil Großbritannien sich Sorge wegen des *Absatzes seines natürlichen Kautschuks machte*. Der Bericht fuhr fort:

"Wirtschaftsexperten der amerikanischen Militärregierung hatten gewünscht, daß diese Fabriken erhalten blieben... und hatten erklärt, der Kongreß werde ein Abkommen über ein dauerndes Verbot dieser Industrien heftigt kritisieren."

Die Deutschen, denen bereits ihre sämtlichen Patente von den alliierten Militärregierungen gestohlen worden waren, hegten jetzt den begreiflichen Verdacht, daß die JEIA imstande sein werde, alle neuen deutschen Erfindungen auszuspionieren und sich ohne Gegenleistung nutzbar zu machen. Hier muß ich die Bemerkung zitieren, die ein Student der Münchner Universität in einer öffentlichen Versammlung machte; er erklärte, die Amerikaner erwarteten zwar, daß die Deutschen für die Nahrungsmittellieferungen aus den USA dankbar sein sollten, doch sei deren Gesamtwert bei weitem niedriger als der der Patente, die die amerikanische und britische Militärregierung dem deutschen Volke gestohlen hätten.

Gegen Ende 1948 verzichtete die JEIA auf einige ihrer Machtpositionen und die Militärregierung kündigte an, daß Exportund Importlizenzen von nun an von der Deutschen Bank ausgestellt werden würden. Kein Deutscher glaubte aber daran, daß dies die Freiheit bedeute, denn schließlich wurde ja die Deutsche Bank von der Militärregierung kontrolliert. Die vorherrschende Meinung in Deutschland, daß die JEIA nichts anderes sei als ein gemeinsames britisch-amerikanisches System zur Verhinderung der deutschen Konkurrenz auf dem Weltmarkt, wurde durch die Festlegung eines völlig unrealistischen Wechselkurses von 30 Cent pro D-Mark und durch zahlreiche Einzelfälle bestärkt: deutsche Exportaufträge wurden so lange zurückgehalten, bis feststand, ob Großbritannien die gleichen Waren nicht ebenfalls liefern konnte.

In den ersten Monaten des Jahres 1949 hatten die Bemühungen der amerikanischen Militärregierung, der Auszehrung der deutschen Wirtschaft Einhalt zu gebieten, die dadurch entstand, daß die Franzosen Devisen und Fertigwaren aus ihrer Zone ausführten und wirkungsvolle Zollkontrollen an ihren Grenzen verboten, zur Folge, daß der *freie* oder Schwarzmarkt-Kurs der Mark stieg. Solange aber Frankreich den deutschen Behörden untersagte, die eigenen Grenzen zu bewachen und die britisch-amerikanischen Behörden den Deutschen keine Entscheidungsgewalt darüber einräumten, wie die deutschen Exporterlöse verwendet werden sollten, konnte man nicht erwarten, daß in Deutschland eine *freie Wirtschaft* funktionieren werde.

Die Deutschen waren zwar gezwungen, wesentlich mehr zu exportieren als die Briten, sie wurden aber von den USA wie der britischen Regierung daran gehindert, so viel zu produzieren und zu exportieren, daß zumindest ihre elementarsten Bedürfnisse gedeckt werden konnten. Man konnte zwar sagen, daß die Deutschen ein solches Schicksal verdient hätten, da ja schließlich Großbritannien *den Krieg gewonnen* habe. Vom amerikanischen Standpunkt aus war es aber Unsinn — wirtschaftlich wie politisch —, dem deutschen *Mann von der Straße* zugunsten seines britischen Widerpartes die Möglichkeit zu nehmen, sich seinen Lebensunterhalt zu verdienen, es sei denn, man war willens, Millionen von Deutschen verhungern zu lassen. Durch ihre Nachgiebigkeit gegenüber der britischen und französischen Politik haben die USA das Wiedererstarken einer freien Wirtschaft nicht nur in Deutschland, sondern in ganz Westeuropa verhindert.

Im Herbst 1948 war das Vertrauen in die neue Währung bereits verschwunden; man hatte wieder mit dem Horten begonnen, die Preise stiegen unablässig. Die Arbeiter, die sahen, daß sie jetzt ebenso schlecht, wenn nicht schlechter, daran waren als vor der Währungsreform und der Aufhebung der Wirtschaftskontrollen, verlangten nun, daß den Verfechtern des freien Wettbewerbs die Kontrolle über den Bizonalen Wirtschaftsrat entzogen werden sollte. Alle Bemühungen der deutschen Liberalen und Konservativen, einen freien Binnenhandel aufzubauen und dem Profitmotiv wieder einen Sinn zu geben, waren gegenüber dem Verlangen nach einer kontrollierten Wirtschaft nicht stark genug. Die Ursache dafür war die Politik der Alliierten, die an der Mangelwirtschaft festhielt und den Unternehmungsgeist bestrafte.

Einer unserer fundamentalen Irrtümer war der, nicht zu erkennen, daß eine freie Wirtschaft ohne die übrigen Freiheiten nicht bestehen konnte. Die Deutschen, die noch immer keine politische Freiheit und keine Verantwortung besaßen, konnten die freie Wirtschaft nicht zum Funktionieren bringen, weil ihr Aufbau dort unmöglich war, wo man ohne die einfachsten Lebensnotwendigkeiten auskommen mußte. Die meisten Menschen werden die Steuerbehörden zu betrügen versuchen, sie werden alles Mögliche horten und sie werden spekulieren, wenn sie nach ihrer Meinung von Ausländern beherrscht werden, die sie ausbeuten. Unter solchen Umständen haben sie keine Lust, Verantwortungen zu übernehmen. Warum sollte man arbeiten, Initiative und Erfindungsgabe bekunden, wenn die alliierten Direktiven des revidierten Industrieplanes einem die denkbar schwersten Lebensbedingungen aufzwangen?

Wir hielten die deutsche Wirtschaft nicht nur in einer Zwangsjacke, indem wir fortfuhren, einen revidierten, aber keineswegs aufgegebenen Morgenthau-Plan anzuwenden, wir legten der deutschen Wirtschaft auch drückende Besatzungskosten auf. General Clay hatte erklärt, diese Kosten seien unwesentlich im Hinblick darauf, daß die USA Deutschland in weit stärkerem Ausmaß mit Lebensmitteln und Rohmaterialien versorge. Man hatte den Deutschen aber niemals die Zusicherung gegeben, daß diese Importe als Geschenke zu betrachten seien. Nach allem was ihnen zu Ohren gekommen war, handelte es sich hier um eine Schuld, die in der Zukunft beglichen werden mußte. Für die Budgets der westdeutschen Länder waren diese Reparationskosten eine unerträgliche Last, weil sie Ausgaben für den Wiederaufbau der zerbombten Städte und wichtiger Versorgungseinrichtungen sowie der dringend benötigten sozialen Einrichtungen verhinderten. Die Besatzungskosten betrugen — nach deutschen Berechnungen — im Finanzjahr 1947/48 für die amerikanische Zone 1,651 Milliarden, für die britische Zone 2,684 Milliarden, also 4,335 Milliarden für beide Zonen zusammen. Dieser Betrag machte 34 v. H. der Steuereinnahmen der Länder aus. In der französischen Zone betrug dieser Prozentsatz sogar 60 v. H.

Bei den Requisitionen, den Wohnraumbeschlagnahmungen und anderen Besatzungskosten haben weder die USA noch Großbritannien die in der Haager Konvention niedergelegten Forderungen des Völkerrechtes beachtet. In den ersten Monaten der Besatzungszeit hatten einzelne Amerikaner und Briten in einem Ausmaß geplündert, das in der neueren europäischen Geschichte bisher unbekannt war. Seit dieser Zeit hatten wir mit den Requisitionen und Zwangsdienstleistungen der deutschen Wirtschaft Lasten auferlegt, die weit über das hinausgingen, was nach dem internationalen Recht gestattet war.

Vollständige Zahlen über die Besatzungskosten in der Bizone waren seinerzeit nicht greifbar, doch gab es eine Einzelaufstellung über die Requisitionen, Zwangsdienstleistungen und anderen Forderungen der britischen Besatzungsarmee für das Land Nordrhein-Westfalen, zu dem das Ruhrgebiet gehörte. Dieser Bericht des Finanzministers dieses Bundeslandes ist in meinem Besitz, obwohl er kurz nach seiner Veröffentlichung von der britischen Militärregierung unterdrückt wurde. Obwohl zu dieser Zeit die Besatzungskosten in der amerikanischen Zone wesentlich niedriger waren als in der britischen, trug Amerika einen Teil der Verantwortung für diese Situation, da ja die britische und die amerikanische Zone vereinigt worden waren.

Der Bericht aus Nordrhein-Westfalen sagte nichts über die irregulären Requisitionen einzelner Angehöriger der Besatzungsarmee (mit anderen Worten die Plünderungen), nichts über die Reparationen und Wiedergutmachungen sowie die *multilateral deliveries*, nichts über den Holzeinschlag, die Lieferungen von Kohle und Strom, von Stahl, Zement und anderen Rohmaterialien an die Alliierten und nichts über die Konfiszierung der deutschen Patente und Auslandsguthaben. Er beschäftigt sich lediglich mit den für die angeblichen Bedürfnisse der Besatzungsarmee geforderten Requisitionen und Zwangsdienstleistungen; die betreffenden Summen waren im außerordentlichen Teil des Etats aufgeführt. Die dort genannten Zahlen zeigten nicht nur, welche Riesenlasten der deutschen Wirtschaft auferlegt worden waren, sie bewiesen auch, daß die Briten, weit davon entfernt, ihre Forderungen herabzuschrauben, sie seit Kriegsende ständig erhöht hatten. Die folgende Aufstellung nennt die Nettosumme der Besatzungskosten (Requisitionen und Zwangsdienstleistungen minus Einkünfte aus von den Briten überwachten Exporten und Importen) im Vergleich zu den Steuereinnahmen.

	Besatzungskosten	Steuereinnahmen
1946	374 Millionen Mark	3,027 Milliarden Mark
1947	1,141 Milliarden Mark	3,539 Milliarden Mark

Die Besatzungskosten machten demnach 1946 12,4 v.H., 1947 aber 32,3 v. H. der Steuereinnahmen aus.

Es war so, wie der Bericht des Finanzministers sagte: "Die enormen Sachund Dienstleistungen für die Besatzungsmacht konnten nur unter Zuhilfenahme der letzten für Handel und Industrie verfügbaren Reserven erfüllt werden und hätten zum völligen Zusammenbruch des wirtschaftlichen Lebens und zum finanziellen Chaos geführt, hätten die Besatzungsmächte nicht durch ERP-Lieferungen und Währungsreform eingegriffen." Mit anderen Worten: die Briten, deren Lebensstandard in Deutschland viel höher war als zu Hause, kamen in den Genuß einer zusätzlichen Unterstützung durch den Marshall-Plan, die weit über das hinausging, was sie direkt auf Grund der ERP-Zuteilungen für Großbritannien empfingen.

Dieser Bericht aus Nordrhein-Westfalen brachte viele interessante Einzelheiten über das, was man unter Requisitionen verstand, über die Vergeudung von Wohnraum und die große Zahl von Deutschen, die erforderlich waren, um den Bedürfnissen und Annehmlichkeiten der Besatzungstruppen zu dienen. Die Ausgaben für die deutschen Angestellten und Dienstboten der britischen Militärregierung (ausschließlich von der deutschen Wirtschaft aufgebracht) betrugen im Finanzjahr 1945/46 55 Millionen, stiegen 1946/47 auf 185 Millionen und 1947/48 auf 336 Millionen. Von den vielen Beispielen für *auffallende Verschwendung* wurde der Klub *Weserklause* in Minden genannt, wo an die 70 Deutsche in zwei Schichten arbeiteten, um im Durchschnitt fünf Mittags- und zwölf Abendgäste zu bedienen.

Die ausländischen Konsulate (einschließlich der der sowjetischen Satellitenstaaten) beschäftigten ebenfalls viele Deutsche, deren Löhne und Gehälter den Besatzungskosten hinzugeschlagen wurden und aus den Steuereinnahmen der deutschen Länder aufzubringen waren. Sogar das niederländische Rote Kreuz, das sich doch ausschließlich niederländischen Bürgern widmete, ließ die Löhne und Gehälter seiner deutschen Angestellten von der Regierung des Landes Nordrhein-Westfalen bezahlen. Nicht nur Offiziere, auch Feldwebel und Militärmusiker hatten deutsche Dienstboten, die von den Deutschen bezahlt werden mußten.

Am heftigsten haben die Deutschen gegen die Beschlagnahmung von Häusern und Wohnungen und gegen die Weigerung protestiert, diese ihren Eigentümern zurückzugeben, wenn sie leer standen oder nur zum Teil benutzt wurden. Die Bombenangriffe hatten zur Folge, daß in allen deutschen Städten Wohnraum außerordentlich knapp war; da Stahl, Zement und Holz für den Wiederaufbau von Häusern und Wohnungen nicht zugeteilt wurden, war die ständige Belegung des wertvollsten unbeschädigten Wohnraumes durch die Besatzungsarmeen ein immer wiederkehrender Anlaß zu Beschwerden. Der Umstand, daß die Verminderung der amerikanischen wie der britischen Besatzungsarmee den der deutschen Bevölkerung zugestandenen Wohnraum kaum fühlbar vermehrte, gab den Deutschen noch mehr Grund zu Klagen.

Als ich Bonn besuchte, fand ich zu meinem Erschrecken, daß ich nur mit meinen deutschen Dienstboten eine riesengroße Villa bewohnte, die durchreisenden alliierten Gästen zur Verfügung stand. Von diesen gab es so wenige, daß diese Villa später nicht den Deutschen, sondern einem belgischen General überlassen wurde, der dann ganz allein in den etwa 30 Räumen wohnte. Sogar Gemüsegärten und Bauernhöfe wurden ihren deutschen Eigentümern weggenommen, die jetzt dort nichts mehr anbauen konnten. In einigen Fällen wurden ertragreiche Felder in Sportplätze für die ausschließliche Benutzung durch das Personal der Alliierten verwandelt.

Nach der Haager Konvention ist jede Besatzungsmacht für die von den Angehörigen ihrer Streitkräfte angerichteten Schäden verantwortlich. Weder Briten noch Amerikaner haben in dieser Beziehung die Gesetze des Völkerrechtes beachtet, wie sie das ja auch in anderer Beziehung nicht getan haben. Sie haben stattdessen die Bürde der Entschädigungen den deutschen Staatsverwaltungen auferlegt.

Da die britischen und belgischen Besatzungstruppen und auch die DPs nichts für Strom, Gas und Wasser bezahlten, die ihnen die deutsche Wirtschaft lieferte, wurde damit eine gewaltige Verschwendung getrieben. Trotz allem Gerede der Alliierten, daß es notwendig sei, den Stromverbrauch einzuschränken, brannten die Lampen Tag und Nacht hindurch.

Schließlich sei noch auf andere *Requisitionen* als die von Gebäuden hingewiesen. Der Bericht aus Nordrhein-Westfalen bewies, daß die riesigen Mengen von Waren, die den britischen Besatzungstruppen geliefert wurden, weit über das hinausgingen, was diese verbrauchen konnten. Sie stellten de facto Reparationen aus der laufenden Produktion dar.

Selbstverständlich gestattete keine Bestimmung des Völkerrechtes die Requisition von Waren und Dienstleistungen für Personen, die in keiner Verbindung mit der Besatzungsmacht standen. Der obenerwähnte Bericht stellt jedoch fest, daß auch diese Leistungen nicht gutgeschrieben wurden.

Selbstverständlich waren die Deutschen im Recht, wenn sie feststellten, daß manche der als Requisitionen für die Verwendung durch die Besatzungsarmee aufgeführten Dinge gar nicht dazugehörten, sondern der Sache nach Reparationslieferungen aus der laufenden Produktion waren. Es konnte auch nicht bestritten werden, daß *die vermehrten Forderungen der britischen Besatzungsmacht nach knapp gewordenen Waren* zu der Inflation beitrugen, die den Erfolg der Währungsreform in Frage zu stellen begann. Solange die deutsche Wirtschaft große Mengen von Waren aufzubringen hatte, für die keine Zahlung geleistet wurde, und desgleichen sehr viele Menschen für die Bedienung der Besatzer ohne Bezahlung durch diese abgeben mußte, konnte Westdeutschlands Wirtschaft niemals stabil werden.

In der britischen Zone konnte man als Einzelner großen Nutzen aus der freien Lieferung von Waren und Diensten an die Besatzungsmacht ziehen. Für mein Hotelzimmer in Düsseldorf mußte ich nur 25 Cents bezahlen, Essen wie Trinken waren dort ebenso billig. In der amerikanischen Zone erzielte die Militärregierung dadurch Gewinne, daß sie ausländische Besucher und Zeitungskorrespondenten für ihre Unterbringung und die ihnen geleisteten Dienste bezahlen ließ, den Deutschen aber, die für beides sorgen mußten, keine Kompensation dafür leistete. Ein Beispiel: in Frankfurt entdeckte ich, daß man für das Park-Hotel mit seinen 90 oder 100 Zimmern eine Monatsmiete von nur

500 Mark zahlte, Zeitungskorrespondenten und anderen Leuten aber zwei Doller pro Tag für Zimmer und Bedienung abforderte. Vermutlich wurden die Löhne für die Zimmermädchen und Kellner von den Deutschen gezahlt. Obwohl in der amerikanischen Zone die Armee viel dadurch verdiente, daß für Unterbringung und Dienstleistungen die Deutschen aufzukommen hatten, steuerte der amerikanische Steuerzahler doch in weitaus größerem Umfange Nahrungsmittel und Rohmaterialien bei. In der britischen Zone wurden aber die *verborgenen Reparationen*, die unter dem Titel *Besatzungskosten* erschienen, nicht durch britische Gaben an Deutschland ausgeglichen. Die USA lieferten aus Amerika nicht nur große Mengen von Lebensmitteln, sie gaben auch große Vorräte der

Armee für den Verkauf auf dem deutschen Markt frei und glichen auf diese Weise wenigstens einigermaßen die Verluste aus, die der deutschen Wirtschaft durch die britischen Forderungen nach Lieferung von Bekleidung entstanden waren.

Die Briten haben im allgemeinen bekundet, daß sie weniger als die USA geneigt waren, das Völkerrecht und das angelsächsische Recht zu mißachten, sie haben aber aus den Nürnberger Urteilen insofern Vorteile gezogen, als sie diese dazu benutzten, alle Handlungen, mit denen sie ihre wirtschaftlichen Interessen förderten, für rechtens zu erklären. Nach den in der britischen Zone geltenden Bestimmungen konnte ein Deutscher sich nicht weigern, für die Militärregierung zu arbeiten, und konnte auf keinen Fall seine Stellung bei den Briten aufgeben. Die Anordnung des Interalliierten Kontrollrates, die die Zwangsarbeit für gesetzlich erklärte, war von besonderem Vorteil für die Briten, die auf diese Weise die Deutschen zwingen konnten, ihre eigenen Fabriken zu demontieren.

Als in Bochum einige deutsche Arbeiter verhaftet und zu Gefängnisstrafen verurteilt worden waren, weil sie sich geweigert hatten, sich an den Demontagen zu beteiligen, argumentierten ihre Verteidiger damit, daß die Haager Konvention einer Besatzungsmacht verbiete, jemanden dazu zu zwingen, gegen sein eigenes Land zu arbeiten und ferner damit, daß in Nürnberg Zwangsarbeit als *Verbrechen gegen die Menschlichkeit* bezeichnet worden sei. Der britische Gerichtshof antwortete, daß die Deutschen kein Recht hätten, sich auf die Haager Landkriegsordnung zu berufen, da in Nürnberg bestimmt worden sei, daß das Völkerrecht auf die Deutschen nicht angewendet werden dürfe. Als die deutsche Verteidigung erklärte, in Nürnberg sei gesagt worden, daß jedermann nach seinem eigenen Gewissen handeln und sich weigern müsse, Befehle auszuführen, wenn diese gegen sein Gewissen gingen, erwiderte das britische Gericht, daß ein Deutscher unter keinen Umständen der Militärregierung den Gehorsam verweigern dürfe, da diese oberste Autorität sei. In dieser Hinsicht wie in so vielen anderen haben sich die Briten gleich den Amerikanern in Deutschland die Grundsätze der besiegten Nationalsozialisten zu eigen gemacht.

X. Die Franzosen auf dem hohen ross

„Hätten die Franzosen der Sowjetunion nicht jede nur mögliche Hilfe und Unterstützung zuteil werden lassen, wir hätten die Berlin-Krise längst beigelegt." Der amerikanische Offizier, der mir gegenüber diese Feststellung machte, bezog sich dabei darauf, daß sich die Franzosen zu Beginn der Blockade Berlins geweigert hatten, in energischere Maßnahmen gegen die Sowjetrussen einzuwilligen und auf das Verlangen Frankreichs, Berlin preiszugeben — ohne Rücksicht auf den Preis, den Westeuropa und Amerika dafür zu zahlen hatten. Diese Bemerkung, in der sich die Erbitterung der amerikanischen Armee darüber widerspiegelte, durch die französische Hasenherzigkeit und die kommunistischen Einflüsse in Frankreich in Bedrängnis gebracht worden zu sein, war auf die gesamte internationale Lage anwendbar.

Frankreich glich zu dieser Zeit einem am Hals der freien Welt hängenden Mühlstein. Teils aus seiner Angst vor einer längst nicht mehr vorhandenen Bedrohung durch eine deutsche Aggression, teils aus der Hoffnung, einen Krieg mit der Sowjetunion durch eine Politik der Beschwichtigungen vermeiden zu können und teils wegen des Einflusses der Kommunisten im eigenen Lande verhinderte Frankreich die Anwendung einer amerikanischen Politik, die der Wiederherstellung Westeuropas und der Sicherung seiner Verteidigung diente. An jeder entscheidenden Wendung und bei jedem neu auftauchenden Problem gelang es Frankreich, durch sein Widerstreben, die auf die Selbsterhaltung und Sicherung Europas gerichtete amerikanische Politik zunichte zu machen. Ob es sich nun um die Reparationen und das Besatzungsstatut, um die Ruhr und um die Verteidigung Berlins handelte — ständig schwächte die kurzsichtige Politik Frankreichs die westliche Welt. Selbst wenn dort die Kommunisten regiert hätten, hätte Frankreich nichts Wirkungsvolleres tun können, um Europa gespalten, schwach und machtlos zu halten und den Tag näher zu bringen, an dem die USA entweder ihren Bankrott erklären mußten oder sich auf eine isolationistische Politik zurückgezogen hätten.

Die Politiker, die damals Frankreich regierten, schienen — gleich den Bourbonen — nichts gelernt und nichts vergessen zu haben. Ebenso wie in den Zwanziger Jahren, als sie auf einer Politik der Rache und der Vergeltung bestanden, die Deutschland zerstörte und Hitler an die Macht brachte, zerrten sie auch jetzt wieder Europa an den Rand des Abgrundes.

Es war eine der merkwürdigsten Erscheinungen dieser Tage, daß die französische Nation, die so stolz darauf war, das vernünftigste aller Völker zu sein, sich in der internationalen Politik wie ein hysterisches Weib benahm. Möglicherweise gab folgende Feststellung eines amerikanischen Offiziers, der an den Verhandlungen mit den Franzosen in Berlin teilnahm, eine Erklärung dafür. Er sagte: "Die Franzosen haben ihren Stolz verloren. Hätten sie einen tapferen Kampf gekämpft und sich ihre Selbstachtung bewahrt, würden sie sich jetzt nicht so rachsüchtig und stupide benehmen. Die Briten, die viel mehr erlitten haben als die Franzosen, kehrten dank ihrer Tapferkeit erhobenen Hauptes aus dem Kriege zurück, doch die Franzosen kamen nur von Scham und Angst erfüllt nach Hause."

Gerade der Umstand, daß während der Besatzungszeit so viele Franzosen mit den Deutschen zusammengearbeitet hatten, machte dieses Volk jetzt zum Vorkämpfer einer Politik gegenüber Deutschland, die keinerlei Rücksichten kannte. Die Franzosen suchten die Erinnerung an eine Zeit, in der sie sich nur allzu willig der deutschen Herrschaft gefügt hatten, dadurch auszulöschen, daß sie noch viel härter als die wirklichen Sieger auf die besiegten Deutschen einschlugen.

Zum Unglück für die Zukunft der freien Welt behandelten die USA Frankreich wie eine Geliebte oder ein schwaches und törichtes Weib, dem man seine Schwächen nachsehen mußte. Ob aus Verehrung für die französische Kultur, die den Amerikanern bereits in den Schulen eingeflößt wird — in denen Französisch ja meist die einzige fremde Sprache ist, die erlernt wird —, oder aus dem Glauben, daß Frankreich noch immer gleichbedeutend mit Freiheit, Gleichheit und Brüderlichkeit war, oder ob es ganz einfach die Lockungen von Paris waren — das State Departement, die Marshall-Plan-Verwaltung und die meisten amerikanischen Journalisten und Schriftsteller waren nun einmal Frankreich verfallen. Paris wurde als Hauptquartier der Marshall-Plan-Verwaltung erkoren, in Paris trafen sich die europäischen und amerikanischen Gewerkschaftsführer, in Paris trat die UNO zusammen, wenn sie einmal Lake Success verließ, Paris war die Stadt, die alle guten amerikanischen Journalisten in ihren Bann zog.

Frankreich, dem es an der Kraft zur Arbeit und zum Kämpfen gebrach, das weder die Klugheit noch das Einfühlungsvermögen noch die Stärke besaß, die zur Führung Europas nötig war, wurde in den USA noch immer als die Vormacht Europas betrachtet. So kam es, daß man bereit war, in der von Korruption, von Vorurteilen, Schwäche und Haß vergifteten französischen Atmosphäre die Probleme Europas zu lösen.

Es war so, wie ein Korrespondent der *New York Times*, Sydney Gruson, am 18. April 1949 berichtete: "Beamte der Militärregierung, die den Ärger General Clays über das Verhalten der ECA gegenüber Deutschland teilen, behaupten, daß die Marshall-PlanVerwaltung in all ihren Handlungen ausgesprochen französisch orientiert sei. Unter den in Deutschland lebenden Amerikanern gilt dies als eine schwerwiegende Beschuldigung, da man der zitternden Angst Frankreichs vor Deutschland die Schuld an allen Verzögerungen und Behinderungen einer wirksamen DreimächtePolitik für Deutschland zuschreibt." Dieser Hinweis hatte darin seinen Ursprung, daß von der ECA General Clays Forderung nach Freigabe von 200 Millionen D-Mark aus dem Gegenwert-Fonds zum Kauf von rollendem und anderem Material für die Reichsbahn abgelehnt worden war. General Clay war auch sichtlich darüber aufgebracht, daß die ECA-Behörden sich geweigert hatten, einen Teil der von der amerikanischen und britischen Militärregierung vorgesehenen fünf Prozent des Gegenwert-Fonds zur Finanzierung der Sendungen der *Stimme Amerikas* und von RIAS zu verwenden, jenes ausgezeichneten Senders, der antikommunistische Propaganda in die Sowjetzone ausstrahlte.

Der Eindruck, daß die ECA in ungebührlicher Weise von der französischen Regierung beeinflußt war, wurde durch die Tatsache verstärkt, daß Paul Hoffman und seine Mitarbeiter einen großen Teil ihrer Zeit in Paris verbrachten und die anderen Länder Europas nur hin und wieder mit dem Flugzeug besuchten. Abgesehen davon bewiesen die deutliche Bevorzugung Frankreichs bei der Zuteilung von Geld aus dem Marshall-Plan sowie das Versagen Hoffmans, durch einen auf Frankreich und Großbritannien auszuübenden Druck die Demontagen zu beenden, daß er auf die amerikanischen Steuerzahler und die auf weite Sicht gerichteten Ziele des Marshall-Plans nicht genug Rücksicht nahm.

Kostspielige Rache

Wie bereits in einem vorhergehenden Kapitel angedeutet, hat die ECA noch nicht einmal den Versuch unternommen, die meisten der für die Demontage bestimmten Fabriken zu retten, und das Außenministerium ging in seiner Willfährigkeit gegenüber Frankreich und Großbritannien sogar noch weiter als die von Paul Hoffman geleitete Organisation.

Das drastischste Beispiel für die den amerikanischen Steuerzahlern auferlegten Lasten, die aus der von Dean Acheson beflissen erteilten Genehmigung zur fortgesetzten Zerstörung deutschen Eigentums durch die Franzosen herrührten, war das Abkommen vom April 1949, das Frankreich gestattete, einen großen Teil des Oppauer Werkes zur Herstellung von Stickstoff-Kunstdünger abzureißen. Dieses Werk war mit einer Tagesproduktion von 730 Tonnen reinen Stickstoffs das größte seiner Art in Europa. Seine Kapazität sollte auf 410 Tonnen verringert werden, was einen jährlichen Ausfall von 100 000 Tonnen Stickstoffdünger bedeutete, ohne daß die französische Produktion dadurch einen entsprechenden Gewinn erzielte. Der größte Teil der demontierten Maschinen hatte nur noch Schrottwert, der Restwert wurde auf nur noch eine Million Dollar geschätzt, während in dieses Werk insgesamt 4,5 Millionen Dollar investiert worden waren. Nach den Berechnungen Professor Dr. Baades vom Weltwirtschaftsinstitut in Kiel mußte Deutschland zum Ausgleich dieses Ausfalles Stickstoffdünger im Wert von 36 Millionen Dollar importieren. Jeder Dollar, den Frankreich gewann, kostete also die amerikanischen Steuerzahler 36 Dollar. Führte aber der Verlust der Oppauer Anlagen zu einer so fühlbaren Stickstoffknappheit, daß auch die USA die deutsche Landwirtschaft nicht im ausreichenden Maße beliefern konnten, dann mußten die Kosten sogar noch höher werden. Mußte nämlich als Folge der französischen Demontagen in Oppau zusätzlich Getreide eingeführt werden, dann kostete jeder Dollar, den Frankreich verdiente, die USA 200 Dollar. Sollte Deutschland sich jemals selbst versorgen können, dann bedurfte es nicht etwa geringerer, sondern größerer Mengen an Stickstoff als vor dem Kriege. Man mußte ihm daher gestatten, so viel Stickstoff zu produzieren, daß der Verbrauch — ähnlich wie in Belgien und den Niederlanden — auf über einen Zentner pro Hektar gesteigert werden konnte. Dies mußte aber zur Folge haben, daß die Produktion des Oppauer Werkes über das ursprüngliche Maß hinaus zu steigern war. Stattdessen gestatteten wir den Franzosen, jede Möglichkeit zunichte zu machen, die deutsche Landwirtschaft mit ihrem Mindest-Friedensbedarf an Kunstdünger zu versorgen. Bisher hatten die Franzosen in Oppau die Produktion auf 40 Prozent der

Kapazität gedrosselt — 80 000 statt 200 000 Tonnen — und sie hatten davon zwei Drittel der Landwirtschaft der eigenen Besatzungszone geliefert und den Rest exportiert. Zu dieser Zeit war bereits allgemein bekannt, daß die Russen mit ihrer Weigerung, Deutschland als einheitliches Wirtschaftsgebiet zu behandeln, den amerikanischen Steuerzahlern eine erdrückende Last aufgebürdet hatten, doch nur wenige Amerikaner waren sich darüber im klaren, daß auch Frankreich für die hohen Steuern verantwortlich zu machen war, die sie zu zahlen hatten. Nach Professor Baades Berechnungen hatte Frankreichs Weigerung, die amerikanische und britische Zone mit Oppauer Kunstdünger zu beliefern, einen Produktionsverlust von zwei Millionen Tonnen Getreide zur Folge gehabt; dies entsprach dem Wert nach etwa dem Verlust, der eine Konsequenz der russischen Unnachgiebigkeit und der Besitzergreifung der deutschen Provinzen östlich der Oder-NeißeLinie durch die Polen war.

Oppau war aber nur ein Beispiel für die Methoden, mit denen die französische Politik Europa schwächte und die Wirtschaft der USA belastete. Die Haltung der Franzosen in der von ihnen besetzten Zone kann nur mit dem Verhalten der Russen in der ihren verglichen werden. Sie hatten dieses Gebiet in einem derartigen Ausmaß von Maschinen und Nahrungsmitteln entblößt, daß die dort lebende Bevölkerung nur dank der amerikanischen Unterstützung am Leben erhalten werden konnte.

Die Franzosen hatten sich geweigert, Vertriebene aus dem Osten Deutschlands aufzunehmen, damit ihre Zone, in der es viel fruchtbares Land gab, sich selbst erhalten konnte, doch deren Ausplünderung hatte eine echte Hungersnot zur Folge — bis 1948 Hilfe aus dem Marshall-Plan eintraf. Die USA hatten nicht nur die französische Wirtschaft mit 875 Millionen Dollar direkt unterstützt, sie hatten auch einen Zuschuß von 155 Millionen Dollar für die französische Zone gegeben, um damit die Entnahmen Frankreichs in Form von Lebensmitteln, Holz, Industrieerzeugnissen und Maschinen auszugleichen.

Die Franzosen haben nicht erst auf ein Übereinkommen der Alliierten gewartet, um Reparationsleistungen zu fordern. Gleichzeitig mit der Besetzung ihrer Zone begannen sie, Fabriken und anderes deutsches Eigentum zu beschlagnahmen, so daß bei Veröffentlichung der alliierten Demontagelisten die Produktionskapazität der französischen Zone bereits unter den

Stand von 1936 gedrückt war.

Die Franzosen behaupteten, daß die Deutschen während der Besetzung Frankreichs etwa 60 000 Maschinen von dort abtransportiert hatten, sie erwähnten aber die 40 000 Maschinen nicht, die nach deutschen Angaben in der gleichen Zeit nach Frankreich geliefert worden waren. Als 1947 die Demontageliste für alle drei westlichen Besatzungszonen veröffentlicht wurde, hatten sie aus ihrer Zone bereits 45 000 Maschinen weggeführt. Diese Maschinen, die als prélèvements — *Vorleistungen*, eine höfliche Umschreibung für Plünderungen — nach Frankreich gingen, wurden in der Reparationsrechnung überhaupt nicht aufgeführt. Man hatte zwar den in der französischen Zone lebenden Deutschen erklärt, daß das spätere offizielle Demontageprogramm dementsprechend modifiziert werden würde, doch wurde diese Zusage nicht eingehalten. Im Oktober 1947 wurden 234 Industriebetriebe für die Demontage auserkoren; nur 34 davon waren als Rüstungsbetriebe zu betrachten, die meisten anderen gehörten zur Leichtindustrie, die doch nach dem revidierten Industrieplan erweitert werden sollte. Der württembergischen Textilindustrie zum Beispiel wurden sämtliche modernen Knüpf-, Rundstrick und Webmaschinen weggenommen, so daß ihr jegliche Möglichkeit zum Export abgeschnitten wurde. Die Landmaschinenfabriken wurden in ähnlicher Weise demontiert. Der württembergischen Werkzeugmaschinenindustrie waren nach den ersten französischen Abtransporten nur noch 55 Prozent ihrer Kapazität geblieben, obwohl nach dem Industrieplan 83 Prozent hätten übrigbleiben sollen. Jetzt aber wurden auf Grund des offiziellen Demontageprogrammes der Alliierten weitere Maschinen weggenommen. In ähnlicher Weise wurde der Leder-, der Holzbearbeitungsund Bauindustrie ihre Ausrüstung geraubt. Nach dem Industrieplan sollte der feinmechanischen und optischen Industrie eine Kapazität verbleiben, die um 36 Prozent über der von 1936 lag, doch in Südbaden hatten die Franzosen bereits im Februar 1947 durch den Abtransport von 2155 wertvollen Maschinen die Produktion auf die Hälfte der von 1936 herabgesetzt und seit diesem Zeitpunkt hatten sie die Produktion noch weiter verringert.

Am schlimmsten war es um die Uhrenindustrie bestellt. Mit Hilfe der *Vorleistungen* und der später folgenden Wegnahme von Maschinen hatten die Franzosen diese alteingesessene Industrie, die im Schwarzwald Tausenden von Menschen Arbeit gab, völlig lahmgelegt.

In einer am 13. April 1949 vom ECA-Informationsbüro in Washington herausgegebenen Erklärung wurden 40 der vom Humphrey-Komitee untersuchten Betriebe aufgeführt, auf deren ganze oder teilweise Demontage die Franzosen *freiwillig verzichtet* hatten. Weder in dieser Erklärung noch im HumphreyBericht wurde jedoch die riesige Zahl von Fabrikausrüstungen in Rechnung gestellt, die Frankreich ohne Rücksicht auf die Anordnungen der Interalliierten Reparationsbehörde und ohne Berichterstattung an die ECA aus seiner Zone weggeführt hatte. Zu den vielen Ungerechtigkeiten, an die das deutsche Volk jetzt gewöhnt wurde, gehörte die Empfehlung der ECA, die Ausstattung vieler Fabriken, die für den Friedensbedarf produzierten, für Reparationsleistungen freizugeben, weil sie bereits den Empfängernationen zugewiesen worden waren, während der von Frankreich und Großbritannien verfügte Abtransport von Maschinen, die nicht auf den Reparationslisten standen und nicht als Reparationen angerechnet wurden, unberücksichtigt blieb. Die Gründe, die die ECA für ihren Beschluß anführte, die bereits zurückgestellten Fabrikeinrichtungen nicht in Deutschland zu belassen, rechtfertigten den Verdacht, daß Washington auch jetzt noch nicht seine Beschwichtigungspolitik gegenüber der Sowjetunion gänzlich aufgegeben hatte oder aber von Frankreich und Großbritannien dazu gezwungen wurde, Stalin keinen Ärger zu bereiten. So wurde in der Einleitung zum Bericht des HumphreyKomitees ausdrücklich festgestellt: "Engländer und Franzosen sowie der Präsident der Interalliierten Reparationsbehörde haben uns sehr nachdrücklich auf die Gefahr politischer Verwicklungen hingewiesen, die sich aus einer erneuten Abänderung des bereits früher eingeschränkten Reparationsprogrammes ergeben könnten. Diese Angelegenheit wird weiter dadurch kompliziert, daß nur 9 von 19 zu Reparationen berechtigten Nationen zu denen gehören, die vom Programm zum Wiederaufbau der europäischen Wirtschaft begünstigt werden. Diese Sachlage war darum besonders wichtig, weil sie unsere Entscheidungen hinsichtlich jener Anlagen berührte, die der Interalliierten Reparationsbehörde bereits zugeteilt waren, sowie hinsichtlich jener, die von jener Behörde zusätzlich den Empfängerländern zugesprochen worden waren. Die Komplikationen, die sich in dieser Hinsicht ergaben, haben sich als so weittragend erwiesen, daß wir nach gewissenhaften Erwägungen die Freigabe sämtlicher Anlagen dieser Art empfohlen haben."

Mit anderen Worten: die Organisation Paul Hoffmans hatte beschlossen, mit der Demontage und dem Abtransport derjenigen

Fabrikausrüstungen, die der Sowjetunion und deren Satelliten zugesprochen worden waren, fortzufahren. Dies geschah trotz des *Bedauerns*, mit dem die ECA beschloß, *in die Demontage einer bestimmten Zahl kleiner Fabriken einzuwilligen, die Güter für den Friedensbedarf produzierten.*

Die von der ECA zur Weiterleitung an die Kommunisten freigegebenen Maschinen waren keineswegs nur solche, die Friedensbedarf herstellen. Dazu gehörten auch jene als *strategisch wichtigen* Maschinentypen der Schwerindustrie, die aus den Ländern des Marshall-Planes nicht in die Sowjetunion ausgeführt werden durften. Wir erlebten also das befremdliche Schauspiel, daß mit Zustimmung der ECA Deutschland ausgerechnet jene Dinge den Kommunisten liefern mußte, die anerkanntermaßen dazu dienten, das Kriegspotential der Sowjetunion zu verstärken.

Im Endergebnis beließen also die Demontagen selbst nach den im letzten Übereinkommen mit den ECA-Behörden festgesetzten Modifizierungen der französischen Zone nicht mehr als die Hälfte ihrer Industriekapazität von 1936. Offenkundig haben die ECABehörden noch nicht einmal den Versuch unternommen, hochspezialisierte Industrien für den Friedensbedarf zu retten, so zum Beispiel eines der modernsten Werke zur Herstellung von Drahtbearbeitungsmaschinen. Ich hatte dieses in der Nähe von Tübingen gelegene Werk besichtigt; es produzierte Maschinen zur Herstellung von Heftklammern, Sicherheitsnadeln, Haarnadeln, Drahtnetzen und Sprungfedern. Zu Beginn der Besetzung waren dort die Franzosen erschienen und hatten 200 Werkzeugmaschinen weggeholt, ohne auch nur eine amtliche Quittung darüber auszustellen. Ein paar Monate später kamen drei Offiziere und ließen weitere 34 Maschinen nach Frankreich abtransportieren. Als nächste erschienen Beamte der Sektion T der französischen Militärregierung und holten nochmals 70 Maschinen ab. Sie erklärten: "Jetzt ist Schluß, mehr werden wir nicht mehr wegnehmen." Als der Besitzer des Werkes erwiderte, man habe ihm nicht genug Maschinen für die Fortführung seines Betriebes gelassen, erhielt er zur Antwort: "Dann können Sie jetzt lernen, wie man auf primitive Weise ohne moderne Maschinen arbeitet." Schließlich erschien im Sommer 1948 eine weitere französische Kommission und befahl die Demontage von weiteren 72 Maschinen, die diesmal von der Interalliierten Reparationsbehörde auf reguläre Weise weiterverteilt werden sollten. Als ich das Werk besichtigte, stand diese letzte Gruppe von Maschinen im Freien und war in Gefahr, langsam zu verrosten und zu verrotten.

Die Plünderung der deutschen Wälder durch die Franzosen, mit der sie den Groll und den Haß der Bevölkerung noch steigerten, weil es sich hier um unersetzliches Volksgut handelte, ließ befürchten, daß Europa als Ganzes aufs Schlimmste davon betroffen werden mußte. Wo immer man in der französischen Zone herumreiste, sah man Holztransporte und riesige Holzstapel an den Straßen. Der Schwarzwald war noch immer schön, aber an vielen Stellen zeugten Kahlschläge und häßliche Baumstümpfe davon, daß eine der lieblichsten Gegenden Europas zuschandengeplündert wurde. Nach deutschen Angaben hatten damals die Franzosen bereits dreimal so viel Holz geschlagen wie Deutschland während der gesamten Besatzungszeit aus Frankreich abtransportiert hatte.

Auch die Briten haben die deutschen Wälder empfindlich gelichtet. Der Holzeinschlag in ihrer Zone war 1946 viermal, 1947 dreieinhalbmal und 1948 doppelt so hoch wie der natürliche Zuwachs. Die Briten haben aber wenigstens von Jahr zu Jahr ihre Anforderungen herabgesetzt, während die Franzosen sie noch steigerten, so daß sich 1948 das Verhältnis von Zuwachs zu Einschlag wie 100 zu 379 verhielt.

C. A. Schenck, der Begründer der Biltmore-Forsthochschule, stellte in einer 1948 in New York erschienenen Schrift fest, daß in Deutschland auf den Kopf der Bevölkerung nur ein Drittel Morgen Wald entfällt gegenüber fast vier Morgen in den USA, obwohl auch dort keineswegs mehr von einem Überfluß an Holz gesprochen werden kann. Die Wälder Deutschlands machen nur 0,5 Prozent des Weltbestandes aus; der Holzbedarf Deutschlands übersteigt die Eigenerzeugung um 8,2 Millionen Kubikmeter, ein Fehlbedarf, der in normalen Zeiten durch Einfuhren ausgeglichen wurde. Als schlimmstes Kennzeichen des britischen und französischen Holzeinschlages betrachtete Schenck die Mißachtung aller Regeln einer gesunden Forstwirtschaft. Er schrieb: "Im Schwarzwald werden jetzt von der französischen Militärregierung 3000 Italiener bei einem Holzeinschlag gigantischen Ausmaßes beschäftigt. Die Briten haben — vor allem im Harz — 700 ihrer Kolonialsoldaten als Holzfäller eingesetzt. Selbstverständlich werden dabei alle überlieferten Gesetze der Forstwirtschaft außeracht gelassen, da sie ja nur den Einschlag behindern würden."

Schenck stellte weiter fest, daß in der französischen Zone damals bereits 33 600, in der britischen 75 000 und in der amerikanischen Zone 41 000 Morgen aufgeforstet werden mußten.

Die Deutschen hatten aber nicht nur infolge der britischen und französischen Einschläge und der Holzexporte eine fühlbare Minderung ihres Waldbesitzes hinnehmen müssen: weil Kohle unter Zwang exportiert werden mußte, hatte sich auch der deutsche Brennholzverbrauch erhöht.

Bodenerosion als Folge der allen Gesetzen der Wirtschaft hohnsprechenden Ausbeutung der deutschen Wälder durch die Eroberer mußte auch zu einer beträchtlichen Verschlechterung des Ackerbodens führen und wahrscheinlich das Klima Europas nachteilig beeinflussen. Ein Schweizer Forstmann schrieb damals:

"Das deutsche Klima nimmt den Charakter eines Steppenklimas an. Diese Gefahr muß nicht nur in Deutschland, sondern in ganz Europa ernstgenommen werden. Es ist sicher, daß sich als Folge davon auch in der Schweiz das Klima verändern wird... Weil es an Arbeitskräften, Saatgut und Pflanzen mangelte, wurden die Kahlschläge nicht aufgeforstet." In einem Artikel der Forstzeitschrift "Unasilva" der UNO-Organisation für Ernährung und Landwirtschaft (Ausgabe Juli/August 1947) wurde festgestellt:

"Viele Länder beobachten die übermäßige Ausbeutung der deutschen Wälder mit großer Sorge, weil dadurch die gesamte Wirtschaftsstruktur und damit das wirtschaftliche Gleichgewicht Europas umgestoßen und die Zukunft mit einer Hypothek belastet wird, für deren Abtragung mindestens 100 Jahre erforderlich sein werden."

Edmund Burke hat in der Zeit der Französischen Revolution gesagt, daß man nicht eine gesamte Nation in Acht und Bann tun kann. Es wäre ebenso unfair, das gesamte französische Volk für die Rachsucht seiner damaligen Politiker verantwortlich zu machen, wie es ungerecht wäre, alle Deutschen als Helfershelfer des NS-Regimes anzusehen. Verantwortlich für diese Rachepolitik gegen die Deutschen, die Europa schwächte und im Enderfolg zu seiner Auslieferung an die Sowjets führen konnte, waren die französischen Politiker aller Parteien, die das Spiel mit den nationalen Leidenschaften und dem Haß zu ihrem eigenen Vorteil betrieben. Es mochte seltsam klingen, aber das französische Volk schien, im Gegensatz zu seiner Regierung, den Deutschen freundlicher gesinnt zu sein als in früheren Tagen. Dies war jedenfalls der Eindruck, den Berlins Oberbürgermeister Professor Reuter und Frau Annedore Leber von ihrem Besuch in Frankreich mitbrachten und ich selbst habe die gleichen Erfahrungen gemacht. Während der zwei Wochen, die ich im Sommer 1948 in Paris zubrachte, fragte ich jeden Franzosen, mit dem ich ins Gespräch kam, wie es denn unter der deutschen Besetzung gewesen sei. Ich erhielt fast immer dieselben Antworten, ob ich nun mit einem Kellner, einem Arbeiter, einem Ladenbesitzer, Dienstboten oder Gepäckträger sprach. Nach einem Achselzucken kam die Bemerkung: "Eh bien, wir hatten damals besser zu essen als jetzt." Der letzte, mit dem ich sprach, war der Hausdiener meines Hotels, der mir mein Gepäck an den Zug nach Deutschland brachte. Er sagte: "Könnten wir Franzosen nur mit dem deutschen Volk zusammenkommen, würde alles besser sein. Das wäre doch etwas, dann hätten wir wieder Freude am Leben, Frieden und ein anständiges Auskommen." Es hatte den Anschein, als ob in Frankreich die Reichen und nicht die Armen die Deutschen haßten; denn diese hatten während der Besatzungszeit wenigstens für eine gleichmäßige Verteilung der vorhandenen Lebensmittel und Verbrauchsgüter gesorgt; im befreiten Frankreich aber wurden die Reichen von Tag zu Tag reicher, die Armen aber ärmer.

Als ich Anfang August 1948 von England über Ostende nach Deutschland fuhr, hatte ich ein Gespräch, das einiges Licht auf den Unterschied in der Haltung von Regierung und Presse in Frankreich und Belgien und die Stimmung vieler Franzosen und Belgier des Mittelstandes und der unteren Schichten warf. Wie meistens, reiste ich auch jetzt wieder II. Klasse, weil dort während langer Bahnfahrten die Menschen Fremden gegenüber aufgeschlossener sind als sonst. In den bequemen internationalen Schlafwagen kommt man sehr selten mit den Menschen ins Gespräch; die meisten sind, wie man selbst, Ausländer. Saß man aber in einem Abteil II. oder III. Klasse, vergingen, wenn man sich unterhielt, die Stunden viel schneller. Ich habe dort oft vertraute Gespräche mit mir fremden Leuten geführt, denen ich voraussichtlich niemals wieder begegnen sollte und die daher keine Hemmungen hatten, ihre wahre Meinung auszusprechen.

In dem Zug von Ostende waren wir zu viert in einem Abteil. Mir gegenüber saß ein Engländer, mit dem sich rasch ein freundschaftlich geführtes Streitgespräch über Deutschland entspann. An einem bestimmten Punkt unserer Debatte wandte er sich der neben ihm sitzenden Dame zu, wiederholte kurz auf Französisch den Inhalt unseres Gespräches und sagte: "Madame werden mir sicherlich zustimmen, da ihr Volk unter der deutschen Besetzung zu leiden hatte." Die bemerkenswert hübsche Dame erwiderte jedoch: "Non, Monsieur, ich stimme völlig mit Madame überein. Heute tut mir das deutsche Volk sehr leid und überdies sehe ich keinen Sinn in der jetzt praktizierten Politik, die Deutschen in so elenden Umständen leben zu lassen, daß sie an die Seite der Sowjetrussen und damit in eine Front gegen uns getrieben werden können." An dieser Stelle mischte sich mein Nachbar — wie sich ergab, ein belgischer Geschäftsmann, der nach Prag reiste — ein und erklärte: "Wir können die amerikanische Politik ganz einfach nicht verstehen. Sie zerstört Deutschland, so daß es zwischen uns und Sowjetrußland keine Schranke mehr gibt. Wir und nicht die Amerikaner werden die Leidtragenden dieser angelsächsischen Dummheit sein, wenn die Sowjetrussen über Europa hinwegstürmen." Der Brite war sehr verwundert, daß man meiner und nicht seiner Meinung beipflichtete. Als er meinte, daß dies kaum die allgemeine Stimmung der belgischen Bevölkerung sein könne, erwiderte die junge Belgierin: "Sie sollten nicht alles glauben, was man ihnen vor anderen sagt. Viele Leute werden in ihrer Gegenwart nicht ihre wahre Meinung kundtun. Heute gibt es auch einen Schwarzmarkt für Gedanken." Dies erschien mir als eine recht scharfsinnige Beobachtung. In Ländern wie Frankreich und Belgien, wo man nach der Befreiung die Kollaborateure gelyncht hatte, war die Ängstlichkeit, dem deutschen Volk gegenüber freundschaftliche Gefühle zu zeigen, noch nicht ganz ausgestorben. Selbst in den freiesten Ländern der Welt sagen ja die Leute oft nur das, was nach ihrem Dafürhalten von ihnen erwartet wird; sie äußern die für orthodox geltenden, allgemein respektierten Anschauungen, obwohl sie vielleicht insgeheim ganz anderen Auffassungen huldigen. Ebenso wie damals in vielen Ländern Europas der freie Handel Schwarzhandel genannt wurde, galten auch in der Innen- und Außenpolitik gesunder Menschenverstand, Menschlichkeit und vernünftiges Denken nur zu oft als Beweis für Verderbtheit und Reaktion. Der Einfluß dessen, was als öffentliche Meinung gilt, weil es der Haltung der Presse und den Erklärungen der Politiker entspricht, übt fast ebenso viel Macht wie die Gestapo oder die GPU aus, die beide verhinderten, daß *gefährliche Gedanken* laut wurden. Das Gespräch mit der belgischen Dame zeigte mir erst so recht, daß die Angst davor, als nicht *ehrbar* angesehen zu werden, viele Menschen dazu trieb, Racheforderungen gegen Deutschland zu erheben, auch wenn sie keinerlei Haß gegen das deutsche Volk empfanden und wußten, daß die Politik der Alliierten gegenüber

Deutschland ihnen ebenso viel Schaden zufügte wie den Deutschen selbst. Ich hatte der Belgierin einen Artikel zu lesen gegeben, in dem ich eine vernünftige und humane Haltung gegenüber den Deutschen forderte. Sie war darüber sehr erstaunt und meinte: "Ist es wirklich möglich, in den Vereinigten Staaten solche Dinge auszusprechen? Hier in Belgien würden Sie sofort eingesperrt werden, wenn Sie einen solchen Artikel veröffentlichen würden." In diesem Artikel, den ich für den in Washington erscheinenden Pressedienst *Human Events* geschrieben hatte, hatte ich der Barbarei unserer damaligen Politik gegenüber den Besiegten die höhere Menschlichkeit und Klugheit der Eroberer früherer Epochen gegenübergestellt, in denen noch Ritterlichkeit und wohlverstandenes eigenes Interesse die Sieger davon abgehalten hatte, ihrer Rachsucht gegenüber den Besiegten freien Lauf zu lassen. Die belgische Dame erzählte mir, daß einer ihrer Freunde im Winter 1947/48 drei Tage, ohne etwas zum Essen zu erhalten, eingesperrt wurde, weil er es gewagt hatte, gegen die alliierte Aushungerung Deutschlands zu protestieren.

Ais ich drei Monate später durch die französische Zone reiste, war ich sehr betroffen von dem Gegensatz der Haltung der französischen Soldaten, mit denen ich ins Gespräch kam, zu der ihrer Regierung und der Besatzungsbehörden. Ich habe die französische Besatzungszone dreimal besucht; am längsten hielt ich mich dort auf, als ich im Oktober 1948 mit Helmuth Weber, seiner Schwester Margarita und ihrem französischen Gatten René in den Schwarzwald fuhr (siehe das Kapitel *Tragödie im Siegerland*). Die beiden Herren reisten in Geschäften in die französische Zone und ich benutzte die Gelegenheit, sie in ihrem alten Mercedes zu begleiten. Ich hatte bereits erfahren, daß es für amerikanische Journalisten schwierig war, in der französischen Zone etwas zu erfahren; den deutschen Fabrikbesitzern war nämlich unter Androhung von Gefängnisstrafen verboten, Amerikanern Angaben über die Beschlagnahme von Maschinen durch die Franzosen zu machen oder ihnen das Betreten ihrer Betriebe zu gestatten. Da Helmuth und René mich begleiteten, genoß ich den doppelten Vorteil, daß sowohl die Deutschen wie die Franzosen ohne große Scheu mit mir sprachen. Besuchten wir eine deutsche Fabrik, so hielt sich René im Hintergrund, ging ich in ein Café oder eine Baracke, um mit den Franzosen zu reden, blieb Helmuth meist im Wagen sitzen. Es ergab sich aber auch oft, daß wir alle mit Deutschen und Franzosen zusammen waren und ich bemerkte dann, daß niemand eine persönliche Feindschaft gegen den Vertreter des anderen Volkes hegte — im Gegenteil: die Freundlichkeit, mit der die *Poilus* die Deutschen behandelten, machte einen großen Eindruck auf mich. Nicht nur das: ganz anders als die Politiker in Paris hatten sie keine — wirkliche oder vorgegebene — Angst vor einem deutschen Angriff, sondern hofften, daß die Deutschen bei einem Angriff der Sowjetrussen mit ihnen zusammen kämpfen würden. Der brave René, der sich so viel Mühe gab, mich davon zu überzeugen, daß die Franzosen nicht so schlecht seien, wie ich mir einbildete, war entzückt, wenn französische Soldaten, jüngere Offiziere und Arbeiter im Gespräch mit uns dieselben ritterlichen und klugen Gedanken äußerten wie er selbst. Carlo Schmid meinte einmal im Gespräch mit mir, das Ärgerliche an den Franzosen sei nur, daß sie als Einzelne ganz vernünftig seien, daß sie sich aber einfach unmöglich benähmen, wenn sie ein Rädchen im Apparat ihrer Bürokratie geworden seien.

In der französischen Besatzungszone gab es sehr viel französische Arbeiter, Techniker und Holzfäller; mit einigen von ihnen sprach ich in Alpirsbach, einem Städtchen im Schwarzwald, in dem wir übernachteten. Obwohl sie für französische Kapitalisten deutsche Wälder abholzten, waren sie so miserabel bezahlt, daß es ihnen kaum besser ging als den von ihren französischen Arbeitgebern ausgeplünderten Deutschen. Die meisten dieser französischen Soldaten und Arbeiter sahen ebenso armselig aus wie die deutschen und waren zumeist schmutziger und ungepflegter als diese, so daß es schwer fiel, sie als Herrenvolk, als Ausbeuter und Unterdrücker des unterworfenen deutschen Volkes zu betrachten. Übrigens trennten die einfachen Franzosen und einfachen Deutschen nicht die sozialen und wirtschaftlichen Schranken, die sich zwischen den Amerikanern und den Besiegten erhoben. Es muß zu Ehren der Franzosen gesagt werden, daß sie ihren Soldaten und Beamten kein Gefühl nationaler Überlegenheit eingeimpft und — zumindestens in der Unterbringung ihrer Besatzungstruppen — die überkommenen Regeln einer anständigen Kriegführung eingehalten hatten. Ihre Offiziere und Soldaten wohnten zwar in deutschen Häusern, deren Besitzer man aber im Gegensatz zur britischen und amerikanischen Zone nicht auf die Straße gesetzt hatte. Sie waren zwar manchmal in Räume im Keller oder auf dem Dachboden verwiesen worden und viele Deutsche beklagten sich darüber, daß die Franzosen ihre Häuser verwüsteten und vernachlässigten, doch wurde ihnen wenigstens in ihren eigenen Wohnungen Obdach gewährt.

In der französischen Zone stand der bittere Haß auf die Okkupationsbehörden, die die Leute ausplünderten, die Vieh, Getreide und Maschinen beschlagnahmten, das Volk hungern ließen und einsperrten, wenn es gegen Unterdrückung und Räubereien protestierte, im seltsamen Kontrast zu den — wenn schon nicht freundschaftlichen, so doch von gleich zu gleich sich abspielenden — Beziehungen zwischen den einzelnen Franzosen und Deutschen. Nach den Eindrücken, die ich in Deutschland gewann, galten die Amerikaner als die Besatzungsmacht, die ihre Regierungsgewalt am humansten und vernünftigsten ausübten, während im Kontakt von Mensch zu Mensch die Franzosen etwas weniger unbeliebt waren als die Amerikaner und Briten. Bis zu einem bestimmten Grad war dieser Gegensatz auch bei den Russen zu beobachten. In Berlin hat man mir oft berichtet, daß General Sokolowski und sein Stab die Deutschen, mit denen sie in Berührung kamen, weit freundlicher, höflicher und achtungsvoller behandelten, als dies Amerikaner und Briten taten. Wären die Politik und die Methoden der Franzosen dem Benehmen ihrer Besatzungstruppen ähnlich gewesen, hätte man die Franzosen ganz ohne Zweifel auch mehr geschätzt als die Amerikaner.

Wiederum ähnlich wie die Russen, haben die Franzosen es sich angelegen sein lassen, ein Auskommen mit der in Deutschland früher herrschenden Schicht zu finden, während sie zur gleichen Zeit die deutschen Arbeiter, Bauern und Unternehmer mit Füßen traten. In der französischen wie in der Sowjetzone wurden die ehemaligen Nazis als schätzungswerte Verbündete angesehen, falls sie den Franzosen zu Willen waren und weder die Russen noch die Franzosen haben die deutschen Offiziere zu Bettlern gemacht, wie dies in der amerikanischen Zone geschah. Franzosen und Russen nahmen die Mitarbeit der Deutschen je nach deren sozialer oder wirtschaftlicher Herkunft oder deren Klassenzugehörigkeit an oder lehnten diese ab, waren aber an der Vergangenheit des Einzelnen gänzlich uninteressiert, falls dieser nur zur Mitarbeit bereit war. Franzosen wie Russen unternahmen den Versuch, die Intelligenz für sich zu gewinnen, während in der amerikanischen Zone Professoren, Studenten und Schriftsteller kaum existieren konnten, weil sie ja nur die geringste Lebensmittelration zugeteilt erhielten. Die Franzosen haben die Universität Freiburg wiederaufgebaut und die über 100 Jahre alte Universität Mainz wiedergegründet. Die Amerikaner aber haben die Universität Heidelberg für ihre eigenen Zwecke beschlagnahmt und die Studenten bei der Lebensmittelzuteilung in die unterste Gruppe eingestuft. Die amerikanische Militärregierung hat denjenigen deutschen Intellektuellen, die eine unabhängige Meinung hatten, die kalte Schulter gezeigt, die Franzosen dagegen haben sie mit offen Armen aufgenommen und versucht, sich mit ihnen zu versöhnen.

In Deutschland wurde ich oft an die Beobachtungen meines Bruders erinnert, der einige Jahre lang den Stillen Ozean befuhr, bevor er auf den Fidschi-Inseln starb, wo er sich als Arzt niedergelassen hatte. In seinen Briefen von dort hatte er auf den zwiefachen Gegensatz zwischen dem hervorragenden Krankenhaus und Sanitätsdienst der Briten auf Fidschi und der rucksichtslosen Ausbeutung der Eingeborenen in den französischen Besitzungen in der Südsee, andererseits aber dem viel besseren persönlichen Verhältnis der Franzosen zu den Eingeborenen hingewiesen. Die Briten taten zwar das Richtige, blickten aber auf die Eingeborenen herab und lehnten jeden gesellschaftlichen Kontakt mit ihnen ab, die Franzosen dagegen preßten aus der eingeborenen Bevölkerung ihrer Inseln heraus, was sie nur vermochten und boten als Gegenleistung nur wenige der Annehmlichkeiten der Zivilisation, errichteten aber in ihrem gesellschaftlichen Verkehr mit den Eingeborenen keinerlei Rassenschranken. Es schien mir, als ob das Gleiche auch für Deutschland zutraf. Die deutsche Oberschicht — mit Ausnahme der ruinierten Industriellen — stand mit ihren französischen Eroberern auf besserem Fuße als dieselbe Schicht in der amerikanischen und britischen Zone. Die deutschen Arbeiter, Fabrikbesitzer und Bauern aber haßten Frankreich, weil es sie ausplünderte und ihnen ihre Existenzgrundlage zerstörte.

Die Franzosen spielten auch insofern ein geschicktes Spiel, als sie so taten, als hätten sie und die Deutschen ein gemeinsames Interesse darin, in Opposition zu den USA zu stehen. Ich kann mich zwar nicht dafür verbürgen, ob alles, was mir darüber erzählt wurde, wahr war, aber es schien doch so, als ob die Franzosen die Deutschen zu überreden versuchten, sich mit ihnen gegen die USA zu verbünden. So sollen die französischen Behörden 1948 eine Geheimabmachung vorgeschlagen haben, nach der die Deutschen alle über 15 Jahre alten Maschinen — auch wenn sie auf der Demontageliste standen — behalten sollten, falls sie dafür den Franzosen die von den Amerikanern oder aus deren Zone gelieferten neuen Maschinen ablieferten. Ferner hat man mir berichtet, daß französische Offiziere Deutschen gegenüber äußerten, sie seien in Wahrheit gar nicht so feindselig und rachsüchtig, wie es den Anschein habe. Frankreich sei aber gezwungen, diese Haltung anzunehmen, um von den USA ein Höchstmaß an Unterstützung zu erhalten. Nur die ständige Betonung der Furcht Frankreichs vor Deutschland sei imstande, dem Lande hohe amerikanische Subsidien zu verschaffen. Beweisen kann ich die

Wahrheit solcher Behauptungen natürlich nicht, aber es sah doch sehr nach einem Falschspiel der Franzosen aus. Wie die Sowjetrussen boten sie denjenigen Deutschen, die von der amerikanischen Militärregierung bestraft oder durch hochmütige Behandlung verletzt worden waren, Stellungen an und gleich den Russen gewährten sie jenen Vergünstigungen, die bereit waren, ihre Politik zu unterstützen.

Im wirtschaftlichen Bereich konnte sich die Korruption, dieses Merkmal der französischen Innenpolitik, in Deutschland frei entfalten. Fabrikbesitzern wurde erklärt, sie könnten ihre Maschinen retten, falls sie bereit seien, französische Beamte zu bestechen; deutsche Industriefirmen wurden vor die Wahl gestellt, entweder ihr Unternehmen der Reparation verfallen zu sehen oder den Franzosen die ihre Firma kontrollierende Aktienmehrheit einzuräumen.

Ganz allgemein gesprochen schien es, als trieben die Franzosen, wenn auch behindert durch ihren Mangel an militärischer Macht, ganz dasselbe Spiel wie die Sowjetrussen. Sie boten all denen, die ihre Interessen zu unterstützen bereit waren, Vergünstigungen, Sonderrechte und Vergebung für frühere Nazi-Sünden und sie enteigneten, bestraften und sperrten die ehrenwerten Liberalen und Konservativen ein, die ihnen Widerstand leisteten, fragten aber nicht nach der Vergangenheit eines Mannes, der bereit war, mit ihnen zusammenzuarbeiten. Man brauchte sich daher nicht zu wundern, daß man unter den liberalen Sozialisten und konservativen Kapitalisten einen bitteren Haß auf die Franzosen fand, daß diese aber mit den reaktionären bayrischen Monarchisten, mit den Separatisten und ehemaligen Offizieren, die von ihnen wesentlich achtungsvoller und gerechter behandelt wurden als von den Amerikanern, im besten Einvernehmen lebten. Im Gegensatz zu General Clay und General Robertson gestattete der französische Militärgouverneur, General König, daß die deutschen Offiziere oder deren Witwen ihre Pensionen gezahlt erhielten. Es sah so aus, als seien die Franzosen gleich den Sowjetrussen bestrebt, aus der von der amerikanischen Politik geweckten Erbitterung Nutzen zu ziehen und als wollten sie ihren ganzen Einfluß geltend machen, um die USA zu einer Politik zu veranlassen, die sie bei den Deutschen verhaßt machen mußte. Hier wie in vieler anderer Hinsicht trieben die Franzosen das Spiel der Sowjetrussen, obwohl sie sich einbildeten, zu ihrem eigenen Vorteil zu handeln. Diese scheinbaren Widersprüche der französischen Politik fanden ihre Erklärung in ihrem alten Bestreben nach einer Aufspaltung Deutschlands durch eine Förderung separatistischer Tendenzen und in ihrer Hoffnung, das Rheinland einem Großfrankreich eingliedern zu können. Nachdem es ihnen gelungen war, das Saargebiet von Deutschland loszulösen, indem sie drohten, dessen Industrie zu demontieren und damit seine Bevölkerung zu ruinieren, falls sie nicht für die Angliederung an Frankreich stimmte, hatten die Franzosen ganz ohne Zweifel die Hoffnung nicht aufgegeben, in den übrigen Teilen ihrer Zone mit Hilfe von Einschüchterung und Bestechung den gleichen Erfolg zu erzielen.

Ein guter Deutscher war nach französischen Begriffen ein Deutscher, der bereit war, die Interessen seines Vaterlandes zur Wahrung seiner eigenen zu opfern. Menschen dieser Art war es gestattet, *ein glückliches Leben* zu führen, ob sie nun einmal Nazis gewesen waren oder nicht und ungeachtet der politischen Sympathien, die sie jetzt bekundeten. Den Franzosen war es völlig gleichgültig, ob jemand ein Demokrat war oder nicht, es genügte ihnen, daß er profranzösisch und bereit war, den Interessen Frankreichs zu dienen. In dieser Hinsicht war die französische Politik die echte Antithese der amerikanischen; wir verweigerten selbst denen unsere Freundschaft, die am meisten bereit waren, mit uns zusammenzuarbeiten, wenn wir nicht ganz sicher waren, daß es in ihrer Vergangenheit keinerlei dunkle Punkte gab. Ich habe in der französischen Zone mit einem Deutschen gesprochen, dem der französische Militärgouverneur ein riesiges Einkommen angeboten hatte, falls er bereit war, der Ministerpräsident einer *unabhängigen* Pfalz zu werden. Die Atmosphäre in der französischen Zone entsprach in vielem derjenigen unter dem Sowjetterror. Es gab zwar keine KZs mehr, aber die Deutschen betrachteten die Sûreté als eine neue Art Gestapo. Menschen wurden eingekerkert, auch wenn sie kein anderes Verbrechen begangen hatten, als sich über die Besatzungsbehörde zu beschweren oder gegen die Beschlagnahme ihres Eigentums zu protestieren.

Die mürrischen Gesichter der Leute, ihre bittere Armut und die Schwierigkeiten, die wir beim Einkauf von jeder Art Lebensmitteln — außer Kartoffeln — erlebten, zeugten für die stets gegenwärtige Furcht vor den Franzosen und für die Art und Weise, in der diese ihre eigene Zone der Lebensmittel und Verbrauchsgüter beraubt hatten. Ebenso wie die Sowjetrussen versorgten sich die Franzosen aus ihrer eigenen Zone und beschäftigten — auch wie die Sowjets — zahlreiche Leute damit, die Bauern zur Ablieferung von Milch, Eiern, Vieh, Gemüse und selbst Getreide zu zwingen.

In Baden-Baden, wo General König inmitten eines Pompes residierte, wie er einem Vizekönig von Indien angemessen gewesen wäre, lebten mehr Franzosen als Deutsche — nach den Angaben des Wirtschaftsministeriums von Württemberg-Hohenzollern 40 000 gegenüber 30 000. Frankreich benutzte seine Zone als Übungsplatz für seine Rekruten und die Angehörigen der Besatzungstruppen brachten nicht nur ihre Frauen und Kinder, sondern auch ihre Großmütter, Tanten, Schwestern und Kusinen mit. Außer diesen Leuten, die auf Kosten der deutschen Wirtschaft lebten, wurden auch Kinder und Kriegsverletzte nach Deutschland in Ferien und zur Erholung geschickt; für ihre Versorgung mußten gewaltige Mengen von Milch, Butter und Eiern aufgebracht werden. Bis zum Jahr 1948 waren viele in der französischen Besatzungszone lebende Deutsche allen Ernstes dem Hungertod nahe; seitdem hatte sich ihre Lage dank der amerikanischen ECA-Zuteilungen an die französische Zone in einiger Hinsicht gebessert.

In einem kleinen Dorfgasthaus in dem lieblichen Landstrich oberhalb des Rheines konnte ich allerdings feststellen, daß es einige Bauern fertigbrachten, ihre Lebensmittelvorräte vor den Franzosen zu verstecken. Einer meiner Begleiter, der es gut verstand, mit jedermann zu scherzen und Freundschaft zu schließen, brachte bald die Wirtin an unseren Tisch, die dann ohne Scheu auspackte. Sie berichtete, wie die Franzosen in die Bauernhäuser eingedrungen waren und alles weggenommen hatten, was sie gefunden hatten — alle Lebensmittel, die Wäsche, ja sogar die Möbel. Sie holten sich die ganze Milch, schlachteten das Vieh für ihre eigenen Kochtöpfe und ließen den Deutschen fast nichts Eßbares mehr zurück. Dann aber fragte uns die Wirtin, ob wir nicht westfälischen Schinken versuchen wollten. Als wir vergnügt Ja sagten, führte sie mich lachend in ihr Schlafzimmer und zeigte mir den in einer Kiste unter ihrem Bett versteckten Schinken. Er war köstlich. Während wir noch davon aßen, kamen zwei Männer herein, typische Vertreter von Stadt und Land, von Arbeiter und Bauern im besetzten Deutschland. Der eine, ein kräftig gebauter, rothaariger junger Riese, mit blauen Augen und frischen Zügen, hätte recht gut den Helden in einer Wagner-Oper abgeben können. Der andere war klein und ausgemergelt, sein Gesicht war grau und er schien niedergeschlagen zu sein; er trug einen geflickten baumwollenen Arbeitsanzug. Der erste war ein Bauer, der andere ein Metallarbeiter mit einem Stundenlohn von nur 75 Pfennigen; die Fabriken in der französischen Zone zahlten die niedrigsten Löhne. Dieser Arbeiter war übrigens einer der wenigen Menschen, die ich in Deutschland antraf, der nicht nur offen zugab,

Nazi gewesen zu sein, sondern der es im innersten Herzen auch geblieben zu sein schien. Seiner Meinung nach hatten es die Arbeiter nie so gut gehabt wie unter Hitler; er war aufs Äußerste erbittert darüber, daß die Alliierten das Versicherungskapital und die Krankenhäuser und Erholungsstätten der Arbeitsfront beschlagnahmt hatten. Er litt an Schwindsucht und erklärte, früher hätte man ihn unterstützt, jetzt aber könne er keine ärztliche Hilfe bekommen. Der junge Bauer interessierte sich nicht für Politik. Als ich ihn fragte, wie es ihm ergehe, erwiderte er lachend: "Wir Bauern kommen schon zurecht. Die Franzosen sind nicht gerissen genug, um alles zu finden."

Begreiflicherweise mußte die städtische Bevölkerung am meisten leiden, wenn die Bauern — wie die in der französischen Zone —nur mit Schwarzhandel verdienen konnten und nur unter Zwang Lebensmittel zu den von den Franzosen gezahlten Preisen ablieferten. Die große Zahl von Personen, die Lebensmittel zu den niedrigen amtlichen Preisen zwangseintreiben mußten, machte das ganze System unwirtschaftlich. Auf einem weit von jeder Stadt und jedem Dorf entfernten kleinen Bauernhof tief im Schwarzwald erzählte man mir, daß die Franzosen in regelmäßigen Abständen drei Leute schickten, die die vorgeschriebenen Lebensmittelmengen einzusammeln hatten. Der Hof wurde von einer Frau mit dreien ihrer Söhne bewirtschaftet; zwei weitere Söhne waren gefallen, ein dritter war noch in Rußland als Kriegsgefangener. Sie besaßen vier Kühe und drei Ochsen, ein paar Schweine und Hühner, gerade so viel Ackerland, um genug Getreide für das eigene Brot und als Viehfutter anbauen zu können, sowie einen großen Gemüsegarten. Sie mußten pro Jahr und Kuh 700 Liter Milch abliefern, obwohl ihre besten Kühe höchstens 2000 Liter im Jahr gaben. Die Franzosen holten sich auch von jedem Wurf eine bestimmte Zahl Ferkel, soundsoviel Eier je Henne sowie 47 Zentner Kartoffeln und genau festgesetzte Mengen an Getreide. Der stärkste der drei Ochsen sollte in der nächsten Woche abgeholt werden. Mochten die Franzosen das Recht haben, so viel wegzunehmen oder nicht, der entscheidende Punkt schien mir doch die mit einer solchen Zwangseintreibung auf unzähligen kleinen Bauernhöfen verbundene Arbeitsvergeudung zu sein, bei der ja doch alles in allem genommen nur recht wenig Lebensmittel zusammenkamen. Aller Wahrscheinlichkeit nach haben die dazu bestellten Zwangseintreiber das meiste von diesen Lebensmitteln selbst verzehrt. Die Sowjets hatten schon vor langer Zeit herausgefunden, daß das einzige Mittel, die Bauern zur Ablieferung ihrer Erzeugnisse für nichts oder für einen Preis zu zwingen, der weit unter den Produktionskosten lag, die Kolchose war, in der die Bauern wie Fabrikarbeiter behandelt wurden. Ein anderer Weg war ganz einfach ungangbar — es sei denn zu untragbaren Kosten, solange Einzelbauern das Land bestellten.

Der Familie auf jenem Schwarzwaldhof ging es trotz ihrem Groll auf die Franzosen eigentlich nicht schlecht — sie betrieb nämlich eine recht einträgliche Kirschwasserbrennerei. Die dazu benötigten Apparate waren irgendwo im Wald verborgen, wo die Franzosen sie nicht aufspüren konnten, und mit diesem Kirschwasser wurde ein munterer Schwarzhandel nach Deutschland und über die französische Grenze bei Straßburg betrieben. Dort brauchten sie lediglich den französischen Zollposten etwas von dem Kirschwasser abzugeben.

Selbstverständlich hatten die Franzosen selbst den meisten Profit davon, wenn sie die Grenzen ihrer Zone nicht von deutschen, sondern von ihren eigenen Zollbeamten bewachen ließen. Professor Karl Brand von der Stanford-University, der als GastProfessor in Heidelberg lebte, nahm mich in seinem Wagen in die Schweiz mit, damit ich selbst beobachten konnte, was da an der Grenze geschah. Als wir die Zollgrenze vor Basel erreichten, prüften zwei französische Unteroffiziere unsere Pässe, fragten aber überhaupt nicht danach, ob wir deutsches Geld oder Waren dabei hatten. Die beiden an der Schranke stehenden deutschen Zollbeamten durften sich unserem Wagen nicht nähern, geschweige denn unser Gepäck kontrollieren. Auf diese Weise konnten Angehörige der alliierten Nationen auf kinderleichte Weise alles, was ihnen beliebte, aus Deutschland ausführen. Die Franzosen waren in beträchtlichem Maße für den Kurssturz der neuen D-Mark verantwortlich zu machen, der eine Folge des illegalen Exportes von dringend in Deutschland benötigten Waren durch die Schwarzhändler war. Professor Brand und ich überschlugen schnell, wie rasch man sich ein Vermögen erwerben konnte, indem man etwa Cognac aus Frankreich nach Deutschland schmuggelte, ihn mit einem Gewinn von einigen hundert Prozent auf dem Schwarzen Markt absetzte, sich für dieses Geld dann deutsche Fertigwaren kaufte und diese dann in der Schweiz an den Mann brachte. Eine andere Möglichkeit war, daß Angehörige alliierter Staaten ihre D-Mark in der Schweiz in Franken umwechselten, wo die Banken sie zu einem Zehntel des amtlichen Kurses an diejenigen abgaben, die in Deutschland einkaufen wollten. Dieser illegale Handel reizte verständlicherweise dazu an, statt dringend benötigten Artikeln des täglichen Bedarfes in Deutschland

Luxusgüter für den Export herzustellen. Obwohl zu dieser Zeit Schuhe in Deutschland teuer und nur schwer zu bekommen waren, wurden beträchtliche Mengen Leder zur Herstellung von Damenhandtaschen und anderen Modeartikeln verwendet.

Ähnlich glänzende Geschäfte mit der Untergrabung der deutschen Währung hatten die Sowjetrussen in Berlin gemacht. Ohne sich im geringsten anzustrengen, hatten die Franzosen bereits bei der Währungsreform einen riesigen Kursgewinn gemacht. Von den im Juni 1948 ausgegebenen fünf Milliarden Mark in der neuen Währung nahmen sich die Briten 266, die Amerikaner 255 und die Franzosen 250 Millionen für den eigenen Bedarf. Auf diese Weise wurden der deutschen Wirtschaft 15 Prozent des Geldumlaufes — über eine Dreiviertelmilliarde — entzogen. Gemessen an der Größe der Zone war der französische Anteil an diesen Entnahmen unverhältnismäßig hoch, was den Franzosen gestattete, ihre Staatsangehörigen unbegrenzte Beträge im Verhältnis 1:1 oder zu einem Vorzugskurs umwechseln zu lassen, während die Deutschen lediglich 40 Reichsmark in die 40 DMark Kopfgeld, den Rest jedoch im Verhältnis 10:1 oder — wie sich später ergab — 10:0,65 umwechseln konnten. Aus diesem Grunde waren die Franzosen vor der Währungsreform nachdrücklich bestrebt, auf anständige oder unanständige Weise so viel Reichsmark zu erraffen, wie sie nur konnten. Manchmal machten sie mit ihren deutschen Freunden Halbpart, manchmal auch gingen sie ihren Dienstboten um den Bart, indem sie ihnen anboten, ihre Ersparnisse im Verhältnis 1:1 umzutauschen. Es kam aber auch vor, daß die Franzosen Razzien in Dörfern ansetzten und das gesamte Bargeld der Bewohner beschlagnahmten. Auf die eine oder die andere Weise brachten sie erhebliche Mengen an Devisen an sich und schafften sie in die Schweiz, wo ja Devisen keiner Bewirtschaftung unterlagen. Als diese unsaubern Geschäfte nicht mehr blühten, machten sie neue Gewinne, indem sie mit Schwarzhandel verdiente oder bei neuerlichen Beschlagnahmungen deutschen Eigentums ergatterte D-Mark hinausschmuggelten.

Es wurde bereits berichtet, daß General Clay den Versuch unternahm, die Franzosen zum Verstopfen des *Loches im Westen* zu veranlassen, durch das Geld und Waren abflossen. Das amerikanische Außenministerium gab aber den Franzosen nach und das Besatzungsstatut machte der deutschen Regierung eine wirksame Grenzkontrolle unmöglich. Es war das alte Lied: man erlaubte den Franzosen, die deutsche Wirtschaft zu schädigen, während zur gleichen Zeit die amerikanischen Steuerzahler das Geld aufbrachten, das zu ihrer Stützung benötigt wurde.

Die amerikanischen Soldaten und die Piloten der Luftbrücke teilten diese Vorliebe des Außenministeriums für die Franzosen keineswegs, doch war ihre Meinung für die Politik der USA völlig unmaßgeblich. Als ich das erstemal über die Luftbrücke nach Berlin gelangt war, sagte ein amerikanischer Pilot zu mir:

"Die Briten leisten gute Arbeit, aber ist ihnen bekannt, daß die Franzosen bei der Versorgung Berlins überhaupt nicht mithelfen? Alles, was sie über die Luftbrücke heranbringen, ist Cognac für den schwarzen Markt oder für den Verkauf an die Amerikaner." Sein Bordmechaniker fügte hinzu: "Wissen Sie eigentlich, daß diese Saukerle in Paris niemanden in ein erstklassiges Hotel hineinlassen, der nicht Offizier ist?" Der Pilot eines amerikanischen Kurierflugzeuges berichtete mir: "Ich weiß ganz genau, wann ich die deutsche Grenze überflogen habe. Wenn ich dort drunten unbebaute Felder ohne Menschen sehe, die darauf arbeiten, dann bin ich über Frankreich. Diese Burschen brauchen wohl nicht mehr zu arbeiten, seitdem wir Amerikaner für sie schuften." Meinungen wie diese wurden selbstverständlich von Vorurteilen bestimmt, doch war es eine Tatsache, daß die Franzosen, wenn sie so arbeiten wollten wie einst und ihre Wirtschaft und Finanzen nicht so in Unordnung gewesen wären, amerikanische Lebensmittelzufuhren — abgesehen von den Dürrejahren 1946 und 1947 — nicht benötigt hätten. Der Boden Frankreichs war ja fruchtbar und das Land nicht übervölkert.

Kam man nach Paris, war man entsetzt über den unfaßbaren Luxus in Kleidung, Essen und Trinken, der im schreienden Gegensatz zur Armut der arbeitenden Bevölkerung und zur strengen Einfachheit in Großbritannien stand. Hätte man damals dieses Riesenaufgebot an Kellnern, Hotelangestellten und in Luxusbetrieben Beschäftigten zur Produktion von lebensnotwendigen und Exportgütern eingesetzt, dann hätte Frankreich bestimmt auf einen großen Teil der Zuwendungen aus dem Marshall-Plan verzichten können. Es war schon so: die oberen Zehntausend in Frankreich führten ein weit angenehmeres Leben als die Mehrzahl der Amerikaner, deren Steuern teilweise dazu verwendet wurden, die französische Wirtschaft zu stützen. Allem Anschein nach brauchte aber Frankreich nur zu fordern, um etwas zu bekommen. Niemand verlangte von ihm mehr als ein freundliches Lächeln und Zutunlichkeit. So klagte

Frankreich weiter über seine Kriegsverluste, obwohl die reiche Beute, die es in Deutschland gemacht hatte, zusammen mit den Reparationen und den wohltätigen Gaben der USA den während des Krieges und der Besatzungszeit erlittenen Schaden mehr als gutgemacht hatte.

Im deutlichen Gegensatz dazu wurde die Art und Weise, wie die Briten mit dem Geld der USA umgingen, geprüft und kritisiert, als handele es sich dabei um das Haushaltsgeld einer Ehefrau. Frankreich aber wurde von den USA wie eine Geliebte behandelt, die in ihren Gunstbezeigungen wankelmütig war und über deren Launen man am besten nicht sprach. Dies alles hätte keine so große Rolle gespielt, falls es nur darum ging, daß *la belle France* vom spendablen Uncle Sam seine Leibrente bezog und daß Paris als Stätte des *dolce vita* der Ergötzung der Herren vom Außenministerium, der ECA und der amerikanischen Presse diente. Die Gefahr lag vielmehr in dem Einfluß, den Frankreich auf die amerikanische Politik ausübte, ein Einfluß, der noch zunehmen mußte, wenn einmal — was möglich war — das Außenministerium die Verwaltung Deutschlands übernahm. Eine Armee muß realistisch denken, da sie ja die Kriege durchzufechten hat, die die Folge einer schlechten Diplomatie sind. Was die amerikanische Armee über den Wert Frankreichs dachte, kann man in dem Satz zusammenfassen, den ein Mitglied des Stabes General Clays mir gegenüber aussprach: "Die Franzosen wollen nicht kämpfen — und damit hat sich's." Ich fragte: "Warum müssen wir dann eigentlich auf den französischen Standpunkt so große Rücksicht nehmen? Wenn die Franzosen als Verbündete nichts wert sind, warum müssen wir ihnen dann immer nachgeben, bei den Demontagen, an der Ruhr und in allen anderen Dingen?" Die Antwort lautete, daß die USA mit ihren Plänen zur Wiedererneuerung Europas und seiner Verteidigung nicht vorankommen könnten, wenn sie in ihrem Rücken — in Frankreich — aktiven Widerstand zu gewärtigen hatten. Die Franzosen hätten den Amerikanern bedeutet, daß sie sich heraushalten und die Überlassung von Stützpunkten verweigern würden, falls — etwa über Berlin — ein Krieg mit der Sowjetunion ausbräche. Das war nichts anderes als Erpressung: die Franzosen erklärten ganz einfach, sie würden in jedem Krieg mit Sowjetrußland neutral bleiben, falls die USA ihnen nicht all das zugeständen, was sie hinsichtlich Deutschlands forderten.

In ihrer Angst vor einem dritten Weltkrieg gaben die Franzosen den Amerikanern den Rat, sie sollten sich darauf vorbereiten, diesen in einer solchen Manier zu gewinnen, daß damit der Weg zu einem vierten Weltkrieg gebahnt sei. Die Amerikaner dürften sich nicht der Hilfe der Deutschen bedienen, um die Sowjetunion zu besiegen, weil am Ende dann die deutsche Vorherrschaft über ganz Europa stehen würde. Fragten dann die amerikanischen Armeebehörden: "Nun, wenn Sie schon den Deutschen nicht erlauben wollen, sich gegen die Sowjets zu verteidigen, wollen dann Sie selbst ihre Verteidigung übernehmen?" hoben die Franzosen entsetzt die Hände und schrien: "Was — wir sollen Deutschland verteidigen? Sind Sie wahnsinnig geworden?" Im Endergebnis lief diese starre Haltung Frankreichs darauf hinaus, daß von den USA auf der einen Seite erwartet wurde, sie sollten Europa verteidigen, auf der anderen aber Deutschland gegenüber eine Politik treiben, die nicht nur auf dessen Wehrlosigkeit bestand, sondern auch die Sicherheit der amerikanischen Armee im Falle eines Krieges gefährdete, indem sie unter den Deutschen Haß gegen die USA erregte.

Unter diesen schwierigen Verhältnissen schienen sich General Clay und das Kriegsministerium Mühe gegeben zu haben, einen mittleren Kurs einzuhalten . Sie hatten den Franzosen alle möglichen Zugeständnisse gemacht, jedoch ihre Zustimmung zu der von Frankreich geforderten völligen Ruinierung Deutschlands verweigert. Sie hatten weiter die Hoffnung genährt, daß Westeuropa mit Einschluß Deutschlands doch noch zu einem Staatenbund geformt werden und seine Hilfsquellen wie seine Menschen für die Abwehr der sowjetischen Bedrohung mobilisiert werden konnten, falls die amerikanischen Steuerzahler weiter für die Verluste aufkamen, die eine Folge der den Franzosen hinsichtlich der Demontagen und der Ruhr gemachten Zugeständnisse waren. Diese Hoffnung gründete sich auf dem Glauben, daß man Frankreich mit der Zeit seine Angst nehmen könne und daß es dann zulassen werde, daß Deutschland und Europa ihre Wirtschaftskraft zurückgewinnen und ausreichend stark würden, dem kommunistischen Druck zu widerstehen. Diese Hoffnung mußte jedoch zerrinnen, falls die Franzosen auch weiterhin jede Gelegenheit verpaßten, so stark zu werden wie ein freies Deutschland.

Die amerikanische Militärregierung konnte in vielerlei Hinsicht kritisiert werden, der amerikanischen Armee aber mußte man zuerkennen, daß sie die Dinge in aller Klarheit und in all ihrer Komplexität sah. Da die Verantwortung für die Verteidigung Westeuropas wie der USA auf ihren Schultern ruhte, konnten es die Soldaten sich nicht leisten, in einem Wolkenkuckucksheim zu leben, in dem sich so viele maßgebliche zivile Regierungsbeamte niedergelassen hatten. Der Zorn der Armee über das, was sie als Frankreichs Sabotage des Londoner Abkommens vom Juni 1948 über die Errichtung eines westdeutschen Staates und anderer zur Eindämmung der kommunistischen Flut ausersehenen Maßnahmen betrachtete, war deshalb durchaus verständlich.

Als die Debatten über das Besatzungsstatut, das auf Grund des Londoner Abkommens von den Militärgouverneuren ausgehandelt werden sollte, an die britische, französische und amerikanische Regierung zurückverwiesen wurden, berichtete die *New York Herald Tribune:* "Es ist ein offenes Geheimnis, daß die Franzosen, die General Clay für einen dickschädligen Amerikaner halten, fordern, wenn möglich alle Unterhandlungen den Regierungen zu übertragen, weil sie dann häufig Zugeständnisse erlangen, die die amerikanische Militärregierung ihnen versagen würde. Viele Beamte hier in Deutschland sind der Auffassung, daß die Franzosen und Briten es bei Verhandlungen zwischen den Regierungen mit Amerikanern zu tun haben werden, die mit den deutschen Problemen weit weniger vertraut sind als die im Stab General Clays. Ein amerikanischer Beamter in Berlin beschrieb die Resultate dieser Verhandlungen so: ›Uns will es manchmal scheinen, als ob unsere amerikanischen Unterhändler da oben, die ja mit den Einzelheiten und der Vorgeschichte jedes Problems nicht vertraut sind, überhaupt nicht ermessen können, wie bedeutungsvoll all das ist, was sie aus der Hand geben‹."

Zum Schaden für die Sicherheit Europas und den Frieden der Welt übernahm dann das amerikanische Außenministerium die Leitung der amerikanischen Deutschland-Politik. Das hatte zur Folge, daß während der Amtszeit Dean Achesons die USA Frankreich in lebenswichtigen Fragen nachgab, die Wirkung der Marshall-Plan-Hilfe für Europa beeinträchtigte und den Frieden der Welt aufs Spiel setzte. Eines schien jedenfalls sicher: falls Frankreichs hysterische oder vorgetäuschte Angst vor Deutschland Hand in Hand mit seinem Bestreben, die Sowjetrussen zu beschwichtigen, die Politik der USA weiterhin bestimmte, mußten Europa dermaßen geschwächt und die Kommunisten dermaßen gestärkt werden, daß die Sowjetunion zu einem Angriff auf die westliche Welt geradezu ermutigt wurde.

Der Einfluß Frankreichs zeigte sich besonders deutlich, als am 10. April 1949 den Deutschen das Besatzungsstatut vorgelegt wurde. Den Deutschen wurde die bereits ein Jahr zuvor versprochene

Selbstregierung nicht eingeräumt, alle wirkliche Macht blieb vielmehr in den Händen der Besatzungsbehörden. Sehr gut waren mit diesem Statut die alte japanische wie die damalige sowjetische Verfassung zu vergleichen, die in gleicher Weise die im vorangegangenen Artikel gewährten Rechte und Freiheiten im darauffolgenden wieder aufhoben. Unter der Vorgabe, daß die Bevölkerung Westdeutschlands das Recht erhalte, sich selbst zu regieren, gab ihr das Besatzungsstatut Verantwortung ohne wirkliche Macht: alle Beschlüsse der Regierung Westdeutschlands über Gesetzgebung, Justiz, Verwaltung und Wirtschaft konnten durch ein Veto der Besatzungsmächte aufgehoben werden. Man muß dieses verlogene Dokument genau prüfen, um das Abhängigkeitsverhältnis zu erkennen, das wir dem deutschen Volk hier unter dem Anschein äußerer Freiheit anboten. Unter den den Besatzungsmächten eingeräumten *Sondervorbehalten* führte das Besatzungsstatut nicht nur die Vollmachten hinsichtlich Abrüstung, Reparationen und Restitutionen auf, sondern auch solche für die wissenschaftliche Forschung, die Beschränkungen der Industrieproduktion, das Verbot der Zivilluftfahrt, die Entflechtung und Auflösung der Konzerne, das Verbot von Diskriminierungen im Außenhandel, hinsichtlich der ausländischen Interessen in Deutschland, der Außenpolitik und des Außenhandels, der heimatlosen Ausländer und der Zulassung von Flüchtlingen. Das war keineswegs alles. Die Besatzungsmächte durften nicht nur weiterhin den deutschen Außenhandel zu ihrem eigenen Vorteil kontrollieren, sondern auch die deutsche Binnenwirtschaft und die Verwendung der deutschen Importe. Der Paragraph 2 e war hier der springende Punkt, da er in jeder beliebigen Weise ausgelegt und auf alle Sachverhalte ausgedehnt werden konnte. Er bestimmte nämlich, daß die Besatzungsbehörden sich alle Befugnisse vorbehalten durften, die *für den Schutz, das Ansehen und die Sicherheit der alliierten Streitkräfte, der von ihnen abhängigen und in Dienst genommenen Personen und ihrer Vertreter, ihre Privilegien, die Sicherstellung der Besatzungskosten und die anderweitigen Erfordernisse* notwendig waren.

Den Deutschen wurden der Schutz der Gesetze und die aus dem Habeascorpusakt herrührende sowie andere Bürgerrechte verweigert. Der Paragraph 6 bestimmte: "Die Bürgerrechte jeder Person, vor willkürlicher Verhaftung, Haussuchungen oder Beschlagnahmungen geschützt, durch einen Rechtsbeistand vertreten zu sein, je nach Sachverhalt gegen Bürgschaftsleistung freigelassen zu werden, mit Verwandten in Verbindung treten zu dürfen und einen Anspruch auf ein gerechtes und rasches Verfahren zu haben, sind in ihrer Gesamtheit den Sicherheitserfordernissen der Besatzungsbehörden unterzuordnen."

Der Bundesregierung wurde nicht einmal gestattet, Gesetze zu verabschieden, ohne daß diese vorher den Besatzungsbehörden zur Kenntnis gebracht wurden. Diese konnten gegen jedes Gesetz ein Veto einlegen, das *mit den eigenen Beschlüssen oder Maßnahmen der Besatzungsbehörden im Widerspruch* stand. Die Eroberer behielten sich auch das Recht vor, zu jedem von ihnen gewünschten Zeitpunkt sogar die aufs äußerste begrenzten Vollmachten der von ihnen eingesetzten Regierung zu annullieren. Paragraph 3 des Besatzungsstatutes besagte: "Die Besatzungsmächte behalten sich vor, die Ausübung der ihnen jederzeit zustehenden uneingeschränkten Autorität ganz oder teilweise wiederaufzunehmen, wenn sie dies für die Sicherheit oder die Wahrung einer demokratischen (sic!) Regierung in Deutschland oder in Erfüllung internationaler Verpflichtungen als ausschlaggebend betrachten."

Indien war — noch bevor es seine Unabhängigkeit erlangte — ein freieres Land als das Deutschland, das dem in diesem Dokument niedergelegten Kolonialstatut unterworfen war. Ich muß hier ein Gespräch erwähnen, das ich mit einem Korrespondenten indischer Zeitungen in Düsseldorf hatte. Als ich ihm erklärte, mir komme es so vor, als sei Deutschland jetzt auf denselben Stand zurückgeworfen wie das Indien des 19. Jahrhunderts, erwiderte er: "Das ist völlig richtig. Ich sage meinen deutschen Freunden immer: ‚Wir haben es erlebt und jetzt erlebt es ihr. Wir sind jetzt frei, ihr aber seid Untertanen der USA, Großbritanniens und Frankreichs geworden. Ihr habt jetzt weniger Rechte, als wir sie vor der Erringung unserer Unabhängigkeit hatten, denn die Briten hatten in Indien ja eine auf dem Gesetz gegründete Herrschaft errichtet, während es bei euch in Deutschland nichts Derartiges gibt'."

Das Besatzungsstatut verweigerte den Deutschen aber nicht nur jene elementaren Menschenrechte, über die Frau Roosevelt und andere amerikanische UNESCO-Delegierte so gern große Reden hielten. Offensichtlich sollte es auch Deutschlands Konkurrenz auf dem Weltmarkt behindern, da ja Außenhandel wie wissenschaftliche Forschung weiter der Kontrolle durch die Eroberer und Konkurrenten unterlagen. Auf diese Weise wurden Deutschland bei der Entwicklung neuer Verfahren Fesseln angelegt und es wurde gezwungen, seine Konkurrenten aus künftigen Erfindungen seiner Wissenschaftler Nutzen ziehen zu lassen. Im Hinblick auf die erstrebte Gesundung Europas war diese Bestimmung des Statutes die verderblichste aller seiner Klauseln. Europa konnte nicht darauf hoffen, ohne die Hilfe der USA existieren zu können, falls es nicht neue technische Verfahren entwickelte und seinen Mangel an Naturschätzen mit Hilfe wissenschaftlicher Entdeckungen und der Weiterentwicklung seiner chemischen Industrie überwand. Bekanntlich waren aber die Deutschen bei der Erfindung von synthetischen Stoffen, die die Naturprodukte ersetzen konnten, in der Welt führend. Jetzt untersagte man ihnen, ihre Erfindungsgabe und ihre Begabung zu mühseliger Forschung zum eigenen und zu Europas Nutz und Frommen anzuwenden. Das war genau so, als wollte man dem begabtesten und fleißigsten Schüler einer Klasse verbieten, zu studieren und zu arbeiten.

So unerfreulich die Bestimmungen des Besatzungstatutes auch waren, man hätte doch hoffen können, daß sie wenigstens in einem liberalen Geist ausgelegt wurden. Da war aber das jeder der drei westlichen Besatzungsmächte zustehende Veto, das in einem am 8. April in Washington unterzeichneten Abkommen der drei Regierungen festgelegt war. In allen wichtigen Fragen war eine *einstimmige Billigung* erforderlich und zu diesen Fragen gehörten Abrüstung und Entmilitarisierung samt der militärwissenschaftlichen Forschung, Verbote und Beschränkungen im industriellen Bereich und in der Zivilluftfahrt, Kontrollbefugnisse in Bezug auf das Ruhrgebiet, dazu gehörten Restitutionen, Reparationen und Entflechtungen, das Verbot einer unterschiedlichen Behandlung im Außenhandel sowie die Interessen und Ansprüche des Auslandes in und gegen Deutschland. Niemand konnte daran zweifeln, daß diese Ausweitung des Vetorechtes England und Frankreich erlaubte, zu jeder Abänderung des Industrieplanes und zu jeder Lockerung der Kontrollen Nein zu sagen, die Deutschland daran hinderten, in finanzieller Hinsicht für sich selbst zu sorgen und seinen vollen Beitrag für den Wiederaufbau Europas zu leisten. Der Außenminister der USA hatte damit England und Frankreich praktisch das Recht gegeben, die wirtschaftliche Abhängigkeit Deutschlands für alle Zeiten aufrechtzuerhalten — ohne Rücksicht darauf, was diese bereits den amerikanischen Steuerzahler kostete und wie viele Menschenleben dies kosten konnte, wenn und falls ein Krieg ausbrechen sollte. Die Zeit lag weit zurück, in der der Senat der Vereinigten Staaten sein Einspruchsrecht in allen faktischen, wenn auch formal nicht so bezeichneten Verträgen mit ausländischen

Mächten geltend gemacht hatte und so lag die Gefahr nahe, daß dieses *Übereinkommen* mit Großbritannien und Frankreich unangefochten bleiben würde.

Das Besatzungsstatut bedeutete einen fühlbaren Rückschritt der amerikanischen Politik. Man hatte zwar den Franzosen bei der Ausarbeitung des Ruhrabkommens, das das wichtigste Industriegebiet Deutschlands einem Kolonialstatut unterwarf, weitgehende Zugeständnisse gemacht, die amerikanische Militärregierung hatte aber immerhin durchgesetzt, daß die deutsche Stahlproduktion auf eine bestimmte Zeit beschränkt bleiben sollte. Nun aber hatte das Außenministerium Frankreich eine Stellung eingeräumt, von der aus es mit seinem Veto in den Wiederaufbau Deutschlands und Europas eingreifen konnte. Dieses Veto glich dem, das die Sowjetunion in der UNO ausüben durfte und es lag nahe, daß es mit derselben Skrupellosigkeit angewendet würde.

Den Franzosen war es sogar gelungen, die Aufstellung einer deutschen Bundespolizei zur Aufspürung und Unterdrückung umstürzlerischer Aktionen zu hintertreiben. Damit waren den Kommunisten noch größere Freiheiten eingeräumt als sie sogar in Frankreich besaßen und diese befähigten sie, die Demokratie von innen heraus zu zerstören.

Das Besatzungsstatut gestattete den deutschen demokratischen Parteien auch nicht, über die Verfassung des neuen westdeutschen Staates allein zu entscheiden. Nach monatelangen Beratungen hatte der Parlamentarische Rat in Bonn durch einen Kompromiß zwischen CDU und SPD über die Aufteilung der Finanz und Wirtschaftshoheit zwischen Bund und Ländern und die Befugnisse des Bundestages und Bundesrates über die Bundesgesetzgebung endlich einen Vertragsentwurf zustande gebracht, doch dann schalteten sich die Militärgouverneure ein. Die Franzosen erhoben Einwände gegen die Schaffung eines lebensfähigen Staates in Westdeutschland, ihrem Wunsch nach einem losen Staatenbund wurde stattgegeben. Die USA halfen Frankreich, indem sie in Bayern und im Rheinland die reaktionären und separatistischen Gruppen unterstützten, deren sozialdemokratische Gegner hinwiederum keinen Beistand erhielten. Tatsächlich haben die Briten bei der Gründung eines westdeutschen Staates mehr Einsicht bewiesen als die USA und Frankreich. Unter der Labour-Regierung wurde zwar ihr politischer Instinkt und ihre kluge Haltung, die sie bis dahin besiegten Gegnern gegenüber einnahmen, von dem ungestümen Verlangen der herrschenden Partei überdeckt, mit zulässigen und unzulässigen Mitteln Dollars zu ergattern und auf diese Weise von den USA unabhängig zu werden, ihre Einstellung zur politischen Zukunft Deutschlands erwies sich aber als wesentlich klüger als die der Franzosen. Sie gingen dabei sogar so weit, ganz im Geheimen den Sozialdemokraten zu sagen, daß die Westmächte sich unter der Hand darüber verständigt hätten, der geplanten Bundesregierung weitgehendere Befugnisse bei der Gesetzgebung und im Finanzwesen zu übertragen, falls die Deutschen die anfangs unterbreiteten harten Bedingungen ablehnen sollten. Diese Haltung hatte den Sozialdemokraten gestattet, der künftigen Regierung Westdeutschlands etwas größere Machtbefugnisse zu verschaffen, als dies sonst der Fall gewesen wäre.

Nun kamen allerdings die Führer der neuen deutschen Demokratie in die glückliche Lage, so etwas wie eine gelinde Erpressung anwenden zu können: die Westmächte hatten sich für den Fall, daß die Blockade Berlins aufgehoben wurde, verpflichtet, einer Viermächtekonferenz zuzustimmen und es mußte ihnen daher daran gelegen sein, sich mit den deutschen demokratischen Parteien zu verständigen, bevor die Sowjetrussen die Aufhebung der Blockade anboten.

Das im Besatzungsstatut vorbehaltene Vetorecht schloß selbstverständlich jede Möglichkeit aus, den Sowjets sowie Frankreich eine Handhabe zu bieten, mit der sie die Pläne der USA zum Wiederaufbau Deutschlands und Europas sabotieren konnten. Man mußte zu dieser Zeit immer damit rechnen, daß die Sowjets den Versuch unternahmen, die USA vor die Alternative zu stellen, entweder ihre Streitkräfte abzuziehen und den Deutschen volle Freiheit zu gewähren — auf die Gefahr hin, daß sie den Armeen der Sowjetunion und ihrer deutschen Helfershelfer wehrlos überantwortet wurden —, oder das Versprechen zu brechen, das man den Deutschen gegeben hatte, ihnen ein begrenztes Selbstbestimmungsrecht zuzugestehen. Ein Viermächteabkommen mußte ja so lange ein Stück Papier bleiben, wie die Sowjetunion nicht dasselbe Vetorecht eingeräumt erhielt wie die USA, Frankreich und Großbritannien. Niemand konnte allerdings daran zweifeln, daß eine deutsche Regierung, die bei allen ihren Entschlüssen einem sowjetischen Vetorecht unterworfen war, aktionsunfähig bleiben mußte, sofern sie nicht den Direktiven der Kommunisten folgte.

Es war schwer festzustellen, ob Dean Achesons Zugeständnisse an Frankreich, die Europas Zukunft gefährdeten, einer echten Überzeugung entsprangen. Es war kein Geheimnis, daß Dean Acheson Felix Frankfurter, dem Mitglied des Obersten Bundesgerichtshofes der USA, freundschaftlich verbunden war und es ist nicht der geringste Zweifel darüber erlaubt, daß gerade Frankfurter einer der einflußreichsten Befürworter der Forderung nach einer bedingungslosen Kapitulation Deutschlands und des berüchtigten Morgenthau-Planes gewesen war. Es ist daher durchaus nicht von der Hand zu weisen, daß eben diese Leute, nämlich Frankfurter und sein Kreis, zu dem auch der Verräter Alger Hiss gehörte, für diesen Rückschritt der amerikanischen Politik verantwortlich zu machen waren; sie verhielten sich der Stalin-Diktatur gegenüber keineswegs so ablehnend wie früher gegenüber der Hitlers, und eine Bestrafung der Deutschen lag ihnen noch immer mehr am Herzen als eine Zurückweisung der kommunistischen Machtansprüche. Dean Acheson galt auch als Gefolgsmann der Briten, aber diese, die sich hinsichtlich der Demontagen ebenso unklug verhielten wie die Franzosen, hatten ja die Forderungen der deutschen Sozialdemokraten nach ausreichenden Machtbefugnissen für die geplante westdeutsche Regierung unterstützt. Man war daher geneigt anzunehmen, daß auch in diesem Fall es dem Einfluß Frankreichs gelungen war, die USA dahin zu bringen, den Kommunisten den Weg freizugeben.

Genau so wie nach dem Ersten Weltkrieg bereitete auch jetzt Frankreich dem sich neu bildenden deutschen demokratischen Staatswesen alle erdenklichen Schwierigkeiten. Wiederum verhinderte es eine Politik, die geeignet gewesen wäre, die Masse des deutschen Volkes auf unsere Seite zu ziehen. Erneut stärkte es jene totalitären Kräfte, die es im Zweiten Weltkrieg an den Rand des Abgrundes gebracht hatten und im Falle eines neuen Krieges mit Sicherheit zerstören mußten.

Carlo Schmid soll im April 1949 gesagt haben: "Ob einem das paßt oder nicht, eines ist jedenfalls sicher: die Zukunft Europas hängt von den deutschen Arbeitern ab. Zwar kann die Sowjetunion sie noch nicht gewinnen, aber der Westen kann sie verlieren. Sollten sie jemals den Westen verlassen und ins Lager der Bolschewisten überwechseln, dann braucht man sich über die Haltung der französischen Arbeiter nicht mehr länger den Kopf zu zerbrechen, dann nützt auch ein Schock von Atlantikpakten nichts mehr, dann werden die Sowjets weder eine Kominform noch einen einzigen

Panzer benötigen, dann wird alles bolschewistisch sein."

Frankreich wurde bei Kriegsende die einmalige Chance zuteil, die Führung Europas zu übernehmen — nicht als Eroberer, sondern getreu den Prinzipien der Französischen Revolution. Statt aber nun Europa auf der Grundlage von Freiheit, Gleichheit und Brüderlichkeit zusammenzuschweißen, hat Frankreich nur dem verwerflichen Verlangen gehuldigt, dem Starken um den Bart zu gehen, die Besiegten zu tyrannisieren und die Reichen anzubetteln. Wäre Frankreich im Ernste die große und intelligente Nation gewesen, für die die Amerikaner sie einschätzten, hätte es in der Stunde der zermalmenden Niederlage Deutschlands Großmut bekundet und auf diese Weise mit der Einigung der Sieger und Besiegten in einem freien Bundesstaat Europa die endlose und verhängnisschwangere Kette von Siegen und Niederlagen, Angriff und Gegenangriff zerbrechen können. Stattdessen haben die Franzosen sich vornan gestellt, als man daran ging, Erbfeindschaften zu verewigen, Europa zu spalten und den kommunistischen Eroberern den Weg freizumachen. So lange Frankreich die amerikanische Politik in diesem Sinne beeinflußte, war die Hoffnung gering, daß Europa in Frieden, Sicherheit und Wohlstand leben konnte — und ebenso darauf, daß die Amerikaner die Europäer nicht mehr mit Geld und anderen Leistungen unterstützen mußten.

XI. Folgerungen

Die Berichterstattung über Deutschland war nach der Kapitulation zu jeder Zeit unzulänglich. Sie war derart von antideutschen Vorurteilen und von Unkenntnis belastet, daß die amerikanische Öffentlichkeit noch auf sehr lange Zeit hinaus die wirklichen Zusammenhänge nicht kannte und sich der Folgen unserer Deutschland-Politik nicht bewußt war. Ich habe in diesem Buch um Gerechtigkeit und Mitleid für die Besiegten gebeten und es unternommen, dem amerikanischen Volk den moralischen und materiellen Preis zu zeigen, den es für die Befriedigung seiner Rache zahlen mußte. Ich weiß nur zu gut, daß man mir deswegen den Vorwurf machen wird, deutschfreundlich zu sein und daß man mir erklären wird, das Bild sei nun nicht mehr so dunkel wie das, das ich gezeichnet habe. Die amerikanische Presse hatte sich während der zurückliegenden Jahre durch die Bank ausschließlich darauf konzentriert, die erfreulichen Anzeichen wirtschaftlicher Gesundung zu schildern, jedoch die grundlegenden Probleme ignoriert, für die Linderungsmittel wie die Währungsreform und die Marshall-Plan-Hilfe keine Lösung darstellten.

Jenen, die mich beschuldigt haben, deutschfreundlich zu sein, kann ich nur mit dem Wort Thomas Taines antworten: "Dort, wo es keine Freiheit gibt, dort ist mein Vaterland." Da die Deutschen von ihren Besiegern der Freiheit und der menschlichen Grundrechte beraubt wurden, da sie auf den Stand eines Kolonialvolkes herabgedrückt wurden, das von vier Herren beherrscht wurde, schien es mir, daß Männer und Frauen guten Willens und freiheitlicher Denkart die Aufgaben hatten, sich ihrer Sache anzunehmen.

Einige meiner Leser mögen vielleicht denken, daß ich dem deutschen Standpunkt zu viel Gewicht beigemessen habe. Wenn dies wahr ist, dann stellt mein Beitrag nur einen Tropfen im Ozean dar, verglichen mit der nicht aufhörenden und in mancher Beziehung monotonen Flut von Büchern, Artikeln, Zeitungsreportagen und Radiokommentaren, die allesamt eine von jedermann akzeptierte Legende begründet haben.

Da die Deutschen nicht in eigener Sache sprechen durften, es sei denn in einem unterwürfigen Ton, der ihren Besiegern schmeichelte, wußte niemand wirklich, was sie dachten und fühlten. Ich behaupte nicht, daß ich mehr als nur ein klein wenig unter die Oberfläche der den Deutschen befohlenen Uniformität und Unterwürfigkeit eingedrungen bin, ich habe aber das Wagnis unternommen, *für die Schweigenden zu sprechen*.

Zweifellos werden mich auch einige Kreise der Parteilichkeit beschuldigen, weil ich nichts über die Verbrechen der Nationalsozialisten berichtet habe. Dies ist nicht etwa darauf zurückzuführen, daß ich nicht imstande gewesen wäre, Hitlers Verantwortung für den materiellen und moralischen Zusammenbruch Europas und damit den Niedergang der Zivilisation des Westens zu begreifen. Ich habe diese so oft erzählten Geschichten über die Verbrechen der Nationalsozialisten gegen die Menschlichkeit nicht gebracht, weil sie ja jedem Amerikaner bereits bekannt waren. Nichts von dem war jedoch bekannt, was wir selbst getan hatten und es war daher hoch an der Zeit, daß die Sieger ihr eigenes Gewissen zu erforschen begannen.

Die Rolle von Unterdrückern und Unterdrückten wechselt, wenn sich die Zeiten ändern. Der arrogante Sieger von heute kann morgen der Besiegte sein, diejenigen, die für die Freiheit fochten, können anderen ihre Freiheit nehmen. Was Thukydides in seiner *Geschichte des Peloponnesischen Krieges* schrieb, ist heute noch ebenso wahr wie damals: "Wie die Welt nun einmal beschaffen ist, ist Recht nur eine Frage zwischen gleichberechtigten Mächten; die Starken tun, was sie tun können, die Schwachen leiden, was sie leiden müssen."

Böses zeugt Böses und Ungerechtigkeit zeugt noch mehr Ungerechtigkeit. Vergeltung gebiert das unwiderstehliche Verlangen nach Wiedervergeltung; Nationen, die man ihrer Freiheit beraubt hat, werden krankhaft nationalistisch. Sollen Europas *niemals endende Kriege*, die jetzt die westliche Zivilisation zu zerstören drohen, jemals beendet werden und soll uns der Kommunismus, dessen Glaubensbekenntnis der Haß ist, nicht überwältigen, dann muß dieser Teufelskreis gebrochen werden. Wir müssen endlich dem Glauben abschwören, daß Unrecht plus Unrecht Recht ergibt. Ich habe aber auf keinen Fall gewünscht, daß die guten Absichten und beträchtlichen Leistungen der amerikanischen Militärregierung in meinem Buch nur im geringsten geschmälert würden. Der Armee der

Vereinigten Staaten sind meiner Meinung nach die Unzulänglichkeiten, Irrtümer, Ungerechtigkeiten und Versager, mit denen sich dieses Buch beschäftigt, am wenigsten vorzuwerfen. Trotz dem in Washington erteilten Befehl, nichts zu tun, um Deutschland wieder auf die Beine zu stellen, verhinderten die Armeedienststellen zu Beginn der Besatzungszeit einen völligen Zusammenbruch. Öffentliche Einrichtungen wurden wieder in Betrieb gesetzt, die Straßen wurden von den Bombentrümmern geräumt, einigen Industriezweigen wurde geholfen, ihre Produktion wieder in Gang zu bringen, eine Massenhungersnot und Epidemien wurden dadurch verhindert, daß man Geld der Armee für die Einfuhr von Lebensmitteln und den Kampf gegen akute Notstände verwendete. Ganz allgemein darf gesagt werden, daß die Militärregierung, sobald sie die Verwaltung des von ihr besetzten, in Ruinen liegenden, hungernden und moralisch zerrütteten Landes übernommen hatte, eine so kluge Politik verfolgte, wie das in den von der Regierung in Washington gesetzten Grenzen möglich war.

Die von General Clay geführte amerikanische Militärregierung sah klarer als die Regierung zu Hause. Jeder Armeeoffizier, der für die Sicherheit der Vereinigten Staaten einzustehen hatte und der das Ausmaß der Verpflichtungen begriff, die wir in Europa eingegangen waren, wußte auch, daß Sowjetrußland uns und unsere westlichen Verbündeten zumindest bis an die Pyrenäen zurücktreiben konnte, so lange das deutsche Volk nicht Mitglied der NATO war und zu seiner eigenen Verteidigung und der Europas Waffen trug. Niemand aber wagte in der Öffentlichkeit zu sagen, daß, falls Deutschland nicht unser gleichberechtigter Verbündeter würde, Amerika Europa dem Kommunismus preisgeben oder bereit sein mußte, zu seiner Verteidigung so viele Leben von Amerikanern zu opfern, daß die Verluste des Zweiten Weltkrieges demgegenüber unerheblich erscheinen mußten.

Ich bin zwar als Engländerin geboren, habe es aber vorgezogen, Amerikanerin zu werden, weil ich in Amerika mehr Gleichheit und soziale Gerechtigkeit, weniger nationale Vorurteile und mehr Achtung vor den Rechten und Ansprüchen anderer Völker als irgendwoanders in der Welt gefunden habe. Es war eine Tragödie, daß aller guter Wille des amerikanischen Volkes, seine Großmut und sein aufrichtiges Verlangen, der Wohltaten seiner Zivilisation auch weniger glückliche Nationen teilhaftig werden zu lassen, weitgehend durch seine Unkenntnis der geschichtlichen Vergangenheit und der jetzigen Realitäten Europas zunichte gemacht wurden.

Daß Amerika nichts über Deutschland wußte, war sehr gefährlich. Man wird sich daran erinnern, daß beim Einmarsch der alliierten Truppen in Deutschland das OWI (Office of War Information = Abwehr. Anmerkung des Übersetzers) und andere militärische Dienststellen behaupteten, ihre genaue Kenntnis der Stimmung in Deutschland erlaube die Voraussage, daß NaziHeckenschützen hinter jedem Busch, in jedem Dachboden und Keller zu finden sein würden und daß *Werwolf-Banden* bereitstünden, die Soldaten der Besatzungsarmeen abzuschlachten. Die Ereignisse bewiesen aber, daß stattdessen Millionen von Deutschen bereit waren, uns als Befreier zu begrüßen, jedoch zurückgewiesen wurden, und daß in Deutschland zu wenig überzeugte Nationalsozialisten übriggeblieben waren, als daß sie den Besatzungstruppen ernsthafte Schwierigkeiten hätten bereiten können.

Es war auch eine Tragödie, daß wir uns weigerten, mit denjenigen Deutschen zusammenzuarbeiten, die dem Terror der Nazis getrotzt hatten und die imstande gewesen wären, das deutsche Volk neu zu orientieren. Stattdessen haben wir der NS-Ideologie neues Leben eingehaucht, indem wir nichts taten, die Schafe von den Böcken zu scheiden, als wir die Verwaltung unseres Teiles des zerschmetterten Dritten Reiches übernahmen. Dieselbe Unkenntnis der wahren Gefühle der Deutschen führte uns dazu, die Gefahr zu unterschätzen, daß sie mit Sowjetrußland gemeinsame Sache machen könnten — nicht etwa weil ihnen die Feindschaft gegen die Demokratie angeboren war, sondern weil viele von ihnen nicht mehr länger darauf hofften, daß der Westen ihnen ihre Freiheit, das Recht auf Arbeit oder die Möglichkeit, sich selbst gegen die Sowjetunion zu verteidigen, zugestehen wollte.

Weil sie die Kriegspropaganda davon überzeugt hatte, daß die Deutschen von Natur aus angriffslustiger und grausamer als andere Völker seien, waren die meisten Amerikaner nicht imstande, zu begreifen, daß die Bestrafung des ganzen deutschen Volkes nur die sowjetischen Aggressoren stärkte.

Den stärksten Einfluß darauf, daß Amerika die Ziele des Kommunismus unterstützte, scheint jedoch die Weigerung der *New Dealer* gehabt zu haben, den grundlegenden Irrtum der Rooseveltschen Politik einzugestehen. Sie waren ganz einfach gezwungen, weiter daran zu glauben, daß das deutsche Volk der Ursprung aller Unruhe war und auch jetzt noch den Frieden der Welt bedrohe, wenn sie sich ihre Verehrung für den verstorbenen Präsidenten bewahren wollten. Den meisten von ihnen fehlte der Mut zuzugeben, daß ihr angebeteter Führer im Irrtum war, wenn er glaubte, man brauche, um einen dauernden Frieden zu erreichen, nur die deutsche Nation auszulöschen und daß dieses Ziel eine enge Zusammenarbeit mit Stalin rechtfertige. Einige der *New Dealer* oder sogenannte Fortschrittliche, wie etwa Wallace, ließen auch jetzt noch nicht davon ab, gegen die sowjetischen Verbrechen wider die Menschlichkeit blind zu sein, wie das ja auch Roosevelt und seine Frau während des Krieges gewesen waren. Andere, die zu intelligent oder zu anständig waren, als daß sie die Beweise ignorierten, hörten trotzdem nicht auf zu fordern, daß man gleich Shylock von dem besiegten Deutschland das volle Pfund Fleisch verlangen müsse. Ihnen allen gebrach es an moralischem Mut zuzugeben, daß Präsident Roosevelts Politik von Grund auf falsch gewesen war und sich als gewaltiger Fehlschlag herausgestellt hatte. Um sich den Glauben an ihren toten Führer zu erhalten, forderten sie, daß seine Politik gegenüber Deutschland beibehalten werde, und das lange nachdem sich gezeigt hatte, daß die Voraussetzungen, auf die sie gegründet war, falsch waren. Sie wünschten, daß Deutschland machtlos bleiben solle, auch wenn das bedeutete, daß Europa sich nicht selbst verteidigen konnte. Sie waren willens, das Risiko einzugehen, die Deutschen auf die Seite der Russen zu treiben, indem sie ihnen Freiheit, Gleichheit und die Möglichkeit, sich selbst zu erhalten, verweigerten, solange es auf unserer Seite des Eisernen Vorhanges stand.

Die Republikaner, die einer von beiden großen Parteien gemeinsam geführten Außenpolitik zugestimmt hatten, wurden auf ähnliche Weise die Gefangenen ihrer früher begangenen Irrtümer. Auch sie konnten den politischen Konsequenzen ihres Eingeständnisses, getäuscht worden zu sein, nicht ins Auge sehen. Mit seltenen Ausnahmen waren sie der Führung der Demokraten gefolgt und hatten lieber gutes Geld schlechtem nachgeworfen, als unsere Verluste zu verringern und einen neuen Start mit einer weiseren Politik zu wagen. Auch sie waren mitschuldig daran, daß die Vereinigten Staaten es nicht verstanden hatten, einen klaren Bruch mit der Vergangenheit zu wagen.

Dem amerikanischen Volk in seiner Gesamtheit fiel es schwer, die traurige Wahrheit anzuerkennen, daß es zum zweitenmal in einem Vierteljahrhundert seine Söhne und Ehemänner für keine gute Sache in einem Krieg außerhalb des eigenen Landes geopfert hatte. Weit davon entfernt, *die Welt für die Demokratie reif zu machen*, hatten beide Weltkriege das Gebiet verkleinert, in dem Freiheit herrschte und der letzte von beiden hatte lediglich die eine totalitäre Diktatur gegen die andere ausgetauscht. Denen aber, die ihre Lieben verloren hatten, fiel es schwer zuzugeben, daß diese vergebens gestorben waren.

Das Widerstreben des menschlichen Geistes, sich unliebsame Wahrheiten einzugestehen, die Unfähigkeit der Politiker, ihre Fehler zuzugeben, die bösen Folgen der Kriegspropaganda und der sündhafte Stolz, der uns allesamt erfüllte, spielten den Kommunisten in die Hände.

Es erfüllt den Geist mit Genugtuung und erhöht das Selbstgefühl, wenn man frühere oder jetzige Gegner als die einzigen hinstellt, die sich gegen die Gesetze Gottes und der Menschen vergangen haben. Zuzugeben, daß die Fähigkeit, Böses zu tun, jedem Menschen innewohnt, hätte unser Überlegenheitsgefühl zerstört. Aus diesem Grunde hatten wir uns die Theorie der Nationalsozialisten von den *Rassenunterschieden* sehr weitgehend zu eigen gemacht und hatten uns selbst in die Rolle einer überlegenen oder Herrenrasse hineingespielt.

Am schlimmsten war aber, daß uns die Auffassung der Nationalsozialisten und Kommunisten verführt hat, Gerechtigkeit bedeute die Bestrafung der Vielen für die Sünden von ein paar Wenigen.

Im zweiten Jahrhundert nach Christus verkündigte der römische Kaiser Trajan, es sei besser, daß viele Schuldige der Bestrafung entgingen, als daß ein Unschuldiger fälschlicherweise verurteilt werde. Die Kommunisten haben dieses Prinzip in sein Gegenteil verkehrt. Sie sagen, es sei besser, daß tausend Unschuldige verdammt werden, als daß ein Schuldiger seiner Strafe entgehe.

In unserer Behandlung der Deutschen haben wir uns das kommunistische Prinzip zu eigen gemacht und nicht das in der zivilisierten westlichen Welt geltende. Jene, die das gesamte deutsche Volk für die Verbrechen der Nationalsozialisten anklagten, stellten sich auf eine Stufe mit den Bolschewisten, die Millionen hingemordet haben, weil sie das *Verbrechen* begangen hatten, der *Kapitalistenklasse* anzugehören (zu der die Kommunisten die fortschrittlicher eingestellten, als *Kulaken* bezeichneten Bauern rechneten). Sie stellten sich auch auf eine Stufe mit den Nationalsozialisten, die Millionen von Juden und Angehörigen anderer *minderwertiger* Rassen, Polen und Russen etwa, ausgelöscht hatten.

Als wir alle Deutsche als Verbrecher oder Parias behandelten, und sie alle durch unsere Politik bestraften, leugneten wir die Grundwahrheiten der christlichen Zivilisation wie des rationalistischen Liberalismus: den Glauben an die Verantwortlichkeit des Einzelnen, die Herrschaft des Gesetzes und nicht der Menschen sowie den an die Gleichheit aller Völker ohne Ansehen von Klasse, Rasse, Nationalität oder Glauben.

Während ich dieses Buch zu Ende schrieb, war die Schlacht um Berlin zu Ende gegangen, der Kampf um Deutschland hatte begonnen. Wenn, wie es schien, die Kommunisten gelernt hatten, daß sie Deutschland nicht durch Gewalt und Terror gewinnen konnten und sich auf eine andere Taktik vorbereiteten, konnten wir nicht mehr länger darauf vertrauen, daß ihre Grausamkeiten und Fehler die Deutschen auf unserer Seite halten würden. Es gibt, wenn man nicht mehr hoffen kann, eine Grenze für Leidensfähigkeit und Vernunft. Falls die Sowjetunion ihnen die Freiheit und die Einheit anbot, die ihnen der Westen nicht gewähren konnte oder wollte, dann waren die Deutschen möglicherweise imstande, sich mit den Russen zu verbünden, um uns gemeinsam mit sich selbst zu vernichten.

Der Westen hätte ohne weiteres zu Beginn der Besatzungszeit das deutsche Volk gewinnen können, wenn er ihm die Freiheit, die Herrschaft des Rechtes, Hoffnung und Schutz vor einer neuen, diesmal von Rußland auferlegten Tyrannei angeboten hätte. Stattdessen haben wir die Demokratie zum Gespött gemacht, nicht nur, indem wir alle Deutschen für die Sünden der Nationalsozialisten bestraften, sondern auch damit, daß wir bis zu dem Zeitpunkt, an dem die Sowjetunion uns zu bedrohen begann, den Kommunismus mit der Demokratie gleichsetzten. Wir verziehen jede zuvor von Hitler begangene Grausamkeit, wenn diese von Stalin begangen worden war und demonstrierten unsere Bereitschaft, uns mit dem Sowjetdiktator gutzustellen, sogar dann noch, als klar zutage trat, daß er statt Hitler die Geißel Europas geworden war.

Die Deutschen hatten beobachtet, daß jede Konzession, die wir ihnen

Forderungen auf Arbeit, bessere Ernährung und Selbstregierung machten, lediglich darum gemacht wurde, weil wir immer deutlicher die Drohung sahen, die der Kommunismus für unsere eigene Freiheit bedeutete.

Sie betrachteten unsere Herrschaft, verglichen mit der Sowjetrußlands, als das kleinere Übel, doch nur wenige glaubten noch daran, daß wir ihnen die gleichen Freiheiten und Rechte zugestehen würden, die wir für uns selbst in Anspruch nahmen.

Die meisten Deutschen gaben sich über den Kommunismus keinerlei Illusionen hin, doch viele von ihnen konnten niemals mehr die brutale und ungerechte Behandlung vergessen, die wir ihnen zuteil werden ließen, bevor wir begriffen hatten, daß die Sowjetunion ebenso ihr Feind wie der unsere war. Mochten sie nun Demokraten sein, die nach langen Jahren aus ihren Verstecken auftauchten oder aus den Konzentrationslagern entlassen worden waren; junge Männer und Frauen, die Hitler aus der falschen, aber ehrlichen Überzeugung gedient hatten, daß kein Patriot seinem Führer die Gefolgschaft verweigern dürfe; Arbeiter, die durch die langen Jahre der Erwerbslosigkeit, die sie unfähig gemacht hatte, der demagogischen Propaganda der Nationalsozialisten zu widerstehen, zur Verzweiflung getrieben worden waren; besiegte Soldaten der deutschen Armee, die wenig oder gar keine Verantwortung für die Grausamkeiten der Nationalsozialisten trugen, aber tapfer gekämpft hatten, um ihr Land vor dem kommunistischen Terror zu retten, nur um zu sehen, daß sie von ihren Besiegern aus dem Westen als Verbrecher gebrandmarkt wurden und in Frankreich und England genau so wie in Rußland Frondienste leisten mußten: keiner dieser Menschen hatte eine Ursache, *die Demokratie zu lieben*.

Die Erbschaft dieser Vergangenheit war nun eine akute Gefahr geworden. Falls Stalin den Vorschlag machte, daß alle Siegernationen ihre Truppen aus Deutschland zurückziehen und diesem gestatten sollten, von der Herrschaft der Militärregierungen befreit, sich wieder zu vereinigen, konnte er immer noch den Kampf um Deutschland gewinnen. Die Tatsache, daß die Sowjetarmee nahe zur Hand war, um in jedem gewünschten Augenblick Rußlands Willen durchzusetzen sowie das Vorhandensein einer gutbewaffneten, von den Kommunisten gelenkten Polizeitruppe in der Sowjetzone mußte eine solche Freiheit zu einem blassen Schemen machen. Die Verführung blieb aber groß, solange wir den Deutschen weiterhin untersagten, bis zur Grenze ihrer Leistungsfähigkeit zu produzieren und ihnen das Recht verweigerten, ihre Waren unter den gleichen Bedingungen wie die Briten und Franzosen auszuführen, während wir gleichzeitig auf der einseitigen Entwaffnung Westdeutschlands bestanden. Überdies war dank unserer einfältigen Zugeständnisse in Jalta und Potsdam sowie unserer kurzsichtigen Strategie nur die Sowjetunion imstande, Deutschland seine verlorenen Provinzen zurückzugeben, ihm die Wiedervereinigung zu gestatten und ihm die Märkte Osteuropas zu öffnen, die für die deutsche Wirtschaft so wichtig waren. Falls wir fortfuhren, den deutschen Außenhandel im Interesse der britischen und französischen Konkurrenten zu kontrollieren, konnten sich die Deutschen durch den Zwang der wirtschaftlichen Gegebenheiten veranlaßt sehen, sich mit den Sowjetrussen zu verständigen.

Stalin durfte auch sicher sein, daß Frankreich ihm weiter in die Hände spielen werde. Er war nun zu Gesten imstande, um sich Deutschlands guten Willen zu versichern; er wußte ja, daß der Westen seinen Vorschlag auf Freigabe Deutschlands zurückweisen würde und daß wir uns weiter damit belasten würden, das Land besetzt zu halten.

Der einzige Frieden, der dauern kann und das Opfer des Krieges wert ist, ist der, der sich auf Gerechtigkeit gründet. Bevor wir nicht unsere eigenen Vergehen gegen Recht und Menschlichkeit erkannten und die Prinzipien wiederaufrichteten, für die die Amerikaner zweimal in einer Generation in den Krieg gezogen waren, gab es für die Rettung der westlichen Zivilisation keine Hoffnung. Alle von uns hergestellten Atombomben werden uns keine Rettung bringen, wenn wir unsere Selbstachtung sowie das Vertrauen und die Hochschätzung der Völker dieser Erde verlieren — die besiegten und machtlosen einbegriffen.

Die meisten Amerikaner, die immer noch im Herzen Isolationisten waren, hatten gefühlt, daß eine der Früchte des Sieges die Freiheit war, diese ganze deutsche Misere aus ihrem Bewußtsein zu verbannen. So gaben sie der Minderheit der Fanatiker, der Deutschengegner von Beruf und der Kommunistenfreunde den Weg frei, die in den spannungsgeladenen und von Leidenschaften erfüllten Kriegsjahren den Rachechor anführten und sich mit Erfolg ihren Einfluß bewahrt hatten, indem sie alle Andersdenkenden verleumdeten. Diese schädliche Minderheit hatte den Abgrund vergrößert, der uns von jener Nation trennte, für deren Schicksal wir selbst die Verantwortung auf uns genommen hatten, als wir ihre bedingungslose Kapitulation forderten.

Erst in jüngster Zeit war sich die amerikanische Öffentlichkeit der Tatsache bewußt geworden, daß der totale Sieg die Vereinigten Staaten im Guten und Bösen mit der totalen Verantwortung belastete, nicht nur für das Schicksal des deutschen Volkes, sondern ganz Europas. Diese gewaltige Verantwortung, die wir, ohne es zu wissen, auf unsere Schultern geladen hatten, wurde erst erkannt, nachdem die Aggressionsgelüste und die unversöhnliche Haltung der Sowjets und ihre offen bekundete feindselige Einstellung gegen die USA uns aus den Träumen gerissen hatte, in die uns die Propaganda der Regierung sowie die unwissenden, knechtseligen und ebenso verlogenen Journalisten gelullt hatten. Die Fata Morgana von den Vereinten Nationen, in denen Löwe und Lamm friedlich nebeneinander lagen und die siegreichen Nationen für alle Zeiten Freunde blieben, war nun zerronnen. Das Gift, das die Apostel des Hasses und der Rache dem amerikanischen Volk eingeflößt hatten, verzerrte aber immer noch dessen Ansichten und hinderte es daran, sich einer völlig neuen Politik zuzuwenden, die allein bewirken konnte, daß die Welt nicht das Opfer der Sowjets wurde — trotz Präsident Roosevelts verhängnisvollen Irrtümern und trotz seiner Hinopferung aller Prinzipien.

Die Aufgabe, die die Vereinigten Staaten in Deutschland übernahmen — ein tapferes Volk mit alten Überlieferungen und einer hohen Kultur zu überreden, den Glauben an die Demokratie zu dem seinen zu machen und die Institutionen seiner westlichen Besieger zu übernehmen —, war möglicherweise überhaupt nicht zu Ende zu bringen. Sie erforderte Taktgefühl, Verständnisbereitschaft und Sympathie und war auf jeden Fall unvereinbar mit dem Verhalten, das den Besatzungsarmeen vorgeschrieben war. Es war offenkundig, daß wir nicht auf der einen Seite den Deutschen *Demokratie beibringen*, auf der anderen aber uns als Eroberer oder als Angehörige einer *Herrenrasse* benehmen konnten. Dieses Werk konnte uns nur gelingen, wenn wir den hohen Grundsätzen unserer amerikanischen Überlieferung folgten, doch diese hatten wir, ebenso wie die Atlantik-Charta, durch unser Verhalten gegenüber dem deutschen Volke verleugnet. Obwohl wir später ein neues Blatt aufgeschlagen hatten, als wir die deutsche Wirtschaft wieder auf die Beine stellten und dem deutschen Volk einige Hoffnung gaben, daß es möglicherweise als Gleichberechtigter in ein europäisches Bündnis aufgenommen werden könnte, fehlte unserer Politik immer noch die Wärme und Menschlichkeit, die nötig waren, um die Erinnerung an jüngst vergangenes Unrecht und die auf beiden Seiten herrschende Verbitterung zu überwinden. Eine fruchtbringende Zusammenarbeit zwischen zwei Völkern war ohne Vertrauen, faire Verhandlungen und Gleichberechtigung unmöglich — dies hätte eine grundlegende Änderung unseres Verhaltens gegenüber Deutschland gefordert.

Die politischen und militärischen Folgen unserer Vergeltungspolitik konnten für die westliche Welt vernichtende Folgen haben. Europa konnte militärisch nicht verteidigt oder *reif für die Demokratie* gemacht werden, solange Deutschland nicht ein gleich berechtigtes Mitglied der Gemeinschaft freier Nationen war.

Ich war davon überzeugt, daß nicht nur das Gebot der Vernunft, der gesunde Menschenverstand und unser eigenes Interesse, sondern auch der Anruf des Gewissens und der Glaube an eine Gerechtigkeit, die alle nationalen Grenzen überwindet, zu einer radikalen Änderung der Politik der Vereinigten Staaten führen mußte, sobald das amerikanische Volk die Tatsachen sah, deren Kenntnis ihm für so lange Zeit vorenthalten worden war.

Freda Utley

Ende ein notwendiger Anhang

Carlo Schmids Anpassungsfähigkeit an die jeweils Publizität bringenden politischen Äußerungen erwies sich allerdings drastisch bei dem unverantwortlichen Kesseltreiben gegen Minister Oberländer. Schmid hatte sich in dieser von Moskau und Pankow angezettelten Kampagne, wie man dem Buch Kurt Ziesels "Der rote Rufmord" eindrucksvoll entnimmt, an die Spitze seiner SPD-Genossen gestellt und in Presseerklärungen, in Bundestagsreden und wo immer man seinen Bekenntnissen lauschte, Oberländer mit unwahren Behauptungen die Ehre abgeschnitten und seinen Rücktritt verlangt. Nach dem Erscheinen von Ziesels Buch entschloß er sich erst auf Drängen seiner um die Bundestagswahl 1961 besorgten Genossen zu gerichtlichen Schritten. Das Frankfurter Landgericht gab jedoch dem Begehren Schmids, Ziesel eine Reihe von Behauptungen zu untersagen, nur eingeschränkt statt und erlegte Carlo Schmid drei Fünftel der Kosten auf. Ziesel wurde erlaubt, weiterhin zu behaupten, daß Schmid im Dritten Reich in freundschaftlichen Beziehungen zum Kreisleiter der NSDAP in Tübingen gestanden habe, die soweit gingen, daß Schmid seinen Posten als Kriegsverwaltungsrat in der Okkupationsarmee Hitlers in Frankreich durch eine Bescheinigung dieses Kreisleiters erreichte, in der unter anderem stand, Schmid bejahe den Nationalsozialismus voll und trete für seine Zielsetzungen ein. Das bewies er denn auch durch eine 1941 vor dem Völkerrechtsausschuß der NS-Akademie für Deutsches Recht in Berlin gehaltene Rede, in der er die Haager Landkriegsordnung als ungeeignet zur Erreichung Hitlerscher Kriegsziele bezeichnete und in der er, wie das Landgericht Frankfurt im Sinne Ziesels bestätigte, die Beherrschung der französischen Wirtschaft für den totalen Krieg Hitlers befürwortete.

Carlo Schmid legte gegen das Urteil Berufung ein. Das Oberlandesgericht bestätigte diese beiden Punkte als richtig, verbot Ziesel jedoch im Gegensatz zum Landgericht, dieses Kollaborieren Schmids mit den Nazis mit den gleichen Worten zu charakterisieren, wie Schmid die Wahl für Hitler von 17,5 Millionen Deutschen im Jahre 1933 und Oberländers anfängliche Bekenntnisse für die NSDAP gewertet hatte, nämlich als "Beitrag zur Vernichtung von Millionen Juden". Ziesel fand, daß diese Auffassung des Oberlandesgerichtes, dessen Vorsitzender als links sozialistischer Parteigänger Schmids in Frankfurt bekannt ist, nicht mit dem Grundgesetz vereinbar sei, und kündigte an, sich an das Bundesverfassungsgericht zu wenden, um feststellen zu lassen, ob man einem SPD-Prominenten mit seinen eigenen Worten erwidern dürfe oder nicht.

Das trotz des Wohlwollens des Frankfurter Landgerichtes vernichtende Urteil, das Schmids Rolle im Dritten Reich in ein höchst fragwürdiges Zwielicht stellt, wirft vor allem die Frage auf, ob er das Recht hat, seit 15 Jahren über die braune Vergangenheit anderer den Stab zu brechen, wie er das anscheinend zu seinem politischen Dauerhobby gemacht hat. Bisher haben weder der Bundestag noch der Parteivorstand die Konsequenzen gezogen, die sonst bei CDU-Politikern immer sehr schnell in Form von Untersuchungsausschüssen, Presseangriffen und Empörungsschreien zum Ausdruck kommen. Schmids Ansehen ist jedenfalls durch die gerichtliche Auseinandersetzung mit Ziesel und Oberländer — letzterer trat in der zweiten Instanz dem Prozeß als Streithelfer bei und richtete schwerste Vorwürfe gegen Schmid wegen seiner Schützenhilfe für die kommunistische Lügenpropaganda — in der Öffentlichkeit erheblich angeschlagen. Seine führende Rolle als bürgerliches Aushängeschild der Wehner und Ollenhauerpartei dürfte ausgespielt sein.

Bereits veröffentlicht

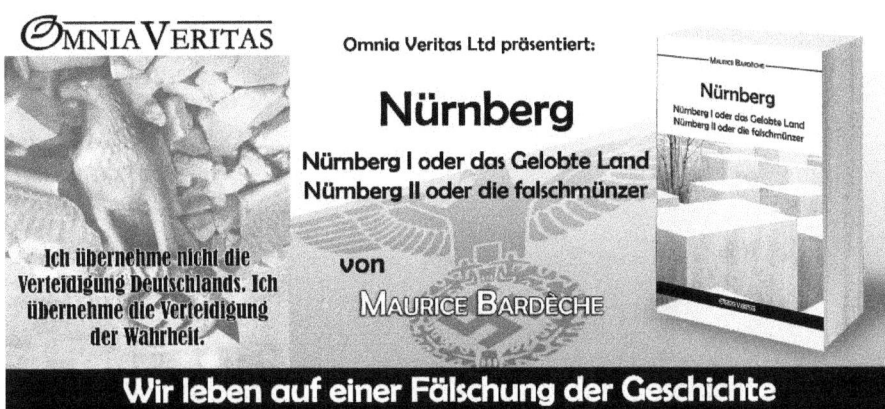

www.omnia-veritas.com

www.ingramcontent.com/pod-product-compliance
Lightning Source LLC
Chambersburg PA
CBHW050127170426
43197CB00011B/1744